Harry Wu

Nur der Wind ist frei

Harry Wu

Nur der Wind ist frei

Meine Jahre in Chinas Gulag

In Zusammenarbeit mit
Carolyn Wakeman

Ullstein

Titel der amerikanischen Originalausgabe: *Bitter Winds*
Published by John Wiley & Sons, New York

Ins Deutsche übertragen von Bernd Rullkötter

Satz: LVD GmbH, Berlin
Druck und Verarbeitung: Mohndruck, Gütersloh
Printed in Germany 1994
ISBN 3 550 07062 4

Die Deutsche Bibliothek – CIP Einheitsaufnahme

Wu, Harry:
Nur der Wind ist frei : meine Jahre in Chinas Gulag / Harry Wu.
In Zusammenarbeit mit Carolyn Wakeman.
[Ins. Dt. übertr. von Bernd Rullkötter]. –
Frankfurt/M. ; Berlin : Ullstein, 1994
Einheitssacht.: Bitter winds <dt.>
ISBN 3-550-07062-4
NE: Wakeman, Carolyn [Bearb.]

Inhalt

Für jene, die ihre Geschichte nie mehr erzählen können. Meine Eltern, mein jüngster Bruder, meine Lagergefährten Ao, Lu und Xing gehören zu diesen Millionen.

Vorwort

In den achtziger Jahren erschien eine Reihe von autobiographischen Berichten über das kommunistische China. Die Beschreibung des Lebens gewöhnlicher Bürger nach 1949 hat dazu beigetragen, unseren Einblick in die politischen und sozialen Folgen der kommunistischen Revolution zu vertiefen. Doch die Erfahrung der chinesischen Gefangenenlager war weitgehend undokumentiert – ein verbotener Bereich, dessen Geheimnisse durch strenge Vorschriften gewahrt wurden, aber auch durch den Widerwillen der Überlebenden, ihre schmerzlichsten und erniedrigendsten Erinnerungen zu enthüllen. Harry Wu beschloß, dieses Schweigen zu brechen.

Ich lernte Harry 1986 während eines Kolloquiums in Berkeley kennen, wo ich über das Dilemma der chinesischen Intellektuellen sprach, die versuchten, der Revolution zu dienen. Er erzählte mir eindringlich von den neunzehn Jahren, die er in sogenannten Umerziehungs-Arbeitslagern verbracht hatte. Ein paar Tage später bat er mich, mit ihm zusammen ein Buch zu schreiben. Damals hatte ich andere Verpflichtungen, aber als er 1992 zum zweitenmal an mich herantrat, akzeptierte ich seinen Vorschlag. Inzwischen hatte ich viele Schilderungen aus dem revolutionären China gelesen, und ich wollte, daß Harrys Geschichte über den Überlebenskampf in den Lagern zu einem Teil der anwachsenden Memoirenliteratur wurde. Als ich mit der Arbeit als Koautorin dieser Häftlingsmemoiren begann, »erbte« ich ein Konvolut von Entwürfen, Tagebucheintragungen und Zeitungsausschnitten. Manche Entwürfe waren in Harrys noch ungeschliffenem Englisch geschrieben, andere hatte er englischsprachigen Freunden diktiert oder auf chinesisch verfaßt, um sie später übersetzen zu lassen. Diese ersten Versionen – noch bruchstückhaft, doch oft lebendig und ergreifend – enthielten beunruhigende Widersprüche. Auch ließen sie einen großen Teil von Harrys Vergangenheit im dunkeln, verborgen in einem noch unentwirrten Geflecht von Erinnerungen.

In Interviews, die sich über Monate hinzogen, versuchte Harry, die Ereignisse von dreißig Jahren zurückzuholen, ebenso Gespräche, Emotionen und Denkprozesse, die bis in seine frühe Kindheit zurückreichten. Ich riet ihm, nicht nur die Momente extremer Härte heraufzubeschwören, die unbedingt geschildert werden sollten, sondern auch die Vielzahl weniger einprägsamer Erfahrungen und Begegnungen, die einen biographischen und historischen Rahmen liefern und die Beweggründe und den Charakter des Autors verdeutlichen. Manchmal regte er sich auf und sprang hoch, um zu demonstrieren, wie man einen Frosch mit einem Bindfaden fängt, wie man eine Wohnhöhle gräbt oder wie man einen Gefangenen fesselt. Manchmal weinte er.

Die entstandenen Memoiren zeugen von dem ungebrochenen Willen eines Menschen, der jahrelang einer brutalen Behandlung ausgesetzt war, jedoch nie vor einer willkürlichen und rachsüchtigen Autorität kapitulierte. Harry spielt diese Leistung herunter. »Ich bin kein Held«, behauptet er. »Meine Vergangenheit unterscheidet sich nicht von der vieler tausend Menschen, die keine Möglichkeit haben, ihre Geschichte zu erzählen.« Harry deckt diese gemeinsame Vergangenheit auf und beschreibt sein Verschwinden im Arbeitslagersystem, das innerhalb Chinas so vertraut ist, doch stets vor ausländischen Beobachtern verborgen wird. Dadurch hat er ein Mittel gefunden, seine Schuld denen gegenüber, die er zurücklassen mußte, zu begleichen.

Die Verwebung von mündlicher Überlieferung und Biographie ist niemals einfach. Im besten Fall entsteht eine Darstellung, in der sich die Unmittelbarkeit persönlicher Erfahrung mit der Unerschütterlichkeit historischer Tatsachen verbindet. Diese Verschmelzung war mein Ziel mit diesem Buch. Ich habe durchweg versucht, die Eigenart und den Rhythmus von Harrys Stimme wiederzugeben sowie die Derbheit seiner bäuerlichen Mithäftlinge und den scharfen Tonfall seiner Polizeiwärter einzufangen. Vieles aber ist zwangsläufig meine eigene Ausdrucksweise.

Ich möchte meiner Lektorin Emily Loose, meinen Freunden Todd Gitlin, Karen Paget, Sandra Socha, Betsey Scheiner, Orville Schell und Robert Tierney und besonders meinen Kindern, Matthew und Sarah Wakeman, danken. Sie alle haben mir in den Monaten, die ich dem Buch widmete, mit Geduld und klugen Ratschlägen zur Seite gestanden.

Berkeley, Kalifornien — Carolyn Wakeman
September 1993

Das Ende der Kindheit

Schanghai 1948, im letzten Jahr der Nationalregierung: eine Stadt der Extreme. Damals war ich ein Junge von elf Jahren, klein für mein Alter, ein Büchernarr und Baseball-Fan. Ich war das drittälteste von acht Kindern und wohnte in einem geräumigen dreistökkigen Backsteinhaus, das an einer Allee im wohlhabenden Westen Schanghais lag. Jeden Morgen brachte mich der Rikscha-Fahrer meines Vaters zu meiner christlichen Grundschule in dem ehemals französischen Stadtteil, der etwa anderthalb Kilometer von unserem Haus entfernt war. Der Fahrer kehrte mittags zum Schultor zurück, um mir einen Stapel mit Behältern voll köstlicher heißer Speisen zu bringen, die unser Koch zubereitet hatte. Ich aß in einem separaten Klassenzimmer zusammen mit einem Dutzend genauso privilegierter Schüler fern von der lauten Cafeteria, in der sich die anderen Kinder drängten. Nach der Schule übte ich Kalligraphie unter Anleitung meiner Stiefmutter und eilte dann nach draußen, um mit meinen Freunden zu spielen, bis mich ein Diener zum Abendessen holte.

In den Jahren meiner Kindheit war ich fast völlig von der Armut, Gewalt und Angst isoliert, die in einem großen Teil von Schanghai herrschten. Nur selten verließ ich mein Viertel, und ich wußte nicht, daß nur einen halben Kilometer von unserem Haus entfernt an jedem Morgen Leute mit Karren durch die Straßen zogen, um die Leichen derjenigen einzusammeln, die während der Nacht an Hunger oder Krankheit gestorben waren. Ich erinnere mich an einen Ausflug im Jahre 1948, als mein Vater an einem Sonntag nachmittag mit mir in die Wuding-Straße zu dem größten Kaufhaus der Stadt fuhr, um mir einen Baseballhandschuh zu schenken. Der Rikscha-Fahrer parkte direkt vor dem Eingang, so daß ich mich nicht unter die Menschenmassen zu mischen brauchte und nichts von dem offenkundigen Elend bemerkte. Nach dem Kauf des Handschuhs dachte ich nur daran, so schnell wie möglich heimzukehren, damit ich für den Rest des Tages mit meinen Freunden Baseball spielen konnte.

Außerdem erinnere ich mich an den Schock, den ich verspürte, als meine ältere Schwester eines Morgens weinend nach Hause gerannt kam; sie hatte ein totes, in Lumpen gehülltes Baby gesehen, das an einer Straßenecke zurückgelassen worden war. Vater schützte uns so wirksam vor der Armut und der Not, daß ich nicht einmal etwas von der Inflation mitbekam, die in jenem Jahr überall in der Stadt Panikkäufe auslöste. Meine einzige Erinnerung daran, daß Menschenmengen die Reisgeschäfte von Schanghai umlagerten, stammt aus Fotos, die ich in der Zeitschrift *Life* sah (Vater abonnierte sie zusammen mit *Time* und *Fortune*).

Mein Vater, der Sohn eines kleinen Grundeigentümers aus der reichen und malerischen Stadt Wuxi, hatte eine christliche Mittelschule und später die St. John's University besucht, das angesehene amerikanische Missionars-College in Schanghai, das in englischer Sprache eine westliche, liberale Ausbildung vermittelte. Sein Abschluß im Fach Wirtschaftswissenschaft hatte ihn auf die Welt des Außenhandels vorbereitet; er stieg rasch zum stellvertretenden Geschäftsführer der Young Brothers' Bank und später zum Eigentümer einer Strickgarnfabrik auf. Damals wußte ich nichts von seiner Arbeit und seinem Einkommen, aber ich entsinne mich an meinen Stolz, als er einen Kühlschrank der Marke Westinghouse erwarb, und an meine Aufregung, als er im Sommer 1948 eine Anzahlung auf einen Chevrolet leistete. Ich hielt meine Familie nie für vermögend, da einige meiner Schulkameraden in weit größerem Luxus lebten. Es kam mir normal vor, daß wir drei Bedienstete hatten, die meiner Stiefmutter bei der Hausarbeit und der Versorgung der acht Kinder halfen.

Unser Lebensstil, typisch für die verwestlichte obere Mittelschicht von Schanghai, spiegelte Vaters Prägung durch zwei Kulturen wider. Anstelle der steifen, aus Rosenholz geschnitzten Sessel und Tische, mit denen traditionellere chinesische Wohnzimmer eingerichtet waren, wählte er ein weiches Sofa und einen dichten Wollteppich, und er kaufte auch ein Klavier, so daß meine ältere Schwester und ich zweimal in der Woche Unterricht nehmen konnten. Manchmal bewirtete Vater seine britischen Freunde aus dem Bankgeschäft mit ausländischen Weinen und Cognacs, die in der polierten Anrichte in unserem Eßzimmer standen. Sein Lieblingshobby war die Jagd, und er verwahrte fünf Schrotflinten in einem verschlossenen Holzschrank in der Dachkammer. Zudem zog er zwei Vorstehhunde heran, die ihn auf seinen Reisen begleiteten, wenn er in der nahegelegenen Moorlandschaft von Subei Vögel und in der Wildnis der Inneren Mongolei Ziegen schoß.

Ungeachtet seiner kosmopolitischen Lebensweise blieb Vater in seinem Denken tief in der Tradition verhaftet. Er liebte Kunst und sammelte Werke der berühmtesten zeitgenössischen Maler. Ich erinnere mich besonders an ein Paar anmutig tänzelnder Pferde von Xu Beihong, das im Wohnzimmer hing, an ein lebensgroßes Porträt der mythischen Yang Guifei, die dem Bad entsteigt, von Zhang Daqian und an eine Komposition aus Blumen und Schmetterlingen von Qi Baishi. Ich habe nicht vergessen, mit welchem Ernst Vater seinen westlichen Anzug und seine Lederschuhe an den Frühlingsfeiertagen und dreimal jährlich aus Anlaß des Gedenkens an meine Mutter gegen ein traditionelles langes Seidengewand austauschte. Er bestand darauf, daß auch wir Kinder bei diesen Zeremonien lange Gewänder trugen.

Meines Wissens ging Vater nie in die Kirche, aber er vollführte die traditionellen Familienrituale mit großer Würde. Alljährlich am 5. April, an dem die Gräber der Vorfahren gefegt werden, versammelte sich die ganze Familie im Eßzimmer, während die Diener verlockende Fleisch-, Hühner- und Gemüsegerichte in großer Zahl an das Tischende stellten. Ich betrachtete immer mit einer Mischung aus Respekt und Furcht die vielen Tassen, Kerzen und Räuchergefäße und die kleine, mit dem eingravierten Namen meiner Mutter versehene Elfenbeinstele, die bei den Darreichungen für ihren dahingeschiedenen Geist als Beiwerk dienten. Vater leitete die Zeremonie ein, indem er mehrere Tassen mit Reiswein füllte, die Kerzen und den Weihrauch anzündete und sich dann auf ein Kissen kniete, um dreimal zum Gedenken an unsere Mutter einen Kotau zu machen. Wir alle, sogar unsere Stiefmutter, vollzogen der Reihe nach diese rituellen Gesten.

Mutter war 1942 gestorben, als ich fünf Jahre alt war. Vater hatte daraufhin allein die Obhut für mich, meine ältere Schwester, meinen älteren Bruder und zwei jüngere Schwestern übernommen. Ich war stets davon ausgegangen, daß Mutter an einer Krankheit gestorben sei, aber niemand hatte je von der spezifischen Ursache gesprochen. Viele Jahre später vertraute mir ein älterer Cousin an, daß sie nach einem heftigen Streit mit meinem Vater auf geheimnisvolle Weise umgekommen sei, und ich hörte zu meiner Verwirrung, daß es sich um Selbstmord gehandelt haben könne. Mein Vater redete mit mir nicht über ihren Tod, und ich sollte die Wahrheit nie erfahren. Ich kann mich kaum an meine Mutter erinnern, aber ich weiß noch, daß ich zunächst Angst davor hatte, ein Jahr nach ihrem Tod eine Stiefmutter zu bekommen. Wir Kinder rechneten damit, daß diese neue Frau grausam und egoistisch sein werde, und wir fürchteten uns vor der üppigen Hochzeit, die Vater im Park-Hotel, direkt neben der Rennbahn, geplant hatte. Er stellte uns den Gästen beim Empfang kurz vor, und nachdem der Rikscha-Fahrer uns nach Hause gebracht hatte, suchten wir ängstlich in der Küche Zuflucht.

Zu meiner Überraschung kam unsere neue Stiefmutter sofort nach den Festlichkeiten zu uns. Als sie in der Küchentür erschien, trug sie noch ihr langes Silberkleid und ihr Mieder aus Elfenbeinnelken. Sie streichelte meinem Bruder und mir den Kopf, zog meine jüngste Schwester an sich und führte sie nach oben ins Schlafzimmer. Sehr bald empfand ich Liebe zu dieser stillen, gütigen Frau, deren Wärme und Mitleid im Gegensatz zu der Distanz und strengen Aufsicht meines Vaters standen.

Vater maß der Ausbildung große Bedeutung bei und plante, alle seine Kinder auf Missionarsschulen zu schicken. 1946 meldete er meine ältere Schwester in der berühmten St. Mary's School für Mädchen an, und im Herbst 1948 sandte er meinen Bruder und mich auf die St. Francis School. Dort trugen wir Uniformen, die denen einer britischen Public School glichen: marineblaue Blazer mit einem Wappen auf der Brusttasche, kurze Flanellhosen und knielange Socken. Unsere Lehrer waren sämtlich Priester und Mönche des Jesuitenordens, und einer gab mir in meiner ersten Schulwoche den englischen Namen »Harry«.

Ich war schon immer von den Naturwissenschaften fasziniert gewesen, und bald entwickelte ich eine enge Bindung an einen italienischen Priester, der Physik lehrte und das Labor leitete. Pater Capolito, ein gebeugter Mann von Mitte Sechzig mit einem dichten silbernen Haarkranz, hatte mich eines Tages bemerkt, als ich die älteren Schüler vom Korridor aus bei der Arbeit im Labor beobachtete. Ich erinnere mich, wie er mir die Hand auf den Kopf legte, mich in den Raum zog und mir die Schachteln mit seiner großartigen Schmetterlingssammlung zeigte. Als es im Frühjahr warm wurde, borgte er ein Fahrrad für mich aus und machte Sonntag nachmittags mit mir Ausflüge in die Umgebung, so daß ich eigene Exemplare sammeln konnte. Auch Käfer faszinierten mich, und ich lernte rasch, viele unterschiedliche Arten mit Hilfe ihrer Gestalt und der Zeichnung ihres zerbrechlichen Panzers zu identifizieren. Auch das Picknick, das Pater Capolito einpackte – Schinken, Brot, Butter, Marmelade, Milch und Obst –, gefiel mir sehr.

In jenem Frühjahr 1949 schob sich der brutale Bürgerkrieg zwischen Kommunisten und Nationalisten näher an Schanghai heran. Nachdem die von Mao Tse-tung geführten kommunistischen Armeen Ende 1948 die entscheidenden nördlichen Städte Baoding, Tianjin und Peking besetzt hatten, kauften sich viele führende Politiker und Geschäftsleute in Schanghai Flugtickets nach Hongkong und bereiteten sich darauf vor, mit ihrem Gold und ihren sonstigen Wertsachen zu fliehen. Vor uns Kindern kam Vater nie auf diese politischen Ereignisse zu sprechen. Er wollte nicht, daß wir uns mit etwas anderem als unseren Schulaufgaben beschäftigten. Eines Abends hörte ich zufällig, wie er meiner Stiefmutter erklärte, daß es ihm recht gleichgültig sei, ob man eine kapitalistische oder eine kommunistische Regierung habe. Menschen mit

Kenntnissen und Integrität würden stets hochgeschätzt werden, versicherte er ihr – gleichgültig, wer an der Macht sei.

Geprägt von den konfuzianischen Traditionen seiner eigenen Familie, setzte Vater voraus, daß jede Lösung der gesellschaftlichen und politischen Probleme Chinas mit korrektem Benehmen zu beginnen habe. Er hielt sich hartnäckig von der Politik fern, und ich hörte nie, daß er eine Meinung über das Ergebnis des Bürgerkrieges äußerte. Immerhin teilte er uns mit, daß er das Angebot eines britischen Geschäftsfreundes ausgeschlagen habe, meinen Bruder und mich nach Hongkong mitzunehmen, damit wir dem möglichen Blutvergießen und den Vergeltungsmaßnahmen nach einem kommunistischen Sieg entgingen. Die Familie werde zusammenbleiben, erklärte Vater. Wir Kinder hätten nur die Pflicht, fleißig zu lernen, Selbstdisziplin zu erwerben und strenge moralische Werte zu pflegen. Welche Partei auch an der Macht sei, wir sollten ehrlich sein, auf eigenen Beinen stehen und mit aller Kraft für unser Land arbeiten. Das waren die Prinzipien, nach denen Vater lebte.

Im April und Anfang Mai sahen wir mehrere Wochen lang, wie Vater das Haus abends mit einem Knüppel und einer Taschenlampe verließ. Wir wußten, daß er eine Gruppe von Männern organisiert hatte, die durch die Straßen patrouillierten, um unsere Häuser vor der Ausplünderung und Brandstiftung durch umherstreifende nationalistische Soldaten zu schützen. Diese Soldaten waren Deserteure, die versuchten, vor dem Eintreffen der Volksbefreiungsarmee nach Süden zu entkommen. Eines Nachmittags war ich sehr aufgeregt, als ich zusah, wie Vater eine seiner Schrotflinten säuberte und ölte, aber er nahm sie nie wieder von ihrem Gestell herunter. Am 24. Mai muß er gewußt haben, daß sich etwas ereignen würde, denn er schickte uns Kinder unmittelbar nach dem Abendessen in unsere Schlafzimmer. Kurz vor Mitternacht hörte ich dröhnende Schritte auf der Treppe zur zweiten Etage, wo ich mir ein Schlafzimmer mit meinem älteren Bruder teilte. Vater riß die Tür auf, trat mit vier Männern aus der Nachbarschaft ein und befahl uns, im Bett zu bleiben und uns still zu verhalten. Mein

Zimmer hatte einen Balkon mit Ausblick auf die Straße, und die Männer spähten hinter den schweren, bodenlangen Vorhängen nach draußen.

Eine Zeitlang versuchte ich, mich durch ihre leisen Stimmen einschläfern zu lassen. Dann rief jemand: »Sie kommen, sie kommen!« Ich sprang auf und stellte mich neben meinen Vater. In dem trüben Licht der Straßenlaternen konnte ich nationalistische Soldaten erkennen, die ungeordnet – manche zu Fuß, manche in Jeeps – aus der Stadt flohen. Ungefähr eine Stunde verging, bevor die Soldaten der Volksbefreiungsarmee erschienen. Sie marschierten in Zweierreihen schneidig auf das Stadtzentrum zu. Vater wirkte beeindruckt von ihrer Disziplin und erleichtert darüber, daß die Bedrohung gewichen war.

Am Morgen erfuhren wir aus dem Radio, daß Schulen und Büros für einen Tag geschlossen sein würden, aber Vater brach früh auf, um herauszufinden, was in seiner Bank geschehen war. Als er an jenem Abend zurückkehrte, schien er unbesorgt zu sein. Ich hörte, wie er meiner Stiefmutter sagte, die Straßen seien ruhig und die Aussichten vielversprechend – eine neue Ära habe begonnen. In jenem Moment des Optimismus und der wachsenden Zuversicht konnte ich nicht ahnen, daß meine Kindheit bald zu Ende sein würde.

Mehr als ein Jahr lang ging unser Familienleben nahezu unverändert weiter. Meine Eltern forderten uns Kinder auf, besonders höflich zu sein, wenn die »Tanten« aus dem neuen Bezirkskomitee zu Besuchen vorbeikamen. Anfang 1950, während der »Kampagne zur Unterdrückung von Konterrevolutionären«, lieferte Vater seine Jagdgewehre ab, da das Büro für Öffentliche Sicherheit sämtliche Waffen in privater Hand beschlagnahmte. Davon abgesehen, blieb unser Tagesablauf der gleiche. Jeden Abend vor dem Essen rief ein Diener uns Kinder an den Tisch, während ein anderer dampfende Platten mit Fleisch und Gemüse und eine Suppenterrine aus der Küche hereintrug. Erst wenn wir still, mit geradem Rücken und gefalteten Händen dasaßen, gab ein dritter Diener Vater Bescheid, der sich oben in seinem Arbeitszimmer aufhielt. Wir warteten immer, bis er nach den Eßstäbchen griff, bevor wir selbst zulangten. Dann warteten wir noch ungeduldiger darauf, daß er den Tisch verließ, damit wir sprechen, uns streiten und uns auf die übriggebliebenen Speisen stürzen konnten. Nach dem Essen gingen wir für eine halbe Stunde in die Privatzimmer unserer Eltern, um uns mit ihnen zu unterhalten und mit ihnen zu scherzen, bevor wir unsere Schularbeiten beendeten. Ich liebte diesen Teil des Tages. Es war der einzige Zeitpunkt, zu dem Vater sich jemals entspannte.

In der Schule lernte ich, Fußball zu spielen und zu schwimmen. Außerdem begann ich auf Pater Capolitos Vorschlag hin, mich mit dem Katholizismus zu beschäftigen. An dieser fremden Religion zogen mich die Güte, die Ehrlichkeit und Gelassenheit der Priester an. Pater Capolito behandelte seine Kollegen wie Brüder und mich wie einen Sohn. Ich schloß mich seinem Katechismusunterricht an, und nachdem ich 1950 getauft und dann gefirmt worden war, nahm ich in der Schule an den Aktivitäten der Kirche teil.

In jenen Monaten gab sich die Kommunistische Partei alle Mühe, die öffentliche Meinung in Schanghai gegen »ausländische Imperialisten« zu mobilisieren. Präsident Trumans Entscheidung vom März 1950, die Formosa-Straße von der Siebten Flotte der Vereinigten Staaten kontrollieren zu lassen, erschien als eine bewußte Provokation und als eine Bedrohung der mühsam errungenen Unabhängigkeit Chinas. Als im Sommer 1950 der Krieg in Korea ausbrach, wurden wir Schüler von patriotischer Wut und Entrüstung erfaßt. Wir haßten die Vereinigten Staaten, die wir Chinas »Feind Nummer eins« nannten, und wir verehrten unseren »großen Bruder«, die Sowjetunion.

Von unseren politischen Instrukteuren hörten wir begeisternde Berichte über die heroischen Opfer der chinesischen Armee an der Koreafront und über die Leistungen der Kommunistischen Partei, die Land an die Bauern verteilt, die Kriminalität in den Städten verringert und die Währung stabilisiert habe. Wir empfanden Schuldbewußtsein und Bedauern über die Not, die die ausgebeuteten Klassen in der alten Gesellschaft erlitten hatten, und wir verpflichteten uns, der Kommunistischen Partei beim Aufbau einer glänzenden Zukunft zu helfen. Wäre ich fünfzehn Jahre alt gewesen, hätte ich mich gewiß wie alle älteren Jungen meiner Schule freiwillig zum Dienst an der Koreafront gemeldet, aber ich war zwei Jahre zu jung.

In jenen Jahren hatte ich wenig für Amerika übrig. Meine einzigen positiven Eindrücke von Uncle Sam stammten aus frühen Kindheitserinnerungen im Zweiten Weltkrieg, als die Vereinigten Staaten und China gegen Japan verbündet waren. Ich hatte aufgeregt von einem Dachgeschoß aus beobachtet, wie amerikanische P-51 im Formationsflug den Huangpu überquerten und dann ausfächerten, um während der Besatzung von Schanghai ihre Bomben auf japanische Anlagen abzuwerfen. Einige Male hatte ich nach Kriegsende an meiner Grundschule GI-Rationen erhalten, und einmal hatte ich versucht, zwanzig dieser wasserdichten Pappschachteln nach Hause zu tragen. Jede enthielt eine Dose Fleisch, einen kleinen Löffel, ein paar Kekse, Butter und Marmelade und sogar zwei Zigaretten. Ich dachte, daß amerikanische Soldaten ein wunderbares Leben führen müßten, da sie so köstliche Dinge essen konnten.

Im Herbst 1950 erschienen zwei neue Kurse auf unserem Stundenplan: der eine über Darwins Evolutionstheorie und der andere über die marxistische Theorie der Gesellschaftsentwicklung. Mittlerweile waren einige der ausländischen Priester bereits abgereist. Eines Tages nach Schulschluß bat mich Pater Capolito ins Labor. Er nahm zwei große Musterkästen mit gläsernen Schiebedeckeln von einem Regal und machte sie mir zum Geschenk. Ich wollte voller Freude mit meinen Schätzen nach Hause laufen, doch Pater Capolito hielt mich zurück. »Du mußt gut auf diese Sammlungen aufpassen«, sagte er freundlich und legte mir die Hand auf den Kopf. Ich begriff nicht, daß die Kästen sein Abschiedsgeschenk waren. Ein paar Tage später fragte ich Bruder Xu, den chinesischen Lehrer, der plötzlich die Aufsicht über das Labor übernommen hatte, wo Pater Capolito abgeblieben sei. »Er mußte heimkehren, um sich auszuruhen«, lautete die sanfte Antwort. Erst

Monate später wurde mir klar, daß Pater Capolito nie zurückkehren würde.

Anfang 1952 besuchten alle Kinder meiner Schule eine aufwendig gestaltete Ausstellung von Fotos und Dokumenten; sie sollten die »Verbrechen der ausländischen Imperialisten« enthüllen, »die mit Religion gegen das chinesische Volk vorgehen«. Die Ausstellungsstücke schockierten mich, und drei hinterließen einen bleibenden Eindruck. Eines zeigte eine Anzahl Waffen – Messer, Pistolen, sogar eine Granate –, die angeblich in den christlichen Kirchen der Stadt entdeckt worden waren; dies beweise, daß die ausländischen Missionare in Wirklichkeit imperialistische Agenten und Spione seien. Eine andere Folge von Fotos zeigte leidende chinesische Kinder in Missionarswaisenhäusern. Ich erinnere mich an das Bild einer amerikanischen Nonne, die sich an Brot und Milch gütlich tat, während hungernde chinesische Kinder ihr zusehen mußten. Ein anderes Bild zeigte den Friedhof für chinesische Kinder neben einem Missionarswaisenhaus. Damals wußte ich nicht, daß viele dieser Kinder in einem fortgeschrittenen Zustand von Krankheit und Hunger in den Waisenhäusern abgeliefert worden waren und daß die Nonnen sie nicht mehr hatten retten können. Am meisten schockierte mich eine Sammlung von Briefen und Fotos, die intime Beziehungen zwischen einigen ausländischen Priestern und chinesischen Frauen belegen sollten. Die Überschrift lautete: »Wölfe in religiösem Gewand.«

Zu Beginn des Jahres 1952 waren fast alle ausländischen Lehrer an der St. Francis School abgereist. Man hatte den ausländischen Direktor abgelöst, einige der chinesischen Geistlichen verhaftet, die Lehrer hatten ihre schwarzen Roben und Kruzifixe gegen weltliche Kleidung eingetauscht, und der Name der Schule war geändert worden: Nun besuchte ich die Zeit-Grundschule. Ein neuer Direktor traf ein, der in der kommunistischen Neuen Vierten Armee gedient hatte, und jeder Klasse wurde ein politischer Instrukteur zugewiesen, der uns die marxistisch-leninistische Theorie beibringen sollte.

Während sich die ausländerfeindliche Propaganda im Jahre

1952 verstärkte, begannen Vaters Probleme. Die sogenannte Drei-Anti-Bewegung – eine von mehreren nach 1949 eingeleiteten politischen Kampagnen, die jegliche Opposition vernichten sollten – wurde offiziell als ein Versuch hingestellt, die »drei Übel« der Korruption, des Bürokratismus und der Verschwendung zu beseitigen. Aber in Wirklichkeit galt die neue Kampagne den Kapitalisten – nicht nur ausländischen Missionaren und Geschäftsleuten, sondern auch ihren »Jagdhunden«, womit Chinesen gemeint waren, die enge Beziehungen zum Westen geknüpft hatten.

Eines Abends im Frühjahr 1952 kam Vater nicht nach Hause. Wir ahnten nicht, was ihm zugestoßen war oder wo er sich aufhielt. Weiterhin deckten die Diener den Tisch auch für ihn, und nachdem wir Platz genommen hatten, bedeutete unsere Stiefmutter uns mit einem Nicken, daß wir mit dem Essen beginnen durften. Sie selbst rührte ihre Speisen nicht an, und wir sahen die Sorgenfalten um ihre Augen. Aus Gewohnheit stellten wir nie Fragen, doch nach dem Essen hielten wir uns in ihrem Schlafzimmer auf, sprachen leise, vermieden Streitigkeiten und versuchten, sie ein wenig zu trösten.

Vater kehrte erst einen Monat später zurück. Eines Abends nach dem Essen trat er ins Wohnzimmer und sagte kein Wort über sein Verschwinden. Erst ein Jahr später erfuhren wir von unserer Stiefmutter, daß Parteiaktivisten ihn in seinem Zimmer in der Bank festgesetzt und rund um die Uhr über die angeblichen Finanzverbrechen des Bankdirektors verhört hatten. Im Gegensatz zu vielen anderen, auf die ähnlicher Druck ausgeübt wurde, lehnte mein Vater es ab, Falschaussagen zu machen, und erklärte immer wieder, daß sein Chef unschuldig sei. Schließlich wurde er freigelassen, doch der Bankdirektor, fälschlich der Unterschlagung bezichtigt, verbrachte die nächsten fünf Jahre im Gefängnis.

Danach wurde Vater offiziell zurückgestuft und einer kleineren Bank als Angestellter mit einem viel niedrigeren Gehalt zugewiesen. Ich wußte, daß es meinen Eltern schwerfiel, die Unterhalts- und Ausbildungskosten für unsere große Familie aufzubringen. Zunächst verkaufte Vater seine Fahrrad-Rikscha und entließ den

Fahrer; dann verzichtete er auf die Hausbediensteten. Eines Tages verschwand das Klavier, danach der Teppich, das Sofa und der Kühlschrank. Techniker entfernten das Telefon im Erdgeschoß und ließen nur den Apparat in der oberen Etage zurück. Manchmal beobachteten wir, wie unsere Stiefmutter das Haus mit einem Päckchen unter dem Arm verließ. Wir wußten, daß sie Schmuck und Kunstgegenstände verkaufte, um den Haushalt weiterführen zu können.

1954 suchten die Parteibehörden verzweifelt nach kompetenten Managern, nachdem sie so viele bestraft hatten. Sie wollten Vater wieder zum stellvertretenden Bankdirektor befördern, aber er schlug das Angebot aus. Statt dessen erklärte er, er wolle aus dem Bankgeschäft aussteigen, und im nächsten Jahr übernahm er eine Arbeit als Englischlehrer in einer nahegelegenen Mittelschule.

Der Wind dreht sich

Im Sommer 1955 schickte ich mich an, mein Elternhaus zu verlassen. Meine ältere Schwester hatte bereits die St. John's University abgeschlossen, einen Kommilitonen geheiratet und war 1950 mit ihm zu seiner Familie in Hongkong gezogen. Mein älterer Bruder hatte einen zweijährigen Lehrgang in Betriebstechnik am Technologischen Institut von Qingdao absolviert. Meine Eltern mußten noch fünf weitere Kinder aufziehen und ernähren, und ich wußte, daß meine Abreise ihre finanzielle Belastung verringern würde. In meinem letzten Trimester an der Mittelschule hatte ich sorgfältig über meine Zukunft nachgedacht. Da ich stets die besten Zensuren erhalten hatte, beschloß ich, mich zum Physik- oder Chemiestudium an der Qinghua-Universität in Peking, der renommiertesten Hochschule für angewandte Naturwissenschaft, zu bewerben. Doch dann änderte ich meine Pläne, nachdem ich eine Serie von Zeitungsartikeln gelesen hatte, in der junge Leute aufgefordert wurden, ihrem Land als Geologen zu dienen.

In der *Volkszeitung* las ich einen anregenden Bericht des Ministers für Geologie, der darlegte, in welch hohem Maße Geologen zur Zukunft Chinas beitragen konnten. Die Geologie habe eine glorreiche, doch schwierige Laufbahn zu bieten, die Wissen, Disziplin und Hingabe erfordere. Ohne Geologen, die die Mineral-, Öl- und Kohlevorräte Chinas entdeckten, könne der sozialistische Aufbau nicht voranschreiten. Ohne Geologen, die Landvermessungen vornahmen, könnten die Brücken, Dämme und Eisenbahnstrecken des Landes nicht gebaut werden. »Geologie-Arbeiter« seien die »Vorhut des sozialistischen Aufbaus unserer Heimat«, und die fähigsten Mittelschulabsolventen wurden in dem Artikel ermuntert, sich beim Pekinger Geologie-Institut zu bewerben.

Der Gedanke an eine solche Karriere war für mich eine Herausforderung und eine Inspiration, und am nächsten Tag studierte ich die Broschüre, die das Pekinger Geologie-Institut meiner Mittelschule geschickt hatte. Diese neue Technische Hochschule hatte die Geologische Fakultät von Qinghua und andere Institutionen im Rahmen der Universitätsreform übernommen, die die Kommunistische Partei 1952 nach sowjetischem Vorbild durchführte. Das fünfjährige Studium der Ingenieurgeologie enthielt zwei Praktika, die in verschiedenen Sommern abgehalten werden sollten. Mich begeisterte die Vorstellung, in einem fernen und unzugänglichen Gebiet wissenschaftliche Arbeiten durchzuführen und Kenntnisse zu erwerben, die von praktischem Nutzen für meine Heimat sein würden. Im Juli füllte ich die nationalen Immatrikulationsfragebögen aus und nannte das Pekinger Geologie-Institut als meine erste Wahl. Die Prüfungsergebnisse wurden im August bekanntgegeben, und ich war stolz und glücklich über die Nachricht, daß ich mich für sämtliche Spitzenuniversitäten des Landes qualifiziert hatte. Das Geologie-Institut akzeptierte mich sofort, und man forderte mich auf, am 1. September in Peking zu erscheinen.

In den letzten Sommerwochen mischte sich meine Freude über die aufregende Zukunft mit Trauer darüber, daß ich mich von meinem Elternhaus und meiner Familie trennen mußte. Ich war in meinem letzten Mittelschuljahr sehr beschäftigt gewesen, denn ich hatte mich auf den Unterricht konzentriert und mich dann auf die strengen Universitätsaufnahmeprüfungen vorbereitet. Nachdem mein Bruder 1953 die Schule verlassen hatte, war ich an seiner Stelle Mannschaftsführer des Baseball-Teams geworden, und außerdem hatte ich mich verliebt. Meine Freundin Meihua war eine Klassenkameradin meiner jüngeren Schwester und hatte unser Haus häufig besucht. Im Frühjahr 1954 war unsere Freundschaft intensiver geworden. Wir machten lange Spaziergänge und Fahrradausflüge und begannen, unsere geheimsten Gedanken miteinander zu teilen. Ein Jahr später, am Vorabend meiner Abreise nach Peking, tauschten wir zum Zeichen unserer Liebe Halsketten aus.

Im Nachtzug saß ich mitten in einer Gruppe enthusiastischer junger Studenten, die sich zu Hochschulen in der Hauptstadt des

Landes aufmachten. Eine fröhliche Kameradschaft entwickelte sich; wir plauderten und lachten während der vierundzwanzigstündigen Reise, sangen Revolutionslieder und schwelgten in unseren patriotischen Gefühlen und unserer romantischen Abenteuerlust. Ich hatte nie zuvor eine Reise gemacht, und nun warf ich zum erstenmal einen Blick auf die Bauern, die den terrassierten Boden an den Berghängen bestellten, und auf die Armut, die einen so großen Teil der chinesischen Landgebiete beherrschte. Während die Landschaft am Zugfenster vorüberglitt, dachte ich an die Lektionen meines politischen Unterrichts. Ich verspürte ein tiefes Gefühl des Mitleids und des Ehrgeizes. Mein Land und mein Volk hatten zu sehr gelitten. Ich wollte der Kommunistischen Partei helfen, eine neue Zukunft und eine neue Nation aufzubauen, in der die Menschen ein würdevolles Leben ohne Mangel und Ungerechtigkeit führen konnten. Ich wollte dazu beitragen, daß China stark, wohlhabend und geeint wurde.

Diese Träume begannen zu verblassen, kurz nachdem ich Peking erreichte. Die ersten Personen, denen ich am Geologie-Institut begegnete, waren die Politinstrukteure, die uns fünfzehnhundert Neuankömmlinge in militärähnliche, von Kadern des Jugendverbandes geführte Einheiten aufteilen mußten. Zu meiner Überraschung stellte ich fest, daß sieben der dreißig Studenten meiner Klasse bereits Parteimitglieder waren, während sechzehn dem Jugendverband angehörten. Außer mir waren nur sechs andere »weiß und leer«, was bedeutete, daß uns ein fortgeschrittenes politisches Bewußtsein fehlte. An meiner Mittelschule in Schanghai waren »reaktionäre« Studenten aus »bourgeoisen« Familien nie in einer solchen Minderheit gewesen.

Trotz der herzlichen Begrüßung durch Genossin Ma, die für die ideologische Erziehung meiner Klasse verantwortliche Führerin des Jugendverbandes, fühlte ich mich in einer derart politisierten Situation unbehaglich. Ma, eine fröhliche junge Frau aus einer Bauernfamilie – sie war ein paar Jahre älter als ich –, bot uns für die fünf Jahre am Geologie-Institut jede denkbare Hilfe an. Sie erklärte, wir hätten großes Glück, weil die Kommunistische Partei und das arbeitende Volk uns ermöglichten, diese Universität zu besuchen. Es sei eine einmalige Gelegenheit, deshalb müßten wir fleißig studieren, um das Vertrauen des Volkes zu rechtfertigen und die Großzügigkeit der Partei sowie das Blut und den Schweiß der Arbeiterklasse zu vergelten. Ich respektierte ihr Engagement und ihre Aufrichtigkeit, und ich bewunderte die Führung der Kommunistischen Partei, aber ich konnte Genossin Mas Überzeugung nicht vollauf teilen. Schließlich hatte ich mich in der Mittelschule abgemüht, um gute Zensuren zu erhalten und um bei den Aufnahmeprüfungen hervorragend abzuschneiden. Ich war durch meine eigenen schulischen Leistungen, unabhängig von den Opfern des arbeitenden Volkes, ans Geologie-Institut gelangt.

Nach ihren einleitenden Bemerkungen begann unsere Jugendverbandsführerin, uns auf die Kampagne zur »Förderung von Loyalität und Ehrlichkeit« vorzubereiten, die während der ersten Woche in Peking den größten Teil unserer Zeit in Anspruch nehmen würde. In den nächsten beiden Tagen studierten wir Parteidokumente und lauschten Universitätsvertretern, die uns einschärften, daß wir die Errungenschaften der Arbeiterklasse bewundern und achten und uns selbst zu »neugeborenen sozialistischen Menschen« umgestalten sollten. Am dritten Tag verkündete Genossin Ma, es sei an der Zeit, unsere eigene Loyalität und Ehrlichkeit zu beweisen. Jeder von uns solle einen autobiographischen Aufsatz über das wichtigste Ereignis in seiner Vergangenheit schreiben. Danach müßten wir Namen, Alter, Adresse und Beruf unserer Verwandten und engsten Freunde in Formulare eintragen. Diese Information werde der Partei bei ihrer Arbeit helfen, weshalb wir besonders sorgfältig zu sein hätten.

Diese ersten Schritte auf dem Weg ins Studium machten mir gewisse Sorgen, denn ich wußte, daß meine Auskünfte in meiner Personalakte im Büro des Parteikomitees verewigt werden würden. Nach den Schwierigkeiten, die mein Vater 1952 gehabt hatte, beunruhigte mich der Gedanke daran, wie man die Einzelheiten über meine Familienverhältnisse in Zukunft verwenden würde. Mir war klar, daß man die Akte jederzeit einsehen und die Angaben beliebig interpretieren konnte. Auch die Forderung, so viele persönliche Details, darunter meine Freundschaft zu Meihua, preiszugeben, bereitete mir Unbehagen. Welches Recht hatte die Kommunistische Partei, in meinem Privatleben herumzustöbern? Aber Genossin Ma betonte die Notwendigkeit, unseren »politischen Standpunkt« zu verbessern und die »reaktionären Ansichten« der Vergangenheit abzulegen, und mir blieb keine Wahl.

Zwar mußte ich keine heiklen politischen Kontakte verbergen, aber die alles entscheidende Frage nach dem Beruf meines Vaters bereitete mir Kopfzerbrechen. Anhand dieser Einzelheiten würde die Partei meine Klassenherkunft bestimmen. Da Vater nie mit uns Kindern über die Höhe seines Einkommens oder seine Verdienstquellen gesprochen hatte, wußte ich nicht sicher, ob er jemals Grundeigentum besessen hatte. In diesem Fall wäre ihm das Klassenetikett des »Kapitalisten« – die verwerflichste Bezeichnung im kommunistischen Wortschatz – angeheftet worden. Meines Wissens besaß er kein Kapital und hatte sich sein Einkommen stets ausschließlich auf sein Gehalt beschränkt, aber ich war unsicher, was seine Berufsbeschreibung anging. Letztlich nannte ich ihn einen »Schullehrer« und früheren »höheren Angestellten«, was damals die angemessene Bezeichnung für einen stellvertretenden Bankdirektor war.

Zu meiner Erleichterung wurden meine persönlichen Informationen am nächsten Morgen auf einem Klassentreffen von den Jugendverbandskadern nicht unter die Lupe genommen, doch zwei meiner Kommilitonen mußten ihre Herkunft ausführlicher beschreiben. Ein Student war heftigen Fragen nach einem Onkel ausgesetzt, den man als Grundeigentümer verdächtigte, und ein anderer mußte sich zu dem Vorwurf äußern, daß er die Beziehungen seines Vaters zur Kuomintang nicht angegeben habe. Ich machte mich zum Mittagessen auf und glaubte, meine Probleme seien überwunden. Doch an jenem Nachmittag zog mich Genossin Ma beiseite. »Dein Vater hat also als kapitalistischer Jagdhund gedient?« fragte sie. Ihr beleidigender Tonfall ließ mich zusammenzucken, aber am Ende akzeptierte sie meine Erklärung über den

Beruf meines Vaters und kam zu dem Schluß, daß er nur ein »Agent«, kein Mitglied der »Kapitalistenklasse« gewesen sei.

Die praktische Bedeutung dieser Klassenunterschiede wurde mir erst deutlich, als ich von den monatlichen Stipendien erfuhr, mit denen Essenskosten sowie Nebenausgaben für Seife und Zahnpasta, Umschläge und Briefmarken bestritten werden sollten. Man forderte mich auf, 12,50 Yuan für die Mahlzeiten des ersten Monats zu bezahlen, und ich griff zu dem Taschengeld, das mir meine Eltern mitgegeben hatten. Ein paar Tage später erfuhr ich, daß die meisten anderen Studenten von der Universität einen Zuschuß in Höhe von achtzehn oder fünfzehn Yuan für ihre Lebensmittelkosten und ihre persönlichen Ausgaben erhalten hatten. Studenten aus den Landgebieten, die, wie man meinte, den größten finanziellen Bedarf hatten und die den höchsten politischen Status genossen, empfingen im allgemeinen die höhere Summe, während die Söhne und Töchter von Arbeitern und Soldaten den niedrigeren Betrag bekamen. Keiner der sieben in meiner Klasse, die aus der Bourgeoisie oder der Grundeigentümerschicht stammten, erhielt finanzielle Unterstützung.

Protestierend wies ich Genossin Ma darauf hin, daß mein Vater ein Lehrer mit geringem Einkommen sei und zu Hause fünf Kinder ernähren müsse; er sei nicht in der Lage, meine Mahlzeiten zu bezahlen. Ma versicherte mir, ich könne mich im folgenden Monat um ein Stipendium bewerben, und teilte mir einige Tage später mit, daß man mir 7,50 Yuan, die Hälfte des normalen Betrages, auszahlen werde. Ich fühlte mich diskriminiert, verzichtete jedoch auf weitere Proteste. Nun verstand ich die Privilegienhierarchie, die von der Klassenherkunft diktiert wurde.

Der akademische Unterricht begann, und Genossin Ma ermahnte uns wiederholt, daß unser wichtigstes Ziel darin bestehen müsse, unser politisches Bewußtsein zu schärfen. Wir sollten in erster Linie zu »Roten« und erst danach zu technologischen »Experten« werden. Ich hatte gehofft, meine Überlegenheit auf intellektuellem Gebiet beweisen zu können, aber wie es schien, teilten nicht einmal die Dozenten meine wissenschaftliche Begeisterung. Einige hielten zaghafte Vorlesungen und entschuldigten sich fast für die Zuweisung von Hausaufgaben. Ich überlegte, ob die im Frühjahr 1955 eingeleitete Massenbewegung, genannt »Kampagne zur Beseitigung von Konterrevolutionären«, zu ihrer Vorsicht beitrug. Ich hatte dem Beginn der Kampagne kaum Aufmerksamkeit geschenkt, aber ich wußte aus Zeitungsberichten, daß man Tausende verhört, viele verhaftet und eine ungenannte Zahl hingerichtet hatte. Die meisten Betroffenen waren bis zum Ende des Sommers freigesprochen und aus der Haft entlassen worden, aber die Furcht schwelte weiter.

Genossin Ma redete mir häufig zu, politisch bewußter und aktiver zu werden, aber ich fand immer eine Möglichkeit, mich aus der Schlinge zu ziehen. Ich zeigte mich dankbar für ihre Anteilnahme und versprach, über ihre Vorschläge nachzudenken, aber in Wirklichkeit wollte ich mich auf mein Studium und meine sportliche Betätigung konzentrieren. Außerdem hatte ich vor, ein unabhängiges Leben zu führen und meine eigenen Entscheidungen zu treffen. Mir wurde nicht klar, wie sehr ich mich von meinen Kommilitonen distanzierte, indem ich den politischen Aktivitäten sowie den Gesangs-, Tanz- und Theatergruppen des ersten Studienjahres fernblieb. Solche Veranstaltungen boten Gelegenheit, einander kennenzulernen und, mit Genehmigung der Partei, Liebesbande zu knüpfen. Aber ich widmete mich nachmittags nicht nur meiner Arbeit, sondern ich war auch Mannschaftsführer des Baseball-Teams. Außerdem hatte ich Meihua. Zweimal pro Woche schrieben wir uns Briefe, wobei wir die Umschläge stets numerierten, so daß wir Bescheid wußten, wenn einer verlorenging. Ich wartete ungeduldig auf die Postzustellungen und freute mich auf die Sommerferien, die wir gemeinsam in Schanghai verbringen würden.

Am Jahresende wurden die Abschlußnoten am Schwarzen Brett angeschlagen. Ich erhielt sehr gute Zensuren, doch mir fiel auf, daß Ma in zwei Lehrgängen durchgefallen war. Da ich die Unterrichtsaufsicht führte, war ich genauso für ihre akademischen Fortschritte verantwortlich wie sie für meine politischen. Ich mußte mit Ma über ihr Versagen sprechen. »Ich mag dich sehr gern«, begann ich, »aber du sagst uns anderen dauernd, daß wir uns um der Partei und des Volkes willen im Studium anstrengen müssen. Wieso hast du selbst in zwei Fächern nicht einmal befriedigende Noten erhalten?« Ma behauptete, daß das Studium für sie weniger wichtig sei als für mich, aber ich spürte ihre Verlegenheit. Da ich wußte, wieviel Zeit sie mit ihren politischen Aktivitäten verbrachte, bot ich an, ihr bei der Vorbereitung für die Wiederholungsprüfungen in Mineralogie und Kristallographie zu helfen. Sie nahm Nachhilfeunterricht und bestand die Prüfungen, aber sie vergaß meinen Vorwurf nie.

Daheim in Schanghai traf ich mich während der Sommerferien 1956 fast täglich mit Meihua. Im Herbst wollte sie einen Ausbildungskurs für Lehrer an einer Handelshochschule beginnen, die vom Kohleministerium in Jinan, der Hauptstadt der Provinz Shangdong, betrieben wurde. Ich konnte mir keine Eisenbahnfahrkarte leisten, um sie zum Frühjahrsfest 1957 in Schanghai wiederzusehen, deshalb vereinbarten wir, daß sie während der kurzen »Grabfegungs«-Ferien im April nach Peking kommen würde. Bevor wir Abschied nahmen, teilten wir unseren Eltern mit, daß wir nach meinem Studienabschluß heiraten wollten, und sie gaben ihr Einverständnis zu unserer Verlobung. Optimistisch und von dem Vorsatz erfüllt, angestrengt zu arbeiten, kehrte ich nach Peking zurück.

Im Herbst 1956, kurz nach meiner Rückkehr, erfuhr ich von der neuen Politik der Partei gegenüber »Intellektuellen«. Unsere Politinstrukteure verwandten weniger Zeit darauf, uns Vorträge über die Bedeutung des Klassenkampfes von Arbeitern und Bauern gegen die Bourgeoisie zu halten, sondern sie unterstrichen nun, wie nötig es für Intellektuelle sei, rückhaltlos am politischen Leben des Landes teilzunehmen. Studenten und Lehrer erhielten plötzlich die Möglichkeit, täglich mit einem Bus ins Stadtzentrum zu fahren, ein Friseurladen und ein kleines Restaurant wurden auf dem Universitätsgelände eröffnet, und man verlagerte den Nachdruck vom politischen auf den akademischen Unterricht.

Die veränderte Atmosphäre brachte 1956 auch einen Wandel in

der Rekrutierungspolitik der Partei mit sich. Studenten und Fakultätsmitglieder, die wie ich akademische Erfolge vorzuweisen hatten, aber als politisch rückständig galten, wurden plötzlich aufgefordert, in die Partei oder den Jugendverband einzutreten. Genossin Ma fragte mich eines Tages, ob ich mich dem Jugendverband anschließen wolle. Ich dankte ihr für das freundliche Angebot, wies die Ehre jedoch zurück, da ich noch nicht bereit sei und mich auf diese wichtige Verantwortung intensiver vorbereiten wolle. Ich erwähnte nicht, daß es mir weiterhin widerstrebte, dem politischen Unterricht und den organisatorischen Versammlungen noch mehr Stunden zu widmen – besonders zu einem Zeitpunkt, da die politischen Aktivitäten durch die Betonung akademischer Ziele in den Hintergrund rückten.

Im Laufe meines zweiten Studienjahres, im Januar 1957, fragte mich ein weiterer Jugendverbandskader, ob ich bereit sei, mich dem Aufnahmeverfahren zu unterwerfen. Ermutigt durch Zeitungsberichte über Intellektuelle, die gerade in die Partei eingetreten waren, hatte ich bereits den Entschluß gefaßt, das nächste Angebot zu akzeptieren. Da intellektuelle Leistungen von der Partei zunehmend geschätzt wurden, wollte ich Mitglied werden und mich ihres Vertrauens würdig erweisen. Am nächsten Tag brachte Genossin Ma mir Studienmaterial und lud mich zu einem ernsthaften Gespräch über meine politische »Haltung« ein. »Du stammst nicht aus der Arbeiterklasse, sondern aus der reaktionären Schicht«, sagte sie mitfühlend, »deshalb mußt du die Herkunft deiner Familie streng kritisieren. Nur dann kannst du zu einer neugeborenen sozialistischen Person werden. Du mußt mit deinem Vater anfangen und beschreiben, wie er die Arbeiterklasse verraten und ausgebeutet hat. So kannst du zeigen, daß du ein wahrer kommunistischer Kämpfer werden willst.«

Ich zögerte. »Meiner Ansicht nach sollte mein Vater nicht als ein Angehöriger der Kapitalistenklasse betrachtet werden«, erwiderte ich vorsichtig, »denn ich glaube nicht, daß er jemals Grundeigentum oder Kapital besaß.«

»Ob dein Vater Kapital besaß oder einfach nur der Kapitalistenklasse diente, spielt keine Rolle«, erklärte Genossin Ma mit schrofferer Stimme. »Wenn du dem Jugendverband beitreten willst, mußt du zugeben, daß du eine reaktionäre Klassenherkunft hast und aus der Ausbeuterschicht stammst. Das ist der erste Schritt. Danach kannst du eine klare Trennungslinie ziehen, um dich von der Verseuchung durch deine Familie zu lösen. Nur durch die Kritik an deinem Vater kannst du beweisen, daß du geeignet bist, dich den revolutionären Reihen anzuschließen.«

»Ich möchte darüber nachdenken«, gab ich zurück. »Vielleicht muß ich mich noch länger mit dem Thema befassen.« Dies waren die letzten Worte zur Frage meiner Parteimitgliedschaft.

Im Februar 1957 studierten wir den Aufruf des Vorsitzenden Mao »Laßt hundert Blumen blühen und hundert Gedankenschulen miteinander wetteifern«. Die offizielle Ermunterung, unterschiedliche Standpunkte zu vertreten, löste bei uns Studenten verhaltene Freude aus. Parteiführer würden nicht mehr mechanische Zustimmung und automatischen Gehorsam verlangen, so erfuhr ich auf einer Universitätsversammlung, auf der Bericht über die weitverbreitete Rede des Vorsitzenden »Über den korrekten Umgang mit Widersprüchen im Volk« erstattet wurde. Mehr noch, jene Kader, die früher den offiziellen Parteikurs übermittelt hatten, sollten ihren eigenen »Arbeitsstil« überprüfen. Sie sollten jeden Impuls zur »Selbstverherrlichung« einräumen und sich der Kritik der »Massen« unterwerfen. Wir Studenten sollten uns enthusiastisch an dieser neuen Hundert-Blumen-Kampagne beteiligen. Wir sollten die Parteiarbeit kühn kritisieren, um dazu beizutragen, daß Fehler korrigiert und »irrige Tendenzen« ausgeräumt würden.

Während jeder am Geologie-Institut diese beispiellose Lockerung der ideologischen Kontrolle zu begrüßen schien, ging aus Leitartikeln in der *Volkszeitung* hervor, daß nur wenige dem Aufruf des Vorsitzenden Mao zur Kritik folgten. Ich war davon überzeugt, daß andere genauso argwöhnisch waren wie ich. Die politischen Kampagnen in den ersten sieben Jahren der kommunistischen Herrschaft hatten keinen Zweifel daran gelassen, daß jeder, der eine individuelle Meinung äußerte, mit gräßlichen Konsequenzen rechnen mußte. In den Zeitungsartikeln, die in unseren Studienversammlungen als Unterrichtsmaterial dienten, versuchte man, der Sorge zu begegnen, daß dieser plötzliche Kurswechsel eine List sein könne, um die heimlichen Gegner der Partei bloßzustellen, und daß auf den »vorzeitigen Frühling« ein »jäher Frost« folgen werde.

Den März und April hindurch riefen die Parteiführer der Universität weiterhin zu Kritik und Offenheit auf. Allmählich wurden Studenten und Dozenten selbstbewußter. Der Enthusiasmus verdrängte die Vorsicht, und einige aus meiner Klasse verfaßten Wandzeitungen; sie brachten ihre Fragen und Meinungen kühn auf großen Druckbögen zu Papier, die das Parteikomitee geliefert hatte. Manchmal setzten sie sich mit der Universitätsleitung auseinander oder verlangten größere Unabhängigkeit für den Studentenverband. Manchmal machten die Studenten ihre Einwände gegen die scharfe Kampagne zur Beseitigung von Konterrevolutionären geltend oder wagten es sogar, das blinde Vertrauen der Regierung zur Sowjetunion zu kritisieren. Ich nahm nicht an diesen immer lebhafteren Aktionen teil, aber ich war hocherfreut darüber, daß die Gelegenheit zu echten Diskussionen gekommen war.

In meiner Klasse drängte Genossin Ma alle Studenten, freimütig zu sprechen und nichts zu verschweigen. Da der »Übergang zum Sozialismus« fast vollendet sei, benötigten die Regierenden unsere Kommentare und unsere Kritik, um die Parteiarbeit zu verbessern und die Entwicklung unseres Landes voranzutreiben. Sie versicherte uns, daß niemand für seine Äußerungen bestraft werden würde oder die Mißbilligung der Partei zu fürchten habe. Daraufhin debattierten etliche meiner Kommilitonen über schwierige Fragen der Außen- und Innenpolitik. Ich nahm an mehreren dieser Diskussionen teil, doch zumeist wurde meine Aufmerksamkeit von dem Gedanken an Meihuas Anfang April bevorstehenden Besuch und durch meine Berufung in die College-Baseballmannschaft von Peking abgelenkt. Ich war der einzige, der das Geologie-Institut repräsentierte, und häufige Trainingsspiele ließen mir kaum Zeit für politische Aktivitäten. Ich bereitete mich ernsthaft auf den nationalen Baseballwettbewerb vor, der im August beginnen sollte, und daneben trainierte ich das Softball-Team der Frauen.

Meihua traf am 3. April ein. Sie zog für drei Tage ins Wohnheim der Mädchen, und wir fanden mehrere Gelegenheiten, allein auf dem Campus spazierenzugehen, einander zu umarmen und zu küssen. Ihr Besuch gab uns die Möglichkeit, über unsere Zukunft zu sprechen. Dann reiste sie ab. Ich wartete zehn Tage auf ihren ersten Brief. Sie erklärte die ungewöhnliche Verzögerung damit, daß sie sehr beschäftigt sei, weil ihr Institut früher als erwartet schließen werde, aber sie habe sich mit der Begründung, in der Nähe ihres Verlobten arbeiten zu wollen, um einen Posten in Peking beworben. Ich beantwortete ihren Brief sofort, riet ihr, sich mit allen Kräften um diesen Posten zu bemühen, und versprach, daß ich 1960 nach meinem Studienabschluß ähnliche Anstrengungen unternehmen würde, damit wir heiraten und uns in Peking niederlassen könnten. Als sie nicht reagierte, nahm ich an, daß ihr die letzten hektischen Wochen der Lehrerausbildung keine freie Minute gelassen hätten.

Konterrevolutionäre Verbrechen

In den Wochen nach Meihuas Besuch forderte Genossin Ma immer hartnäckiger, daß jeder zu den Bemühungen der Partei beitrug, ihre früheren Fehler zu »berichtigen«. Mitte April 1957 kündigte sie eine Reihe von Sonderversammlungen an, auf denen wir jeweils einzeln unsere Meinungen im Geist der Hundert-Blumen-Kampagne äußern sollten. Zusammen mit anderen Parteiführern beteuerte sie, daß man diese »Berichtigungsbewegung« im Unterschied zu den Massenkampagnen der Vergangenheit »mit der Sanftheit einer Brise oder eines milden Regens« durchführen werde. Ich hielt mich immer noch zurück – aus Gewohnheit, Vorsicht und einem instinktiven Widerwillen gegen politische Aktivitäten.

Auf der ersten jener Sonderversammlungen gelang es mir, eine allgemein gehaltene Erklärung abzugeben und jede spezifische Äußerung meiner eigenen Ansichten zu vermeiden. Vor dem zweiten Treffen ließ ich mich beurlauben, da ich im hundert Kilometer entfernten Tianjin an einem Baseballspiel teilnehmen mußte. Aber als ich Genossin Ma am 2. Mai bat, mich von der dritten Diskussion zu befreien, da ich am folgenden Nachmittag ein wichtiges Baseballtraining absolvieren müsse, verweigerte sie mir die Erlaubnis. »Morgen mußt du dabeisein«, sagte sie energisch, ohne mir in die Augen zu sehen. »Alle müssen erscheinen. Alle müssen zusammenarbeiten, damit die Partei besser werden kann.«

Am 3. Mai setzte ich mich zur vereinbarten Zeit ins Klassenzimmer und merkte erstaunt, daß alle Augen auf mich gerichtet zu sein schienen. Genossin Ma sprach ein paar Begrüßungsworte und fuhr dann kühl fort: »Genossen und Studenten, Wu Hongda scheint nie Zeit für unsere Treffen zu haben, aber heute ist er bei uns. Ich schlage vor, daß wir ihn auffordern, seine Ansichten zur Unterstützung der Partei zu erläutern.«

Alle warteten. Hätte ich in den vorhergehenden Wochen an den Treffen teilgenommen und die Debatte aufmerksamer verfolgt, wäre ich eher fähig gewesen, meine eigenen Bemerkungen in die richtige Form zu bringen. An jenem Nachmittag waren meine Gedanken beim Baseballtraining, ich ließ mich überrumpeln und beschloß, freimütig auf die Bitte der Partei einzugehen. Insgesamt zählte ich zehn Probleme auf, die meiner Auffassung nach erwogen werden müßten. »Erstens«, begann ich mit einem Blick auf Ma, »leitest du jede Versammlung damit ein, daß du zwei Gruppen ansprichst, nämlich die ›Genossen‹ und die ›Studenten‹. Ich begreife nicht, weshalb du manche Personen niedriger einstufst, obwohl der Vorsitzende Mao gesagt hat, daß jeder, der am sozialistischen Aufbau teilnehmen will, ein Genosse ist. Wenn wir den Campus verlassen, sogar wenn wir draußen im Kooperativladen einen Becher kaufen, bezeichnet man uns immer als Genossen. Im Klassenzimmer sieht es anders aus. Du deutest unfairerweise an, daß manche von uns einer untergeordneten Gruppe angehören, wenn du solche Unterschiede hervorhebst.«

Als nächstes kritisierte ich die Strenge der politischen Kampagne von 1955 gegen die Konterrevolutionäre. »Ich weiß wenig über die Bewegung zur Beseitigung von Konterrevolutionären, aber ich habe keinen Zweifel daran, daß unschuldige Menschen angegriffen wurden, zum Beispiel mein älterer Bruder. Die Kommunistische Partei muß die Verantwortung für ihre Aktionen übernehmen.«

Ich hatte erst im Oktober 1955 von den Schwierigkeiten meines Bruders erfahren, als er auf der Reise von seinem College in Qingdao eine Nacht bei mir in Peking verbrachte; er war unterwegs zu seiner ersten Arbeitsstelle in der Inneren Mongolei. In der Enge meiner Schlafkoje wirkte er bedrückt und nicht zu einem Gespräch aufgelegt. Ich spürte, daß er sich geändert hatte. Mein Geologiestudium hatte erst einen Monat zuvor begonnen, und ich redete enthusiastisch von meiner Zukunft, aber mein Bruder reagierte nicht. Dann fragte ich ihn, weshalb man ihm eine Arbeit in einer der fernsten und rückständigsten Provinzen Chinas zugewiesen habe. Er erwiderte brüsk, daß er Not ertragen könne; wenigstens habe er einen Posten erhalten und seine Mitgliedschaft im Jugendverband nicht verloren.

Erst am nächsten Morgen, als ich ihn zum Bahnhof begleitete, teilte er mir mit, daß man ihn in den letzten fünf Monaten zur »Ermittlung« in Gewahrsam gehalten habe. Kurz vor seinem Studienabschluß im Juni hatten die Parteikader, die den Vorstoß zur Beseitigung von »versteckten Konterrevolutionären« an seiner Universität leiteten, ihm »illegale Beziehungen zu Ausländern« vorgeworfen. Die Begründung lautete, daß er gelegentlich Briefe von unserer älteren Schwester und von einem früheren Schulkameraden erhielt, der ebenfalls in Hongkong lebte.

»Sie hatten mich im Verdacht, ein Spion zu sein«, sagte er. »Deshalb steckten sie mich in ein kleines Klassenzimmer, schlugen mich und verhörten mich Tag und Nacht über mein Verhältnis zu meiner Schwester und zu meinem Freund. Wenn ich ein Messer hätte, würde ich sogar jetzt noch versuchen, sie umzubringen.« Schockiert über seinen Wutausbruch, bemühte ich mich, meinen Bruder zu beruhigen. Ich riet ihm, die ganze Sache zu vergessen, denn schließlich sei die Tortur nun vorbei. Aber er konnte den Vorfall nicht vergessen, und als ich auf jener Diskussionsversammlung mit meiner Kritik an der Kommunistischen Partei begann, konnte ich den Zorn in der Stimme meines Bruders immer noch hören.

Während ich sprach, bemerkte ich, daß sich einige Studenten Notizen machten und daß Genossin Ma als Sekretärin des Jugendverbandes emsig in ihr rotes Büchlein kritzelte. Ich hätte dies als ein Signal erkennen müssen, meine Kommentare zu dämpfen, aber in jenem Moment dachte ich nicht daran, daß sich das Klima der Offenheit ändern würde, und ich wandte mich meinen acht weiteren Kritikpunkten zu. Als ich das Klassenzimmer verließ, war ich erschöpft, doch zufrieden darüber, daß ich die Wahrheit gesagt und meine Pflicht gegenüber der Partei erfüllt hatte.

Mitte Mai wurde das Rinnsal der Kritik zu einem reißenden Strom, weshalb die Parteiführung am 19. Mai befahl, den Universitätsunterricht in der ganzen Stadt einzustellen, damit sich die Studenten und die Fakultätsmitglieder ganztägig der Berichtigungskampagne widmen konnten. Bei Versammlungen und Demonstrationen auf dem Campus verlangten erregte junge Leute, daß die Befugnisse der Parteikader an den Universitäten verringert und der Einfluß sowjetischer Ideen auf Lehrplan und Lehrmethoden gemäßigt werde. Eines Nachmittags, als ich über den Qinghua-Campus zu einem Baseballspiel ging, sah ich an den Wegen rufende und gestikulierende Studenten. Plakate flatterten an den Anschlagbrettern und an den Wänden mehrerer Gebäude, aber ich hatte keine Zeit stehenzubleiben. In jenem Moment interessierte mich nichts anderes als das Entscheidungsspiel. Durch unseren Sieg errang die Mannschaft des Geologie-Instituts im zweiten Jahr hintereinander die Meisterschaft von ganz Peking.

Nach der Einstellung des Unterrichts im Mai forderten uns die Politinstrukteure auf, jeden Tag die Dokumente und Leitartikel in der *Volkszeitung* zu studieren, Wandzeitungen zu lesen und Versammlungen zu besuchen. Die Diskussionen und der Wettbewerb um die Äußerung von Kritik waren so hitzig geworden, daß sich die Studenten sogar um die verfügbaren Flächen im Geologie-Institut stritten und sich zankten, wenn jemand das Plakat eines anderen überklebt hatte.

Mittlerweile war ich sehr besorgt über Meihuas Schweigen. Nie zuvor war eine so lange Zeit ohne Antwort auf meine Briefe vergangen, und ich fürchtete, daß sie nach ihrer Rückkehr nach Jinan krank geworden war oder ein psychisches Problem hatte. Die Tage schleppten sich dahin, während ich frühmorgens den Mitteilungen über die Berichtigungskampagne lauschte, die aus dem Lautsprecher erklangen, und nachmittags im Auditorium Platz nahm, um weitere Botschaften, häufig von Parteikadern aus dem Propagandaministerium oder der Stadtverwaltung vorgetragen, zu hören. Abends begaben wir uns in unsere Klassenzimmer, um in kleinen Gruppen über die Berichte des Tages zu diskutieren. Diese Debatten langweilten mich fürchterlich.

Am 24. Mai riß ich den Brief auf, der endlich von Meihua eingetroffen war. Fünf Wochen waren verstrichen. Es gehe ihr gut, ich solle mir keine Sorgen um sie machen, aber die Vergangenheit sei vorbei, und ich müsse alles vergessen, was zwischen uns gewesen sei. Während ich diese Zeilen las, brach meine Welt zusammen. Immer wieder fragte ich mich, was geschehen sein könnte, wieso sie plötzlich zu dieser Entscheidung gekommen sei. Ich konnte mir keinen Grund für Meihuas Sinneswandel vorstellen. Ihre Worte waren so kalt, so unerwartet, daß ich befürchtete, sie sei in ernsten psychischen Schwierigkeiten und denke vielleicht sogar an Selbstmord.

Zwei Tage später klopfte ich in großer Sorge abends an die Tür meines Dekans, eines freundlichen alten Mannes, der mir immer Respekt erwiesen hatte. Ich zeigte ihm Meihuas Brief und bat ihn um die Erlaubnis, nach Jinan zu reisen, um herauszufinden, was meiner Freundin zugestoßen war. Der Dekan hörte mir zu und genehmigte dann einen fünftägigen Urlaub. Ich wußte, daß ich auch die Erlaubnis des Parteisekretärs meiner Abteilung benötigte, aber ich konnte das Risiko einer Ablehnung nicht eingehen. Deshalb eilte ich früh am nächsten Morgen zum Bahnhof und kaufte eine Karte für die siebzehnstündige Reise nach Jinan. Am folgenden Morgen um acht Uhr stand ich vor dem Tor von Meihuas Institut.

Jedermann in ihrem Wohnheim schien zu packen. Die Betten waren von Kleidungsstücken bedeckt. Überall auf dem Fußboden lagen Papiere. Meihua schaute verblüfft zu mir auf. »Wieso bist du hier?« Sie wirkte gehetzt, verwirrt, geistesabwesend.

»Was ist passiert?« fragte ich und hielt ihr den Brief hin. Sie genierte sich vor ihren Kommilitoninnen und zog mich nach draußen.

»Alles ist in Ordnung, nichts ist passiert«, erwiderte sie hastig. »Ich habe den Posten in Peking bekommen, und nun bin ich sehr beschäftigt. Das Institut wird in zwei Tagen geschlossen, also fahr zurück, du kannst nicht hierbleiben.«

»Wie konntest du mir diesen Brief schreiben?« beharrte ich.

»Das ist unwichtig, und außerdem kann ich jetzt nicht darüber reden. Warte nach dem Mittagessen am Bahnhof auf mich. Ich begleite dich zum Zug.«

Ich schlief unruhig auf einer Holzbank im Bahnhof, bis Meihua erschien. »Du siehst doch, daß nichts geschehen ist, also fahr zurück zur Universität«, drängte sie. »Ich werde übermorgen abreisen. Zwei Wochen lang werde ich zu Hause sein, und dann treffe ich mich in Peking mit dir.«

Ich faßte den impulsiven Entschluß, nach Schanghai zu fahren, um auf sie zu warten. »Bevor ich weiß, was geschehen ist, kann ich nicht nach Peking zurückkehren«, antwortete ich und ließ dabei außer acht, daß mein Urlaub ablaufen würde, bevor ich zum Geologie-Institut zurückkehren konnte. An jenem Abend stieg ich in einen Zug nach Schanghai und wartete dort ungeduldig auf Meihua. Am folgenden Tag, als ich mit ihrer Ankunft rechnete, rief ich zweimal bei ihr zu Hause an und erkundigte mich bei ihrer Schwester nach ihr, aber vergeblich. Am folgenden Nachmittag meldete sie sich telefonisch und erklärte ruhig, daß sie in Nanjing haltgemacht habe, um bei einer Kommilitonin zu übernachten.

Ihr Benehmen war mir unverständlich. Wie hatte sie ihre Ankunft hinausschieben können, obwohl sie wußte, daß ich auf sie wartete? Meihua versicherte mir, wir würden am nächsten Morgen miteinander sprechen, wenn sie sich ausgeruht habe, aber bei unserer Begegnung am folgenden Tag wich sie meinen Fragen wiederum aus. Irgendwann erkundigte sie sich beiläufig, ob ich die silberne Münzkette mit der Eingravierung »Ich liebe dich«, die sie mir im Sommer zuvor beim Abschied geschenkt hatte, noch besäße. Ich zog die Kette aus der Tasche und beteuerte, daß ich sie stets bei mir trage. Meihua nahm sie mir aus der Hand mit der Begründung, sie sei matt geworden und müsse poliert werden.

Meine Nervosität wurde dadurch verstärkt, daß ich an jenem Abend zu Hause zwei Nachrichten von meiner Universität vorfand. Ein Einschreiben war am Morgen und ein Telegramm am Nachmittag angekommen; in beiden hieß es, daß mein Urlaub abgelaufen sei und ich sofort nach Peking zurückkehren solle. Meine Eltern waren erschrocken.

»Ist dir etwas zugestoßen?« fragte meine Stiefmutter. »Hattest du die Genehmigung, das Institut zu verlassen?« Ich versuchte, sie zu beruhigen, indem ich ihr den Brief mit der Unterschrift meines Dekans zeigte, aber am nächsten Morgen traf ein weiteres Telegramm ein. Diesmal befahl mir der Zweigstellensekretär des Jugendverbandes in den schärfsten Formulierungen, nach Peking zu fahren und in der Bewegung mitzuarbeiten.

»Du mußt sofort zurückreisen«, sagte mein Vater, »und du mußt in Peking äußerst vorsichtig sein. Verhalte dich ganz still. Sonst könnte etwas geschehen, das dein ganzes Leben ruiniert.«

Ich rief Meihua an und bat sie, mich zum Bahnhof zu begleiten. Ihre Miene war ausdruckslos, als wir uns trafen, und auch nun wich sie meinen Fragen durch die Beteuerung aus, daß wir uns zwei Wochen später in Peking wiedersehen würden.

»Wo ist meine Kette?« fragte ich, als sich der Zug in Bewegung setzte.

»Oh, ich habe vergessen, sie mitzubringen«, erwiderte Meihua und löste das silberne Kruzifix, das mein Abschiedsgeschenk für sie gewesen war, von ihrem Hals. »Du kannst diese hier nehmen. Ich behalte deine, bis wir uns treffen.«

Sie winkte ruhig, während sich der Zug entfernte. Die ganze Reise hindurch versuchte ich, eine Erklärung für ihr ausweichendes Verhalten, einen Grund für ihre Zurückweisung zu finden. Bei meiner Ankunft in Peking war ich erschöpft und deprimiert.

»Du bist also zurückgekehrt«, stellte Ma am nächsten Morgen sachlich fest, als sie mich in der Mensa vorfand. Ich war neun Tage lang nicht im Institut gewesen. »Du mußt dich morgen um vierzehn Uhr auf einer Versammlung melden.«

Es war der 5. Juni 1957. Am Tag nach meiner Rückkehr erfuhr ich, daß in meinem Institut bereits ein Gegenangriff auf die Kritiker der Partei begonnen hatte. Die *Volkszeitung* benutzte nun den Begriff »konterrevolutionäre Rechtsabweichler« für jene, deren unabhängige Meinung, die man zuvor sosehr begrüßt hatte, nun auf einmal als schädlich für den »revolutionären Kurs« und das sozialistische System galt. Anscheinend hatten das Ausmaß und die Heftigkeit der Kritik sowohl in Zeitungskommentaren als auch an den Universitäten die Erwartungen des Vorsitzenden Mao übertroffen. Da man das Prestige und die Autorität der Partei und ihrer Führer bedroht sah, hatte man »antirechte« Maßnahmen gestartet. Schon vor meiner Reise nach Schanghai waren einige Personen als »bourgeoise Rechtsabweichler« abgestempelt worden, was sie zur Zielscheibe von Kritik und Tadel machte und die Schwere ihrer politischen Verbrechen anzeigte.

Sobald ich am 6. Juni in meinem Klassenzimmer Platz genommen hatte, erklärte Genossin Ma mit einer kälteren Stimme als je zuvor: »Heute werden wir über Wu Hongda diskutieren. Zuerst fordern wir ihn auf, Gründe für seine Abwesenheit zu nennen. Offenbar hielt er sich ohne Erlaubnis neun Tage lang von Peking fern, um sich der Berichtigungskampagne zu entziehen. Nun ist er zurückgekehrt und muß kritisiert werden. Zweitens werden wir ihn bitten, die giftigen Ideen zu erläutern, die er am 3. Mai vorgetragen hat.« Mit einem Schauder begriff ich, daß diese Kritikversammlung ausschließlich mir galt.

Genosse Kong vom Jugendverband, der für die Parteipropaganda in unserer Klasse verantwortlich war, folgte Genossin Mas Beispiel. »Warum hat Wu Hongda versucht, sich der Berichtigungsbewegung zu entziehen, obwohl jeder weiß, wie wichtig diese Kampagne für das politische Leben unseres Landes ist?« erkundigte er sich finster. »Ich glaube, die Antwort lautet, daß er Angst davor hat, Fehler zu machen, und Kritik vermeiden will. Außerdem glaube ich, daß er ein Lügner ist. Uns allen ist klar, daß er die Partei betrogen und die Unwahrheit über seine Handlungen und seine Gedanken gesagt hat.«

Meine Schilderung von Meihuas offenkundiger Not blieb ebenso wirkungslos wie meine Aussage, daß ich die Erlaubnis des Dekans zur Abreise erhalten hatte. Ich sei ohne Genehmigung des örtlichen Parteibüros nach Schanghai gefahren, brüllten die sechs oder sieben Aktivisten im Saal. Ich hätte das Einschreiben nicht beantwortet und sei nur unter Druck – nach dem Empfang von zwei Telegrammen – ins Institut zurückgekehrt. Nun müsse ich gestehen, weshalb ich auf dem Höhepunkt der politischen Kampagne wirklich geflohen sei. »Wir übrigen haben die Lehren des

Vorsitzenden Mao begrüßt und mit aller Kraft dazu beigetragen, daß die Partei sich selbst verbessert, aber wir alle erinnern uns an Wu Hongdas Worte vom Mai«, zeterte ein Jugendverbandsmitglied. »Das waren gehässige Ideen. Sie beweisen, daß Wu Hongda die Ziele des Sozialismus bekämpft!«

Die Atmosphäre im Klassenzimmer wurde gespannt. Die überwältigende Mehrheit der Anwesenden war gegen mich. Sechs oder sieben Studenten, Vertraute der führenden Funktionäre, klagten mich an, weil ich versucht hätte, die Partei zu betrügen und meine wahren Absichten zu verbergen. Die Versammlung endete pünktlich um siebzehn Uhr mit Mas »Schlußfolgerung«.

»Wu Hongda, du stammst aus der bourgeoisen Klasse, und du hast dich für viele bourgeoise Ideen und Handlungen zu verantworten. Du mußt ehrlich sein und der Partei eine rigorose Selbstkritik überreichen. In einer Woche hat deine Gedankenzusammenfassung in zwei Teilen vorzuliegen. In dem ersten analysierst du deine Flucht und in dem zweiten deine zersetzenden Ideen.«

»Rede nicht von ›Flucht‹!« unterbrach ich.

Ma erhob sich an ihrem Tisch vorn im Saal. »Dies ist nicht der Zeitpunkt, an dem du zu sprechen hast«, rief sie. Ihre Wangenmuskeln waren starr, und ich hatte ihr Gesicht noch nie so abweisend gesehen. »Schreib deine Selbstkritik und übergib sie dem Parteibüro.«

Ich hatte keine Lust, mich meinen Kommilitonen anzuschließen, die sich zur Mensa aufmachten. Statt dessen schlenderte ich ein paar Minuten lang allein über das Universitätsgelände, um über die Geschehnisse nachzudenken. Weshalb hatte meine Freundin mich verlassen? Warum hatte man mich zum Gegenstand der Kritik gemacht? Wieso waren meine Kommilitonen plötzlich so feindselig geworden? Wütend und verstört beschloß ich, in meiner Selbstkritik die Verantwortung dafür zu übernehmen, daß ich länger als fünf Tage fortgeblieben war; außerdem wollte ich zugeben, daß ich die Lehren des Vorsitzenden Mao aufmerksamer studieren müsse – aber mehr nicht. Ich war hartnäckig und glaubte, nichts Böses getan zu haben. In meinem Wohnheim schrieb ich drei Seiten nieder und händigte sie Ma am Abend aus. Zwei Tage später gaben Ma und Kong mir den Text mit der Bemerkung zurück, er sei unbefriedigend. »An mehreren Stellen ist deine Darstellung unwahr«, behauptete Ma. »Du bist geflohen, und deiner Freundin fehlt überhaupt nichts. Sie hat sogar eine Arbeitsstelle, also war deine Reise vielleicht nur ein Trick. Du hast noch eine Woche Zeit, deine Selbstkritik umzuschreiben.«

Der Lehrplan rettete mich. Am 30. Juni brachen sämtliche Studenten des zweiten Jahres für zwei Monate zu obligatorischen Feldforschungen auf. Die Arbeit fand etwa fünfzig Kilometer südwestlich von Peking bei Zhoukoudian, der berühmten Entdekkungsstätte des Pekingmenschen, in der Zweigstelle des Geologie-Instituts statt. Außer mir waren noch fünf andere Studenten aus meiner Klasse wegen falscher Handlungen oder Ansichten kritisiert worden. Im Trubel der Reisevorbereitungen geriet meine revidierte Selbstkritik in Vergessenheit, und nachdem Peking hinter uns lag, konnten wir die politische Bewegung zeitweilig ignorieren. Die eingefleischten Aktivisten hielten sich von mir fern, und alle anderen waren dankbar dafür, an diesem einsamen Ort, wo wir keine Post erhielten und wo sogar die *Volkszeitung* mit zwei Tagen Verspätung eintraf, die Spannungen der Anti-Rechts-Kampagne hinter sich lassen zu können.

Tag für Tag schickten die Anleiter uns paarweise aus, damit wir lernten, mit dem Bohrgerät umzugehen, geologische Schichten zu vergleichen und uns Vermessungstechniken anzueignen. Gewöhnlich war Genossin Ma meine Begleiterin. Ab und zu erinnerte sie mich daran, daß ich an meiner Selbstkritik arbeiten müsse, aber während wir über die Hügel kletterten, gab sie sich immer schwesterlicher. Sie machte sogar einen erleichterten Eindruck, weil sie nun über die Landschaft, die Dorfbewohner, denen wir begegneten, und unsere Arbeit sprechen konnte. Nach acht Wochen Praktikum entließ sie uns alle in die Ferien, und ich kehrte für zwei Wochen nach Schanghai zurück.

Zu Hause sprach ich mit meinen Eltern über die Situation. Vater hatte die zunehmende Heftigkeit der Anti-Rechts-Bewegung aufmerksam in Leitartikeln und Zeitungsberichten verfolgt, in denen man die Feinde der Partei anklagte und bedrohte. Er fürchtete, daß meine Freimütigkeit leidvolle Konsequenzen für mich haben könne, und riet mir, nicht aufsässig zu sein, mich der Autorität der Partei nicht zu widersetzen. »Ich weiß, du bist sehr zäh und hartnäckig, aber diesmal mußt du auch sehr vorsichtig sein«, warnte er. Auch meine Stiefmutter ahnte Gefahr für mich. Geschwächt von Tuberkulose und einer Reihe schmerzhafter Zahnextraktionen, mußte sie im Bett liegen. Ich wußte, daß sie sich große Sorgen um die wirtschaftliche Belastung der Familie machte, und es tat mir leid, daß ich ihr auch noch meine Probleme aufbürdete.

Ende August sah ich meiner Rückkehr nach Peking voller Furcht entgegen. Meihua hatte mir weder geschrieben, noch war sie nach Schanghai gekommen. Ich sprach zweimal mit ihrer Schwester, konnte jedoch nicht herausfinden, wo sie war und weshalb sie unsere Verlobung gelöst hatte. Das Herz war mir schwer. Vater begleitete mich zum Bahnhof. Nachdem wir ein paar Schritte zurückgelegt hatten, bat ich ihn plötzlich, auf mich zu warten, da ich etwas vergessen hätte, und eilte zurück nach Hause. Ich rannte die Treppe hinauf, betrat das Schlafzimmer meiner Eltern und hörte erstaunt, wie meine Stiefmutter leise sagte: »Ich wußte, daß du zurückkommen würdest.« Ich betrachtete ihr hageres Gesicht, ihre eingefallenen Augen und ihre blasse Haut. Von Rührung überwältigt, legte ich ungeschickt die Arme um ihre knochigen Schultern. Sie küßte mich auf die Wange, streichelte mir den Rücken und flüsterte: »Mach dir keine Sorgen um mich. Denk an dich selbst.« Wir beide spürten, daß dies unser letzter Abschied war.

Die Anti-Rechts-Kampagne erreichte am Geologie-Institut Mitte September ihren Höhepunkt, nachdem die Studenten und Dozenten das Sommerpraktikum hinter sich hatten. Die Parteikader wählten einen Kandidaten nach dem anderen für ihre Anklagen aus. Ende September wurde mein Kommilitone Zhang Baofa, Sohn eines Grundeigentümers und eifriger Kritiker der Partei während der Berichtigungskampagne, als Rechtsabweichler gebrandmarkt. Eines Mittags sah ich Plakate, auf denen seine »konterrevolutionären rechten Verbrechen« verurteilt wurden, an den Anschlagbrettern vor der Mensa. Am Nachmittag mußten wir alle an einer Kritikversammlung teilnehmen. Kurz nach Beginn des Verfahrens forderte Genossin Ma mich auf, eine Stellungnahme abzugeben. Ich bat um Aufschub, da ich mich nicht mehr an Zhangs Ansichten erinnern könne, aber später wandte sie sich von neuem an mich. Inzwischen hatten sich alle meine achtundzwanzig Kommilitonen geäußert, und ich mußte »Flagge zeigen«. Ich gab weiterhin vor, mich an keine von Zhangs Äußerungen erinnern zu können, doch wenn ich den Aussagen meiner Kommilitonen glauben könne, seien Zhangs Ansichten falsch und er habe sich der Kommunistischen Partei widersetzt. Nachdem Genossin Ma einen Konsens erzielt hatte, löste sie die Versammlung auf.

Eine Woche später erfuhr ich, daß Liu, ein anderer Student aus meinem Lehrgang, ins Zielfeuer der Kritik geraten sei, weil einige seiner Kommilitonen dem örtlichen Parteibüro gemeldet hatten, daß sein persönliches Tagebuch »reaktionäre« und antisozialistische Gedanken enthalte. Nach einer Untersuchung wurde er ebenfalls als konterrevolutionärer Rechtsabweichler abgestempelt, und am nächsten Tag verlangten Ma und Kong mein eigenes Tagebuch von mir. Zornig und verängstigt erwiderte ich, daß ich nichts als Gedanken über meine persönlichen Beziehungen in mein Tagebuch geschrieben hätte. »Wenn das stimmt«, konterte Ma, »dann kannst du es uns ja zeigen. Wir werden dir wegen deiner persönlichen Gefühle keine Vorwürfe machen. Wir möchten dir helfen, und nun hast du eine Chance, dich zu beweisen.« Tatsächlich hatte ich nie etwas Politisches in mein Tagebuch geschrieben, aber ich hatte häufig meine innersten Gefühle über Meihua zu Papier gebracht. Ich wollte die Partei unbedingt daran hindern, auch in die letzte Privatsphäre meines Lebens einzudringen.

Schließlich hämmerte Kong auf den Tisch. »Da du die Hilfe der Partei ablehnst, bitten wir dich nicht mehr, sondern befehlen dir, uns dein Tagebuch zu geben.« Mir blieb nichts anderes übrig, als dem Befehl der Partei zu gehorchen. Drei Tage später gaben sie mir das Tagebuch ohne Kommentar zurück. Wenn sie auf »konterrevolutionäre« Aussagen gestoßen wären, hätten sie das Büchlein als Beweismaterial behalten. Ich war außer mir. »Ihr habt nichts gefunden, wie ich vorhergesagt habe, aber ihr wolltet mir ja nicht glauben«, rief ich. »Ihr habt die Verfassung und meine Menschenrechte verletzt.«

Ma stand auf. »Wirfst du der Kommunistischen Partei vor, die Verfassung zu verletzen?«

»Nicht der Partei, sondern euch. Ihr habt meine Rechte verletzt.«

Der Druck vergrößerte sich, als Ma mir befahl, die »Gedankenzusammenfassung« abzuliefern, die ich im Juni nicht beendet hatte. Nun sollte ich detailliert darstellen, welche Umstände mein Denken seit meiner Kindheit beeinflußt hatten – etwa mein Familienleben, meine Schulerlebnisse und meine Klassenherkunft –, um meine »konterrevolutionären rechtsabweichlerischen« Handlungen und Ansichten zu erklären. Als ich kurz nach dem Vorfall mit dem Tagebuch so schwere Bezichtungen hörte, bekam ich es mit der Angst zu tun. Ich wußte, daß ich zur Zwangsarbeit auf dem Lande oder sogar ins Gefängnis geschickt werden konnte, wenn man mich konterrevolutionärer Handlungen anklagte.

Mas Worte deuteten auf eine weitere Eskalation der gegen mich erhobenen Vorwürfe hin, und ihr Gebrauch des Wortes »rechtsabweichlerisch« empörte mich. Die Partei mochte meine Ansichten nicht billigen, aber ich hatte nie etwas Böses getan oder gar ein Verbrechen begangen. Jedenfalls betrachtete ich mich nicht als einen Feind des sozialistischen Systems, und ich konnte nicht begreifen, weshalb mir das übelste politische Etikett angeheftet wurde. Da ich mir immer noch wünschte, mit aller Kraft für mein Land arbeiten zu dürfen, schien es absurd zu sein, wenn ich als »Volksfeind« bezeichnet wurde. Damals ahnte ich nicht, daß für jede Universität und für jedes Institut eine Quote von Rechtsabweichlern festgelegt worden war und daß jedes Parteikomitee die Aufgabe hatte, die vorgeschriebene Zahl von Personen zu maßregeln.

Am Mittag des 20. Oktober, eine Woche nachdem ich meine Selbstkritik abgegeben hatte, wich eine Schar von Studenten vor dem großen Anschlagbrett außerhalb der Mensa plötzlich zurück, als ich herantrat. Die anderen musterten mich verlegen, und keiner sagte ein Wort. Dann bemerkte ich ein mit großen Zeichen geschriebenes Plakat, das den Titel »Wu Hongdas konterrevolutionäre Verbrechen« trug. Darunter wurden meine Vergehen auf sechs hellgrünen Seiten im Zeitungsformat aufgeführt. Meine Augen kehrten immer wieder zu dem großen roten X zurück, mit dem mein Name durchkreuzt war – so behandelte man gewöhnlich nur hingerichtete Verbrecher. Hier sollte das X zu erkennen geben, daß ich aus den »Reihen des Volkes« entfernt worden und auf den politischen Status eines Geächteten und Feindes herabgesunken sei.

Das Plakat hatte besondere Aufmerksamkeit erregt, da ich als Mannschaftsführer des erfolgreichen Baseball-Teams der Männer und als Trainer des Softball-Teams der Frauen am Geologie-Institut weithin bekannt war. Ich überflog die vielen Anklagen, darunter den Vorwurf, daß ich die Universität ohne Erlaubnis verlassen, konterrevolutionäre Ansichten geäußert und die Partei mit dem Vorwurf angegriffen hätte, sie begehe Verfassungsbruch. Am stärksten kränkten mich die Erklärungen zweier Baseballspieler, die meine einzigen Freunde am Geologie-Institut waren. Der eine hatte erklärt: »Wir decken hiermit den Tatbestand auf, daß der Konterrevolutionär Wu Hongda unsere Mannschaft in eine kapitalistische Richtung geführt hat.« Ich wußte nicht, was der Satz zu bedeuten hatte, aber die Worte ließen mich frösteln, denn ich hatte das Team ganz allein, ohne jede fremde Hilfe aufgebaut. Ich blieb wie benommen stehen, bis jemand an meinem Ärmel zupfte, um mir eine Gabel zu reichen, die mir unbemerkt aus der Hand geglitten war.

Das erste meiner zehn aufgeführten »Verbrechen« bestand darin, daß ich mich »gegen die Niederschlagung des konterrevolutionären Aufstandes in Ungarn durch sowjetische Truppen gewendet« hätte. Rasch überflog ich die restlichen neun »Verbrechen«, die nur eine Wiederholung der immer wieder gegen mich erhobenen Kritik darstellten. Ihnen widmete ich nicht viel Aufmerksamkeit, aber das erste »Verbrechen« machte mir zu schaffen. Woher stammte diese Beschuldigung?

Ich schlenderte zurück zu meinem Wohnheim und dachte daran, Genossin Ma um Aufklärung zu bitten. Aber war die Sache überhaupt noch von Bedeutung? Man hatte mich ohnehin als »konterrevolutionäres rechtsabweichlerisches Element« abgestempelt. Da kam es auf ein »Verbrechen« mehr oder weniger auch nicht an.

Plötzlich ging mir ein Licht auf. Zwischen Dezember 1956 und Februar 1957 waren wir bei der Diskussion von zwei Leitartikeln der *Volkszeitung* – »Über die Erfahrung der Diktatur des Proletariats« und »Wiederum über die Erfahrung der Diktatur des Proletariats« – auf Stalin sowie auf die späteren Ereignisse in Ungarn eingegangen. Damals hatte ich gesagt: »Die Sowjetunion entsandte ihre Soldaten zur Niederschlagung des konterrevolutionären Aufstandes in Ungarn zwar im Einklang mit dem Internationalismus, aber nicht mit dem internationalen Recht. Denn es ist ein Bruch der internationalen Gesetzesnormen, wenn ein Staat seine Soldaten auf das Gebiet eines anderen schickt.«

Am Geologie-Institut wurden im Herbst 1957 mehr als hundert Dozenten und vierhundert Studenten – von insgesamt fünftausend – als Rechtsabweichler eingestuft. Außer mir traf dieses Los noch zwölf andere Studenten des dritten Lehrgangs in der Abteilung für Ingenieurgeologie. Die Betroffenen reagierten unterschiedlich auf die Schande und Furcht, die dem Status eines politischen Feindes anhafteten. Die meisten senkten einfach den Kopf und akzeptierten ihr Schicksal, doch einige, darunter auch ich, protestierten gegenüber der Parteiführung, daß die Anklagen unberechtigt seien. Manche wurden von Verzweiflung übermannt. Ende Oktober kletterte ein Student des vierten Jahres auf die Spitze des riesigen Schornsteins neben dem Kesselhaus. Die Sicherheitsposten des Instituts, der Parteisekretär und seine Kommilitonen redeten abwechselnd durch ein Megaphon auf ihn ein, um ihn zur Umkehr zu bewegen. Er erklärte, er werde nur dann nicht springen, wenn man auf seine Aburteilung als Rechtsabweichler verzichte. Die

Parteivertreter weigerten sich, und als die Feuerwehrleute der Universität den Schornstein hinaufkletterten, sprang der Student in den Tod.

Im Januar 1958 wußten alle, daß die Rechtsabweichler überall im Lande bald für ihre Verbrechen bestraft werden würden. Um Zwischenfälle vor der Aburteilung zu verhindern, übten die Universitätsbehörden eine strenge Kontrolle über alle Angeklagten auf dem Campus aus. Wir Studenten durften, von einem Parteimitglied begleitet, morgens weiterhin am Unterricht teilnehmen, aber nachmittags und an den Wochenenden wurden wir in ein Klassenzimmer eingesperrt, wo wir Gedankenzusammenfassungen schreiben mußten und politischen Unterricht erhielten.

Anfang Februar 1958 – die Frühjahrsferien rückten näher – wurde eine Versammlung der hundertfünfzig Studenten des dritten Lehrjahres einberufen. Der örtliche Parteisekretär Wang Jian saß auf der Tribüne, rief nacheinander zwölf der dreizehn Rechtsabweichler aus meiner Klasse auf und schickte uns in einen anderen Raum, wo wir von mehreren Parteimitgliedern und einem Sicherheitsposten bewacht wurden. Dann brachte man uns einzeln in einen dritten Raum, wo der stellvertretende Parteisekretär an einem Tisch saß. Vor ihm lag ein Stapel Dokumente.

Als ich an der Reihe war, griff der stellvertretende Parteisekretär nach dem obersten Blatt und begann: »Als Vertreter der Kommunistischen Partei gebe ich hiermit deine Bestrafung als konterrevolutionärer Rechtsabweichler bekannt. Deine Verbrechen sind folgende ...« Er verlas die Liste, und ich wartete gespannt, denn wenn ich der schwersten rechtsabweichlerischen Verbrechen für schuldig befunden wurde, war mit meiner sofortigen Verhaftung zu rechnen. Er fuhr fort: »Dein Verbrechen ist nicht allzu schwer, aber deine Einstellung ist sehr schlecht. Zur Strafe hast du unter der Aufsicht der Massen am Institut zu bleiben.« Dann zwang er mich, zwei Kopien der Urteilsverkündung zu unterschreiben, und schickte mich zurück in den großen Saal, wo der Parteisekretär uns aufforderte, nacheinander vorzutreten. Er verlas die Strafen vor den versammelten Studenten. Bevor er die Versammlung beendete, wies er die Rechtsabweichler an, in das kleinere Klassenzimmer zurückzukehren, wo der Sicherheitsposten uns der Bestrafung gemäß in zwei Gruppen einteilte.

Zhang Baofa, der sich als einziger von uns des schwersten Verbrechens schuldig gemacht hatte, war sofort verhaftet und fortgebracht worden. Eine Studentin erhielt die mildeste Strafe, das heißt, sie wurde nur mit der Bezeichnung »Rechtsabweichlerin« belegt, und der Parteisekretär sandte sie zurück in ihr Wohnheim. Sie zitterte vor Erleichterung und Dankbarkeit, als sie hinausging. Fünf der übrigen elf Studenten waren mit der zweithöchsten Strafe bedacht worden: Sie mußten die Universität verlassen und unter Aufsicht der Arbeiterklasse eine manuelle Tätigkeit verrichten. Der Sicherheitsposten führte sie in ihre Wohnheime, wo sie ihre Habseligkeiten packten, bevor man sie aufs Land schickte. Sechs von uns blieben zurück.

Der örtliche Parteisekretär teilte uns mit, welchen Regeln Rechtsabweichler unterworfen seien, die innerhalb des Instituts beaufsichtigt würden. Wir müßten jede Woche eine Gedankenzusammenfassung schreiben, hätten gehorsam zu sein und aufrichtig auf unsere Umerziehung hinzuarbeiten. Wir dürften während der Frühjahrsferien nicht nach Hause fahren, sondern müßten am Institut mit unserer Umerziehung beginnen.

Wir sechs fühlten uns während der Ferien bedrückt und einsam. Nach der Abreise unserer Kommilitonen saßen wir jeden Morgen in einem Klassenzimmer, lasen Zeitungen, schrieben und revidierten unsere Gedankenzusammenfassung. Mittags wurde uns eine körperliche Arbeit zugewiesen. Am ersten Tag befahl uns Pan, der für die Aufsicht zuständige Parteikader, Ratten zu fangen, um die Hygiene auf dem Campus zu verbessern. Wir wandten ein, daß man im Winter keine Ratten finden könne, und er teilte uns statt dessen eine Quote von jeweils fünfzig Fliegen zu. Er nahm diese Aufgabe sehr ernst und schärfte uns ein, unsere Verpflichtung gegenüber der Partei zu erfüllen, wenn wir nicht in Schwierigkeiten geraten wollten. Da wir im Februar kaum Fliegen entdecken konnten, fragte ich Pan am Ende des ersten Nachmittags, ob Maden, die schließlich Fliegenlarven seien, mitgezählt werden dürften. Er war einverstanden.

Auf der Fliegenjagd hatten wir eine Stelle hinter den Latrinen gefunden, an der es von Maden wimmelte. Der Gestank war kaum auszuhalten, aber wenn wir ein wenig von dem Schlamm ausgruben, konnten wir unser Pensum innerhalb von Minuten erfüllen. Jeder zählte sorgfältig fünfzig Maden ab – manchmal auch fünfundfünfzig oder sechsundfünfzig, um seinen Arbeitseifer zu beweisen –, und wickelte sie in Papier ein. Danach setzten wir uns für zwei Stunden hinter eines der Institutsgebäude. Hier waren wir vor dem Wind geschützt, konnten uns ausruhen, plaudern und den Sonnenschein genießen.

Von nun an änderte sich mein Leben. Als Rechtsabweichler stand ich dauernd unter Kongs offizieller Aufsicht. Wir beide wußten, daß er seine Probezeit als Parteikandidat beenden und den formellen Eid ablegen konnte, wenn er seinen Auftrag zur allgemeinen Zufriedenheit erledigte. Es war also in seinem Interesse, mich streng zu bewachen, und er folgte mir zur Mensa, ins Wohnheim und sogar zur Latrine. Ich konnte nur in den Unterricht oder abends in die Bibliothek gehen, nachdem ich ihn benachrichtigt hatte, und ich durfte den Campus zu keinem Zeitpunkt verlassen. Am schlimmsten war der Umstand, daß man mich aus der Baseballmannschaft ausgeschlossen hatte; in jenem Frühjahr konnte ich an keinem einzigen Spiel teilnehmen. Ich aß allein, von meinen Kommilitonen getrennt, da niemand es wagen konnte, sich mit einem Parteifeind abzugeben. Im Unterricht mußte ich hinten sitzen und durfte keine Bemerkungen machen oder Fragen stellen. Ich besuchte keine Klassenversammlungen mehr und war von allen Geselligkeiten ausgeschlossen. Niemand sprach mit mir. Ich wurde unsichtbar.

Im Juni 1958 brachen alle Studenten des dritten Jahres zu einem zweiten Praktikum auf, diesmal in der Provinz Shandong. Sogar die Rechtsabweichler durften an der Reise teilnehmen. Wir hielten uns mehr als fünf Monate lang auf dem Lande auf, und ich lernte ein ganz anderes China kennen. Ich hatte nie zuvor unter Bauern gelebt, die achtzig Prozent der Bevölkerung ausmachen, aber eine Welt bewohnen, die für städtische Intellektuelle unbegreiflich ist. Auf den Wanderungen von Dorf zu Dorf sah ich nie Elektrizität oder fließendes Wasser. Niemand aß Fleisch. Ich fand von Läusen bedeckte Menschen, die keine Möglichkeit hatten, ein Bad zu nehmen. Mir wurde klar, daß diese Verhältnisse, nicht die Existenz, die ich in Schanghai und Peking gekannt hatte, für meine Landsleute die Norm darstellten. Das Leben in den Heimen der ärmsten Bauern änderte mein Denken, und ich verstand zum erstenmal, daß meine frühere Haltung egoistisch gewesen war, daß ich mich tatsächlich den Zielen der chinesischen Revolution widersetzt hatte. Im tiefsten Inneren gestand ich mir mein eigenes Verbrechen ein und akzeptierte meine Abstempelung als »Konterrevolutionär«.

Im Dezember 1958 – wir waren ans Institut zurückgekehrt – entschuldigte ich mich aufrichtig bei der Partei und beim Volk, als ich wieder einmal eine Selbstkritik vorlegen mußte. Ich sei egoistisch gewesen. Als Kind einer wohlhabenden Familie hätte ich ein bequemes Leben geführt und mich nur dem Studium und dem Sport gewidmet, obwohl diese Dinge für die Bedürfnisse der Massen unwichtig seien. Ich hätte meine Irrtümer eingesehen und hoffte, daß die Partei meine Entschuldigung akzeptieren werde. Aber noch während ich diese Worte schrieb, wußte ich, daß mein Sinneswandel meinen Status nicht verändern würde. Meine ehrliche Reue würde keine praktischen Konsequenzen haben. Solange die Kommunistische Partei nicht beschloß, ihr Urteil zu revidieren und Tausende von Menschen, hauptsächlich Intellektuelle, die man als Konterrevolutionäre angeklagt hatte, von ihrem Makel zu befreien, würde auch meine eigene politische Schande nicht aufgehoben werden.

Von meinem fünfjährigen Studium am Geologie-Institut blieben noch zwei Jahre, und ich versuchte, meine Möglichkeiten zu überdenken. Ich konnte nicht mehr hoffen, Geologe zu werden, denn ein Rechtsabweichler würde stets für einen Feind gehalten werden. Man würde mir nicht einmal gestatten, das Leben eines gewöhnlichen Arbeiters zu führen. Ich würde für immer ein Geächteter sein, ohne Arbeit, ohne die Chance zu heiraten, ohne Zugang zu gesellschaftlichen und politischen Gruppen, stets beobachtet, beargwöhnt und geschmäht. Da ich mir in meinem eigenen Land keine Zukunft mehr vorstellen konnte, beschloß ich zu fliehen.

Kein Ausweg

Je mehr ich über den Charakter des kommunistischen Systems nachdachte, desto klarer sah ich eine hohe Mauer vor mir aufragen. Während meines Praktikums in Shandong hatte ich Bauern beobachtet, die metertiefe Furchen gruben, um ihr Getreide zu säen. Sie wurden von Kadern angetrieben, die entweder eine Beförderung anstrebten oder glaubten, daß solche Methoden den Ertrag beträchtlich steigern würden. Einige Dorfbewohner schienen es für möglich zu halten, daß sie plötzlich statt 500 nicht weniger als 10 000 *jin* Weizen auf einem *mu* Land produzieren würden, aber die meisten fügten sich nur deshalb, weil sie nicht wagten, sich der Parteilinie zu widersetzen. Dieser unglückselige Versuch, die landwirtschaftliche Produktion zu erhöhen, war nur eine der Dummheiten des »Großen Sprungs nach vorn«. Der Vorsitzende Mao hatte die Bewegung Anfang 1958 in dem irrigen Glauben eingeleitet, daß er China innerhalb von fünfzehn Jahren Fortschritt und Modernisierung bescheren könne. Statt dessen bescherte er dem Land Hungersnöte und den wirtschaftlichen Zusammenbruch.

In jenem Herbst war ich erst einundzwanzig Jahre alt. Ich war energiegeladen, ehrgeizig und technisch versiert, aber ich konnte in der Zukunft des Landes keine Rolle für mich entdecken, denn alle mußten die industriellen und landwirtschaftlichen Maßnahmen des »Großen Sprungs nach vorn« unterstützen. Wer erklärte, daß Stahl nicht durch die Einschmelzung von Agrarwerkzeugen und Kochutensilien in den »Hinterhof-Hochöfen« von Dörfern, Fabriken und Schulen erzeugt werden könne, machte sich des Kampfes gegen die Revolution schuldig. Die Anti-Rechts-Bewegung hatte gezeigt, daß jeder, der die Führerschaft des Vorsitzenden Mao in Frage stellte, ausgestoßen und bestraft wurde. Ich empfand die Situation Chinas als tragisch. Das kommunistische System war völlig irrational und unfähig geworden, doch es bestrafte jegliche Bemühung, einen Wandel herbeizuführen.

Mit dem Ungestüm und dem übersteigerten Selbstbewußtsein der Jugend kam ich zu dem Schluß, daß meine einzige Hoffnung darin bestand, aus dem Land zu fliehen und es seinem schrecklichen Schicksal zu überlassen. Ich nahm an, daß andere Studenten, die zu Rechtsabweichlern gestempelt worden waren, ähnliche Schlüsse gezogen hatten, und begann, mich vorsichtig umzuhören. Ende 1958 hatte ich drei Kommilitonen gefunden, die meinen Willen zur Flucht teilten und denen ich meinte vertrauen zu können. Wir trafen uns unter konspirativen Umständen, denn wir wußten, daß wir mit Verhaftung, vielleicht sogar mit dem Tod zu rechnen hatten, wenn unsere Pläne bekannt würden. Die Risiken waren uns klar, aber wir stimmten darin überein, daß es unter den gegenwärtigen Bedingungen unerträglich sein würde, im Land zu bleiben.

Wir ersannen eine Reihe von Handsignalen, damit wir uns gefahrlos verständigen konnten. Unser Treffpunkt war ein bestimmter Baum auf dem Campus; dort fanden wir uns um 22 Uhr ein, wenn die Studenten vom Unterricht und aus der Bibliothek zurückkehrten, um sich schlafen zu legen. Wenn sich einer von uns tagsüber die Nase rieb, so war das ein Zeichen für die anderen, am Abend zu dem Baum zu schleichen und zum Beispiel eine kurze Botschaft zu erhalten oder eine Landkarte weiterzugeben.

Zug um Zug entwickelten wir im Frühjahr 1959 unsere Pläne. Jeder wußte, daß die Grenze zu Hongkong, die in den frühen fünfziger Jahren als Hauptfluchtroute aus China gedient hatte, durch strenge Bewachung undurchlässig gemacht worden war. Unsere beste Chance bestand darin, daß wir unsere Geländekenntnisse und unser Fachwissen im Umgang mit Kompassen und Karten einsetzten, um über die entlegenen Gebirgsketten zwischen China und Birma zu verschwinden. Wir durchsuchten die Bibliothek des Geologie-Instituts nach detaillierten Geländekarten und nach Plänen für Geologen und Feldvermesser. Einige kopierten wir, andere rissen wir aus Büchern aus, während wir die beste Route durch das Felsengebirge der Provinz Yunnan tief unten im Südwesten von Peking erforschten.

Mitten in diesen Vorbereitungen wurden wir Ende Juli 1959 zu einem dritten Praktikum ausgeschickt. Diesmal handelte es sich um ein zweimonatiges Projekt zur Sammlung von Daten für unsere Diplomarbeiten. Alle vier Mitglieder unserer Gruppe hatten getrennte Ziele. Ich würde zu einer Nukleartestanlage in den nahen Westlichen Hügeln reisen, während Wang das Hubei-Geologiebüro in der in Zentralchina gelegenen Stadt Wuhan besuchen sollte. Meine Anweisungen lauteten, mit den Ingenieuren an der Teststätte zusammenzuarbeiten, um einen Plan für die Versorgung der Anlage mit Grundwasser aufzustellen. Ich sollte zuerst recherchieren, wie viele Brunnen man benötigte und wie tief man zu bohren hatte, und dann sollte ich die beste Methode ermitteln, um die Qualität und die chemische Zusammensetzung des Wassers zu berechnen.

Bevor wir vier abreisten, einigten wir uns auf einen Zeitplan für unsere Flucht. Wir erwarteten, kurz vor dem Nationalfeiertag am 1. Oktober nach Peking zurückzukehren, und wollten dann einen Heimaturlaub zum Besuch unserer Familien beantragen. Dann wollten wir uns am Hauptbahnhof von Peking treffen und Fahrkarten für die dreitägige Reise nach Kunming, der Hauptstadt der Provinz Yunnan, kaufen. Wir beabsichtigten, in verschiedenen Waggons zu reisen und uns nach der Ankunft am Bahnhof zusammenzufinden. Mittlerweile hatten wir alle denkbaren Vorbereitungen für eine erfolgreiche Flucht getroffen. Wir hatten unsere Route sorgfältig ausgewählt, und es war uns sogar gelungen, einige Blankoformulare von Empfehlungsschreiben zu stehlen, mit deren Hilfe Geologen im Feld Unterkunft, Reis und andere lebensnotwendige Dinge von örtlichen Dorfkadern erhielten. Nun brauchten wir nur noch zu schwören, daß wir im Fall einer Gefangennahme niemals – nicht einmal unter der Folter – unseren Plan oder die Identität der anderen Teilnehmer enthüllen würden.

Wiederum war ich froh, fern von den politischen Spannungen

der Universität zu sein, und mein Forschungsprojekt stellte mich vor eine Herausforderung. Am Nachmittag des 9. September spielte ich nach der Arbeit Basketball mit den Ingenieuren der Testanlage, als ich plötzlich Wang bemerkte, der vor dem Zaun stand und sich zum Zeichen dafür, daß er mit mir sprechen wollte, die Nase rieb. Es war mehrere Wochen zu früh für seine Rückkehr nach Peking, und ich hatte keine Ahnung, was ihn zu mir geführt hatte. Nach Einbruch der Dunkelheit schlich ich nach draußen vor das Tor. Wang erklärte mir flüsternd sein Problem: Er hatte sich in seinem Betrieb in Wuhan in eine Technikerin verliebt, und dem für sie zuständigen Parteisekretär war nicht entgangen, daß sie eine Beziehung zu einem Rechtsabweichler angeknüpft hatte. Sogar nachdem sie von ihren Arbeitskollegen kritisiert worden war, hatte sie sich weiter mit Wang getroffen. Sollte die Beziehung ein zweites Mal aufgedeckt werden, mußte sie mit einer Versammlung rechnen, auf der ihre Kollegen sie anklagen würden, weil sie die Partei belogen und deren Anweisungen zuwidergehandelt habe.

Wang sah keine Möglichkeit, einer Bestrafung zu entgehen, und da er unsere Fluchtpläne für den 1. Oktober nicht durchkreuzen wollte, hatte er beschlossen, die 300 Yuan zu verwenden, die man ihm am Beginn seines Praktikums für Spesen gezahlt hatte, und zu einem Treffen mit mir nach Peking zu fliehen. Er drängte mich, mit meinem eigenen Vorschuß am nächsten Tag für uns beide Zugfahrkarten nach Yunnan zu kaufen. Ich lauschte seinem Plan, aber das Risiko schien mir zu hoch, denn er war aus seinem Betrieb geflohen und wurde vom Büro für Öffentliche Sicherheit gesucht. Außerdem hätten wir unsere beiden Kameraden im Stich lassen müssen. Ich riet Wang, sich an die Behörden des Geologie-Instituts zu wenden, ihnen die Spesengelder zu übergeben, seinen Fehler einzuräumen, eine Selbstkritik zu schreiben und um Vergebung zu bitten. Es sei ein schwerer politischer Irrtum für einen Rechtsabweichler, aber vielleicht kein Verbrechen, daß er ein Verhältnis mit einer ortsansässigen Frau angeknüpft und staatliche Gelder ausgegeben habe, um sich der Aufsicht der Massen zu entziehen. Wir würden unsere Fluchtpläne hinausschieben müssen. Er schien mir zuzustimmen, und ich schmuggelte ihn für jene Nacht ins Wohnheim der Ingenieure. Er versicherte mir, daß er sich am nächsten Morgen vor der Dämmerung aufmachen und sich den Universitätsbehörden stellen werde. Tatsächlich war er verschwunden, als ich erwachte.

Zwei Wochen später war mein Praktikum beendet, und ich kehrte etwas besorgt ins Geologie-Institut zurück. Dort erfuhr ich sofort, daß Wang verhaftet worden sei, aber niemand wollte über den Fall sprechen. Ich konnte nicht herausfinden, ob er unsere Fluchtpläne im Verhör enthüllt hatte. Wenn ja, würde man mich als nächsten verhaften. Ich gab jeglichen Fluchtgedanken auf und beantragte für die drei Ferientage einen Besuch bei meiner Familie, als sei nichts geschehen. Mir blieb, wie ich glaubte, nichts anderes übrig, als in den Zug nach Schanghai zu steigen und zu hoffen, daß Wang geschwiegen hatte.

Am Tag vor meiner geplanten Heimreise erschien Genossin Ma in meinem Wohnheim. »In der Testanlage ist eine politische Versammlung angesetzt worden, um deine letzte Gedankenzusammenfassung zu beurteilen«, verkündete sie mit ausdrucksloser Miene. »Man hat deinen Antrag auf die Reise nach Schanghai abgelehnt.«

Am 3. Oktober 1959 erwarteten mich dreißig Ingenieure im Versammlungssaal des Parteikomitees der Nukleartestanlage. Chefingenieur Ning erklärte, das Treffen sei einberufen worden, um mir bei meiner Umerziehung zu helfen. Seine Worte klangen bedrohlich, aber ich nahm erleichtert zur Kenntnis, daß er mich nicht als »konterrevolutionären Rechtsabweichler« bezeichnete. Er befahl mir, Bericht zu erstatten, doch ich wußte nicht, was von mir erwartet wurde. Mir fiel nichts anderes ein, als meine vertraute Liste von Selbstbezichtigungen zu rezitieren: Das Niveau meines politischen Denkens sei zu niedrig, ich sei bourgeoiser Herkunft, und ich hätte die Werke des Vorsitzenden Mao nicht fleißig genug studiert.

»Hast du je etwas getan, um dem arbeitenden Volk zu schaden?« erkundigte sich Ning.

Ich wich seiner Frage aus und sprach weiterhin über meine zahlreichen Fehler. Zu meiner Freude unterbrach Ning die Versammlung, und wir beide saßen ein paar Minuten lang allein am Tisch. Ich hatte ihn immer als einen fairen und gütigen Mann geschätzt, aber ich war erstaunt, als er mir eine Tasse Tee einschenkte. Parteikader verzichteten normalerweise auf Liebenswürdigkeiten gegenüber Rechtsabweichlern. Ning schien darauf zu warten, daß ich mich äußerte. »Wir haben zwei Monate zusammengearbeitet«, begann ich, »und Sie wissen, daß ich ein redlicher Mensch bin. Bitte, sagen Sie mir, was das Problem ist.«

Ning zog eine Bankauszahlung über fünfzig Yuan hervor, die meine Unterschrift trug. Oben war das Datum abgestempelt, der 10. September – der Tag nach Wangs Übernachtung im Wohnheim. Ning sagte, einer der Ingenieure habe an jenem Morgen entdeckt, daß fünfzig Yuan auf seinem Konto fehlten. Ich begriff sofort, daß Wang meinen Namen gefälscht haben mußte, um Geld für seine Flucht abzuheben, und dabei irgendwie gescheitert war, aber das konnte ich Ning nicht verraten. Wenn ich behauptete, daß ich nichts über das Bankkonto wisse und daß die Unterschrift nicht von mir stamme, würden die Behörden weitere Ermittlungen anstellen. Wenn ich jedoch die Wahrheit sagte und preisgab, daß Wang in der Nacht zuvor im Wohnheim geschlafen hatte, würde man fragen, wie es dazu gekommen sei. Mir blieb nichts anderes übrig, als meine Schuld zu gestehen und mich selbst als Dieb zu bezeichnen.

Mir war elend zumute, aber ich teilte Ning mit, daß ich den Betrag genommen hätte, um Fahrkarten für meine Heimreise zu kaufen. Zum Glück hatte ich das Geld in der Tasche, das meine Mutter mir gerade für eine Karte nach Schanghai geschickt hatte. Ich zog fünfzig Yuan hervor und bat Ning um Verzeihung. Er legte mir tröstend die Hand auf den Rücken und bemerkte, daß Menschen eben manchmal Fehler begingen. Dann verließ er das Zimmer, nachdem er mir versichert hatte, daß er die Kampfversammlung auflösen werde; ich solle mir keine Sorgen machen. Ein paar Minuten später begleitete er mich sogar zum Tor, schüttelte mir die Hand und warnte mich davor, meine Zukunft aufs Spiel zu setzen. Auf dem Weg zur Bushaltestelle hatte ich den Eindruck, noch nie einem so verständnisvollen Parteimitglied begegnet zu sein.

Von Nings Güte und meiner eigenen Schwindelei erschüttert, legte ich die acht Kilometer von der zentralen Pekinger Busstation zum Geologie-Institut zu Fuß zurück, um über meine nächsten Schritte nachzudenken. Die Universitätsbehörden würden einen Bericht über die Kritikversammlung verlangen, und ich beschloß, ein Geständnis abzulegen. Am Abend teilte ich Kong mit, daß ich einem Ingenieur im Betrieb fünfzig Yuan gestohlen hätte. Er schrie, ich sei nicht nur ein Rechtsabweichler, sondern auch ein Dieb, und befahl mir, das Wohnheim nicht zu verlassen, während er sich aufmachte, um meine neueste Schandtat zu melden. Ich fürchtete, daß Wang bereits ein Geständnis abgelegt hatte und daß die Behörden nur noch abwarteten, um vor meiner Verhaftung mehr Material gegen mich zu sammeln. Mehrere Wochen lang schrieb ich eine Selbstkritik nach der anderen, ohne die Parteivertreter an der Universität zufriedenstellen zu können. Außerdem rechnete ich ständig damit, von der Polizei abgeholt zu werden.

Im November 1959 verspürte ich irgendwann eine seltsame Mischung aus Verzweiflung und Trotz. Unfähig, eine Zukunft für mich zu sehen, verlor ich das Interesse daran, die Ergebnisse meines Forschungsprojekts niederzuschreiben. Meine politische Situation war mir auf einmal gleichgültig. Während sich die Frühjahrsferien 1960 näherten, empfand ich meine Trostlosigkeit noch deutlicher. Das Mondneujahr war der wichtigste Zeitpunkt für das Zusammentreffen mit Familienangehörigen und Freunden, doch mir verweigerte man solche privaten Kontakte. Ich begann, das Wohnheim nachts ohne Erlaubnis zu verlassen und auf meinem Fahrrad durch die Stadt zu streifen. Im Taoranting-Park, weit südlich des Geologie-Instituts, entdeckte ich einen Pavillon, in dem junge Leute abends tanzten und Tee tranken. Ich hatte das Tanzen immer gehaßt, aber ich saß wie gebannt beim Anblick meiner Altersgenossen da, die lachen und sich vergnügen konnten. Diese indirekte Freude erlöste mich vorübergehend von der Leere meines

Lebens an der Universität. Während ich die Tänzer beobachtete, wichen meine Einsamkeit und mein Elend für ein paar Stunden zurück.

Eines Abends stolperte ein Paar, das sich wild auf dem Tanzboden drehte, und stürzte direkt vor meinen Füßen zu Boden. Alle lachten, und der Junge lief verlegen davon. Ich half dem Mädchen auf die Beine und bot ihr meinen Tee an. Sie war anmutig und hübsch, und ich hatte sie schon häufig im Pavillon bemerkt. Ich fragte sie, ob sie nach draußen gehen wolle, um ihre Benommenheit in der kalten Luft abzuschütteln.

Ihr Name war Li, und sie arbeitete als Schwester im Volkskrankenhaus Nummer Vier. Ich konnte ihre Frage nach meiner eigenen Arbeit nicht beantworten, und als sie erklärte, daß sie mich wiedersehen wolle, dachte ich daran, zu verschwinden. Es war bereits Mitternacht, ich stand als Rechtsabweichler unter Aufsicht, teilte einen Schlafsaal mit elf anderen Studenten, und mein Wohnheim war eine halbe Fahrradstunde entfernt. Aber plötzlich war mir alles egal. Ich ließ sie wissen, daß ich Student und Rechtsabweichler sei, daß ich in den Park käme, um mich lebendig zu fühlen, und daß ich niemals mit ihr Freundschaft schließen könne. Li spürte meinen Schmerz und wies meine Bedenken zurück. In jener Nacht knüpften wir eine geheime Beziehung an.

Danach belog ich Kong Samstag abends wiederholt über meine Pläne und radelte davon, um Li zu treffen. Er meldete den Sicherheitsbehörden der Universität meine Verstöße, und ich hörte mir etliche Male ihre Kritik an, aber ich schlich weiterhin zu meinen Rendezvous mit Li in den Park. Ich wollte nicht, daß sie unter meiner politischen Situation litt, und lenkte unsere Gespräche deshalb immer in eine andere Richtung. Je weniger sie wußte, desto weniger Schuld konnte man ihr zumessen, wenn ich eines Tages verhaftet würde. Doch meine Versuche, Li zu schützen, ließen sie mißtrauisch werden. Sie warf mir häufig vor, eine andere Freundin oder sogar eine Ehefrau zu haben, da ich mich weigerte, sie in mein Institut mitzunehmen oder sie meinen Kommilitonen vorzustellen. Eines Tages erfuhr sie in der Telefonzentrale die Nummer meines Wohnheims und beschloß, mir nachzuspüren. Kong beantwortete ihren Anruf und stürmte zu mir.

Einen Anruf zu erhalten war ein besonderes Privileg, das einem Rechtsabweichler natürlich nicht zustand. Kong wollte wissen, wieso ein Mädchen nach mir gefragt habe, und befahl mir dann, im Parteibüro ein Geständnis abzulegen. Im März und April 1960 folgte eine Kampfversammlung der anderen. Kong, Ma und die anderen Kader, die mich zu beaufsichtigen hatten, kritisierten und bedrohten mich. Sie konnten es nicht ertragen, daß ich mich ihrer Disziplin und ihrer Kontrolle entzogen hatte. In jenem Frühjahr begann ich zu hoffen, daß ich nach Abschluß meines Studiums eine Chance haben würde, in einer anderen Umgebung einen neuen Anfang zu machen. Wie alle, die bald graduieren würden, sah ich täglich gespannt in meinem Briefkasten nach, ob man mir eine Arbeitsstelle zugewiesen hatte. Dieser Brief würde nicht nur meine Beschäftigung, sondern auch meinen Wohnort, mein ganzes Schicksal festlegen.

Da die Parteikader in der Personalabteilung der Universität sämtliche Posten vergaben, waren meine Erwartungen nicht hochgespannt. Meine Kommilitonen mit beispielhafter politischer Vergangenheit würden Posten im Geologieamt erhalten und als Assistenten oder Verwaltungsangestellte am Institut arbeiten. Da sie das Wohlwollen der Partei erworben hatten, würden sie durch Arbeitsplätze in Peking belohnt werden und den Härten des Lebens auf dem Lande oder in den kleinen Provinzstädten entgehen.

Meine konterrevolutionären Verfehlungen würden mich um das Privileg bringen, an einer Universität oder in einer Regierungsbehörde zu arbeiten. Aber ich hoffte, daß man in der Personalabteilung eine praktische Anwendung für meine Befähigung finden würde, zumal ein Fakultätsausschuß meine Diplomarbeit über die Wasserversorgung der Nukleartestanlage mit der höchsten Note und einem besonderen Lob bedacht hatte. Ich nahm an, daß man mich zur Untersuchung von Mineralien in einen fernen Industriebetrieb oder vielleicht zur Sammlung von Bodenproben an eine Außenstelle im hohen Nordwesten schicken würde. Meine Lebensbedingungen würden schwierig sein, aber wenigstens könnte ich neu beginnen, meine technischen Kenntnisse anwenden und zur Entwicklung meines Landes beitragen. Damals wußte ich noch nicht, wie absurd solche Pläne waren.

Am 27. April trat Kong in der Mensa an meinen Tisch. So kurz vor der Graduierung begleitete er mich nur noch selten, weshalb ich mißtrauisch wurde, als er mich höflich aufforderte, ihm zu einem Gespräch nach draußen zu folgen. Der Himmel war wolkenverhangen, und Kong, die Hände auf dem Rücken verschränkt, führte mich langsam um die gehärtete Lehmfläche herum, die als Sportplatz diente. Er sprach fast beiläufig über die Notwendigkeit, mein Denken zu ändern. Ich betrachtete den grauen Himmel und überlegte, was der Grund für diese müßige Unterhaltung sein mochte. Ob die Behörden etwas von unseren Fluchtplänen im letzten Jahr erfahren hatten? Nach einer Stunde schaute Kong auf seine Uhr. Es war kurz vor neun, und er sagte, wir müßten an einem Treffen teilnehmen.

In den beiden Jahren zuvor war ich oft zu Gruppenkritiksitzungen gerufen worden, deshalb setzte ich mich nach alter Gewohnheit in die letzte Reihe des Klassenzimmers und hoffte, daß es sich nur um eine Wiederholung früherer Verfahren handelte. Dann blickte ich auf. An der Tafel, unter dem Farbporträt des Vorsitzenden Mao, stand mit Kreide geschrieben: »Versammlung zur Kritik des Rechtsabweichlers Wu Hongda.« Mein Magen zog sich zusammen. Dann schritt Wang Jian nach vorn; er war für die politische Ausbildung im gesamten Fachbereich Ingenieurgeologie und Hydrologie verantwortlich. Normalerweise führten Kong und seine Genossen vom Jugendverband den Vorsitz bei diesen Versammlungen. Einige Studenten saßen steif auf ihren Plätzen, während sich andere verlegen zu mir umblickten. Wangs Eröffnungsworte brachen das Schweigen: »Heute sind wir zusammengekommen, um den Rechtsabweichler Wu Hongda zu kritisieren.«

Ein Chor von Anschuldigungen ertönte aus dem Publikum. »Wu Hongda lehnt es immer noch ab, sein Denken zu ändern! Er widersetzt sich der Partei, er muß ausgeschlossen werden! Nieder mit Wu Hongda, er muß uns nun sein wahres Gesicht zeigen!«

Die Anklagen wurden etwa zwanzig Minuten lang fortgesetzt. Ich starrte vor mich hin, bis Wang Jian mir bedeutete aufzustehen. »Im Einklang mit der Forderung der Massen und mit der vollen Autorität des Instituts«, erklärte er, »brandmarke, entlasse und verbanne ich nun den Rechtsabweichler Wu Hongda, der sich beständig geweigert hat, ein guter sozialistischer Student zu werden, und es statt dessen vorzog, ein Feind der Revolution zu bleiben.«

In diesem Moment erschien ein uniformierter Offizier der Sicherheitsbehörde an der Tür. Er marschierte zum vorderen Tisch und verkündete: »Als Vertreter der Pekinger Volksregierung verurteile ich den konterrevolutionären Rechtsabweichler Wu Hongda zur Umerziehung durch Arbeit.« Er winkte mich nach vorn und zog ein Stück Papier aus seiner Jackentasche. Meine Augen hafteten an dem blutroten Abzeichen neben seinem Aufschlag. Wie war dies alles möglich?

»Unterschreib hier!« Der Offizier zeigte auf den unteren Teil des Formulars. Er schien den Text absichtlich mit der Hand zu verdekken, so daß ich die Haftgründe nicht erkennen konnte.

»Ich möchte die Anklage sehen«, erwiderte ich. Wahrscheinlich war mein Fluchtplan vom letzten Jahr entdeckt worden.

»Unterschreib einfach!«

»Ich habe das Recht, über meine Verbrechen informiert zu werden«, erklärte ich, plötzlich kühn geworden.

»Die Volksregierung stellt dich unter Arrest«, gab er ungeduldig zurück. »Ob du unterschreibst oder nicht, spielt keine Rolle.«

Ich wußte, daß ich die Haftgründe mit der Unterzeichnung akzeptieren würde. Vielleicht würde jemand im Saal meinen Wunsch unterstützen, die Anklagepunkte zu erfahren. Zorn und Furcht stiegen in mir auf. Niemand meldete sich zu Wort. Daraufhin beugte ich mich vor und kritzelte meinen Namen auf das Papier. Ich wußte, daß Personen, die einen Fluchtversuch machten oder auch nur planten, gewöhnlich erschossen wurden.

Der Offizier packte mich am Arm und führte mich über den Sportplatz zu meinem Wohnheim, damit ich ein paar Kleidungsstücke und Bettwäsche mitnehmen konnte. Mir brannten die Wangen vor Scham, als ich meine früheren Mannschaftskameraden sah, die für ein Baseballspiel trainierten. »Bitte, lassen Sie mich los. Ich werde nicht weglaufen. Wo soll ich mich denn verstecken?«

Der Offizier lockerte seinen Griff und versuchte sogar, mich zu beruhigen. »Mach dir nicht zuviel Sorgen. Wir alle müssen unser Denken ändern. Vielleicht kannst du nach drei oder sechs Monaten zurückkommen, und man gibt dir einen Posten. Arbeite fleißig an deiner Umerziehung, und du wirst als ein neuer, sozialistischer Mensch zurückkehren.«

Ich hatte ein näherliegendes Problem. Der einzige konkrete Beweis für unsere Fluchtpläne befand sich in meinem Schlafsaal. Unter den Zeitungsseiten, mit denen meine Schreibtischschublade ausgelegt war, hatte ich eine aus der Bibliothek gestohlene Karte der birmanischen Grenze verborgen. Das Sicherheitspersonal der Universität würde später meine Habseligkeiten abholen. Wenn man die Karte fand, würde mein Leben nichts mehr wert sein.

Wir betraten das Gebäude, das Nördliche Wohnheim Nummer Fünf, und stiegen drei Betontreppen zu meinem Schlafsaal hinauf. Sechs Etagenbetten flankierten die Wände, und sechs Schreibtische mit jeweils zwei Schubladen standen in der Mitte. Zwei Sicherheitsposten lehnten an den Bettgestellen und schauten uns zu. Sie ließen mich nicht aus den Augen, doch zum Glück war die hintere Ecke meines Bettes nicht in ihrem Blickfeld. Ich tat so, als wolle ich meine Sachen so schnell wie möglich packen, zog die untere Schublade meines Schreibtisches hervor und schüttete den Inhalt auf mein Bett. Ein Fläschchen blauer Tinte ergoß sich über die Decke, und ich hob entsetzt die Hände. Dies war ein Teil meines Planes. »Kein Grund zur Eile«, sagte einer der Kader. »Nimm dir Zeit.« Inzwischen hatte ich die Karte gefunden. Ich hockte mich aufs Bett, drehte den Körper zur Wand und schob das gefaltete Blatt in meine Tasche.

Dann sprang ich hinunter und erklärte dem Sicherheitsoffizier, daß ich ein Baumwolltuch gewaschen und es im Keller zum Trocknen aufgehängt hätte. »Nimm nur das mit, was du für heute nacht brauchst«, befahl er. »Der Rest wird dir nachgeschickt.« Ich ignorierte seine Worte und schlüpfte an ihm vorbei in den Korridor hinaus. Nach meinem jahrelangen sportlichen Training war ich gewandt und kräftig, und ich raste die Treppe hinunter; seine Schritte hörte ich hinter mir. Sobald ich den Keller erreichte, riß ich die schwere Ofentür auf und warf die Karte hinein. Als der Offizier mich wutschnaubend einholte, stand ich bereits neben der Wäscheleine und faltete das Baumwolltuch ruhig zusammen. Mein Herz pochte, aber ich sagte gelassen: »Sehen Sie? Ich wollte mir eine Hose daraus machen, und ich hatte Angst, daß es verschwinden könnte, wenn ich's zurückließe.«

Ich legte ein paar Sachen auf meine Decke, knotete sie zusammen und wurde von dem Offizier zu einem wartenden Jeep geleitet. Auf dem Polizeirevier nahm mir der diensthabende Beamte Fingerabdrücke ab und beschlagnahmte meine Schlüssel und meine Uhr, meine Schnürsenkel und meinen Gürtel, sogar meinen Bibliotheksausweis.

»Das kann nicht wahr sein«, dachte ich von neuem. »Es muß einen Ausweg geben.«

Draußen schickte man mich wieder zu dem Jeep, und ich blieb ungefähr zwei Stunden lang darin sitzen. Eine Flucht war unmöglich, denn zahlreiche Polizisten patrouillierten auf dem Gelände. Endlich erschien der Fahrer mit einem Wächter, der einen zweiten Gefangenen heranführte. Dieser kletterte, schmutzig und zerzaust, neben mich auf den harten Rücksitz. Er schien beleidigt darüber zu sein, daß man ihn zusammen mit einem gewöhnlichen Verbrecher beförderte. Wahrscheinlich handelte es sich um einen Landstreicher, der festgenommen worden war, weil er in diesen Hungerzeiten Lebensmittel auf einem Pekinger Markt gestohlen hatte. Wir waren schweigend mehr als eine Stunde lang unterwegs. Ich konnte hinter dem olivgrünen Jeepverdeck nichts erkennen. Das Kreischen der Bremsen signalisierte unsere Ankunft im Haftzentrum Beiyuan, das, wie ich bald erfuhr, als Zwischenstation für Gefangene diente, die auf die Verschickung in Arbeitslager warteten.

Am ersten Tor prüfte ein Wachposten die Haftdokumente. Eine dreieinhalb Meter hohe Ziegelmauer erstreckte sich so weit, wie das Auge sehen konnte, über die grüne Fläche der Nordchinesischen Ebene. Ich musterte das zweite Tor. Als ein Kalfaktor mich heranwinkte, hievte ich meine Bettrolle ungelenk auf eine Schulter und hielt meine gürtellose Hose mit meiner freien Hand fest. Dann wartete ich, scheinbar vergessen, im Innern des Hofes hockend.

Hinter dem Tor

Im Innern des Haftzentrums sah ich mehr als tausend Insassen, die zu jeweils etwa dreißig Mann mit verschränkten Beinen auf dem harten Boden des Gefängnishofes im Kreis saßen. Zwei Politinstrukteure gingen zwischen den Kreisen auf und ab und lasen abwechselnd laut aus der Zeitung vor. Gegen 16 Uhr wurden Eimer mit Essen gebracht. Immer noch nahm niemand von mir Notiz. Zwei Stunden vergingen, bevor ein Kalfaktor mich zu einem von mehreren breiten Torbögen geleitete. Dahinter lag, wie ich aus dem Kuppeldach und dem gewaltigen Schornstein schloß, ein ehemaliger Ziegelofen. Meine Augen brauchten ein paar Sekunden, um sich an das trübe Licht in dem Gebäude zu gewöhnen. Dann erkannte ich etwa vierzig Steppdecken, die auf zwei *kangs*, den traditionellen steinernen Schlafplattformen mit Heizrohren darunter, gefaltet waren. Die *kangs* zogen sich an der Wand eines schmalen Raumes dahin. Außer der Türöffnung bildete ein kleines Fenster, das in die dicke Ofenmauer eingelassen war, die einzige Quelle von Tageslicht. Ich legte meine Bettrolle an eine mir zugewiesene Stelle auf einem der *kangs*, brachte meinen Becher und mein Handtuch auf dem Regal unter und versuchte mir auszumalen, wie ich in einer solchen Umgebung – eingezwängt in eine Schlafstelle, die kaum mehr als einen halben Meter breit war – überleben konnte.

Ich wußte, daß ich als neuer Häftling jederzeit zum Verhör gerufen werden konnte. Es galt, den mutmaßlichen Grund für meine Verhaftung herauszufinden und mir eine Erklärung einfallen zu lassen. Meine Strategie mußte rasch festgelegt werden. Ich wollte mich nicht überrumpeln lassen, aber meine Gedanken versagten mir den Gehorsam. Die Bilder des Tages stürmten auf mich ein – das Gesicht des Offiziers mit dem Haftbefehl und dem blutroten

Abzeichen, die sich auf meiner Decke ausbreitende blaue Tinte, der schwere Metallrost des Ofens, in den ich die Karte warf. Ich konnte mich nicht konzentrieren.

Der Kalfaktor befahl mir, mich einer der Gruppen auf dem Hof zur politischen Unterweisung anzuschließen. Er sagte, daß ich die zweite der beiden täglichen Gefängnismahlzeiten verpaßt hätte, aber ich dachte nicht ans Essen. Draußen setzte ich mich mit gekreuzten Beinen hin und folgte dem Beispiel der anderen Gefangenen, die die Augen niedergeschlagen und die Hände auf die Knie gelegt hatten. Ich hoffte, niemanden auf mich aufmerksam zu machen. Inzwischen war es spät am Nachmittag. Da ich mir überlegte, welche Anklagen man mir vorhalten würde, nahm ich keines der eintönigen Worte des Gruppenleiters auf, der sich über die Notwendigkeit, unser Denken durch Arbeit zu verbessern, ausließ. Ich blieb vielleicht eine Stunde lang dort sitzen und wurde dann in den Schlafsaal gebracht, um auf dem *kang* weiterzustudieren. Einer der Kalfaktoren machte mich mit den Lagervorschriften vertraut, und um 21.30 Uhr erhielten wir den Befehl, uns hinzulegen. Nach dem Gang zur Latrine marschierten sämtliche Häftlinge in den Ziegelofen, streckten sich, die Füße zur Wand, Seite an Seite auf dem *kang* aus und versuchten einzuschlafen. Meine Gedanken überschlugen sich. Ich wußte nicht, was als nächstes mit mir geschehen würde. Da sich links und rechts von mir Männer drängten, konnte ich keine bequeme Position finden. Einmal wollte ich mich aufsetzen, aber der Wärter verbot es mir brüllend. Über uns baumelten zwei Glühbirnen, die einen düsteren Kreis auf die gewölbte, von Kohle geschwärzte Decke warfen.

Gegen Mitternacht rief ein Kalfaktor von der Tür her meinen Namen. Ich kämpfte gegen meine wachsende Panik an, während ich ihm nach draußen und dann in ein kleines, kahles Zimmer folgte. Ein Polizeihauptmann saß an einem Tisch. »Hock dich hin!« knurrte er, ohne aufzublicken. Er richtete die Schreibtischlampe auf mein Gesicht. »Nenne deinen Namen, dein Alter, deine Beschäftigung und die Art deines Verbrechens.«

»Ich bin ein konterrevolutionärer Rechtsabweichler«, antwortete ich rasch. »Während der Hundert-Blumen-Kampagne habe ich die Kommunistische Partei angegriffen. Ich habe immer noch eine Menge verderblicher Gedanken.«

»Das alles wissen wir. Was noch? Was noch?« schrie mein Vernehmer. »Verstehst du die Methode der Partei nicht? Milde für alle, die gestehen, Härte für alle, die sich der Umerziehung widersetzen.« Er erhob sich, ging um mich herum und trat eine zweite Tür auf. Ich sah einen an den Dachsparren hängenden Körper, dann einen zweiten, der auf dem feuchten Boden ausgestreckt war. Da ich die Gesichter der beiden Gequälten nicht erkennen konnte, wußte ich nicht, ob sie bewußtlos oder tot waren. »Das passiert denen, die sich der Autorität der Partei widersetzen«, schnauzte er. »Du bist ein junger Student. Ich werde dir noch eine Chance geben. Komm morgen abend zurück und leg ein volles Geständnis ab.« Erschüttert von dem Blick auf die beiden, die sich der Umerziehung anscheinend nicht gefügt hatten, kehrte ich zu meinem Platz auf dem *kang* zurück. Ich hatte keine Ahnung, was ich am nächsten Abend sagen würde. Aber mir war klar, daß auch ich von der Decke des Vernehmungszimmers hängen würde, wenn meine Antworten falsch oder unvollständig klangen. In jener Nacht tat ich kein Auge zu.

Am nächsten Morgen um 5.30 Uhr gab ein Kalfaktor den Befehl zum Aufstehen, und wir trotteten in Fünfergruppen hinaus. Sehr schnell lernte ich die Morgenroutine: Tauch eine Hand in einen kleinen Holzeimer für ungefähr zehn Personen, bespritz dir das Gesicht mit schmutzigem Wasser, kehre zu deiner Steppdecke zurück und setz dich mit gekreuzten Beinen in Habachtstellung hin, um mit Hilfe der *Volkszeitung* umerzogen zu werden. Erst um zehn Uhr traf ein Karren aus der Küche ein. Der Kalfaktor schob jedem zwei kleine Brötchen hin, die dunkler waren als alle, die ich je gesehen hatte. Ich konnte mir nicht vorstellen, woraus sie bestanden. Dann goß er eine Kelle voll dünner Suppe, in der ein paar Blätter schwammen, in die Emailleschüssel, die ich aus der Universität hatte mitbringen müssen. Ich biß in ein Brötchen. Es schmeckte bitter und sehr trocken, wahrscheinlich weil man dem grobgemahlenen Hirsemehl Spreu hinzugefügt hatte. Ich konnte nichts essen und reichte meine Brötchen an den neben mir hockenden Häftling weiter, der Großmaul Xing hieß. Er murmelte ein paar Dankesworte und stopfte sich die Brötchen in den Mund.

Wir marschierten um 10.30 Uhr hinaus und setzten uns mit gekreuzten Beinen in Reihen auf den Boden. Man plante eine besondere Vollversammlung. Von einer Lehmplattform in der Mitte des Hofes aus inspizierte Shi, der oberste Gruppenleiter, die fünfzehnhundert vor ihm sitzenden Männer. Er war ebenfalls Häftling, doch er hatte sich das Vertrauen der Behörden erworben und besaß nun erhebliche Macht über seine Mitgefangenen.

»Der Erste Mai und die Feier des Internationalen Tages der Arbeit nähern sich«, verkündete er. »Zur Vorbereitung darauf werden wir in der Haftanstalt Beiyuan der Hygiene besondere Aufmerksamkeit widmen.« Ich wußte, daß man in Krankenhäusern und Schulen, Büros und Geschäften vor einem wichtigen Feiertag stets zusätzliche sanitäre Maßnahmen traf, aber ich hatte mir nie überlegt, was sich im Gefängnis abspielen mochte.

»Zieht euch aus!« erklang der Befehl. »Anfangen!« Zu meinem Entsetzen zogen sich Häftlinge überall um mich herum bis auf die Unterhose aus und begannen danach, einander nach Läusen abzusuchen. Auch mir blieb nichts anderes übrig, als mein Hemd und meine Hose auszuziehen, obwohl ich entsetzt über diese Massenentlausung war. In meinem höflichsten Tonfall erklärte ich Xing, der mir als Partner zugewiesen worden war, daß ich nie eine Laus gesehen hätte und daß er selbst für seine persönliche Hygiene sorgen solle.

Xing lachte glucksend. »Was? Hier ist einer, der noch nie ’ne Laus gesehen hat!«

»Du dort!« schrie der Gruppenleiter plötzlich; sein Körper war gestrafft, und sein Finger deutete starr in meine Richtung. »Was fällt dir ein?«

Ich biß die Zähne zusammen, und meine Wangen röteten sich vor Scham. Er mußte Xings Lachen gehört und dann bemerkt haben, daß wir untätig dasaßen. Shi verzog die Lippen, stieg von seiner Plattform und marschierte wütend auf uns zu.

Ich konnte sehen, wie Großmaul Xing zu seinem Spitznamen gekommen war. Seine Mundwinkel schienen sich bis zu seinen Ohren zu dehnen. Er war ungefähr in meinem Alter, etwas größer, schlank und muskulös. Sogar in den Wochen meines geologischen Praktikums im Vorjahr hatte ich nie so engen körperlichen Kontakt mit einem Bauern gehabt. Ein Schauder durchfuhr mich, als ich Xings gelbe Zähne und die dunklen Lücken bemerkte, wo mehrere Backenzähne ausgefallen waren. Seine Ohren waren schwarz vor Schmutz, Schlafkrumen klebten in den Winkeln seiner kleinen Augen, und ein trockener Schleimfaden klebte an der Seite des einen Nasenloches. Ich war nicht imstande, seinen Körper nach Läusen abzusuchen.

Shi erreichte uns, und Xing murmelte: »Wir fangen schon an, wir fangen schon an. Es ist nicht meine Schuld.«

Ich wandte mich dem Gruppenleiter zu, um mich höflich zu entschuldigen: »Ich trage die Verantwortung. Tut mir leid, aber ich weiß gar nicht, wie eine Laus aussieht.«

Shi warf den Kopf zurück und brüllte: »Unglaublich!« Er tauschte einen Blick mit Xing aus, kniff die Augen zusammen und zeigte auf die Lehmplattform in der Mitte des Gefängnishofes. »Rauf mit dir!« rief er. Ich zögerte, denn ich schämte mich, unbekleidet vor den anderen herumzulaufen. »Mach schon!« schrie er wütend.

Ich stieg eingeschüchtert und verlegen auf die Plattform und senkte den Kopf. Alle fünfzehnhundert Häftlinge starrten mich an.

»Hier ist einer, der behauptet, noch nie eine Laus gesehen zu haben!« erklärte Gruppenleiter Shi den fast nackten Häftlingen. Sie reckten neugierig den Hals. »Er ist gerade erst eingetroffen, aber es steht fest, daß er aus einer kapitalistischen Familie kommt! Vielleicht kann ihn jemand belehren.«

Ein kleiner, rundgesichtiger Häftling, der ein wenig hinkte, da sein eines Bein kürzer war als das andere, sprang grinsend auf die Plattform. Mit Daumen und Zeigefinger hielt er mir eine Laus, den Bauch nach oben, unter die Nase. Ihre weißen Beinchen ruderten hilflos über dem flachen Körper. Alle lachten. Gruppenleiter Shi schickte mich mit einer verächtlichen Geste zurück. »Die Laus ist seine erste Lektion. Das ist der Anfang seiner Umerziehung!« Er sah mich angewidert an. »Es ist klar, daß ein langer, langer Weg vor dir liegt.«

Ich kehrte zu meiner Stelle im Hof zurück und hörte, wie Xing eine Entschuldigung flüsterte. Durch meinen Kopf schwirrten Shis Worte: »Ein langer, langer Weg ...«

Während ich an jenem Nachmittag beim Unterricht im Ziegelofen saß, versuchte ich, einen klaren Gedanken über die nächste Vernehmung zu fassen. Ich mußte entscheiden, ob ich meine Rolle bei den mißlungenen Fluchtplänen zum Zeichen der Reue gestehen oder ob ich hoffen sollte, daß man den Haftbefehl aus irgendeinem anderen Grund ausgestellt hatte. Wenn ich bei einer Lüge erwischt wurde, mußte ich mit der strengsten Bestrafung rechnen. Dann hatte ich plötzlich Glück.

Vor dem Ofenfenster, gegenüber meinem Platz auf dem *kang,* sah ich meinen Geologiekommilitonen Wang, der unser altes Signal benutzte und sich die Nase rieb. Wie hatte er mich gefunden? Die Beine gekreuzt, die Hände auf den Knien, wagte ich nicht, mich zu rühren. Nach den Gefängnisvorschriften brauchte man sogar eine Genehmigung, wenn man die Beine bewegen wollte. Mein Körper spannte sich. Ich hatte seit Wangs Verhaftung nichts von ihm erfahren, und ich konnte mir diese Chance nicht entgehen lassen, denn ich mußte herausfinden, ob er gestanden hatte. Als mir der Kalfaktor den Rücken zudrehte, rieb ich mir zur Antwort rasch die Nase.

Ich atmete mehrere Male tief durch, bevor ich die Hand hob und den Kalfaktor bat, die Latrine benutzen zu dürfen. »Später«, lautete die brüske Antwort.

»Ich kann's nicht mehr aushalten, ich muß jetzt gehen«, beharrte ich.

»Willst du Schwierigkeiten machen?« Die Stimme des Wärters wurde lauter.

In meiner Verzweiflung berührte ich Großmaul Xings Bein, um ihn schweigend um Hilfe anzuflehen. »Lassen Sie ihn doch gehen«, sagte Xing. »Wenn er hier scheißt, gibt's nur Gestank.«

Als der Wärter nickte, stand Xing auf. Häftlinge durften nicht einmal die Latrine ohne Begleitung aufsuchen. Wir überquerten gemeinsam den Hof, aber Xing blieb an der offenen Tür stehen, um den üblen Geruch zu vermeiden. Innen kauerte Wang über dem Zementtrog. Er starrte vor sich hin und flüsterte: »Ich kenne dich nicht, ich weiß nichts von den fünfzig Yuan, ich weiß nichts von der Flucht.« Dann war er verschwunden.

Diese wenigen Worte retteten mich. Nun war ich dankbar für die »Läuselektion«, die ich am Morgen erhalten hatte. Wenn ich nicht auf die Plattform gestiegen wäre, hätte Wang nie von meiner Ankunft erfahren. Dann hätte ich vielleicht einen schweren Fehler gemacht und den Fluchtplan gestanden.

Um Mitternacht, als ich schlaflos auf dem unbequemen *kang* lag, rief der Wärter wieder meinen Namen. »Hast du dir die Sache überlegt?« fragte der Polizeihauptmann, zu dem ich erneut geführt wurde. Seine Stimme klang noch kälter und drohender als in der Nacht zuvor.

»Ich muß noch etwas erklären«, erwiderte ich nervös. »Ich habe auch fünfzig Yuan genommen.«

Der Polizist hämmerte auf den Tisch und fluchte: »Verdammter Drecksack! Was soll das heißen – du hast Geld ›genommen‹? Du willst immer noch dein Gesicht retten! Du hast es gestohlen, du stinkender Intellektueller! Scher dich raus.«

Ich zitterte am ganzen Körper, aber ich hatte das Gefühl, einen wichtigen Test bestanden zu haben. Ich hatte mich nicht von meinen Aufsehern einschüchtern lassen und ein glaubwürdiges Geständnis geliefert. Offenbar war es den Behörden doch nicht gelungen, meine Geheimpläne zu entdecken.

Die ganze nächste Woche hindurch erschienen Abend für Abend neue Gefangene in der Haftanstalt. Die meisten waren keine politischen Häftlinge wie ich, sondern Dörfler, die man wegen Diebstahls oder Landstreicherei verhaftet hatte; wahrscheinlich gehörte dies zu den Bemühungen der Pekinger Polizei, die Straßen der Stadt vor dem Nationalfeiertag am 1. Mai von unliebsamen Elementen zu reinigen. Die Überfüllung hatte zur Folge, daß einige der früher angekommenen Häftlinge verlegt wurden, denn man brauchte Platz für diejenigen, deren Akten man noch bearbeitete. Großmaul Xing gehörte zu denen, die zur Arbeit in der nahegelegenen Ziegelfabrik von Xindian geschickt werden sollten.

Am Nachmittag vor Xings Abreise hockten wir auf dem Hof und kauten an unserer täglichen Brötchenration. Ich fragte meinen neuen Freund, weshalb er seinen schweren, gefütterten schwarzen Mantel nie auszog. Nur während der Hygienemaßnahmen in der Vorwoche hatte ich ihn ohne Mantel gesehen. Er aß und schlief darin und trug ihn sogar in der Mittagssonne.

Seine kleinen Augen schienen hervorzutreten, und er entgegnete heftig: »Ich könnte nie ohne diesen Mantel auskommen.«

»Warum bedeutet er dir soviel?« Der Mantel sah mir nicht sehr teuer aus.

Xings Stimme wurde leise und heiser. »Ihr Intellektuellen versteht nichts von solchen Dingen.« Er schlackerte mit den breiten, dicken Aufschlägen des Mantels. »Nachts suche ich mir ein Eckchen, decke mich zu und schlafe auf der Straße. Ohne diesen Mantel würde ich frieren.« Er verstummte, denn er war nicht an lange Erklärungen gewöhnt. Ich wußte, daß Xing keine Schulausbildung hatte und nur die drei Zeichen seines Namens schreiben konnte.

»Ohne diesen Mantel hätte ich nichts zu essen!« Plötzlich sprudelten seine Worte hervor. »Im Moment bringt ein Huhn auf der Straße fünfundzwanzig Yuan ein. Ich kann auf einen Zug springen, an einem Dorf aussteigen, eine Handvoll Körner aus der Tasche holen und sie auf den Boden streuen. Wenn ein Huhn danach pickt, greife ich es von hinten, drehe ihm den Hals um und schiebe es unter meinen Mantel. Die Menschen in der Stadt bezahlen zur Zeit eine Menge für ein Huhn. Ich lebe nicht wie ein Kaiser, aber ich verhungere nicht.«

Seine Augen verengten sich wieder, und er verschränkte stolz die Arme. Der Nahrungsmangel in Peking hatte ihm eine Einkommensquelle verschafft. Und sein Mantel war das Mittel zum Überleben.

Xing erklärte mir mit einfachen Worten, wie mühsam die Reise von seinem Heimatdorf im Süden der Provinz Hebei nach Peking gewesen sei. Er hatte gehofft, in der Hauptstadt Nahrung zu finden. Viele Bauern in seinem Dorf waren bereits zu schwach für eine solche Reise. Er hatte seinen Aufbruch verschoben, um sich um seine Mutter zu kümmern, die vor Hunger so gebrechlich und krank war, daß sie kaum sprechen konnte. Eines Nachts sagte sie, ihre Zeit sei gekommen und ihr Sohn solle das Dorf verlassen, um sich selbst zu retten. Am nächsten Morgen starb sie. Neben ihrer Bettdecke fand Xing fünf getrocknete Yamstücke, die sie nicht gegessen hatte – ihr Abschiedsgeschenk für ihren Sohn. Er steckte sie sich in die Manteltasche und brach sofort auf. Da ihm die Kraft fehlte, seine Mutter zu beerdigen, deckte er ihr Gesicht zu und ließ sie liegen. Er habe oft Alpträume, daß die hungernden Dorfhunde ihren Körper gefunden hätten, fügte er leise hinzu.

Xing schlug sich nach Baoding durch, einer Provinzstadt an der Eisenbahnlinie ungefähr hundertvierzig Kilometer südlich von Peking. Manchmal ging er zu Fuß, manchmal sprang er heimlich auf einen Zug, und er stahl unterwegs was er konnte, um zu überleben. Einmal erwischte die Polizei ihn in einem Zug nach Peking und verprügelte ihn, doch er konnte fliehen. Beim nächsten Mal hatte er weniger Glück. Ein paar Tage nach seiner Ankunft in der Hauptstadt wurde er wegen eines Bagatelldiebstahls verhaftet und zur Umerziehung durch Arbeit in die Anstalt Beiyuan geschickt.

Seine Beschreibung der Verhältnisse in seinem Dorf entsetzte mich. In Peking hatte ich nie etwas von der Schwere der Hungersnot in den Landgebieten gehört, die nur eine halbtägige Zugfahrt von der Hauptstadt entfernt waren. Ich begann, die Folgen der kürzlichen Mißernte zu begreifen. Xings Geschichte ließ mich einen Blick auf das Leid erhaschen, das durch die Tiefanbaumethoden ausgelöst wurde, die ich in der Provinz Shandong beobachtet hatte, und durch die Übertreibung der Ertragsziffern, mit der die örtlichen Kader versuchten, den überzogenen Ansprüchen der Parteiführung gerecht zu werden. Nie zuvor waren mir die Ergebnisse des Großen Sprungs nach vorn so deutlich geworden.

Ungefähr zwei Wochen nachdem man Xing zu der Ziegelfabrik in Beiyuan gebracht hatte, befahl mir unser Gruppenleiter, im Nachmittagsunterricht laut aus der Zeitung vorzulesen. Ich wußte, daß das Privileg des Vorlesens ein Zeichen wachsenden Vertrauens war. Es regnete heftig. Ich saß mit gekreuzten Beinen auf meiner Steppdecke und sah zu, wie sich der Hof in Schlamm verwandelte. Aus dem Zeitungsstapel, den man auf den *kang* geworfen hatte, zog ich ein Blatt hervor, das auf den 27. April, den Tag meiner Verhaftung, datiert war. Meine Gedanken kehrten für einen Moment zum Geologie-Institut zurück. Fast ein Monat war vergangen. Ich betrachtete die zerfurchten, dumpfen Gesichter um mich herum und dachte daran, wievielen meiner Kommilitonen wohl bereits Arbeitsplätze zugewiesen worden wären.

Ich las geistesabwesend vor, als zwei Sicherheitsbeamte in der Tür erschienen. Sie musterten mich. »Du, Wu Hongda«, rief der eine. »Hör auf zu lesen und komm her. Folge uns.« Sie führten mich zum Sicherheitsbüro, wo ich von einem Polizeihauptmann die Anweisung erhielt, mich sofort in der Chemiefabrik von Beiyuan zu melden. Ein Wärter geleitete mich über den Gefängnishof zu einem Drahtzaun, der die Produktionsanlage neben der Haftanstalt umschloß. »Von nun an wirst du hier arbeiten«, sagte der Wärter. Wir betraten ein flaches Ziegelgebäude, das als Labor diente.

Drei Arbeiter, die staubige Reagenzgläser etikettierten, blickten auf, nannten ihren Namen und erklärten mir meine Pflichten. Zwei waren, wie ich erfuhr, Pharmazeuten, die man als »historische Konterrevolutionäre« abgestempelt hatte, was bedeutete, daß sich ihre »Verbrechen« vor der Gründung der Volksrepublik im Jahre 1949 abgespielt hatten. Höchstwahrscheinlich hatten sie in irgendeiner Funktion für die Nationalregierung gearbeitet. Der dritte war ein Chemiedozent der Universität Peking und ein Rechtsabweichler wie ich.

Sie teilten mir mit, daß es meine Aufgabe sein würde, jeden Tag Testmaterialien zwischen dem Labor und der Werkstatt der Chemiefabrik hin und her zu befördern. Ich war von Dankbarkeit überwältigt. Die Arbeit mochte untergeordneter Art sein, aber sie würde mich von der betäubenden Routine des politischen Unterrichts am Morgen, Nachmittag und Abend befreien. Als Gefängnisarbeiter konnte ich mich im Gelände bewegen, und meine Lebensbedingungen würden sich verbessern. Ich würde in einem anderen Teil des Ziegelofens auf einem primitiven Etagenbett mit einer Holzpritsche schlafen. Statt zwei würde ich am Tag drei Mahlzeiten mit einem größeren Reisanteil erhalten. Und was das wichtigste war, meine Arbeit würde mir gestatten, allein durch die Fabrik zu gehen – ein seltenes Privileg in einer Umgebung, in der alle unter unablässiger Aufsicht standen.

Inzwischen hatte ich begriffen, daß die Arbeit im chinesischen Gefängnissystem gleichzeitig als Pflicht, Strafe und Belohnung gilt. Man muß seine Verbrechen zugeben, die Bereitschaft zur Umerziehung demonstrieren und zeigen, daß man sich der Disziplin unterwirft, bevor man das Recht auf Arbeit verdient hat. Im ersten Haftmonat mußte ich meinen Gehorsam beweisen. Danach konnte mir eine Arbeit zugeteilt werden, die meine weitere Umerziehung förderte.

In den ersten vier Wochen durfte ich keine Briefe an meine Familie schreiben. Mein einziger Kontakt mit der Außenwelt bestand aus einem Brief und einem Päckchen von Li, der schönen Tänzerin, die es geschafft hatte, meinen Aufenthaltsort vom Sicherheitsbüro des Geologie-Instituts zu erfahren. Während ich mich an unsere sieben oder acht Begegnungen im Park erinnerte, öffnete ich das Päckchen. Es enthielt ein Handtuch und eine Zahnbürste, ein paar Bleistifte und Umschläge, etwas Seife und einige Bonbons. Der Brief enthielt nur eine einzige Zeile: »Gib dir Mühe mit der Umerziehung. Ich werde weiter hoffen.« Man erlaubte mir, dem Wärter eine Antwort zu geben, in der ich ihr dankte, sie jedoch bat, den Kontakt mit mir abzubrechen. Ich hörte nie wieder von ihr.

Kurz nach meinem Umzug in die Unterkunft für Gefangene, die in der Chemiefabrik arbeiteten, genehmigte der zuständige Hauptmann meinen Antrag, an meine Eltern zu schreiben und sie über meine Verhaftung zu informieren. Meine Stiefmutter mußte sehr verängstigt über mein Schweigen gewesen sein, denn sie hatte mir regelmäßig geschrieben, nachdem ich 1955 zum Studium nach Peking gefahren war. Aber ich wußte um ihre angegriffene Gesundheit. Da ich fürchtete, daß mein Brief schlimme Folgen haben könnte, wählte ich jedes Wort sehr sorgfältig und versicherte ihr, daß man mich gut behandele. Ich schickte den Brief am 15. Mai 1960 ab und wartete auf eine Antwort. Vergeblich. Welche Gründe konnte das Schweigen meiner Familie haben? Hatten meine Angehörigen vielleicht beschlossen, nun, da ich ein Verbrecher war, die Beziehung zu mir abzubrechen, oder schrieben sie mir nicht, um ihre Mißbilligung zu bekunden? Im Laufe der Tage setzten mir solche Fragen immer heftiger zu.

Dann, an einem Nachmittag Anfang Juli, kam der Kalfaktor in der Chemiefabrik zu mir und forderte mich auf, die Arbeit einzustellen. Ich folgte ihm ins Besuchszimmer und erblickte meinen älteren Bruder, der mit abweisendem Gesicht steif auf einer Bank saß. Ich hatte ihn seit 1955, als er den Zug in die Innere Mongolei bestieg, nicht mehr gesehen. Da ich nicht wußte, weshalb er gekommen war, erkundigte ich mich nach der Familie. »Es geht allen gut«, sagte er schroff, »aber du hast soviel Böses getan und damit nicht nur der Familie, sondern auch der Partei und dem Land geschadet. Nun mußt du die Konsequenzen auf dich nehmen. Du allein bist für deine Situation verantwortlich, und die ganze Familie verurteilt dich. Wir sagen uns von dir los. Du mußt die Gedanken Mao Tse-tungs sehr gründlich studieren, dich sorgfältig umerziehen und zu einer neuen sozialistischen Person werden.« Er reichte mir ein Paket, das ein Paar Baumwollschuhe und ein zusammengerolltes Handtuch mit ein paar Bonbons darin enthielt.

Ich war entgeistert darüber, aus dem Mund meines Bruders die gleichen Worte wie von der Polizei zu hören. Da ein Wärter anwesend war, konnte ich meinen Bruder nicht bitten, sich zu mäßigen, deshalb versuchte ich, durch weitere Fragen das Thema zu wechseln.

»Was macht Vater? Was macht Mutter?« Er blieb stumm, und ich rief wütend: »Beantworte meine Fragen!«

»Du solltest dich schämen, überhaupt von unseren Eltern zu sprechen!« gab er genauso laut zurück.

Der Wärter schaltete sich ein, um einen Streit zu verhindern, und ergriff die Partei meines Bruders. »Wu Hongda, paß auf! Du mußt dich von deinem Bruder erziehen lassen.« Meine Wut verstärkte sich.

Nach einer Weile sagte mein Bruder: »Am besten solltest du hier sterben.« Nach diesen Worten schleuderte ich die Schuhe nach ihm und verfehlte seine Schulter nur knapp.

»Von dir will ich nichts«, schrie ich und wandte mich zur Tür, um das Gespräch zu beenden.

»Du mußt Kritik von deiner Familie akzeptieren«, warnte der Wärter. »Sei vorsichtig und nimm die Schuhe mit.«

Ich hob sie auf und kehrte ins Labor zurück. Die Gefühllosigkeit meines Bruders war mir völlig unverständlich. Erst 1979 erfuhr ich, daß er zur Beerdigung unserer Stiefmutter in Schanghai gewesen war und nun in die Innere Mongolei zurückreiste. Sie hatte am 17. Mai – es war der Tag, an dem mein Brief eintraf – durch eine Überdosis Schlaftabletten Selbstmord begangen. Mein Bruder war durch ein Telegramm aufgefordert worden, sofort nach Hause zu fahren; er hatte in Peking haltgemacht, um mit mir gemeinsam nach Schanghai zu reisen. Im Geologie-Institut hatte er gehört, daß man mich sechs Wochen zuvor verhaftet hatte, und war allein weitergefahren. Vater hatte ihn gebeten, mich auf der Rückreise im Gefängnis zu besuchen, mir jedoch Mutters Tod zu verschweigen. Er wollte mir den Schmerz ersparen. Aber in den Augen meines Bruders war ich verantwortlich für den Tod unserer Stiefmutter.

Was mich nach dem Besuch meines Bruders – neben der Zurückweisung durch meine Familie – am meisten beschäftigte, war der Hunger. Wir Gefangenen wurden von ständigen Gedanken ans Essen geplagt. In einer Zeit der Hungersnot, in der sogar Arbeiter, die der Partei treu dienten, wenig Nahrung hatten, konnten die Insassen einer Umerziehungsanstalt mit ihren Tagesrationen kaum überleben. Sogar nachdem man begonnen hatte, mir drei Mahlzeiten pro Tag zuzuteilen, war ich dauernd hungrig. Mein Weg zwischen Labor und Fabrik führte mich an dem privaten Gemüsegarten der Sicherheitsbeamten vorbei. Mehrere Male am Tag starrte ich die Kohlköpfe und Gurken an und zwang mich, kein Risiko einzugehen, aber eines Abends, als ich hungrig war wie noch nie, besiegte der Gurkenduft meine Vorsicht. Zum erstenmal in meinem Leben wurde ich zum Dieb: Ich bückte mich und riß eine kleine Gurke ab. Die Schale knirschte, während ich kaute. Ich schluckte die Gurke rasch hinunter und genoß die Flüssigkeit und den würzigen Geschmack. In den folgenden beiden Wochen stattete ich dem Polizeigarten vier oder fünf weitere Besuche ab.

Hungrige Gefangene entwickeln einen regen Geruchssinn. Als ich eines Abends mit einer Ladung Chemikalien ins Labor zurückkehrte, knurrte mein Magen, und ich mußte rülpsen, während ich an einem Kalfaktor vorbeiging. Er schnupperte. Dann packte er meinen Arm und zerrte mich ins Sicherheitsbüro, wo ein erboster Wärter fragte: »Was hast du angestellt?« Mir war klar, daß ich lügen mußte, aber ich war noch keine zwei Monate im Lager, und es fehlte mir noch an der Fertigkeit, Ausflüchte zu finden.

»Was hast du angestellt?« wiederholte der Wärter.

»N-nichts ...«, stammelte ich.

»Du hast Gemüse gestohlen«, schnauzte der Wärter.

»Ich habe nur ... Ich habe nur ...«

»Das reicht.« Er schnitt mir das Wort ab und schickte mich mit einer wütenden Geste hinaus.

Am nächsten Tag entschied der Polizeihauptmann, daß mir nicht zu trauen sei, wenn ich mich ohne Begleitung auf dem Gelände bewegte. Er versetzte mich ins Lagerhaus, wo ich die Aufgabe hatte, die verschiedenen in der Fabrik benutzten Chemikalien auszugeben oder wieder in Empfang zu nehmen. Außerdem mußte ich alle eintreffenden und abgehenden Substanzen in ein Register eintragen. Ich vermißte meine frühere Freiheit, aber trotzdem meinte ich, Glück gehabt zu haben. Wenigstens wurde ich auch weiterhin nicht ständig beaufsichtigt.

Im Juli hatte ich mich an den Ablauf des Gefängnisalltags gewöhnt. Jeden Morgen um acht Uhr versammelten wir uns vor unserer Hütte zum Appell und marschierten dann zur Fabrik. Auf dem Fabrikhof erhielten wir unser Frühstück, und um neun Uhr begannen zwei Stunden Gruppenunterricht. Um elf Uhr riefen uns die Kalfaktoren zum Essen zusammen. Am Mittag nahmen wir die Arbeit auf, und es gab nur eine einzige Essenspause, bis die Schicht um Mitternacht beendet war und man uns die dritte Mahlzeit verabreichte. Dann ließen die Wärter uns von neuem zusammentreten, belehrten uns über die Umerziehung und führten uns zu der Hütte, wo der Schlußappell stattfand. Wir schliefen von ein bis acht Uhr, und dann ging alles von vorn los. An sieben Tagen in der Woche.

Mitte August kamen mehrere erregte Gefangene zu mir ins Lagerhaus und baten mich, ihnen etwas Alkohol aus den Beständen zu geben. Sie litten sehr, weil sie nichts zu trinken hätten, und ich sei ihr Bruder und müsse ihnen helfen. Ich schlug ihnen die Bitte sofort ab, denn ich wollte meinen Posten nicht aufs Spiel setzen. Außerdem wußte ich, daß Methanol, der einzige im Lagerhaus vorrätige Alkohol, tödlich sein kann. Die vor mir stehenden Bauern kannten die Wirkung entweder nicht oder ihre Sucht hatte sie gegen die Gefahr abgestumpft. Sie taten mir leid. So elend ich selbst mich fühlte, wenigstens war ich von einer derartigen Abhängigkeit verschont geblieben. Ein paar Tage später versuchten zwei der Häftlinge von neuem, mich zu überreden. Ich lehnte wiederum ab und betonte, daß Industriealkohol giftig sei. »Du trinkst nicht, deshalb weißt du nicht Bescheid«, entgegneten sie. »Dieser Alkohol kann als Ersatz dienen.«

Ich hatte diese Vorfälle bereits vergessen, als ein Polizeihauptmann einige Tage später mit finsterer Miene im Lagerhaus erschien. »Du wirst sofort gestehen, was du getan hast!« rief er. »Du hast privat Chemikalien ausgegeben, ohne sie ins Register einzutragen.«

Mit fester Stimme erklärte ich, daß ich abgehende Chemikalien stets eintrüge und unbefugten Personen niemals Chemikalien ausgehändigt hätte. »Ich warne dich«, schrie er noch lauter. »Die Parteipolitik besagt: Milde für alle, die gestehen, Härte für alle, die sich widersetzen!«

Seine Vorwürfe erschreckten mich, aber ich bestand auf meiner Unschuld. Später erfuhr ich, daß einer der Gefangenen, die mich um Alkohol gebeten hatten, stark kurzsichtig geworden und ein anderer völlig erblindet war – Symptome von Methanolvergiftung. Der Polizeihauptmann fragte mich von neuem, ob ich den Industriealkohol streng unter Kontrolle gehalten hätte, und wies meine Unschuldsbeteuerungen zurück. Wenn Alkohol aus dem Lagerhaus verschwunden sei, hätte ich meine Pflichten vernachlässigt und würde zur Verantwortung gezogen werden.

Da ich wiederum als unzuverlässig galt, wurde ich in die Hauptwerkstatt der Fabrik versetzt, wo ich zusammen mit den anderen Gefangenen unter Aufsicht des Gruppenleiters arbeitete. Nun mußte ich den ganzen Tag lang an einer Werkbank stehen und einen weißen Brei aus feuchten Chemikalien trocknen, bis er zu Pulver wurde. Man teilte mir mit, es handele sich um »G-Salz«, aber ich erfuhr nie, mit was für einer Substanz ich es wirklich zu tun hatte. Um sie zu trocknen, mußte ich die Hitze unter sechs emaillierten Eisenplatten auf einer konstanten Temperatur von 325° C halten. Zu diesem Zweck vergrößerte oder verringerte ich die Zahl der Kohlebrocken in einem Ofen unter den Platten. Ich mußte die Temperatur dauernd testen, denn bei 330° C nahm das Pulver eine elfenbeingelbe Färbung an, und bei 350° C wurde es rot und unbrauchbar.

Zu Beginn ging ich sehr sorgfältig vor, denn wenn ich das Pulver verdarb, würde ich bestraft werden. Aber eines Tages döste ich, müde und hungrig wie ich war, ein paar Sekunden lang ein, nachdem ich Kohle nachgefüllt hatte. Als ich aufschreckte, war das gesamte Pulver auf einer der Platten rostrot geworden. Ich hatte 9,9 Kilo verdorben.

»Raus mit dir!« brüllte der Sicherheitsbeamte. Gedemütigt wandte ich mich zur Tür, aber bevor ich hinausgehen konnte, schlug er mir ins Gesicht und versetzte mir mehrere Tritte. Das Pulver koste 10 000 Yuan pro Kilo, schrie er. Durch meinen Fehler habe man also 99 000 Yuan verloren.

Ich hinkte davon. Der körperliche Schmerz war zu ertragen, aber mein Stolz war sehr verletzt worden. Es war das erste Mal, daß man mich im Gefängnis geschlagen hatte. Noch vor kurzem war ich ein Musterstudent und ein Meistersportler gewesen. Man hatte zu mir aufgesehen, doch nun konnte mich jeder Polizist prügeln wie einen Hund, und ich war machtlos. Angst und Zorn lagen in meiner Brust im Widerstreit.

Nach diesem Vorfall beschloß die Gefängnisleitung, daß ich für die Arbeit mit Chemikalien nicht geeignet sei, und in der ersten Septemberwoche mußte ich aus der Fabrik in die Haftanstalt zurückkehren.

Von den Bauern lernen

Am Morgen meiner Rückversetzung in die Haftanstalt im September 1960 entdeckte ich Großmaul Xing, als ich zum Unterricht im Ziegelofen unterwegs war. Seit seiner Abreise waren vier Monate vergangen, und ich hatte nicht damit gerechnet, ihn wiederzusehen. Ich war seltsam froh beim Anblick dieses ungehobelten Mannes, aber er hatte sich irgendwie verändert. Er schien viel dünner zu sein als zuvor.

»Wo ist dein Mantel?« fragte ich ihn am Eingang des Ziegelofens. Er antwortete nicht sofort, weshalb ich die Frage wiederholte und mit einem Lächeln hinzusetzte: »Stiehlst du keine Hühner mehr?«

»Ich konnte es draußen nicht mehr aushalten«, erwiderte er schließlich. Er schien meine Frage nicht gehört zu haben. Ich dachte, er rede von seinen Bemühungen, auf den Straßen zu überleben, nachdem er sein Dorf verlassen hatte. Dann wurde Xing munterer. Er warf die knorrigen Hände in die Luft, und die Worte sprudelten aus ihm hervor, als spreche er mit sich selbst.

»Niemand kann's! In der Stadt wurden wir dauernd durchsucht. Tagsüber, abends – jederzeit. Man kann sich nirgends mehr verstecken. Kein Essen. Sogar in Peking gibt's kein Essen in den Geschäften und auf den Märkten, nicht mal zum Verkauf. Kein Kuchen, keine Kekse, kein Fleisch. Nichts.« Er senkte düster die Stimme. »Und alle Hühner sind weg. Ich konnte einfach keins finden. Konnte überhaupt nichts zu essen finden. Ich hatte solchen Hunger, daß ich meinen Mantel auf der Straße gegen zwei Brötchen eingetauscht und sie sofort verschlungen habe.«

Xing hatte die letzten Monate nicht zur Umerziehung durch Arbeit in Xindian in der Ziegelfabrik verbracht, sondern er war geflohen. Da er erwartete, sich in der Stadt besser durchschlagen und sich mehr Nahrung verschaffen zu können als im Arbeitslager, hatte er sich der Polizeibewachung entzogen. Aber in Peking fand er überhaupt keine Nahrung. Die schlimmer werdende Hungersnot machte das Überleben auf der Straße unmöglich. In seiner Verzweiflung ging Xing schließlich auf eine Polizeiwache und meldete sich. Da er keinen Ausweis hatte, wußte er, daß man ihn verhaften würde. Im September kehrte er in die Haftanstalt zurück.

»Was ist mit deiner Kleidung?« fragte ich und musterte seine schmutzige, abgetragene Uniformjacke der Volksbefreiungsarmee. Das Khakigrün war an den Stellen, wo man die Rangabzeichen abgerissen hatte, dunkler. »Woher hast du die Jacke?«

»Geklaut.«

»Wie kannst du nur?« fragte ich mißbilligend.

»Was soll das heißen?« gab Xing erstaunt zurück. »Das ist doch keine Angelegenheit, nichts Besonderes.« Er wandte sich ungerührt ab. Ich konnte seine Gleichgültigkeit gegenüber moralischen Maßstäben immer noch nicht akzeptieren, aber ich spürte, daß sich meine eigene Einstellung allmählich verhärtete. Im Laufe der Zeit wurde meine Mißbilligung von Respekt verdrängt: Xing tat, was er tun mußte, um zu überleben.

»Verflucht ... So ein Mist ...«, flüsterte Xing jeden Morgen, wenn er angewidert die zusammengeschrumpften schwarzen Brötchen betrachtete, die der Kalfaktor in seine Schüssel fallen ließ. »Jeden Tag zwei Mahlzeiten. Zu jeder Mahlzeit zwei schwarze Brötchen. Jedes Brötchen siebzig Gramm schwer. Die Hälfte Spreu, die Hälfte Hirse. Eine Schüssel Wassersuppe und ein Stück gesalzene Rübe.« Der Hunger ließ Xing aggressiver werden. Wenn jemand auf dem *kang* einen Moment lang nicht auf sein Essen aufpaßte ... *fffttt*. Sein Brötchen verschwand in Xings riesigem Mund. Der Häftling mochte kreischen, sich auf Xing werfen, ihn sogar verprügeln – den Wärtern war es egal, ob ein Häftling ein Brötchen verlor. Und Xing wurde so sehr von Hunger gequält, daß er keine Zeit für Skrupel hatte. Er konnte mein Zögern nicht verstehen. »Niemand hier wird dir helfen«, warnte er mich häufig. »Du mußt dir selbst helfen.«

Ich war 23 Jahre alt, ein ehemaliger Student aus einer wohlhabenden städtischen Familie und ein politischer Verbrecher. Xing Jingping, drei Jahre jünger als ich, war ein Bauer aus einem hungernden Dorf, ein Dieb ohne Schulbildung, ohne politischen Standpunkt. Die Kluft zwischen uns war gewaltig, doch bald bewunderte ich ihn als den fähigsten und einflußreichsten Lehrer meines Lebens. Er war dreist und geriet deshalb immer wieder in Schwierigkeiten. An Feiertagen gewährte die Regierung den Häftlingen eine gute Mahlzeit. Am 1. Oktober 1960, dem Nationalfeiertag, erhielt jeder zwei pralle Brötchen aus echtem Weizenmehl. Sie schmeckten köstlich und süß, verglichen mit den üblichen aus Hirse und Spreu. Außerdem bekam jeder eine Kelle voll Gemüsesuppe – nicht bloß Wasser mit ein paar darin schwimmenden Kräutern, sondern eine Brühe aus Bohnengallerte und fettem Schweinefleisch. Jede Portion enthielt vier oder fünf Fleischstücke. Ich hielt meine Schüssel in beiden Händen und genoß den würzigen Geruch und den kräftigen Geschmack.

Für diese Mahlzeit wurde unser Team von fünfzehn Mann in drei Gruppen geteilt. Meine Gruppe aß zuerst, und die anderen warteten hungrig darauf, daß die Kalfaktoren weitere Eimer aus der Küche herbeischleppten. Xing saß neben mir. Er hatte seine Schüssel bereits geleert, und sein Blick schweifte durch den Raum. Offenkundig lauerte er auf eine Gelegenheit, sich eine weitere Portion zu verschaffen. Ich packte ihn am Arm. »He, jeder kriegt nur eine Portion«, sagte ich. »Dein Herz, mein Herz, das Herz der anderen, sie alle sind aus demselben Stoff. Sei nicht so roh und gefühllos.«

Xing schüttelte meine Hand ab und grollte: »Was bildest du dir bloß ein? Wenn ich heute am Leben bleiben kann, dann weiß ich immer noch nicht, was morgen geschieht. Ich kann mich nicht mal selbst versorgen. Wie soll ich da auch noch an andere denken?«

Plötzlich erstarrte Xings großer, dünner Körper. Seine Augen waren auf die beiden Gruppenleiter an der Tür gerichtet, die wegen ihrer Vertrautheit mit den Wärtern mit Sonderrechten bedacht wurden. Nach den Vorschriften hätten sie nicht mehr Nahrung bekommen sollen als die gewöhnlichen Häftlinge. Angeblich erhielten alle die gleiche Ration, aber in Wirklichkeit drückten die Sicherheitsbeamten häufig ein Auge zu, so daß sich die Gruppenleiter ein zusätzliches Brötchen nehmen konnten.

Zwei Kalfaktoren waren gerade mit vollen Essenseimern durch die Tür gekommen. Die Gruppenleiter hielten sie an und fischten sich Fleischstückchen aus der Feiertagssuppe. Alle Häftlinge bemerkten es, und in Sekundenschnelle schien es im Raum zu brodeln. Ich war außer mir. Die Eimer waren für alle bestimmt. Die Gruppenleiter – Häftlinge wie wir – bedrohten und demütigten uns nicht nur im Unterricht, sondern nun bestahlen sie uns auch noch vor aller Augen.

Ich blickte zornig in ihre Richtung, doch Xing hatte sich bereits vorgebeugt. Plötzlich sprang er vom *kang* auf und rannte auf den Suppeneimer zu. Die beiden Gruppenleiter hatten uns den Rücken zugedreht, als Xing vorstürmte und den Kopf zwischen sie schob. Er steckte das Gesicht in die Suppe und begann zu schlürfen wie ein Hund. Die Gruppenleiter schlugen heftig auf ihn ein, doch Xing achtete nicht auf sie. Der Eimer stürzte um, so daß die Suppe über den Lehmboden floß. Auf allen vieren leckte Xing jedes einzelne Stück Schweinefleisch auf. Der Gruppenleiter namens Ling packte den leeren Eimer und knallte ihn Xing auf den Schädel, so daß dessen Kopfhaut platzte. Xing rappelte sich hoch. Bohnengallerte, Blut und Lehm waren über sein Gesicht geschmiert. Er schrie oder weinte nicht, sondern stand einfach nur da, während das Blut von seinem Kopf tropfte.

»Vielleicht war es die Sache nicht wert«, sagte Xing eine Woche später, nachdem man ihn aus der Einzelhaft entlassen hatte. Ich wußte nicht, was für Bedingungen er ertragen hatte, aber er hatte sieben Tage lang von Hungerrationen gelebt und sah viel dünner aus. »Ich habe ein paar gute Stücke Schweinefleisch und etwas Gemüse erwischt. Aber in dieser Woche habe ich alles wieder verloren.« Er deutete auf seine Kopfwunde. »Guck mal. Das werde ich nicht vergessen.« Ich war nicht sicher, was er meinte: Würde er die Lektion nicht vergessen, daß er keine Nahrung stehlen durfte, oder würde er sich an Ling rächen?

In den Wochen nach dem Nationalfeiertag wurde das Gedränge im Ziegelofen unerträglich. Die Haftanstalt Beiyuan war für fünfzehnhundert Gefangene gedacht, doch nachdem die Pekinger Polizei die Straßen durchgekämmt hatte, um die unerwünschten Elemente rechtzeitig vor dem Feiertag zu entfernen, war das Lager überfüllt. Auf dem *kang* lagen die Körper zusammengepreßt wie Sardinen. Zweimal pro Nacht gab der Kalfaktor den Befehl, sich umzudrehen. Dann rollten wir uns mit einer kollektiven Bewegung auf die andere Seite, da wir keinen Platz hatten, uns unabhängig voneinander zu bewegen. Ich sehnte mich danach, in ein Arbeitslager eingewiesen zu werden.

Vertreter der verschiedenen Umerziehungs-Arbeitslager des Pekinger Distriktes besuchten im Oktober die Haftanstalt, denn das Sicherheitsbüro hatte befohlen, die Überfüllung in Beiyuan zu mildern. »He!« rief Xing einem Hauptmann von der Qinghe-Farm zu, als sich die Gefangenen eines Morgens zur Inspektion im Hof aufgereiht hatten. »He, wie wär's mit mir? Brauchen Sie einen guten Arbeiter?« Er schob die Schultern zurück und reckte die Brust vor.

»Wer bist du?« schrie der Hauptmann, verärgert über Xings Frechheit, ihm ins Gesicht. »Was fällt dir ein?«

»Ich bin Bauer. Ich kann jede Arbeit machen, jede Last tragen. Ich arbeite schwer, und mir ist egal, was ich esse. Nehmen Sie mich mit!«

»In Ordnung«, meinte der Hauptmann. »Tritt vor.«

»Ich verschwinde«, sagte Xing. »Bis später.« Er verabschiedete sich mit freudig erhobener Hand von mir und lief in den Ziegelofen, um seine Decke zusammenzuschnüren. Die Versetzung bedeutete, daß er mehr Nahrung erhalten würde.

Der Polizeihauptmann schritt die Reihe ab und blieb vor mir stehen. Ich wagte nicht, ihn so kühn wie Xing anzusprechen.

»Wie heißt du?«

»Wu Hongda«, antwortete ich leise, die Augen auf den Boden geheftet.

»Wie alt bist du?«

»Dreiundzwanzig.«

»Was ist dein Verbrechen?«

»Ich bin ein Rechtsabweichler.«

»Woher kommst du?«

»Ich bin Student.«

Der Hauptmann ging weiter. Ich kehrte langsam zum Ziegelofen zurück. Xing hatte seine Sachen bereits in die Decke eingerollt. Als er meine niedergeschlagene Miene sah, hockte er sich auf den *kang* und sagte in scharfem Tonfall: »Auf dieser Welt kümmert sich kein anderer um dich. Ich weiß nicht, wie viele Bücher du gelesen hast, aber das alles ist nutzlos. Hier wird dir keiner beistehen. Du mußt dir selbst helfen.« Er wiederholte mit leiserer Stimme: »Du mußt dir selbst helfen. Es spielt keine Rolle, wie klug du bist. Verflucht noch mal, hier ist der Stärkste auch der Beste.« Xings Worte sollten mich noch lange verfolgen.

An jenem Abend wurden weitere neueintreffende Häftlinge in Zelte gesteckt, die man überall im Hof aufgeschlagen hatte. Das Fassungsvermögen des Ziegelofens war erschöpft. Häufig gab es überhaupt kein Waschwasser, nicht einmal eine schmutzige Brühe, um sich das Gesicht zu spülen. Xing hat Glück, dachte ich, er ist frei. Es mochte eine bittere, eingeschränkte Freiheit sein, aber alles war den elenden, sich immer noch verschlechternden Verhältnissen in der Haftanstalt vorzuziehen.

Mitte Oktober regnete es ständig. Die Zelte waren undicht, und der Hof verwandelte sich in Schlamm. Ich erinnerte mich an die Regenzeiten meiner Jugend in Schanghai. Damals hatte ich immer meine Kleidung abgeworfen, meine Badehose angezogen und war fröhlich durch den Wolkenbruch gerannt. Nun betrübte mich der Regen, und ohne Xing war ich einsam. Nie zuvor hatte ich Angst vor dem Herbstregen gehabt, aber in diesem Jahr ließ er mich an den näherrückenden Winter denken. Wie würde ich die Kälte mit so wenig Nahrung überleben? Bereits Ende September machten sich die Folgen der Haftverpflegung bemerkbar, und ich spürte, wie ich schwächer wurde. Ende Oktober glichen meine Rippen einem Waschbrett.

Dann tauchte eine weitere Sorge auf. Am Tag meiner Verhaftung hatte der Polizist behauptet, daß ich nach drei oder vier Monaten zurückkehren und eine Arbeitsstelle bekommen würde. Sechs Monate waren bereits vergangen, und ich hatte keinen Grund, auf meine Freilassung zu hoffen. Warum hatte mein Bruder mir Vorwürfe gemacht? Meine Stiefmutter mußte meinen Brief erhalten haben. Das Büro für Öffentliche Sicherheit hatte meine Eltern bestimmt verständigt. Während meiner Arbeit in der Chemiefabrik hatte ich ihnen einmal im Monat geschrieben, aber nach meiner Rückkehr in die Haftanstalt im September durfte ich keine Briefe mehr abschicken. Meine Schwester hatte mir im August ein kleines Lebensmittelpäckchen und eine kurze Notiz zukommen lassen, aber darin stand nur, daß ich meine Umerziehung vorantreiben solle. Ich konnte die Unruhe über meine Familie nicht verdrängen. Ging es allen gut? War etwas geschehen? Irrationale Ängste drängten sich in meine Gedanken. Lebte meine Stiefmutter nicht mehr? Hatte ich meiner Familie Schande oder sonstige Probleme beschert?

Schließlich wurde mir klar, daß ich mir keine Sorgen mehr um meine Familie machen durfte. Ich konnte mir nicht leisten, an andere zu denken, denn mein Gewicht verringerte sich rasch. Irgendwie mußte ich mir mehr Nahrung verschaffen, um gesund zu bleiben. Nichts anderes spielte eine Rolle. Ich begriff, daß Xing viel intelligenter als ich war. Er besaß eine instinktive Schläue, die ich niemals erreichen würde. Es war ihm gelungen, aus Xindian zu fliehen, nach Beiyuan zurückzukehren und dann in die Qinghe-Farm verlegt zu werden, wobei er sich stets den Notwendigkeiten angepaßt hatte. Er war wahrhaft gebildet, nicht ich. Xing hatte sein »Studium« abgeschlossen und einen Arbeitsplatz bekommen, während ich immer noch in der Anstalt wartete.

Als Gruppenleiter Ling mich eines Tages aufforderte, Protokollführer der Klasse zu werden, stimmte ich sofort zu. Alle Neuankömmlinge mußten ihre Verbrechen vor der Gruppe gestehen, und ich schrieb jedes ihrer Worte nieder. Ling beauftragte den Kalfaktor, mir für diesen Dienst bei jeder Mahlzeit ein halbes Brötchen zusätzlich zu geben.

Im Unterschied zu den meisten meiner Mitgefangenen war Ling Parteimitglied. Er war zum Studium der Astrophysik nach Ost-Berlin entsandt worden und hatte sich in ein deutsches Mädchen verliebt. Das Paar war nach West-Berlin entkommen, doch später bereute Ling seine Flucht. Er behauptete, sich schuldig gefühlt zu haben, denn schließlich habe die chinesische Regierung seine Ausbildung finanziert; außerdem besaß er eine Frau in China. Er kehrte nach Ost-Berlin zurück, bat im chinesischen Konsulat um Hilfe und nahm dankbar eine Rückflugkarte nach Peking entgegen. Nach der Landung eskortierte man ihn nach Beiyuan und brandmarkte ihn als »Gedankenreaktionär«.

Lings Stimme unterbrach eines Nachmittags Ende Oktober, als der Unterricht geendet hatte, mein Grübeln. »Paß auf, morgen gibt's noch eine Chance zu verschwinden«, flüsterte er. »Vielleicht ist es die letzte. Kader von der Stahlfabrik in Yanqing wollen sich ein paar Arbeiter auswählen.« Ich wußte nicht, weshalb Ling mir half. Es war beispiellos, daß ein Gruppenleiter einem gewöhnlichen Häftling Ratschläge erteilte.

In jener Nacht tat ich kein Auge zu. Jeder Gefangene, der noch nicht völlig vom Hunger geschwächt war, würde unbedingt in der Stahlfabrik arbeiten wollen. »Ich muß hier raus«, sagte ich mir. »Vielleicht ist es die letzte Möglichkeit.« Um einem Arbeiter ähnlicher zu sehen, beschloß ich, vor der Inspektion meine Brille abzusetzen. Jetzt wußte ich, daß ich begonnen hatte, wie ein Häftling zu denken. Meine Umerziehung machte tatsächlich Fortschritte. Um in den Lagern zu überleben, mußte ich mich dem System anpassen.

Am nächsten Morgen ließen die Wärter von Beiyuan alle in Frage kommenden Häftlinge in Hunderterreihen antreten. Dann übernahmen fünf oder sechs Sicherheitskader von der Stahlfabrik Yanqing das Kommando.

»Bewegung!« rief einer, und eine Reihe von Häftlingen marschierte vorbei. Die Rekruteure musterten sie. »Bewegung!« wiederholten sie, und die nächste Reihe setzte sich in Marsch. »Lauft!« riefen sie als nächstes. Alle rannten los, um ihre Gesundheit und Stärke zu beweisen. Einige, vom Hunger geschwächt, stolperten.

»Bringt ihn weg!« befahlen die Kader, wenn ein Gefangener stürzte.

»Lauf!« spornte ich mich an, als meine Reihe vortrat. »Fall nicht hin, lauf, lauf, weiter, weiter!« Ich redete auf mich selbst ein, als wäre ich ein Rennpferd. Dann bildete ich mir ein, um die Baseballmale zu laufen. »Erstes … zweites … schneller. Weiter, weiter!« Aber dies war kein Baseballplatz, sondern ich rannte um mein Leben. Ich bot all meine Energie auf und trieb mich verzweifelt an.

Die Häftlinge, denen es gelungen war, die geforderten Runden zu vollenden, stellten sich in einer Extrareihe am hinteren Ende des Hofes auf. Die Kader der Stahlfabrik schritten um uns herum, klopften uns gegen die Brust, befühlten unsere Schultern und verzichteten nur darauf, uns den Mund zu öffnen und unsere Zähne zu untersuchen. Manchmal blieben sie stehen, um einem Häftling ein paar Fragen zu stellen. Schließlich kamen sie zu mir.

Ich atmete immer noch schwer, mein Herz hämmerte, aber ich ließ die Schultern sinken, schob meine Waschbrett-Brust vor und blickte geradeaus. Ich hatte vielleicht zwanzig Pfund verloren, aber ich hatte nicht verlernt, meinen Körper unter Kontrolle zu halten.

Der erste Kader – er hieß Yang – hatte ein fleckiges Gesicht, verfärbte Zähne und vom Tabak geschwärzte Lippen. Er hatte sich einen schweren gefütterten Mantel mit einem Pelzkragen über die Schultern gelegt. Sein Kopf neigte sich ein wenig nach links, während er sprach, und er zeigte mit einem vom Rauchen gelb gewordenen Finger auf mich.

»Dein Beruf?«

»Ich bin Student.«

»Was ist dein Verbrechen?«

Diesmal antwortete ich direkt, ohne Scham: »Ich bin ein Rechtsabweichler.«

»Hauptmann«, rief ich, als er sich abwandte. »Hauptmann, ich bin ein guter Arbeiter.«

»Du hast den Lauf beendet?« Er schien es nicht bemerkt zu haben, obwohl meine Brust immer noch nach Luft pumpte.

»Ja, ich war Sportler an der Universität.«

»Sportler? Und was bedeutet das?«

»Es bedeutet, daß ich kräftig bin. Ich kann arbeiten.« Ich sprach mit energischer Stimme, aber er musterte mich aus den Augenwinkeln, sagte nichts und schritt weiter.

Danach kam der zweite Kader heran, um eine endgültige Wahl zu treffen. Kurz bevor er mich erreichte, brach ich die Vorschriften und trat vor. Ich mußte etwas unternehmen, um die Haftanstalt zu verlassen.

»Hauptmann«, begann ich wieder, diesmal mit noch ernsterer Stimme. Der zweite Rekruteur stieß mich zurück in die Reihe der Gefangenen.

»Er ist schon an dir vorbeigegangen. Wir brauchen dich nicht. Warum bist du vorgetreten?«

»Was ist los?« rief Yang, der sich umgedreht hatte.

»Ich kann es schaffen. Ich will arbeiten«, erklärte ich beiden und riskierte es, von neuem vorzutreten.

»Du siehst nicht gerade wie ein Arbeiter aus«, meinte Yang. Ich hob die Hand und nahm meine Brille ab.

»Schauen Sie mich nur einmal an!« sagte ich kühn. »Lassen Sie sich nicht von meiner Brille täuschen. Ich bin kräftig. Ich werde hart arbeiten!«

»In Ordnung, in Ordnung.« Yang runzelte verärgert die Stirn, doch mein Beharren bereitete ihm auch Genugtuung. Er gebot mir mit einer Handbewegung stehenzubleiben, wandte sich um und schritt die Reihe ab.

Mir war, als hätte ich einen Homerun erzielt, als hätte mein Fuß das Schlagmal berührt. Mein ganzer Körper zitterte vor Erleichterung.

Jenseits der Mauer

Drei Tage später saß ich in einer Gruppe von dreißig Gefangenen auf der offenen Ladefläche eines Lastwagens, der durch die Berge nördlich von Peking, jenseits der Großen Mauer, rumpelte. Wir schmiegten uns wärmesuchend aneinander. Als wir die Haftanstalt am Nachmittag verließen, hatte Schnee zu fallen begonnen. Es war der 25. Oktober 1960. Fröstelnd und hungrig schlug ich den Kragen meines schweren Wintermantels hoch. An jeder Ecke der Ladefläche stand ein Sicherheitsposten, so daß niemand einen Fluchtversuch unternehmen konnte. Wir durften nicht aufstehen und uns nicht einmal strecken. Gelegentlich traf ein Gewehrkolben einen Häftling, der den Kopf gehoben oder seinem Nachbarn ein Wort hingeworfen hatte, doch nichts außer diesen dumpfen Schlägen durchbrach die Stille der Reise.

Ich zog meine Knie an, hielt den Kopf gesenkt und dachte konzentriert nach. Der Optimismus über meine Versetzung hatte sich in Furcht verwandelt. Seit Wochen hatte ich mich danach gesehnt, einem Arbeitslager zugewiesen zu werden, weil ich dort mit einer nützlichen Beschäftigung und zusätzlicher Verpflegung rechnen durfte, aber die Strenge der Wärter auf dem Lastwagen verriet mir, daß ich wahrscheinlich zu Unrecht auf eine bessere Behandlung gehofft hatte. Ich konnte immer noch nicht glauben, daß meine Äußerungen oder Handlungen im Geologie-Institut eine so schwere Strafe nach sich gezogen hatten. Auch konnte ich mir nicht ausmalen, was letzten Endes mit mir geschehen würde. Ich war nicht verurteilt worden und würde nie vor Gericht stehen. Umerziehung durch Arbeit war eine administrative, keine richterliche Strafe. Sie konnte ohne Bezugnahme auf ein Gesetzbuch verhängt und verlängert werden.

Ein halbes Jahr lang hatte ich mit wenig Nahrung überlebt. In der Haftanstalt waren täglich Unterricht und Kampfversammlungen abgehalten worden, und man hatte uns nur für kurze Zeit an die frische Luft gelassen. Wie lange würde ich ein Häftling bleiben? War ich wirklich ein Verbrecher? Ich begann, darüber nachzudenken, ob ich tatsächlich im Unrecht sei. Vielleicht hatten meine Ideen der Mehrheit des chinesischen Volkes Schaden zugefügt. Vielleicht hatte ich mich gegen mein Vaterland gestellt, als ich die Kommunistische Partei kritisierte. Ich schaute hinaus auf den dunklen Himmel und die Schneeflocken und fragte mich, was aus mir werden würde. Zwar hatte ich meinen katholischen Glauben weitgehend vergessen, aber in diesem Moment der Not betete ich instinktiv zu Gott, damit er mir vergab und mich beschützte.

»Klettert runter! Raus mit euch!« rief einer der Wärter. Als der Lastwagen endlich die Stahlfabrik in Yanqing erreichte, waren viele Gefangene starr vor Kälte. Wer sich nicht sofort bewegte, wurde von den Wärtern mit Fußtritten von der Ladefläche hinunterbefördert. Wir rollten wie Steine. Halb springend, halb purzelnd fiel ich mit den Füßen auf den gefrorenen Boden. Ich konnte die Knie nicht beugen, ein jäher Schmerz durchfuhr meine Beine, und ich brach zusammen.

Wir humpelten auf das hintere Ende des Fabrikhofes zu. Ein Gefangener näherte sich uns, erstaunt über die zerlumpte Gruppe von Neuankömmlingen. »Warum seid ihr hergekommen?« fragte er. »Man hat die ganze Produktion eingestellt. Wir warten darauf, versetzt zu werden. Und nun sind noch mehr da?« Er entfernte sich, wobei er ungläubig den Kopf schüttelte.

Ich versuchte, den Sinn seiner Worte zu verarbeiten, doch die Kälte und der Hunger verwirrten meine Gedanken. »Ich möchte arbeiten, ich glaube, daß ich arbeiten kann. Außerdem muß ein Mensch etwas tun. Ich brauche Essen. Wenn ich arbeite, wird man mir vielleicht mehr Essen geben. Aber der Gefangene da sagt, daß alle Arbeit hier eingestellt worden ist. Bedeutet das, daß ich kein Essen bekomme?«

Die Stahlfabrik Yanqing wurde, wie ich bald erfahren sollte, vom Pekinger Büro für Öffentliche Sicherheit verwaltet. Das

Unternehmen umfaßte nicht nur ein Stahlwerk, sondern auch eine Ziegelfabrik und zwei kleine, etwa acht Kilometer voneinander entfernte Eisengruben; es war eine staatseigene Produktionsanlage, die durch Häftlingsarbeit betrieben wurde. Die Ortsansässigen kannten die Bezeichnung und die Nummer des Gefängnisses nicht. Zum Zeitpunkt meines Eintreffens war die Produktionsanlage geschlossen worden. Die wirtschaftlichen Fehlschläge des Großen Sprungs hatten zur Folge, daß in Nordchina nur Peking und einige bedeutende Industrien und Universitäten mit Strom versorgt werden konnten. Ohne Elektrizität konnte die Stahlfabrik kein Eisen verarbeiten, deshalb blieben auch die Gruben ungenutzt. Die gesamte Anlage gehörte zu dem Industriebereich, den die Regierung zu einem »vorübergehend abgekoppelten« Sektor erklärt hatte.

Warum hatte man uns hierhergebracht? Offenbar war vom Pekinger Büro für Öffentliche Sicherheit angeordnet worden, daß sämtliche ihm unterstehenden Arbeitslager ein Kontingent der neuverhafteten Gefangenen aus der Stadt aufnahmen. Man hatte keine Vorbereitungen für unsere Ankunft getroffen und keine zusätzlichen Unterkünfte oder Vorräte zur Verfügung gestellt. In den Lagern, die von der Wirtschaft »abgekoppelt« worden waren, gab es keine Arbeit. Außerdem herrschte ernster Lebensmittelmangel.

Wir erreichten die Stahlfabrik gegen 18 Uhr und kauerten uns einfach auf den schneeverkrusteten Boden. Seit unserer Abfahrt am Nachmittag aus der Haftanstalt hatten wir nichts gegessen. Schließlich erschienen ein paar weitere Lastwagen am Hoftor, und die Sicherheitsbeamten kletterten herunter, um eine Namensliste zu verlesen. Einer der Namen war meiner. Ich fragte mich, wohin man mich wohl als nächstes bringen würde.

Es war Nacht geworden. Wir hatten noch keine Verpflegung erhalten, und die Kälte setzte mir immer mehr zu, während ich mich auf dem Lastwagen an die anderen Gefangenen schmiegte. In der Dunkelheit rollten wir einen schmalen, ausgefahrenen Bergpfad empor und dann steil hinunter in eine Felsschlucht. Wir erreichten ein Holztor, und zwei Polizisten traten aus einem kleinen Wachlokal hinaus in die Kälte. Das Schneegestöber hatte aufgehört, und ein paar Sterne standen hoch über den zerklüfteten Felswänden. Sonst ging das einzige Licht von trüben Laternen aus, die die Eingänge der an einem Hang errichteten Gebäude beleuchteten. Wir standen im eiskalten Wind, während die Wärter uns zählten, unsere Namen aufriefen und unsere Akten weiterreichten. Immer noch kein Essen.

»Ihr schlaft dort oben«, rief einer der Wärter gegen den Wind an und zeigte den Hang hinauf zu der am weitesten entfernten Gebäudegruppe. »Es ist 22 Uhr, zu spät, um heute abend noch etwas zu tun. Wir kümmern uns morgen um alles.« Die Lastwagen wendeten und polterten davon. Der einzige zurückgebliebene Wärter schlug sich den Kragen hoch und eilte zu seinem eigenen Quartier, während wir zu den Unterkünften hinaufstiegen.

Ende Oktober scheint der Wind nördlich der Großen Mauer die Berge zu durchschneiden. Ich fror bis ins Mark, aber ich blieb ein paar Sekunden lang stehen und blickte, verblüfft über unsere Freiheit, zum Himmel hinauf. Es gab keine Wärter und keine Mauern. Man hatte uns keine Vorschriften mitgeteilt. Mir wurde klar, daß ein Entkommen aus dieser felsigen Einöde nahezu unmöglich sein mußte.

Wir kletterten den Pfad hinauf, um unsere Unterkünfte zu inspizieren, wo wir hofften, uns aufwärmen zu können. Jedes Gebäude maß ungefähr fünf mal fünfzehn Meter. Eine unverputzte Wand teilte das Innere in zwei Räume. Die Fenster, mit Sprossen versehen, waren früher mit Papier bedeckt gewesen. Die Türen wurden vom Wind hin und her geschlagen. Offensichtlich hatte seit langer Zeit niemand hier gewohnt.

Meine Gruppe entschied sich für den hinteren Teil eines Gebäudes, das am besten geschützt zu sein schien. An den Wänden unterhalb der Fenster waren *kangs* angebracht. Die Nacht war zu schwarz, als daß wir auch nur daran hätten denken können, Holz zu suchen und die kleinen Öfen unter den *kangs* in Betrieb zu setzen, damit die Ziegelplattform erwärmt wurde. Windstöße ließen die letzten Fetzen des Fensterpapiers rascheln.

Rasch kroch ich in den hintersten Winkel des Raumes, um den Windzug so gut wie möglich aus dem Weg zu gehen. Xings Worte fielen mir ein: Du mußt dir selbst helfen; mach dir keine Sorgen um andere. Meine Energie war erschöpft. Ich saß mit dem Rücken zur Ecke und hatte die Steppdecke fest über meine Schultern gezogen. Die ganze Nacht hindurch wartete ich, immer kurz vor dem Einschlafen, auf den Morgen und das, was er bringen mochte.

Kurz nach Sonnenaufgang erscholl die Stimme eines Wärters: »Raustreten! Raustreten!« Ich hatte noch nie eine so kahle Landschaft gesehen. Steile Felsklippen erhoben sich an allen Seiten. Die Gebäudereihe lag in einer kleinen Felsspalte am Fuß einer fast vertikalen Bergwand. An der gegenüberliegenden Seite der Spalte, auf fast der gleichen Höhe, konnte ich den Eingang der Eisengrube Yingmen erkennen. Ein Eisenbahngleis, stillgelegt und verrostet, führte von der Grube zu einer Erzverladestation.

Ein Fußweg verlief von dem Wachlokal unter uns an den Baracken vorbei und um die Felsspalte herum zu dem ungefähr vierhundert Meter entfernten Grubeneingang. Mehrere Schuppen waren am Weg errichtet worden. Der Sicherheitsbeamte zeigte uns die Gefängnisküche, die Reparatur- und Wartungswerkstätten, das Sicherheitsbüro, die Arrestzellen sowie die Polizeiunterkunft mit separater Küche. Die Felshänge, baumlos und gewaltig, machten Gefängnismauern unnötig. Die grobe Schotterstraße, über die wir am Abend zuvor gefahren waren, bildete den einzigen Zugang zur Außenwelt.

Ein Wärter erschien, begleitet von einem älteren Kalfaktor, der einen Eimer und eine Kelle trug. Jeder Neuankömmling erhielt zwei Schöpflöffel voll dünnen Maisbreis. »Wie geht's euch?« fragte der Wärter, während wir den Brei hinunterschlangen.

»Wir frieren«, klagte jemand.

»Wie sollen wir bei dem Wind schlafen?« wollte ein anderer wissen.

»Im Winter ist's in Nordchina immer kalt«, antwortete der Wärter gleichgültig. »Ihr werdet euch daran gewöhnen.« Damit ging er den Abhang hinunter.

Wieder hörte ich Xings Worte. »Wir brauchen Papier für die Fenster«, rief ich.

»Wartet. Mal sehen, was ich finden kann«, erwiderte der Wärter über die Schulter hinweg. Er kehrte gegen zehn Uhr mit ein paar Zeitungen, aber ohne Weizenpaste, zurück. Wir hätten die Paste ohnehin aufgegessen.

»Wie steht's mit Reißzwecken?« fragte jemand.

»Gibt's nicht«, antwortete der Wärter.

»Was sollen wir denn tun?« erkundigten sich mehrere von uns.

Der Wärter zuckte die Achseln und lächelte hilflos. »Keine Ahnung.«

»Wir frieren. Wir brauchen etwas, das wir unter dem *kang* verbrennen können«, beharrte ich.

»Geht los und sucht Gras und Kräuter.«

Wir machten uns auf, um an den kahlen Hängen Brennmaterial zu sammeln, aber wir waren zu hungrig und durchgefroren, um energisch zu suchen. Da ich merkte, daß unsere Bemühungen nutzlos waren, kehrte ich in die Unterkunft zurück und wickelte mich in meine Decke ein. Halte dich warm, dachte ich. Du darfst nicht zu sehr frieren. Spar deine Kräfte. Beweg dich nicht. Schlaf wie ein Bär im Winter.

An jenem Nachmittag tauchte ein Sicherheitsdirektor aus der Fabrik in unserem Quartier auf. »Wo liegt das Problem?« fragte er ohne eine Spur von Mitgefühl. Der Wärter, der die Zeitungen gebracht hatte, unterrichtete ihn über unsere Bitte. »Ich genehmige zwei Pfund Weizenmehl aus dem Magazin«, sagte der Direktor und schrieb die Anordnung rasch in ein kleines Notizbuch.

Ein Wärter begleitete den Kalfaktor, und dieser trug einen kleinen Eimer Weizenpaste herauf, die in der Gefängnisküche gekocht worden war. Er beobachtete uns aufmerksam, während wir arbeiteten, aber es gelang mir, ein paar Handvoll hinunterzuschlucken, als er jemand anders im Auge hatte. Noch bevor wir das Papier an die Fensterleisten geklebt hatten, wurde mir klar, daß die Zeitungsseiten zu dünn waren, um Schutz zu bieten. Sie hielten den Wind kaum zurück.

In dieser primitiven Umgebung begannen zweihundert von uns, ihr Leben zu fristen. Die Wärter machten sich nur abends die Mühe, uns zu zählen. Sie schienen sich kaum um mögliche Fluchtversuche zu kümmern. Wir hatten nicht genug Energie, und wohin hätten wir fliehen können?

Am ersten Nachmittag lag ich auf dem *kang* und las die *Volkszeitung*, die gerade ans Fenster geklebt worden war. In einem Leitartikel feierte man den zehnten Jahrestag des Aufbruchs der Chinesischen Freiwilligenarmee, die das Vaterland in Nordkorea gegen die amerikanischen Imperialisten verteidigt habe. Ich dachte daran, daß ich 1950 ein patriotischer Junge von dreizehn Jahren gewesen war. Jeden Tag hatten meine Lehrer, die Zeitungen und der Rundfunk die neuesten Siege gemeldet. Wir wußten, wie viele Flugzeuge abgeschossen, wie viele Panzer vernichtet, wie viele südkoreanische und amerikanische Soldaten getötet worden waren. Ich erinnerte mich daran, wie glühend ich mein Land geliebt und wie leidenschaftlich ich mir gewünscht hatte, alt genug zu sein, um mich dem Kampf auf dem Schlachtfeld anzuschließen. Ein Jahrzehnt war vergangen. Hungersnot beherrschte das Land, und Fabriken lagen still. Man hatte mich zu einem Feind des Vaterlandes erklärt, dem ich früher hatte dienen wollen. Ich wußte nicht mehr, woran ich glauben sollte.

An jenem Abend erhielten wir unsere erste feste Mahlzeit seit der Abfahrt aus der Haftanstalt. Der Kalfaktor gab uns zwei Brötchen aus Maisspreu und grober Hirse. Sie waren kalt und steinhart. Wir erhielten kein Gemüse, und niemand hoffte auch nur auf Öl oder Fleisch.

Nachdem wir eine Woche lang so ernährt worden waren, hatte ich keinen Stuhlgang mehr. Die meisten anderen Häftlinge klagten über das gleiche Problem. Die Hirse hatte sich in unseren Därmen verhärtet und bereitete uns heftige Schmerzen. Die vom Hunger verursachte Schwäche verschlimmerte unsere Not. Wir konnten unsere Därme nur entleeren, indem wir die Finger ins Rektum steckten und die verhärteten Hirsebrocken herauszogen.

Eines Morgens bemerkte ich, daß der Polizeikoch einen Korb

mit Kohlköpfen den Pfad zur Grube hinübertrug. Mein Rektum blutete durch das Herausziehen der Hirseklumpen, und ich hatte heftige Schmerzen. Ich wußte, daß ich mir nur Erleichterung verschaffen konnte, wenn ich Gemüse aß. Während die anderen Häftlinge schliefen, schlich ich in jener Nacht hinaus in die Dunkelheit und folgte dem Pfad um die Felsspalte herum bis zum Grubeneingang. Dort nahm ich den muffigen Kohlgeruch wahr, aber dann sah ich ein rostiges Eisenschloß am Tor. Ich kehrte mit leeren Händen und überaus enttäuscht zurück, war aber trotzdem zufrieden über meine neue Kühnheit. Langsam begann ich zu begreifen, wie ich am Leben bleiben konnte.

Ein Monat war verstrichen, als ein Wärter den Gefangenen eines Morgens befahl, sich vor den Unterkünften aufzureihen. Er ging ohne eine Erklärung auf und ab und wählte mehrere Männer aus jeder Gruppe aus. Auch mir bedeutete er mit einer Handbewegung vorzutreten. »Folgt mir«, sagte er zu uns zehn Männern, und wir begaben uns zur Eisengrube. Seit die Produktion eingestellt worden war, diente sie als Vorratskeller für die riesigen Kohlköpfe, die einen Hauptbestandteil der Ernährung der Gefängniswärter bildeten. Damit sie nicht verdarben, mußte man sie jede Woche wenden, die äußeren Blätter entfernen und die faulenden Köpfe von den anderen trennen. Die Wärter hatten beschlossen, eine ausgewählte Gruppe von Gefangenen mit dieser Arbeit zu betrauen.

Wie folgten dem jungen Polizeihauptmann in die Grube, wo sich die Kohlköpfe an einer Wand stapelten. Er stellte sich zwischen uns und den Eingang, und wir begannen, die Köpfe zu wenden und verfaulte Blätter abzureißen. Keine halbe Stunde war vergangen, als ich sah, wie einer meiner Kameraden die zarten Innenblätter eines großen Kohlkopfes herausriß und sich rasch in den Mund stopfte. Ein weiterer Häftling tat das gleiche, dann ein dritter. Trotz meines Hungers zögerte ich. Wie die meisten Chinesen hatte ich rohen Kohl nie für eßbar gehalten. Dann begriff ich, daß ich jede Chance, zusätzliche Nahrung zu erhalten, nutzen mußte. Ich trennte das Innere eines Kohlkopfes heraus und hatte in der nächsten Sekunde einen wunderbaren, frischen und herben Geschmack im Mund. Dann spürte ich befriedigt, wie der Kohl in meinen Magen gelangte.

Der Grubengang, in dem wir arbeiteten, war nur anderthalb Meter breit und gerade so hoch, daß wir stehen konnten. Er war nachlässig ausgehoben worden, und die Wände enthielten viele Spalten, in denen wir uns vor dem Wärter verstecken konnten. Mir fiel auf, daß mehrere Kohlköpfe, die ich umdrehte, überraschend leicht waren. Sie sahen normal aus, aber ihre zarten Innenblätter ruhten in den Mägen meiner Mitgefangenen.

»Seid ihr fertig?« rief der Wärter nach zwei Stunden. Ich hatte gerade das Innere meines fünften Kohlkopfes herausgerissen, weshalb ich heftig kaute und schluckte. »Das reicht für heute«, sagte der Beamte und fing an, uns zu zählen. Ein Gefangener war in der Grube zurückgeblieben, um noch ein paar Blätter zu verschlingen. »Neun! Wo ist der zehnte?« schrie der Wärter wütend, drängte sich an uns vorbei und entdeckte den zehnten Gefangenen, der den Mund voll Gemüse hatte. »Raus mit euch!« brüllte er, und wir trotteten im Gänsemarsch zum Eingang.

Jenseits der Felsspalte schauten unsere Mitgefangenen neugierig herüber, um herauszufinden, welche Sonderaufgabe wir zu erfüllen hatten. Der Wärter trat auf den ertappten Häftling zu, schrie ihn an, versetzte ihm Ohrfeigen und Fußtritte. Als der Mann hinfiel, purzelten drei Kohlkopfherzen aus seinem Mantel. Der Wärter brüllte noch wütender: »Was habt ihr getan?« Dann befahl er uns allen, die Mäntel auszuziehen, und Kohlkopfherzen plumpsten zu Boden. Aus der Kleidung mancher Häftlinge fielen nicht weniger als vier oder fünf. Ich war der einzige, der keine mitgenommen hatte. Meiner Schätzung zufolge mußten etwa hundert Kohlköpfe beschädigt worden sein. »Verschwindet!« befahl der Beamte, schlug auf die schlimmsten Sünder ein und deutete zu den Baracken hinüber.

Ich drehte mich um, aber er rief mich zurück. Statt mich zu prügeln, wie ich befürchtet hatte, befahl er mir: »Heb sie auf, heb sie auf!« In seinen Augen war ich der einzige, auf den er sich verlassen konnte, und er wollte, daß ich ihm half. Mit einer Ladung Kohlherzen in den Armen folgte ich ihm den Pfad zu den Polizeigebäuden hinunter. Zu meiner Überraschung gingen wir am Sicherheitsbüro und an der Polizeiküche vorbei. Der Wärter blieb an der Tür zu seinem eigenen Zimmer stehen. »Laß sie hier«, sagte er und schickte mich wieder den Abhang hinauf. Während ich mich umwandte, sah ich, wie er die zarten Kohlblätter in sein Zimmer trug, und begriff verblüfft, daß auch die Wärter nicht vor Diebstahl zurückschreckten, wenn sie die Möglichkeit hatten, ihre karge Verpflegung aufzubessern.

Anfang Januar 1961 erschien zum erstenmal der Tod unter uns. Obwohl wir seit mehr als zwei Monaten unter so schweren Bedingungen gelebt hatten, war ich erstaunt. Die beiden toten Gefangenen hatten zu den ersten gehört, die krank geworden waren. Der eine hatte sich Tuberkulose zugezogen, und der andere war einem mehrtägigen Durchfall erlegen. Ich fing an, die Nebenwirkungen längerer Unterernährung zu verstehen.

Als die Kohlköpfe das nächste Mal gesäubert werden mußten, war ich der einzige aus der ersten Gruppe, der wieder in die Grube geschickt wurde. Der Wärter verkündete drohend, daß jeder Häftling, den er beim Diebstahl erwischte, sieben Tage in Einzelhaft verbringen werde. Ich mahnte mich selbst zur Vorsicht. Im Tunnel würde ich soviel wie möglich essen, aber ich würde nicht versuchen, Kohlköpfe hinauszuschmuggeln. Ich sah ein, welche Vorteile es hatte, mir das Vertrauen des Wärters zu erhalten. So konnte ich überleben.

Danach wurde mir einmal pro Woche befohlen, die Kohlköpfe auszusortieren. Nun empfand ich es nicht mehr als Diebstahl, die Gemüseherzen zu essen. Ich mußte mir eben selbst helfen, und bald machten mir die Hirseklumpen weniger zu schaffen.

Eines Abends, nachdem der Wärter mir mitgeteilt hatte, daß wir am nächsten Morgen in die Grube gehen würden, kam Heng, ein Mitglied meiner Gruppe, zu meinem Platz auf dem *kang.* »Hallo, Bruder«, rief er. Ich wußte, daß er der Anführer einer Straßenbande in Peking gewesen war. Er hatte im Lager bereits eine Gruppe von

Ganoven um sich gebildet; sie nannten einander »Bruder« und benutzten einen Jargon, den ich kaum verstehen konnte. Andere Gruppenmitglieder hatten mich wissen lassen, daß Hengs Bande mich als Jagdhund bezeichne. »Er verpfeift seine Brüder bei der Polizei«, behaupteten sie. »Er sorgt dafür, daß sie ihre Kohlköpfe loswerden, und ißt den Kohl dann selbst, während seine Brüder hungern.«

Heng schob sein Gesicht nahe an meines heran. Seine Augen waren hart, und er sprach leise. »In dieser Lage müssen wir einander helfen. Weißt du, was ich meine? Iß nicht alle Kohlköpfe allein auf, denk an deine Brüder.«

Natürlich begriff ich, was er meinte: Ich sollte etwas von dem Kohl zurück in die Unterkunft schmuggeln.

»Tut mir leid, das ist unmöglich«, erwiderte ich. Zwar war ich zum Diebstahl bereit, um mich selbst zu ernähren, aber ich hatte nicht die Absicht, dieses Risiko für jemand anderen auf mich zu nehmen.

Am Nachmittag darauf kehrte ich ohne Kohl aus der Grube zurück. Heng blieb neben mir stehen, als ich mich auf den *kang* setzte. »Bring nächstes Mal was mit, oder nimm dich in acht!« zischte er.

Um Hengs Drohung zu untermauern, packten mich zwei seiner Bandenmitglieder am nächsten Tag hinter der Unterkunft, schlugen mich nieder und traten auf mich ein. Ich war nie zuvor von Gangstern angegriffen worden und hatte keine Ahnung, wie ich mich verteidigen sollte. Niemand stand mir bei. Meine einzige Hoffnung waren die Sicherheitsbeamten. Ich meldete den Überfall und wies meine Prellungen vor. Der Hauptmann blieb unbeeindruckt und sagte nur: »Wenn es noch mal passiert, gib mir Bescheid.« Ich dachte an Xings Worte und wünschte, daß er neben mir wäre.

Nach meinem nächsten Gang in die Grube kehrte ich wieder mit leeren Händen zurück. Hengs Bande wußte, daß ich dem Hauptmann Meldung gemacht hatte, und ich erhielt eine zweite, noch brutalere Lektion. Am folgenden Morgen versuchten sie, mich weiter einzuschüchtern, und einer riß mein Brötchen an sich.

Am Abend fragte mich einer aus meiner Gruppe, ein kleiner, schmaler Häftling namens Shen: »Was ist los?«

»Sie wollen, daß ich Kohlköpfe für sie stehle, aber ich habe Angst«, antwortete ich. »Was soll ich tun?«

Im Gegensatz zu den Ganoven hatte Shen eine Mittelschulausbildung hinter sich. Er war bereits seit vielen Monaten im Lager. Nun zitierte er ein Sprichwort: »Sing ein anderes Lied in anderen Bergen; sprich eine andere Sprache in einem anderen Gebiet.«

Shen hockte sich neben mich und flüsterte: »Ich bin seit zwei Jahren hier, und am Anfang hatte ich die gleichen Probleme. Sie wollten mich immer zwingen, für sie zu stehlen, und sie schnappten mir das Essen weg und schlugen mich. Aber eines Tages wehrte ich mich. Ich stürzte mich mit einem Spaten auf den Bandenchef und verpaßte ihm eine tiefe Wunde an der Schulter. Danach ließen mich alle in Ruhe. In den Lagern gibt's nur eine Regel: Der Wilde fürchtet den Rücksichtslosen, und der Rücksichtslose fürchtet den Tollkühnen. Wer sich tollkühn benimmt, ist ganz oben.«

»Ich verstehe«, sagte ich langsam. Hatte ich all die moralischen Grundsätze, die einst mein Leben geleitet hatten, bereits vergessen? Um im Lager zu überleben, brauchte ich andere Fertigkeiten und eine andere Einstellung. Mir wurde klar, daß meine »Umerziehung« ein neues Stadium erreicht hatte.

Als ich mich das nächste Mal zur Grube aufmachte, traten zwei Bandenmitglieder an mich heran. »Heng läßt dir ausrichten, daß du besser nicht mit leeren Händen zurückkommst.« Ich nickte wie zum Einverständnis. An jenem Tag versteckte ich ein Kohlkopfherz unter meinem Mantel. Inzwischen vertraute der Wärter mir und verzichtete häufig darauf, meine Kleidung zu untersuchen. Während ich in der Schlange vor dem Eingang stand, die auf die Überprüfung wartete, sah ich Heng, der mich über die Felsspalte hinweg beobachtete. Unser Gebäude war das höchste am Abhang, und er wartete an der Tür. Also los, dachte ich, und auf dem Rückweg hob ich einen Stein auf, der genau in meine Hand paßte.

Heng packte meinen Arm an der Barackentür, als ich an ihm

vorbeigehen wollte. »Komm rein«, sagte ich. Er folgte mir ohne jeden Argwohn. Ich wirbelte herum, hob den Arm und schlug ihm den Stein mit aller Gewalt auf den Kopf. Blut strömte aus einer gewaltigen Wunde, und er brach zusammen. Ich sprang hinüber zu meinem Eckplatz auf den *kang,* schwang den blutigen Stein und rief: »Ich habe genug von deinen Drohungen!« Alle verstummten überrascht und starrten mich an. Schwer atmend zog ich das Kohlherz hervor und warf es meinem Freund Shen zu. Niemand kam in meine Nähe. Plötzlich war ich mächtig geworden, und von jenem Moment an betrachteten mich die anderen Gefangenen mit neuem Respekt.

Shen stand auf und sagte: »Ruhig, ruhig, Leute, ganz ruhig«, um die Situation zu entschärfen. Niemand in der Baracke machte eine Bewegung. Zwei der Bandenmitglieder kümmerten sich um ihren verletzten Anführer.

Heng und seine Bande hatten mich in Angst versetzt, mein Essen gestohlen und mich geprügelt, doch nun hatte ich ihr Blut gesehen. Ich hatte gelernt, zu stehlen, mich zu schützen und mich schließlich zur Wehr zu setzen. Und es war mir gelungen, meine Sonderaufgabe – die Aussortierung der Kohlköpfe – zu behalten. Meine Ablehnung von Xings grobschlächtigen Prinzipien schien Teil eines anderen Lebens zu sein. Ich besaß ein neues Überlebensethos. In meiner jetzigen Umgebung konnte ich mir weder Mitleid noch Großzügigkeit, noch Anstand leisten. Niemand würde mir helfen, wenn ich mir nicht selber half.

Der Jagdhund

Drei Monate nachdem meine Gruppe von zweihundert Gefangenen in der stillgelegten Eisengrube Yingmen angekommen war, traf am 27. Januar 1961 aus Peking der Befehl ein, diese Zweigstelle der Stahlfabrik von Yanqing völlig zu schließen. Als ich die Bekanntmachung gehört hatte, wartete ich außerhalb der Unterkunft auf die Nachmittagsmahlzeit und stampfte mit den Füßen, um mich gegen die Kälte zu schützen. Seit Ende Oktober hatte ich nur im politischen Unterricht gesessen oder Kohlköpfe aussortiert. Mein Geist war genauso abgestumpft wie meine Zehen.

Der Sicherheitshauptmann befahl uns, Haltung anzunehmen. Er teilte uns mit, daß man uns unverzüglich in das Arbeitslager der Mine Xihongsan verlegen werde, das um etliche Kilometer näher an der Stahlfabrik liege als Yingmen. Da man nun jegliche Produktion eingestellt habe, wolle das Büro für Öffentliche Sicherheit die fünfhundert Gefangenen von Yanqing an einer einzigen Stätte zusammenfassen, um die Verteilung von Vorräten rationeller zu gestalten. Während ich in der zum Appell angetretenen Reihe stand, dachte ich darüber nach, ob sich unsere Lebensbedingungen verbessern und unsere Essensrationen erhöhen würden. Außerdem zählte ich die Namen. Nur hundertfünfundneunzig Häftlinge warteten darauf, auf die Lastwagen zu klettern. Fünf von uns blieben in der Felsschlucht von Yingmen zurück.

Ich sah auf den ersten Blick, daß die Baracken von Xihongsan wie jene in Yingmen zu Beginn des Großen Sprungs im Jahre 1958 von Häftlingen gebaut worden waren. Nachdem mich der Kalfaktor einer Gruppe zugewiesen hatte, trug ich meine Bettrolle zu meiner neuen Unterkunft. Sie war nicht besser als die letzte. Meine Baracke, eines der größeren Steingebäude, die am Berghang errichtet worden waren, hatte sechs Räume mit jeweils einem *kang* für zwölf Gefangene. Die Innenseiten der Wände waren mit Flechtwerk ausgelegt, Zeitungen bedeckten die beiden kleinen Fenster, aber der gestampfte Lehmboden war nackt und kalt.

Ich erkannte meinen neuen Sicherheitshauptmann sofort. Hauptmann Yang war der Rekrutierungsoffizier, der mich im Oktober in der Haftanstalt Beiyuan ausgewählt hatte, als ich dem Beispiel von Großmaul Xing gefolgt war und mich in den Vordergrund gedrängt hatte, um mein Glück in einem Umerziehungs-Arbeitslager zu versuchen. Damals hatte ich mir nicht vorgestellt, daß man mich mitten im Winter in eine verlassene Eisengrube nördlich der Großen Mauer schicken würde. Hauptmann Yang betrachtete mich mit zusammengekniffenen Augen. »Du bist hier? Wie läuft's?« Mit einer Handbewegung befahl er mir, in der Baracke zu warten, bis er mich zu sich rufe. Ich hatte keine Ahnung, was er wollte oder wofür er mich auserkoren hatte.

Am frühen Abend holte mich der Kalfaktor ins Sicherheitsbüro. Hauptmann Yang saß an seinem Schreibtisch und musterte mein Gesicht, während er mir eine Reihe von Fragen stellte: »Woher stammst du? Hast du Angehörige? Was hast du gemacht, bevor du ins Lager kamst? Warum wurdest du verhaftet? Ein Rechtsabweichler? Und was hast du 1957 gesagt? Warst du ein guter Student?« Er nickte mechanisch nach jeder Antwort. Ich überlegte, weshalb er sich die Mühe machte, sich nach meiner Vorgeschichte zu erkundigen. Er hätte nur einen Blick in meine Akte zu werfen brauchen, um Antworten auf alle seine Fragen zu finden. Der Hauptmann schien mich zu prüfen, meine Worte abzuwägen. Schließlich entließ er mich mit der Bemerkung: »Morgen habe ich Arbeit für dich.«

In Xihongsan hatten die Gefangenen keinen regelmäßigen Arbeitsauftrag, sondern nur zeitweilige Einsätze, wenn es galt, die Unterkünfte oder die Gebirgsstraße instand zu setzen, eine Mauer oder einen Schweinestall zu bauen. Um die Freizeit auszufüllen, ordneten die Wärter nach jeder Mahlzeit – von 11 bis 15 und von 18 bis 21 Uhr – Unterricht an. Gleich am ersten Morgen rief mich ein Kalfaktor aus dem Unterricht, da ich mich im Sicherheitsbüro melden sollte.

Der Raum roch nach Tabakrauch und ungewaschener Kleidung. Wie ich später erfuhr, erhielt Hauptmann Yang an einem Wochenende pro Monat Urlaub, um seine Frau und seine beiden Kinder in Peking zu besuchen. An den übrigen Tagen war dies sein Zuhause. Im Zimmer standen ein langer, mit Papieren überhäufter Tisch, eine Pritsche und an der Seite ein ungefähr dreißig Zentimeter hohes Tischchen, wie man es in Nordchina gewöhnlich auf einen *kang* stellte. Dieses wurde mein Schreibtisch. Die Verlegung von Häftlingen aus Yingmen brachte zahlreiche Schreibarbeiten mit sich, und Hauptmann Yang hatte beschlossen, den gerade eingetroffenen Universitätsstudenten zu seinem Gehilfen zu machen. Ich mußte die Akten der Gefangenen führen und mehrere Verzeichnisse mit ihrem Alter, ihrer Herkunft, ihrem früheren Beruf sowie der Art und Weise ihrer Verbrechen herstellen. Von jenem Moment an wurde ich zu einem besonderen Häftling.

Nur zum Schlafen und zu den Mahlzeiten kehrte ich in die Baracke zurück, um mich meiner Gruppe anzuschließen. Die übrige Zeit verbrachte ich in Hauptmann Yangs Büro. Die anderen Häftlinge saßen zumeist auf dem *kang* und hörten stundenlang zu, während jemand aus Leitartikeln und Parteidokumenten vorlas. Manchmal gingen sie hinaus zur Arbeit. Etwa einmal pro Woche hielten sie eine Kampfversammlung ab, um einen Gefangenen zu kritisieren, der hartnäckig seine Schuld bestritt oder keine Verantwortung für seine Verbrechen übernehmen wollte. Ich war froh darüber, diesem Tagesablauf entronnen zu sein.

Jeden Tag arbeitete ich gewissenhaft an meinem Tischchen und versuchte, Fehler zu vermeiden, obwohl ich nicht genau wußte, was von mir erwartet wurde. Ich begriff, wie wichtig Gründlichkeit und Geheimhaltung waren. Auf Hauptmann Yangs Schreibtisch lagen nicht nur die Personalakten jedes einzelnen Häftlings, sondern auch Stapel von Dokumenten über die Gefängnispolitik. Es handelte sich um hochgeheime Informationen. Immer wenn ich an ihn herantrat, um ihm eine Frage zu stellen, wandte ich die Augen ab und schaute demonstrativ die Wände oder Fenster an, um meine Vertrauenswürdigkeit zu beweisen. Oft wurde ich Zeuge von Yangs Wutausbrüchen, und ich hatte das Gefühl, mit einem Tiger zusammenzuleben.

Die Mitglieder meiner Gruppe bemerkten natürlich meine Abwesenheit. Ich sagte ihnen kein Wort über meine neue Arbeit, aber sie wußten, daß ich mich im Büro des Hauptmanns aufhielt, und fingen an, sich von mir zu distanzieren. Ich sah ein, daß ich einen hohen Preis für meinen Sonderstatus bezahlen mußte. Während des abendlichen Unterrichts in der Baracke kam ich mir wie geächtet vor. Ich konnte den Groll und die Verachtung aus den Augen einiger Männer ablesen. Tagsüber fühlte ich mich wie ein gehorsamer Hund mit einem unberechenbaren Herrn. Immer häufiger wedelte ich mit dem Schwanz, als gefiele es mir wirklich, zu Hauptmann Yangs Füßen zu sitzen und seine Anordnungen zu befolgen.

Nur eine dünne Wand trennte sein Büro von dem Vernehmungszimmer nebenan. Wenn Hauptmann Yang Gefangene befragte, denen man Bagatelldiebstähle oder einen Fluchtversuch zur Last legte, hörte ich manchmal Schreie. Doch seine Stimme blieb ruhig und kalt. »Was geht hier vor? Was hast du getan? Gestehe dein Verbrechen! Du mußt deine Handlungen prüfen und ausgiebig Selbstkritik üben. Diesmal warne ich dich noch …« Ich hörte, wie sein Stuhl über den Boden scharrte, und ich roch das Aroma seiner Pfeife. Dann malte ich mir die Szene aus: Der angeklagte Häftling stand dem Schreibtisch gegenüber, zwei oder drei Kalfaktoren warteten auf Befehle und teilten zuweilen Schläge aus, bevor sie das nächste Opfer hereinbrachten. Ich versuchte, die Geräusche zu überhören.

Bald wurde ich zu einem von Hauptmann Yangs Lieblingshäftlingen, vergleichbar mit einem Kalfaktor. Allerdings forderte er mich nie auf, Meldung über die anderen zu machen. Auch rief er mich nie ins Vernehmungszimmer nebenan. Ich war ein ganz spezieller Jagdhund, ein Bürojagdhund. Er mußte zu dem Schluß gekommen sein, daß ich vom Temperament her nicht dazu geeignet war, andere zu bespitzeln oder zu verprügeln. Ich akzeptierte die Abmachung. Dann kam Hauptmann Yang eines Tages, während ich arbeitete, mit einem Karton Zigaretten in sein Zimmer. »Hör einen Moment lang mit den Schreibarbeiten auf«, befahl er. »Rauchst du?«

»Nein«, erwiderte ich vorsichtig.

»Fertige eine Liste der Häftlinge in jeder Gruppe an, die Raucher sind, und verteile die Zigaretten unter ihnen.«

In den Jahren der Hungersnot war die Versorgung mit Zigaretten in ganz China äußerst begrenzt. Diese hier waren von der gröbsten Sorte, hergestellt in örtlichen Fabriken, und jedes Päckchen kostete nur den Gegenwert von ein paar Pfennigen. Ich hatte keine der beiden Marken je gesehen. Vielleicht enthielten sie nicht einmal Tabak. Nun half ich dem Hauptmann also, das Leben der Gefangenen zu organisieren. Ich hatte mich der Polizei um einen weiteren Schritt genähert. Nachdem ich die Listen angefertigt hatte, schickte ich sie an die Gruppen mit der Anweisung, sie mir ausgefüllt zurückzugeben. Manche Häftlinge rätselten daraufhin, wer ich sei und ob ich in Wirklichkeit die Aufgabe eines Hilfsoffiziers wahrnehme.

In den ausgefüllten Formularen waren 375 Raucher verzeichnet. Vierundfünfzig Zigaretten waren übrig, nachdem ich den Vorrat gleichmäßig verteilt hatte. Ich fragte Hauptmann Yang, was ich mit dem Rest anfangen solle.

»Nimm sie, wenn du willst«, antwortete er.

Zigaretten konnten im Lager sehr nützlich sein. Sie waren wie Bargeld, und man konnte mit ihnen die Seele von Häftlingen kaufen. Ich wußte, daß Hauptmann Yang mir ein Privileg anbot, aber ich hatte meine Integrität noch nicht völlig verloren.

»Ich rauche nicht«, wandte ich ein. »Deshalb will ich sie nicht haben.«

»Hmm, vielleicht kannst du trotzdem etwas mit ihnen anfangen.« Hauptmann Yang wußte, was er mir anbot.

»Nein«, beharrte ich ruhig. »Ich will sie nicht.«

»Gut.« Er akzeptierte meine Entscheidung und erwies mir damit ein wenig Respekt. Dann änderte sich sein Tonfall. »Ich habe deine Akte gelesen. Du bist Katholik?« Er würde mir nicht gestatten, seine Gefälligkeit ohne Folgen für mich zurückzuweisen.

Nach der Doktrin der Kommunistischen Partei konnte man nur dann ein wahrer Marxist werden, wenn man sich von jeglichem Glauben an Gott lossagte. Seit 1950 waren Christen, Buddhisten und Moslems durch eine Reihe politischer Kampagnen heftig angegriffen worden. Ich hatte erlebt, wie man einige meiner Mittelschullehrer kritisiert und verurteilt hatte, weil sie das Gift eines fremden Glaubens verbreitet hätten. Kommunisten hatten Materialisten und Atheisten zu sein, und ich wußte, daß Hauptmann Yang mich dazu bringen wollte, meinen früheren Glauben zu leugnen. Ich gab vorsichtig zurück: »Als Kind wurde ich während der Mittelschulzeit getauft.«

»Was ist die Taufe?« fragte er sarkastisch. »Ist das nicht so etwas wie ein Bad oder eine Dusche?«

Yang war ein ungebildeter Mann, aber nun spielte er die Katze, und ich mußte die Maus spielen. Zwar stand ich in seiner Gunst, aber ich hatte erlebt, zu welchen Brutalitäten er fähig war. Achselzuckend antwortete ich: »Da bin ich mir nicht sicher. Aber ich halte sie für eine ernste Zeremonie.«

»Katholiken sagen, daß der Mensch von Gott geschaffen wurde. Wie denn? Hat er einfach etwas Schmutz in die Hand genommen und ihn angehaucht wie bei einem Zaubertrick?«

Von meinem katholischen Glauben war ich längst abgerückt, aber ich spürte, wie Wut in mir aufstieg, und wußte, daß es an der Zeit war, das Gespräch zu beenden. »Sie sind Parteimitglied«, begann ich ehrerbietig. »Also müssen Sie Materialist sein.« Er nickte. »Würden Sie mir sagen, woher die Menschen kommen?«

Voller Selbstbewußtsein schien er die Chance zu begrüßen, etwas für meine Bildung zu tun. »Die Menschen haben sich aus den Affen entwickelt«, verkündete er.

Ich täuschte Unkenntnis vor. »Das bedeutet also, daß der Affe unser Vorfahr war?«

»Das nehme ich an ...«

»Wenn ich in den Zoo gehe, kann ich also Ihre Vorväter sehen?«

Yangs Miene bewölkte sich. »Ein Affe ist ein Affe; meine Ahnen sind meine Ahnen. Es gibt da einen Zusammenhang. Ich bin mir nicht ganz sicher ...«

Auch ich setzte eine verwirrte Miene auf, aber innerlich war ich sehr zufrieden darüber, seinen Angriff abgelenkt und meinen eigenen Glauben verteidigt zu haben. Der einzige Unterschied zwischen diesem Mann und einem Affen ist der, daß Affen keine Zigaretten rauchen, dachte ich. Zum erstenmal machte ich mir meine Verachtung für meinen Herrn vollauf bewußt.

»Wie auch immer«, fuhr Yang fort. »Dein Gott ist dir hier keine Hilfe.«

»Woher wissen Sie das?« fragte ich.

»Er kann dich hier nicht herausholen, und er kann dir keine Nahrung verschaffen.«

»Das stimmt«, entgegnete ich vorsichtig, »aber er hat mich nicht wirklich allein gelassen, und er bietet mir eine andere Art Nahrung an.«

»Und was hast du davon? Früher oder später wirst du dich bestimmt von ihm trennen.«

»Eines Tages werde ich mich von meinem körperlichen, aber nicht von meinem seelischen Leben trennen«, erklärte ich leise. In diesem Moment der Prüfung spürte ich, wie mein Glaube an Gott erneuert und bestätigt wurde.

»Du bist sehr eigensinnig«, sagte Yang. »Bis zur Umerziehung hast du noch einen langen Weg vor dir. Die Menschen dieses Landes strengen sich an, um nach den Gedanken des Vorsitzenden Mao zu leben. Auch du mußt versuchen, dieses Ziel zu erreichen!«

Plötzlich kam mir der traditionelle Brauch der Fußbandagierung in den Sinn. Wir sind zur Kopfbandagierung übergegangen, dachte ich. Es ist nicht mehr Mode, die Füße einer Frau einzuschnüren, doch statt dessen werden die Gedanken der Menschen eingeschnürt. So nehmen alle Ideen die gleiche Größe und Gestalt an, und jegliches Denken wird unmöglich. Deshalb hat man mich verhaftet. Deshalb will man, daß ich mich ändere, deshalb zwingt man mich zur Umerziehung.

Bekümmert kehrte ich zur Nachmittagsmahlzeit in meine Baracke zurück. Ich hatte Xings Lehren angewandt, doch ich hatte in meinen neun Lagermonaten viele Kompromisse schließen müssen. Ich wußte nicht mehr, woran ich mich halten sollte und was ich hinnehmen konnte. Meine Verwirrung wich, als Qi San, ein Häftling von Ende Fünfzig, vor der Unterkunft mit einer kleinen Verbeugung und ungewöhnlich achtungsvollem Tonfall an mich herantrat. »Könntest du mir vielleicht ein paar zusätzliche Zigaretten besorgen?« fragte er höflich. Er wußte, daß ich zuvor geholfen hatte, die Zigarettenrationen auszuteilen. Da ich erst 23 Jahre alt war, verblüffte mich seine Ehrerbietung. Mir wurde deutlich, daß ich unter meinen Mitgefangenen eine Machtposition innehatte, und diesen Status wollte ich mir erhalten.

Qi San war als »historischer Konterrevolutionär« gebrandmarkt worden, da er vor dem kommunistischen Sieg von 1949 als Buchhalter in einem Regierungsbüro gearbeitet hatte. Wie ich hatte er kein Verbrechen begangen, sondern war 1960, als die Partei jede Unruhequelle beseitigen wollte, als politischer Feind verhaftet worden. Den größten Teil seines Lebens hindurch hatte Qi San zwei Päckchen Zigaretten pro Tag geraucht. Ohne Zigaretten geriet er ins Schnaufen; auch zitterten ihm die Hände und tränten ihm die Augen. Ich hatte beobachtet, wie er Blätter zum Rauchen sammelte, aber es fehlte ihm stets an Papier. Manchmal riß er ein kleines Stück von der Zeitung des jeweiligen Tages ab, bevor sie ins Sicherheitsbüro zurückgebracht wurde. Dabei fürchtete er ständig, daß der Gruppenleiter die zerfetzte Seite bemerken und sich erkundigen würde, wer Volkseigentum beschädigt habe.

Qi San lauschte immer aufmerksam, um zu erfahren, ob ein Insasse Besuch von einem Familienmitglied bekam. Die Häftlinge in der Grube durften Post empfangen, und er fand unweigerlich heraus, wer ein Päckchen von zu Hause erhalten hatte. Dann bettelte er den Empfänger um Zigaretten oder auch nur Stummel an, um sein Verlangen zu stillen. Ich erkannte den Grad seiner Nikotinabhängigkeit, als ich eines Morgens sah, wie er beim Frühstück eines seiner beiden Brötchen gegen vier Zigaretten eintauschte.

Danach brachte ich ihm manchmal kleine Papierfetzen aus Hauptmann Yangs Büro mit.

Als Qi San mich bat, ihm ein paar zusätzliche Zigaretten zu beschaffen, weigerte ich mich zunächst aus einem tiefverwurzelten Gerechtigkeitsgefühl heraus. Dann überlegte ich es mir anders: Welchen Zweck hatten solche Werte in dieser Umgebung? Bald darauf erhielten die Wärter eine zweite Lieferung Zigaretten, und ich setzte meinen Namen auf die Liste der Raucher. Ich weigerte mich immer noch, im Büro Sonderrationen entgegenzunehmen, aber nun wollte ich meinen Teil der Tabakmenge akzeptieren.

Nachdem die Zigaretten ausgegeben worden waren, kam mein Gruppenleiter wütend auf mich zu. »Was soll das? Du hast doch nie geraucht! Warum willst du die Zahl der Zigaretten verringern, die wir übrigen kriegen? Was führst du im Schilde?«

»Ich habe angefangen zu rauchen.«

»Aber ich habe dich kein einziges Mal dabei gesehen«, wandte er ein.

Seit ich begonnen hatte, im Büro des Hauptmanns zu arbeiten, war der Gruppenleiter verärgert, da ich nicht mehr seiner Autorität unterstand. Nun bot sich ihm eine Gelegenheit, mir eins auszuwischen und meinen Namen von der Raucherliste streichen zu lassen. Ich ging das Risiko ein. »Dieses Formular ist nur für Hauptmann Yang bestimmt«, erwiderte ich kühn. »Nur zu, beschwer dich darüber, daß Wu Hongda nie raucht. Mal sehen, ob der Hauptmann meinen Namen streicht.« Der Gruppenleiter stierte mich an und drehte mir dann den Rücken zu. Ich wußte, daß ich vor ihm sicher war, aber sein Groll über meine Privilegien wuchs.

Laut einer der fünfundzwanzig Vorschriften für die Lagerdisziplin konnten Zigaretten nicht getauscht oder verschenkt werden. Die Polizei wußte, daß Machtbeziehungen auf Tauschhandel aufgebaut werden konnten, und sie hielt nach solchen Transaktionen Ausschau. Um Qi San zu helfen, mich aber nicht dem Risiko ernster Kritik auszusetzen, rauchte ich meine Zigaretten zur Hälfte, drückte sie aus, ließ sie in meine Tasche gleiten und gab sie unauffällig an meinen Freund weiter.

Danach trafen jeden Monat Zigarettenrationen ein, und ich rauchte für den Rest meines Aufenthalts in Xihongsan. Am Anfang mußte ich husten, doch später war mir der Rauch in der Lunge angenehm, und ich hatte das Gefühl, ebenfalls Zigaretten zu benötigen. Vielleicht wurde mein Körper während der kümmerlichen Ernährung rascher süchtig, als wenn ich kräftig und gesund gewesen wäre. Das Rauchen verschaffte mir auch einen gewissen psychischen Trost und eine kurze Erholung von den körperlichen Entbehrungen des Lagerlebens.

Die Tatsache, daß ich so plötzlich angefangen hatte zu rauchen, beeinträchtigte meine Gesundheit, und im späten Frühjahr zog ich mir eine Lungenentzündung, eine Art Pleuritis, zu. Der Lagerarzt, ein Mann von Mitte Dreißig namens Ouyang, war als Konterrevolutionär abgestempelt worden, weil er während des Krieges gegen die Japaner als Sanitäter in der mandschurischen, unter japanischem Befehl stehenden Marionettenarmee gedient hatte. Ouyang, der aus dem Nordosten Chinas stammte, hatte Medizin studiert, nachdem die Japaner die Mandschurei besetzt hatten, und eine hervorragende Ausbildung erhalten. Er stellte sofort fest, daß mein linker Lungenflügel mit Flüssigkeit gefüllt war. Sogar ich konnte das dumpfe Geräusch hören, wenn er gegen meine Brust pochte; es war so anders als das klare, hohle Geräusch, das vom rechten Lungenflügel ausging. Dr. Ouyang verabreichte mir Medikamente, aber mein Zustand besserte sich nicht. Dann schlug er vor, die Flüssigkeit mit Hilfe einer Spritze zu entfernen. Dieses Verfahren konnte allerdings nur in der Klinik der Stahlfabrik durchgeführt werden, die anderthalb Fahrstunden entfernt war. Viermal sorgte Dr. Ouyang dafür, daß ich ihn auf einem Versorgungsfahrzeug zur Fabrik begleiten konnte. Dort nahm er die Behandlung vor, und ein paar Wochen später war die Entzündung abgeklungen.

Während die Hungersnot andauerte, ließen Untätigkeit und Entbehrung die Gefangenen ruhelos und aufsässig werden. Früher hatten alle die gleichen Rationen erhalten. Da niemand regelmäßig arbeitete, konnte die Essenszuteilung nicht von der Arbeitslast abhängig gemacht werden. Doch im November beschloß Hauptmann Yang, ein flexibles Verpflegungssystem einzuführen, das die Kontrolle über die Häftlinge fördern sollte. Statt bei jeder Mahlzeit automatisch zwei Brötchen zu empfangen, mußten die Häftlinge ihre Rationen von den Polizeioffizieren festlegen lassen. Jede Gruppe bekam eine bestimmte Zahl von Brötchen, die nach einem Quotensystem verteilt wurden. Wer gut mit den Wärtern zusammenarbeitete, wurde durch zusätzliches Essen belohnt, das man von den Rationen anderer Insassen einbehielt.

In meiner elfköpfigen Gruppe empfingen sieben die üblichen B-Rationen von zwei Brötchen pro Mahlzeit, zwei sollten A-Rationen von zweieinhalb Brötchen und zwei C-Rationen von anderthalb Brötchen erhalten. Wir alle wußten um die Bedeutung dieser Unterschiede in einer solchen Mangelsituation. Drei Kriterien waren für die Zuteilung maßgeblich: die politische Einstellung, die Befolgung der Lagervorschriften sowie Alter, Größe und Arbeitspotential. Es galt als selbstverständlich, daß politische Häftlinge niemals A-Rationen beziehen konnten. Man meinte, sie seien schwerer zu kontrollieren und umzuerziehen als gewöhnliche Verbrecher, da sie eigene Ideen und eigene moralische Maßstäbe besäßen. Außerdem hatten sie im allgemeinen keine Erfahrung mit körperlicher Arbeit.

Qi San war ein »historischer Konterrevolutionär« und damit ein politischer Häftling. Zudem war er über fünfzig Jahre alt, weshalb er keine großen Rationen verdient hatte. Ich selbst war nicht nur ein politischer Gefangener, sondern auch ein bebrillter Student, der offensichtlich kaum zu körperlicher Arbeit taugte, und deshalb kam ich ebenfalls für C-Rationen in Frage. Der dritte Kandidat in meiner Gruppe war ein älterer Verbrecher, von dem man erwartete, daß er wegen seines Alters mit kleineren Portionen überleben würde. Zwei von uns dreien würde man geringere Mengen zuweisen.

Der Gruppenleiter haßte mich wegen meiner besonderen Beziehung zu Hauptmann Yang. Um C-Rationen für mich zu rechtfertigen, verkündete er: »Wu Hongda ist ein gefährlicher Rechtsabweichler. Er hat nie körperliche Arbeit geleistet, deshalb benötigt er weniger Nahrung. Der alte Bursche hingegen hat langjährige Arbeitserfahrung, und daher verdient er B-Rationen.«

Während ich seine Worte vernahm, hörte ich wieder Großmaul Xings Worte: Niemand würde mir helfen, wenn ich mir nicht selbst half. Ich wollte nicht noch schwächer werden, doch die Entscheidung des Gruppenleiters bedeutete, daß ich ein halbes Brötchen weniger pro Mahlzeit, ein Brötchen weniger pro Tag, dreißig Brötchen weniger pro Monat bekommen würde. Ich konnte nicht an den älteren Mann denken und nahm mir vor, unter Aufbietung aller Kräfte gegen die Entscheidung anzukämpfen. »Nein, das ist falsch«, rief ich. »Er ist fünfzig Jahre alt, und ich bin 24. Mein Körper braucht mehr Nahrung.«

Ich kletterte vom *kang* hinunter. »Wenn du meinst, daß ich nicht stärker bin als er, kann ich mit ihm kämpfen, damit wir sehen, wer sich besser für die Arbeit eignet.«

Der Gruppenleiter packte meinen Arm. »Was hast du gesagt? Du willst dich prügeln? Widersetzt du dich der Lagerdisziplin? Nun hast du auf jeden Fall C-Rationen verdient!« Er ließ mich als Empfänger reduzierter Mahlzeiten in das Formular eintragen. Ich konnte nicht riskieren, seine Autorität noch weiter herauszufordern. Mein Wutausbruch hatte all meine Kräfte gekostet.

Am nächsten Tag händigten die Gruppenleiter die Rationsformulare Hauptmann Yang aus, und er rief mich heran. »Was soll das? Wieso hat man dir C-Rationen zugeteilt?«

»Ich weiß nicht.« Da mir keine überzeugende Antwort einfiel, schaute ich zu Boden. Yang machte einen Vermerk auf dem Formular.

»Hat es jemand auf dich abgesehen?« fragte er und ließ das Formular auf den Stapel auf seinem Schreibtisch fallen. Ohne auf eine Antwort zu warten, wandte er sich wieder seiner Schreibarbeit zu. Am folgenden Tag begannen meine A-Rationen. Niemand konnte Einspruch erheben. Der Herr hatte dem Hund einen Knochen zugeworfen. Ich war einverstanden. Essen bedeutete Leben.

Vor dem Mondneujahr im Februar 1961 wandten sich die Gedanken aller Häftlinge der Heimat und der Familie zu. Das dreitägige Frühlingsfest, die bedeutendste Feier des Jahres, war eine Gelegenheit für jede Familie, zu einem Festessen zusammenzukommen. Es war auch ein Anlaß, sich mit engen Freunden zu treffen. Gefangene fürchteten sich immer vor der Leere dieser Feiertage, und ihre Emotionen wurden unberechenbar. Manche waren deprimiert und in sich gekehrt, während andere aggressiv und feindselig reagierten. Ich hörte zufällig, wie zwei jüngere Mitglieder meiner Gruppe von Flucht sprachen, obwohl wir uns in einer entlegenen Bergregion befanden, umgeben von steilen Felswänden und einer unübersehbaren Bergwüste. Den einzigen Ausweg bot die Straße hinunter zur Stahlfabrik von Yanqing, wo bewaffnete Beamte mit Hunden die Tore bewachten.

Eines Morgens entdeckten die Wärter, daß zwei Häftlinge aus Gruppe zehn verschwunden waren. Am Mittag rief Hauptmann Yang mich zusammen mit drei Kalfaktoren in sein Büro. Er teilte uns in zwei Paare ein und befahl uns, den oberen Bereich der Schlucht abzusuchen. Zwei von uns wurden an den nördlichen, zwei an den südlichen Hang geschickt, und mehrere bewaffnete Sicherheitsbeamte brachen auf, um die Flüchtlinge mit Hunden zu verfolgen.

»Wenn ihr sie entdeckt, soll einer von euch sie im Auge behalten, während der andere zurückkehrt und Meldung macht«, sagte Yang. Er rechnete damit, daß die Häftlinge versuchen würden, nicht über die Straße, sondern über das obere Ende der Schlucht hinweg zu entkommen.

Der Wind blies heftig. Wir suchten bis nach Einbruch der Dunkelheit. Als wir zurückkehrten, hatten die Wärter die beiden Gefangenen bereits am Bahnhof gefunden. Mir war unbegreiflich, wie sie sich so weit vorgearbeitet haben konnten. Aber ich konnte nur daran denken, wie durchgefroren und hungrig ich war. Hauptmann Yang schrieb eine Anweisung an die Küche, uns eine zusätzliche Mahlzeit zu geben.

Der Koch reichte uns Schüsseln mit dampfender Gemüsesuppe und so viele Brötchen, wie wir essen konnten. Die Augen gingen mir beim Anblick von soviel Nahrung über, aber ich konnte nur vier Brötchen auf einmal verspeisen. Der Schäferhund, der die Flüchtlinge aufgespürt hatte, bekam ebenfalls Brötchen: Die Jagdhunde und die Wachhunde wurden gemeinsam gefüttert. In jenem Moment dachte ich wieder daran, wie eng ich mit der Polizei zusammenarbeitete. Ich war ein Jagdhund, man traute mir, und ich besaß Macht. Aber ich hatte meine Selbstachtung verloren.

Am nächsten Tag verlas Hauptmann Yang beim Abendappell eine Mitteilung aus Peking: »Das Büro für Öffentliche Sicherheit wird während des Frühlingsfestes eine Sondermahlzeit für Häftlinge bereitstellen. Jede Person erhält hundertzehn Gramm Lammfleisch, zwei Pfund Karotten, ein Pfund Weizenmehl, zwei Äpfel, ein paar Bonbons und eine Schachtel Zigaretten.« Die Aussicht auf gutes Essen und Zigaretten von höherer Qualität sorgte für große Aufregung. Ich begriff, daß diese Großzügigkeit kalkuliert war und dem Zweck diente, die Moral der Gefangenen zu heben, ihren Gehorsam zu kaufen und die Stabilität im Lager zu wahren, aber ich schloß mich dem Jubel an.

Hauptmann Yang fuhr fort: »Wenn jemand während der dreitägigen Feier einen Fehler macht, wird er sofort unter Arrest gestellt. Morgen werden wir uns im Hof versammeln, um Knödel zuzubereiten. Die Gruppenleiter werden dafür sorgen, daß alle daran teilnehmen und niemand in den Unterkünften bleibt.«

Der Hauptmann war seit mehr als zehn Jahren Gefängniswärter. Wie die meisten Angehörigen des Personals von Yanqing war Yang ein ehemaliger Soldat der Volksbefreiungsarmee. Er durchschaute die Gefangenen und die Lagerbräuche, und deshalb wußte er, daß Sonderverpflegung Schwierigkeiten mit sich bringen würde. Wenn man Häftlingen gestattete, gemeinsam Teig auszurollen und die Fleischfüllung für die traditionellen Dampfknödel des Frühlingsfestes herzustellen, so leistete man Auseinandersetzungen und Mundraub Vorschub.

Yang bereitete das Verfahren sorgfältig vor. Aus der Küche kamen Holzteller, Zeitungen, die auf den Boden gelegt wurden, und Holzrollen, mit denen die Männer die Knödel auswalzen sollten. Als alles fertig war, setzte er sich auf einen Stuhl mitten im Kreis der Häftlinge und behielt alle im Auge. Trotz seiner Gegenwart begannen die Störungen fast sofort. Jeder wartete auf eine Chance, einen ungekochten Knödel zu erwischen und ihn sich in den Mund zu stopfen. Wenn das geschah, sprangen die anderen Häftlinge zornentbrannt auf und prügelten auf den Dieb ein, woraufhin Yang befahl, den Schuldigen in eine Arrestzelle zu führen.

Am Mittag waren sechs Häftlinge in Zellen gebracht worden. Sie würden auf die Knödel, die Zigaretten und die Äpfel verzichten müssen und nur Hungerrationen erhalten. Wir alle kannten die Strafe, aber einige konnten der Versuchung von ein paar Gramm echtem Fleisch einfach nicht widerstehen. Wir übrigen verschlangen die Knödel und waren dankbar für die Gelegenheit, unseren Hunger wenigstens einmal zu stillen.

Nach den Feiertagen waren wir alle zunehmend auf das Essen fixiert. Im März, als es wärmer wurde, gab Hauptmann Yang bekannt, daß er hundertfünfzig Männer benötige, um die Schotterstraße, die von der Fabrik zur Schlucht hinaufführte, ausbessern zu lassen. Schlaglöcher mußten mit Sand und Kies gefüllt, das Geröll der winterlichen Felsrutsche mußte weggeräumt werden. Die Freiwilligen sollten eine zusätzliche Brotration pro Tag erhalten. »Willst du mitmachen?« fragte mich Hauptmann Yang unter vier Augen. Ich wußte, daß sich die meisten Häftlinge für ein zusätzliches Stück Brot freiwillig melden würden, aber nicht jeder konnte ausgewählt werden.

»In Ordnung«, stimmte ich zu. In Wirklichkeit wollte ich nicht mehr in Hauptmann Yangs Büro arbeiten, und dies war offenbar eine Chance, mich meinem Gönner zu entziehen, ohne ihn zu beleidigen. Seitdem ich nach dem Fluchtversuch die zusätzliche Mahlzeit in der Küche mit dem Schäferhund geteilt hatte, war etwas in mir vorgegangen. Mir gefiel die Veränderung meines Charakters nicht, die ich durchmachte. Hauptmann Yang setzte meinen Namen auf die Liste und ernannte mich zu einem der Gruppenleiter, die die Arbeitsgruppen organisieren und beaufsichtigen mußten.

Vier Stunden pro Tag schuftete ich neben den anderen Häftlingen, grub Sand und Kies aus den Berghängen, schleppte das Gemisch in großen Körben zu den Schlaglöchern, schaufelte es hinein und stampfte es fest. Noch schwieriger als die körperliche Anstrengung war der Versuch, den Respekt meiner Mitgefangenen zu erringen.

Ein Mitglied meiner Gruppe war ein junger Ganove aus Peking. Er war kräftig und an körperliche Arbeit gewöhnt, und er hatte es darauf abgesehen, mir Scherereien zu machen. In unserem Team bekamen nur wir beide die A-Ration von zweieinhalb Brötchen pro Mahlzeit sowie das zusätzliche Stück Brot, das wir jeden Nachmittag für die Straßenarbeit verdienten. Kurz nach Beginn unseres Auftrags trat er mit einem höhnischen Grinsen auf mich zu. »Wir kriegen die gleichen Rationen. Das bedeutet, daß wir die gleiche Arbeit leisten sollten.«

Er wußte, daß ich Student gewesen war und nie mühsame körperliche Arbeit verrichtet hatte. Wie die anderen haßte er mich, weil ich ein Jagdhund war, und nun hatte er eine Möglichkeit, meine Autorität in Frage zu stellen und mich vor den anderen Häftlingen das Gesicht verlieren zu lassen.

»Ich bin der Chef«, entgegnete ich schroff und nahm meine Brille ab. Natürlich hatte ich weder die Kraft noch das Geschick, jeden Tag genausoviel zu leisten wie er. »Du hast mir zu gehorchen.« Er beschimpfte mich und versetzte mir einen Schlag. Ich stürzte, und er machte Anstalten, mich zu treten, aber ich packte seinen Fuß und biß so fest wie ich konnte in seinen Knöchel. Das Blut floß, doch ich ließ nicht los. Alles andere schien unwichtig zu sein. Er schrie vor Schmerz auf und fiel zu Boden.

Mehrere Häftlinge rannten herbei, um uns zu trennen. Hauptmann Yang, der den Lärm gehört hatte, tauchte auf. »Du bist Student. Wie kommt es, daß du so kämpfen kannst?« fragte er überrascht. Offenbar war er beeindruckt, denn ich war zäher, als er gedacht hatte. Er forderte mich auf, mir das Blut vom Mund zu wischen, und wandte sich ohne einen Tadel ab. Der Ganove hatte nun gemerkt, daß er kein leichtes Spiel mit mir haben würde, und er machte mir nie wieder Schwierigkeiten. Ich war entschlossen, die Lektionen von Großmaul Xing in die Praxis umzusetzen. Wenn ich nicht stark war, konnte ich nicht überleben.

Im Laufe des Frühjahrs verbrachten wir die Zeit der Untätigkeit in der Baracke immer häufiger mit Phantasien über köstliche Speisen. Bevor wir nachts einschliefen, beschrieben wir abwechselnd in aller Ausführlichkeit eines unserer Lieblingsgerichte, manchmal eine Spezialität unserer Heimatprovinz oder ein Geheimrezept unserer Familie. Wir erklärten im Detail, wie die Bestandteile zubereitet, gewürzt, gemischt und auf dem Teller angeordnet wurden. Wir schilderten den Duft und dann den Geschmack, und alle übrigen hörten schweigend zu.

Abend um Abend hielten wir diese Phantasiemahlzeiten ab und tauschten Beschreibungen der Speisen aus, nach denen wir uns sehnten. In früheren Wochen hatten die Ganoven häufig über Sex oder Schlägereien und Diebstähle geredet, von ihren Heldentaten auf den Straßen erzählt und damit geprahlt, wie sie junge Rivalen verprügelt hatten. Doch allmählich verlagerte sich ihre Aufmerksamkeit, und auch ihre Gespräche wandten sich dem Essen zu.

Zu Hause hatte ich nie in der Küche gestanden, aber ich versuchte, mir vorzustellen, wie unser Koch meine Lieblingsgerichte zubereitet hatte. Ich erzählte meinen Mithäftlingen von den berühmten Schweinerippchen aus Wuxi, der Heimatstadt meiner Familie. Obwohl ich sie nie selbst zubereitet hatte, erfand ich köstliche Rezepte, auch für Fisch- und Hühnergerichte. Dabei malte ich mir in allen Einzelheiten aus, wie das Fleisch zugeschnitten, gewürzt und gebraten wurde. Durch diese Geschichten versuchten wir nicht nur unsere leeren Mägen, sondern auch unsere leeren Herzen zu befriedigen. Hunger hat nicht nur mit dem Körper, sondern auch mit der Seele zu tun.

Tag um Tag verstärkte sich unser Hunger. Ohne Nahrung verbrennt der Körper die im Muskelgewebe und in den Knochen gespeicherten Kalorien, um Energie zu liefern und das Leben zu erhalten. Ich begann, den Prozeß des Verhungerns zu verstehen. Wenn der Tod in den Lagern zuschlägt, ist Unterernährung selten die direkte Ursache. Das Herz hört wegen Nahrungsmangel nicht plötzlich auf zu schlagen. Je nach dem allgemeinen Gesundheitszustand kann man eine Woche – oder sogar zwei – ohne Essen und

Wasser überleben. Wenn der Mensch völlig ausgezehrt ist, sind es meist andere Dinge, die seinen Tod herbeiführen.

Manchmal erkältet er sich, seine Lunge füllt sich mit Wasser, und schließlich hört er auf zu atmen. Manchmal lösen Bakterien im Essen ständigen Durchfall aus, der zum Tode führt. Manchmal hat die Infektion einer Wunde tödliche Folgen. Die Todesursache wird in der Akte stets als Pleuritis oder Lebensmittelvergiftung oder schwere Verletzung, nie als Unterernährung angegeben.

Die Phantasiemahlzeiten zeigten an, um wieviel näher wir dem Hungertod gerückt waren. Die Insassen versuchten mit allen Mitteln, sich Nahrung zu verschaffen. Sie bestahlen einander und suchten die Hänge nach eßbaren Kräutern und Gräsern ab. Zudem schrieben sie an ihre Verwandten mit der Bitte, ihnen Lebensmittel zu schicken, aber auch außerhalb der Gefangenenlager war das Essen knapp. Und die Anreise war so beschwerlich, daß Familienangehörige nur selten zu Besuchen erscheinen konnten.

Meine eigene Familie wohnte knapp dreitausend Kilometer entfernt im Süden, doch auch für Verwandte, die in Peking lebten, brachte der Besuch eines Häftlings Gefahren und Entbehrungen mit sich. Erstens mußte man Urlaub beantragen und dem Parteisekretär mitteilen, daß sich einer der Familienangehörigen im Lager befand, was Zweifel an der eigenen Loyalität aufkommen ließ. Zweitens galt es, Vorkehrungen für eine dreitägige Reise samt Unterbringung zu treffen. Wer eine Zugfahrkarte kaufen wollte, brauchte nicht nur Geld, sondern mußte auch noch stundenlang in einer Schlange warten. Man benötigte die Erlaubnis, die erste Nacht in der Stahlfabrik von Yanqing zu verbringen, um am nächsten Tag zu einem halbstündigen Besuch ins Lager zu fahren. Danach hielt man sich die zweite Nacht über in der Fabrik auf, während man auf den Zug zurück in die Heimat wartete.

Drittens war die Nahrungsmittelversorgung in China für alle Bürger, abgesehen von den besonders privilegierten Parteiführern, drastisch gekürzt worden. Auch wer Geld besaß, konnte in den Läden nichts kaufen. Ein Verwandter, der ein Lebensmittelpaket schicken wollte, mußte den Inhalt von den kargen Rationen der

Familie abzweigen. Dieses Essen, sagten wir Gefangenen, sei den Mündern der Familie entrissen worden.

Mittlerweile war auch mein Vater – ohne mein Wissen – als Rechtsabweichler eingestuft worden. Er blieb zu Hause, aber er durfte mir nicht schreiben, denn Kontakte zwischen politischen Feinden waren streng verboten. Meine Schwestern hatten mir seit September zwei Lebensmittelsendungen geschickt; sie enthielten jeweils ein paar Kekse, Bonbons und kleine Sojasoßenwürfel, die man auflösen konnte, um der faden Suppe und den trockenen Brötchen Geschmack zu verleihen. Ich genoß diese Köstlichkeiten, aber ich machte mir Sorgen über das Elend meiner Familie, die Lebensmittelkarten und Geld sparen mußte, um mich hin und wieder mit Nahrung zu versorgen.

Eines Abends lag ich auf dem *kang,* als Qi San mir erzählte, daß es seiner Frau an jenem Nachmittag gelungen sei, ihn zu besuchen. Doch seine Miene ließ nicht Glück, sondern Kummer und Traurigkeit erkennen.

»Heute ist meine alte Frau aus Peking gekommen«, sagte er bedrückt. »Die Reise hat drei Tage gedauert. Sie nahm einen Zug aus Peking bis zu dem kleinen Bahnhof in der Nähe der Fabrik und blieb dort über Nacht. Die Polizei ließ sie in einem kleinen Büro schlafen. Am Morgen stand sie auf und ging hinaus, um sich zu waschen und um die Polizisten nach dem Weg zur Grube zu fragen. Als sie ins Büro zurückkehrte, hatte jemand zwanzig Pfund gekochtes Weizenmehl gestohlen, die sie mir mitgebracht hatte; nur zwei Pfund Trockengebäck lagen noch unter ihrem Kissen. Sie hatte keine Möglichkeit, mein kostbares Mehl zurückzubekommen, und fing an, über die Schotterstraße zur Grube hinaufzusteigen. Ein Lastwagen nahm sie für einen Teil der Strecke mit, aber er hatte bald eine Panne, und sie mußte den Rest des Weges zu Fuß gehen. Es dauerte fast fünf Stunden. Als sie mich sah, versuchte sie zu weinen, aber sie hatte keine Tränen mehr. Ich wußte, wie schwierig die Reise gewesen war, und ich möchte nicht, daß sie soviel Mühe auf sich nimmt. Sie gab mir eine mit Baumwolle gefütterte Weste, die sie nachts unter der einzigen Glühbirne in unserer Wohnung genäht hatte. ›Ich wußte, daß der Wind jenseits der Großen Mauer stark sein würde‹, sagte sie. ›Darum wollte ich dir helfen …‹ Sie sah sehr traurig aus. ›Ich habe das Weizenmehl von meinen Rationen abgespart. Und nun hat es jemand gestohlen. Es tut mir so leid, daß ich dir nicht mehr mitgebracht habe.‹«

Qi San fuhr fort: »Sie war so bekümmert wegen des Weizenmehls. Und als sie mir fünf Päckchen Zigaretten gab, entschuldigte sie sich, weil sie nicht genug Geld gehabt hatte, um mehr zu kaufen. Ihre Schwester hatte ihr geholfen, die Fahrkarte zu besorgen, und in drei Monaten wollte sie mich wieder besuchen.« Qi San wischte sich die Tränen mit dem Saum seiner Steppdecke von den Wangen und zündete sich eine Zigarette an.

»Ich riet ihr, nicht mehr an mich zu denken und nicht zurückzukommen. Dann sagte ich, sie solle nach Tianjin zu unserem Sohn ziehen. Es ist besser, wenn sie akzeptieren kann, daß es auf dieser Welt keinen Qi San mehr gibt. Sie muß ohne mich weiterleben und darf sich nichts mehr von ihren Essensrationen absparen. Ihr Alter macht sich bemerkbar, sie hat abgenommen und sah nicht gut aus. Sie war so dünn, weil sie ihr Essen für mich aufbewahrt hat.« Er drehte den Kopf zur Wand.

Am nächsten Tag fehlte Qi San beim Abendappell. Alle waren überrascht, denn niemand konnte sich vorstellen, daß er einen Fluchtversuch gemacht hatte, da er zu alt und schmächtig war. Ich wußte, wie aufgewühlt er nach dem Besuch seiner Frau gewesen war, und fürchtete, er könne beschlossen haben, seinem und ihrem Leid ein Ende zu machen. Zwei Tage später hörte ich von Hauptmann Yang, daß die Kalfaktoren ihn gefunden hätten. Er sagte mir nicht, wo man Qi San entdeckt hatte oder was ihm zugestoßen war, sondern befahl mir nur, seine Decke und seine Habseligkeiten ins Büro zu bringen. Unter seinem Kissen lagen vier ungeöffnete Zigarettenschachteln. Mehrere Tage später wurde uns mitgeteilt, daß man Qi San am Fuß einer Klippe jenseits der Mine gefunden hatte. Wir sollten jedoch nie erfahren, ob er gestürzt oder gesprungen war.

Eines Nachmittags Anfang April verkündete Hauptmann Yang überraschend, daß aus Peking der Befehl eingetroffen sei, alle der

Grube Xihongsan zugewiesenen Gefangenen zu verlegen. Unser Zielort sei nicht genannt worden. Wir sollten uns darauf vorbereiten, am nächsten Morgen abzufahren, und weitere Instruktionen abwarten. Kurz nach Tagesanbruch rollten vier Lastwagen in den Hof. Die Kalfaktoren gaben jedem eine Tagesration aus vier Brötchen und einer gesalzenen Rübe. Die Lastwagen fuhren mehrere Male hin und her, um uns zu dem Bahnhof in der Nähe der Fabrik zu befördern. Ich gehörte zu der Gruppe, die als erste aufbrach. Am Bahnhof marschierten wir in einen abgesperrten Bereich auf den Gleisen neben dem Bahnsteig und setzten uns auf den Boden. Die Wärter hielten mit Gewehren im Anschlag Wache, aber wir hatten kaum einen Fluchtgedanken. Mehrere Stunden vergingen, bevor wir alle versammelt waren.

Zuvor hatten sich alle meine Verlegungen nachts abgespielt. Dies war das erste Mal seit einem Jahr, daß ich normale Bürger zu Gesicht bekam. Über ein Absperrseil hinweg betrachtete ich die Menschen auf dem Bahnsteig. Mehrere starrten uns an, als wären wir Tiere in einem Zoo. Erst jetzt wurde mir klar, was es bedeutete, aus der Gesellschaft ausgestoßen zu sein. Zuerst senkte ich beschämt den Kopf, doch dann hob ich ihn wütend, weil ich dachte: Was wißt ihr schon von Häftlingen? Vielleicht werdet ihr eines Tages in unserer Haut stecken.

Am späten Nachmittag bestiegen wir zwei Gefangenenwaggons, die etwa hundert Meter vom Bahnhof entfernt auf dem Gleis standen. Niemand teilte uns unseren Bestimmungsort mit. Diesmal versuchte ich gar nicht, mir die Bedingungen in unserer nächsten Haftstation vorzustellen. Würde ich weiterhin so hungrig sein? Am liebsten hätte ich aus dem Fenster auf die Landschaft und das normale Dorfleben geschaut, aber der Zug wartete zwei Stunden lang am Bahnhof, und als wir uns in Bewegung setzten, war es fast dunkel. Sie wollen nicht, daß wir etwas sehen oder daß wir gesehen werden, dachte ich. Wenn du einmal im Lager bist, wollen sie, daß du verschwindest.

Xings Fluch

Gegen Mitternacht fuhr der Zug in einen kleinen Bahnhof ein. Auf dem Schild am Bahnsteig stand »Chadian«. Vor uns stiegen Fahrgäste ein und aus, und Arbeiter luden oder entluden Frachtgüter. Wir saßen hinter verriegelten Türen und warteten. Endlich wurde eine kleine Lokomotive hinter uns angekoppelt, und sie zog unsere beiden Gefangenenwaggons auf ein Nebengleis. Mehrere hundert Meter vom Bahnhof entfernt hielten wir an, und die Wärter aus Yanqing befahlen uns auszusteigen. Eine Reihe von Polizisten wartete am Bahndamm. Unter uns verbreitete sich die Nachricht, daß sie zur Qinghe-Farm gehörten.

Beim Anblick der beiden Schäferhunde und der Gewehre, mit denen die Wärter ausgerüstet waren, verspürte ich keinerlei Unruhe. Was konnten sie mir schließlich antun? Ich hatte nicht genug Kraft, um an Flucht zu denken, und nicht einmal genug Energie, um Angst zu haben. Es war mir gleichgültig, ob die Wärter Maschinengewehre besaßen und fünfzig Hunde mitgebracht hatten oder ob nur ein einziger Polizist mit einem Gewehr Wache stand. Mich interessierte nur, daß ich sehr hungrig und sehr schwach war.

Wir mußten wieder auf die Ladefläche eines Lastwagens klettern, und ich hatte keine Ahnung, wohin wir fuhren. Die Landschaft sah völlig flach aus. Im Mondlicht konnte ich Bewässerungsgräben erkennen, welche die Reisfelder zu beiden Seiten der Straße kreuz und quer durchzogen, und manchmal bemerkte ich die gewölbte Silhouette einer Kanalbrücke. Der Geruch der Erde in der Nachtluft weckte Hoffnung. Auf einer Farm, dachte ich, kann ich Essen finden. Wenigstens werde ich auf fruchtbarem Boden, nicht auf nacktem Fels leben.

Die Lastwagen näherten sich langsam einer vielleicht sechs Meter hohen Ziegelmauer. Wachtürme ragten an den Ecken des Lagers empor. Die Nacht kam mir seltsam still vor.

»Runter mit euch! Los, los!« Die Rufe von Polizisten durchbrachen die Stille, nachdem die Lastwagen ein schweres Eisentor hinter sich gelassen hatten. »Stellt euch auf! Schnell, schnell!« Auch die Wärter wollten schlafen. Die Polizisten von Yanqing zählten uns, hielten den Appell ab und überreichten den Wärtern von Qinghe unsere Papiere. Fünfhundert von uns waren in Xihongsan inhaftiert gewesen, aber es wurden nur ungefähr hundert Namen aufgerufen. Ich wußte, daß wir Qi San zurückgelassen hatten, aber was war aus den anderen geworden?

Ich hörte die Lastwagen davonrumpeln, und die Polizisten von Yanqing verschwanden in der Dunkelheit. Hauptmann Yang war mit ihnen abgefahren, wie ich dankbar feststellte.

Die Wärter von Qinghe teilten uns in Zehnergruppen ein. »Ihr geht in Raum sieben, ihr in Raum acht, ihr in Raum neun ...«

Mehrere Gefangene flehten: »Können wir nicht etwas zu essen haben?«

»Morgen. Es ist zu spät«, lautete die Antwort.

Ich folgte meinem neuen Gruppenleiter in die Unterkunft. »Los jetzt. Rückt zusammen«, rief er den acht Häftlingen zu, die bereits auf dem *kang* lagen. »Hier sind Neuankömmlinge. Macht Platz für sie!« Die Männer rollten sich zur Seite oder setzten sich murrend auf. »Maul halten«, brüllte der Gruppenleiter. Die Klagen verstummten, und er schlug fluchend auf einige der langsameren Häftlinge ein. Er war hochgewachsen und grobknochig, und die anderen hatten Angst vor seiner Kraft.

Ein Häftling schlief hartnäckig mit dem Kopf unter dem Kissen. Als der Leiter ihn zum erstenmal anstieß, reagierte er nicht. Beim zweiten Mal sprang er auf und schrie zornig: »Verdammte Scheiße ...« Er blinzelte mich an, dann weiteten sich seine Augen. Es war Großmaul Xing. Er sah so schmutzig aus wie eh und je.

»He, Wu Hongda!« rief er. »Wie bist du hergekommen? Ich hätte nie gedacht, daß ich dich wiedersehen würde.«

Ich erwiderte, daß ich gerade aus Yanqing eingetroffen sei.

»Wasser strömt von verschiedenen Bergen, aber es erreicht das Meer im selben Fluß. Vielleicht ist es das gleiche mit uns Gefangenen«, fügte ich hinzu.

Xing rückte zur Seite, um mir Platz zu machen, und erklärte: »Wu schläft hier, neben mir.« Als ich meine Decke ausgebreitet hatte, war Xing bereits wieder eingeschlafen.

Beim Appell am nächsten Morgen teilten die Wärter uns mit, daß man uns Abteilung 583 der Qinghe-Farm zugewiesen habe. Alle, die aus Yanqing eingetroffen waren, wurden auf die acht bestehenden Arbeitseinheiten verteilt, die jeweils etwa hundertfünfzig Mann umfaßten. Zwanzig von uns schlossen sich Kompanie drei an. Ich erfuhr nie, was mit den anderen achtzig Häftlingen aus Yanqing geschah. Es spielte keine Rolle. In Xihongsan hatte ich nicht einmal die Namen der meisten Mitgefangenen gekannt.

Der Mann, der an meiner anderen Seite schlief, stellte sich als Chen Ming vor und sagte, er sei als »Gedankenreaktionär« verhaftet worden. Sein ruhiges, zurückhaltendes Wesen verschaffte mir sofort den Eindruck, daß er jemand war, den ich in schweren Zeiten an meiner Seite haben wollte.

»Woher kommt ihr?« fragte Chen leise.

»Yanqing.«

»Oh, wir haben gehört, daß es ein gutes Lager ist. Da soll man viel zu essen kriegen.«

»Wieviel bekommt ihr hier zu essen?« erkundigte ich mich rasch.

»Das wirst du ja sehen. Was habt ihr in Yanqing gekriegt?«

»Jeden Tag zwei Mahlzeiten, zu jeder Mahlzeit zwei Brötchen.«

»Brötchen? Das ist in Ordnung! Was für Brötchen?«

»Halb Hirse, halb Weizenspreu«, antwortete ich.

Der Gefangene neben Chen Ming warf ein: »Das ist nicht so schlecht.«

Mir sank der Mut. »Was bekommt ihr hier?« fragte ich von neuem.

»Wart's nur ab.«

Als ich draußen zur Morgenmahlzeit anstand, beobachtete ich, wie der Kalfaktor die Rationen schlaffer Dampfbrötchen mit einer Holzkelle aus einem Behälter schöpfte. Statt zwei kleiner, harter Brötchen, an die ich mich in Yanqing gewöhnt hatte, reichte er mir ein einziges großes weiches. Der Teig war elfenbeinfarben, fast weiß, und zu schwammig, um seine Form in meiner Hand zu behalten. Als nächstes goß er eine Kelle voll Suppe in meine Schüssel. Ein paar Blätter schwammen oben, wodurch das Wasser hellbraun aussah. Ich probierte das Brötchen und mußte an Sägemehl denken.

Chen Ming bemerkte meinen Gesichtsausdruck. »Das ist eine Neuschöpfung«, sagte er und nickte in Richtung meines aufgeweichten Brötchens.

»Was ist darin?«

Seine Antwort war präzise: »Zwanzig Prozent Stärkemehl, achtzig Prozent gemahlene und gegorene Maiskolben. Zweimal gedünstet.« In Yanqing hatte ich in der *Volkszeitung* einen Artikel gelesen, der die Methode der doppelten Dämpfung beschrieb. Jedes Getreide, hieß es in der Zeitung, könne doppelt gedämpft werden, um das Volumen zu erhöhen, die Nährstoffe zu konzentrieren und dem Magen ein Völlegefühl zu verschaffen.

Am nächsten Tag hatte ich einen weicheren Stuhlgang als seit Monaten. Mein ganzer Körper spürte die Erleichterung, doch das Gefühl dauerte nur einen einzigen Tag an.

»Wenn du scheißen gehst«, riet mir Xing, »solltest du die Backen zusammenpressen, oder dein Inneres läuft aus.«

An jenem Nachmittag musterte ich die Häftlinge auf dem *kang*. Zum erstenmal sah ich einen Menschen, dessen eines Bein geschwollen und dessen anderes so dünn wie ein Stock war. Ich erkannte die Symptome eines Ödems. Zuerst schwoll jemandem der Fuß an, so daß er seinen Schuh nicht tragen konnte. Allmählich schob sich die Schwellung über den Knöchel, die Wade, das Knie und den Schenkel nach oben. Wenn sie den Magen erreichte und das Atmen erschwerte, starb der Kranke sehr rasch.

Etwa eine Woche verging, bevor mir klar wurde, daß mehrere der Männer um mich herum Hungers starben. Am Anfang hatte ich nur daran gedacht, wie schwach ich mich fühlte, und die letztliche

Folge anhaltenden Hungers vergessen. Nun erkannte ich, was mir bevorstand.

Als ich mit meiner neuen Kompanie zur Arbeit auszog, wurde Xing wieder zu meinem Lehrer. Wir mußten einen der Bewässerungsgräben im Reisfeld säubern. »Vielleicht finden wir was Aufregendes«, sagte Xing unterwegs. Dies war meine erste Erfahrung mit bäuerlicher Arbeit, und ich gewöhnte mich gerade daran, die Schaufel zu handhaben, als mir auffiel, daß Xing mit höchster Geschwindigkeit grub.

»Was machst du denn?« fragte ich, verblüfft über seinen plötzlichen Energieausbruch.

Er grub noch schneller, schaufelte Sand beiseite und wandte trotz seines geschwächten Zustandes große Kraft auf. »Komm her«, rief er. Er hatte ein Loch entdeckt und hoffte, daß es zu einem Lebensmittelvorrat führen würde, den eine Maus oder eine Ratte unter der Oberfläche angelegt hatte. Ein paar Minuten später ließ sich Xing verärgert in den Sand sinken. »Verdammter Mist! Wo ist es bloß?« Enttäuschung und Erschöpfung schienen auf seinen großen Knochen zu lasten.

»Geh nie an einem Loch vorbei«, riet er mir, während wir am Nachmittag zur Unterkunft zurückkehrten. »Eines Tages wirst du Glück haben. Die größten Reichtümer sind in einem Rattenloch versteckt.«

Von Xing lernte ich, daß es im späten Frühjahr noch so kalt sei, daß Frösche und Schlangen noch nicht aus ihren Löchern hervorkommen. Dies sei der beste Zeitpunkt, um nach unterirdischen Nestern zu suchen. Auch zeigte er mir sämtliche eßbaren Gräser und Wurzeln. Als ich das erste Mal sah, wie er sich eine Handvoll Unkraut in den Mund steckte, versuchte ich, ihn daran zu hindern. »Nein! Du mußt die Gräser waschen und kochen. Sonst wirst du krank.«

Xing lächelte über meine Vorsicht. »Kleiner Gelehrter, das alles ist unnötig. Nichts wird passieren.«

Zwei Männer beherrschten meine Gruppe: der Leiter Lang und Xing. Da ich Xings Freund war, belästigte mich niemand und vergriff sich keiner an meinem Essen.

Am ersten Tag gingen nur etwa siebzig der hundertdreißig Häftlinge meiner Kompanie zur Arbeit hinaus. Manche fühlten sich zu schwach, und etliche zogen es einfach vor, in der Baracke zu bleiben. Wegen der Hungersnot hatte man den Arbeitstag auf sechs Stunden verkürzt, und wir brauchten keine Produktionsquote zu erfüllen. Die Gefangenen nutzten diese ungewöhnliche Milde aus und arbeiteten sehr gemächlich.

Auf den Feldern strengten wir uns nicht allzusehr an und setzten uns manchmal sogar hin, um zu plaudern. Die Wärter brüllten uns nicht an und befahlen uns nie, an die Arbeit zurückzukehren. Manchmal setzten sie sich sogar hin und unterhielten sich mit uns. Sie hatten Verständnis für unseren Zustand, und auch sie waren hungrig, wenn auch nicht dem Tode nahe. Sie machten sich Sorgen um ihre Familien, die im Monat pro Person nur ein halbes Pfund Fleisch, einen Viertelliter Öl, häufig keinen Zucker und nie Eier erhielten. Auch ihr Weizenmehl und ihr Mais waren von schlechter Qualität, wenn auch nicht so verdorben wie die unseren, und ihre Vorratslager waren leer. Also mußten sie ebenfalls mit ihrer Kraft haushalten.

Auf dem Rückweg von der Arbeit sah ich eines Tages einen Häftling, dessen Gesicht mir bekannt vorkam. Es war Ling, der Gruppenleiter aus der Haftanstalt Beiyuan. Ich erkannte ihn kaum wieder. Sein Gesicht war so geschwollen, daß seine Augen fast darin verschwanden, und er lehnte sich gegen die Barackenwand, um keine Kraft zu vergeuden. Ling trug eine schmutzige blaue Baumwollmütze und hatte sich ein schmuddeliges weißes Handtuch um den Hals gewickelt, um sich zu wärmen. Sein einer Fuß war viel größer als der andere.

Ling dürfte ungefähr dreißig Jahre alt gewesen sein, aber der Mann vor mir sah aus wie Fünfzig. Im Herbst zuvor war er ein gesunder und geschätzter Häftling gewesen, der sich das Vertrauen der Wärter erworben hatte. Ich konnte mir nicht vorstellen, was ihm zugestoßen war. Wie war er hierhergekommen? Hatte er irgendeinen Fehler begangen? Ich trat näher heran.

»He, kennst du mich?« fragte ich. »Kannst du mich hören?« Er hob langsam den Kopf, seine Augen wurden klarer, und er nickte. »Wie bist du hierhergekommen? Wie lange bist du schon hier?« Immer noch keine Antwort. Vielleicht waren ihm die Fragen unangenehm, deshalb erkundigte ich mich: »Wo ist Xi?« Die beiden Gruppenleiter waren in der Haftanstalt oft zusammen gewesen.

»Er ist nicht mehr im Lager«, antwortete Ling mit schwacher Stimme. »Sein Chef hat ihm geholfen, nach Peking zurückzukehren.« Ich hatte immer vermutet, daß Xi als Parteimitglied eines Tages wieder ein normales Leben führen würde. Wahrscheinlich war er auf dem Bauch vor seinem Herrn dahingekrochen, um das Lager verlassen zu können. Xi war nicht nur ein Speichellecker, sondern er verachtete auch alle, die ihm unterstellt waren. Ich dachte an meine eigene Erfahrung als Jagdhund zurück. Obwohl mein körperlicher Zustand in Qinghe viel schlechter war als während meines Aufenthaltes in Xihongsan, fühlte ich mich erleichtert, weil ich Hauptmann Yang nicht mehr zu helfen brauchte. Ich hatte meine Privilegien verloren, doch meine Selbstachtung wiedergewonnen.

Auf dem *kang* teilte ich Xing mit, daß ich Ling begegnet sei. »Er wird nicht mehr lange leben«, sagte Xing, spuckte aus und fluchte mit zusammengebissenen Zähnen. Plötzlich riß er sich die Baumwollmütze ab und legte eine Stelle unter dem Haar frei. »Hast du das gesehen?« Er zeigte auf eine fünf Zentimeter lange Narbe an seiner Kopfhaut. »Der Dreckskerl hat mich getreten wie einen Hund, und nun kann er sterben wie ein Hund.«

»Denk nicht mehr daran«, entgegnete ich. »Das liegt in der Vergangenheit. Es ist vorbei. Es lohnt sich nicht, darüber nachzugrübeln. Hast du immer noch genug Energie, andere zu hassen? Stattdessen solltest du lieber mir beistehen. Ich brauche immer noch viel Hilfe von dir.«

Er warf mir einen seltsamen Blick zu, als wisse er nicht, ob er die Stirn runzeln oder lachen sollte. »In Ordnung«, sagte er schließlich. »Aber alle aus Beiyuan erinnern sich an den Dreckskerl Ling. Sie hassen ihn immer noch. Manche nehmen ihm das Essen weg und schlagen ihn. Ich nicht, aber er hat's verdient.«

Xing hatte gelogen. Ein paar Tage später stahlen seine Freunde in Lings Kompanie auf seinen Befehl hin das Essen des geschwächten Mannes. Der Polizeihauptmann sah mit einem Auge weg. Einen Monat darauf erfuhren wir, daß drei Häftlinge in Kompanie acht an einem einzigen Tag gestorben seien. Einer war Ling.

Im Laufe der Wochen schloß ich Freundschaft mit Lang, meinem Gruppenleiter. Er war in meinem Alter und hatte eine kleine Straßenbande in Peking angeführt. Lang interessierte mich, denn Menschen wie ihn hatte ich an der Universität nie kennengelernt. Sein Ruhm gründete sich nicht auf seine Erfolge bei Frauen oder seine Geschicklichkeit beim Stehlen, sondern auf seine Kampfkraft. Seine Geschichten lehrten mich sehr viel über das Straßenleben und die Straßensprache in Peking – darüber, wie solche Menschen denken und reden und sich durchsetzen. Eines Tages zeigte Lang mir eine Narbe an seinem Oberarm. Er habe einmal versucht, den Kampf zwischen zwei rivalisierenden Banden zu schlichten. Da keine der beiden Seiten einsichtig gewesen sei, habe er ein Messer gezogen, seinen eigenen Arm aufgeschlitzt und erklärt: »Bei allen, die weiterkämpfen, wird das Blut so fließen wie bei mir.« Danach sei er zum Chef beider Banden geworden. Ich wußte nicht, ob ich die Geschichte glauben konnte, aber er gab mir manchen Hinweis darauf, wie man arbeitet, wie man Kräfte spart und wie man im Lager überlebt.

Eines Tages sah ich, wie Lang einen anderen Gefangenen aus unserer Gruppe verprügelte. »Was soll das?« fragte ich. »Wir alle sind doch schon schwach genug.« Anscheinend hatte der Mann irgendwo auf den Feldern einen Knochen gefunden und ihn mit seiner Sichel gespalten. In der Latrine, wo er vor dem Wind geschützt war, hatte er versucht, das Knochenmark weichzukochen. Niemand wußte, ob es sich um einen Schweine- oder einen Ochsenknochen handelte. Es hieß, er sei hellweiß gebleicht und wenigstens zwei Jahre alt gewesen. Irgendwie verbreitete sich das Gerücht, daß der ausgehungerte Gefangene dabei sei, einen Menschenknochen zu kochen. Andere protestierten, aber er gab seine Bemühungen nicht auf. Gerade wollte er das Mark herauskratzen und es zusammen mit der Brühe essen, als Lang eintraf und den Topf umstieß. »Was bildest du dir bloß ein? Das kannst du nicht essen!« hatte Lang gerufen.

»Das gehört mir!« hatte der Häftling erwidert, und ein Kampf war ausgebrochen. Lang hatte ihn gerade mit einem Tritt zu Boden befördert, als ich mich einschaltete.

»Glaubst du, daß es wirklich ein Menschenknochen war?« fragte ich Lang ein paar Tage später. »Vielleicht stammte er von einem Schwein oder einem Ochsen.«

Lang geriet außer sich, da seine Urteilsfähigkeit angezweifelt wurde. »Er hatte seit zwei Jahren auf dem Feld gelegen. Er war trocken und weiß, hatte nichts Nahrhaftes mehr an sich, und jemand hielt ihn für einen Menschenknochen! Das reicht.« Ich stellte keine Fragen mehr.

Die Wochen vergingen, unsere Verpflegung blieb unverändert, und immer mehr Gefangene starben. Wenn der Körper durch den Hunger ernstlich geschwächt ist, wird er zunehmend anfällig für Krankheiten. Die kleinste Wunde führt zu Tetanus. Manche Häftlinge erlagen dem Fieber. Aber Ruhr war die häufigste Todesursache. Die Männer verloren die Kontrolle über ihren Schließmuskel und starben auf der Latrine.

Eines Abends hörte ich von Lang, daß er an Durchfall leide. Ich riet ihm, die Muskeln mit aller Kraft zusammenzuziehen und den Fluß zu unterbinden. Sonst werde er rasch zuviel Kraft verlieren. Er antwortete, daß er nichts gegen die Darmentleerung tun könne. Ich empfahl ihm, sich nicht hinzuhocken, sondern sich stehend an eine Wand zu lehnen. Er wollte es versuchen. Am nächsten Morgen brachte ich aus dem Labor etwas Baumrinde mit und verbrannte sie zu Asche, die die Flüssigkeit in seinem Magen aufsaugen und seinen Verdauungstrakt austrocknen sollte. Ich rührte die Asche in kochendes Wasser und ließ Lang die Mischung trinken, aber am dritten Tag fiel er tot auf die Rinne in der Latrine. Seine Haut war bläulich, seine großen Knochen standen hervor, sein Magen war aufgebläht und seine Brust eingefallen. Ein so kräftiger junger Mann, ganz plötzlich gestorben!

Vielleicht fallen die Stärksten dem Hunger als erste zum Opfer, dachte ich.

Sogar Langs Tod war lehrreich für mich. Viele Häftlinge sammelten Gras, brachten es ins Lager und kochten es dort ab. Ich wußte, daß Lang eine Menge Gras gegessen hatte. Wegen seiner Größe schien er mehr Nahrung zu benötigen als die meisten von uns. Vielleicht hatte er eines Tages unsauberes Gras gesammelt und es nicht lange genug gekocht. Seine Krankheit lehrte mich, vorsichtig zu sein und alles zu sterilisieren, was ich aß. Außerdem erinnerte ich mich daran, wie wütend Lang wegen des Knochens geworden war. Vielleicht hatte er zuviel Kraft auf unnötige Emotionen verschwendet.

Lang war der zweite in unserer Gruppe, der das Leben verlor. Der erste war Ma, ein ungebildeter Bauer, den man verhaftet hatte, weil er seiner Produktionsbrigade während der Hungersnot einen Sack mit zwanzig Pfund Maissamen gestohlen hatte, um seine Familie zu ernähren. Ich hatte beobachtet, wie sich die Schwellung an Mas Körper hinaufarbeitete. In seinen letzten Tagen schien er kräftiger und munterer zu sein. Sein schmales, bleiches Gesicht wurde etwas rosiger. Später wußte ich, daß diese Wandlungen typisch für das letzte Stadium des Ödems sind. »Die letzte Röte der untergehenden Sonne«, pflegten wir zu sagen.

Inzwischen war ich etwas länger als einen Monat in Abteilung 583 von Qinghe. Nach Langs Tod ernannte das Sicherheitsbüro mich zum Gruppenleiter. In unserer Situation bedeutete der Titel sehr wenig, und ich hatte kaum Pflichten. Wir leisteten nur sehr nachlässige Arbeit, da wir für alles andere zu schwach waren. Ich konnte mich selbst kaum am Leben erhalten, geschweige denn die Handlungen anderer beaufsichtigen.

Bei der Arbeit in den Bewässerungsgräben entdeckte eines meiner Gruppenmitglieder eines Morgens ein Loch in der Kanalböschung und rief mich zu Hilfe. Aufgeregt hoffte ich, daß es zu einem Rattennest mit einem Vorrat an Reis, Mais und Weizen führen würde. »Laß mich mal versuchen«, sagte ich und packte seine Schaufel.

Ich grub immer weiter und folgte dem Tunnel, der sich ungefähr sieben Meter weit das Ufer entlangschlängelte. Selbst wenn die Ratte entkommen war, würde ihr Nest mit Schätzen gefüllt sein. Plötzlich bemerkte ich ein paar Getreidekörner am Rande des Tunnels. Also mußte ich dem Ziel nahe sein. Ich hörte auf zu graben, richtete mich auf und schrie den mir zuschauenden Häftling an: »Hau sofort ab!«

»Warum?« fragte er zornig. »Ich habe dich zu Hilfe geholt.«

Ohne zu zögern holte ich aus und schlug ihm die Faust wuchtig auf die Nase. Er brach zusammen, und ich rief laut: »Xing, komm her, schnell!«

»Bring ihn weg«, befahl ich, nachdem Xing herbeigerannt war. Nach ein paar weiteren Stichen brach meine Schaufel in das Rattennest ein. Das Loch enthielt vielleicht zwei Pfund Mais, zwei Pfund Sojabohnen und ein Pfund Reis, welche die Ratte in den Wintermonaten gehortet hatte. Ich wickelte den Schatz in meinen Mantel ein. Eine Woche lang machte ich täglich in der Latrine ein Feuer und kochte einen Teil der Beute in meiner Schüssel.

Die Latrine war ein rechteckiges Gebäude mit einem Dach aus geflochtenem Schilf; sie hatte an drei Seiten Zementblockwände und war vorne offen. Eine Zementrinne im Inneren neigte sich zur Hinterwand des Gebäudes, wo die Exkremente durch eine Öffnung entfernt wurden, damit man sie später als Dünger über die Felder verteilen konnte. Die Ecken der Latrine – zwischen der Rinne und den Wänden – boten genug Schutz vor dem Wind, um ein kümmerliches Grasfeuer brennen zu lassen.

Die Häftlinge gingen sehr erfinderisch mit den Emailleschüsseln um, die zum Waschen und zur Beförderung von Wasser ausgegeben wurden. Ich lernte, meine Schüssel auf zwei Ziegel zu stellen, auf den Feldern ein paar trockene Schilfrohre oder Maisstengel zu sammeln und alle eßbaren Gräser oder Wurzeln, die ich finden konnte, zu kochen. Ich vertraute darauf, daß dabei alle schädlichen Bakterien von den Feldern abgetötet und die Kräuter verdaulich wurden. Beim Kochen kauerte ich zwangsläufig oft neben jemandem, der seinen Darm entleerte.

Ich teilte den Festschmaus mit Xing und Cheng Ming. Niemand wagte sich in unsere Nähe, solange Xing Wache stand, aber mein Gewissen wollte sich nicht beruhigen. Schließlich hatte ich den Mann, der das Loch entdeckt hatte, zu Boden geschlagen. Am zweiten Nachmittag bat ich Xing, ihm etwas von dem Essen in meiner Schüssel zu geben.

»Kommt nicht in Frage!« erklärte Xing. »Der kriegt nichts. Der Kerl ist zum Kotzen.«

»Wieso?« fragte ich. »Ich kann nicht noch mehr Feinde gebrauchen. Warum sollen wir ihm nichts abgeben?«

»Wir haben nur ein Ziel: am Leben zu bleiben. Außerdem ist er ein Ekel. Er mag Männer. Er liebt Männer. Hat mit 'nem Mann zusammengelebt. Seinen Arsch verkauft. Pfui Teufel!«

»Woher weißt du das?« erkundigte ich mich zweifelnd.

»Deshalb ist er hier. Das hat er im Unterricht gestanden. Du glaubst mir nicht? Du kannst jeden fragen.«

Xing schien die in China weithin akzeptierte Meinung zu vertreten, daß Homosexualität ein Verbrechen sei. Ich ließ den Gedanken fallen, mein Essen mit dem Mann zu teilen. Der Anflug von Mitleid verging, und ich handelte so, als hätten nur die Stärksten ein Überleben verdient.

Im Mai 1961 verabschiedete die chinesische Regierung eine neue Politik der Umerziehung durch Arbeit und verhängte endgültige Strafen über konterrevolutionäre Rechtsabweichler. Im Unterricht mußte jeder von uns ein Geständnis ablegen, über seine Verbrechen nachdenken und dann verkünden, welche Strafe er meinte verdient zu haben. Die schlimmsten Konterrevolutionäre hätten die Maximalstrafe von drei Jahren unbedingt verdient, sagte der Hauptmann. Ich schrieb mechanisch die Liste meiner Verbrechen nieder. Darin hieß es, ich sei ein übler konterrevolutionärer Rechtsabweichler, ein Volksfeind, der viele schreckliche Fehler begangen habe und die Höchststrafe von drei Jahren benötige, um sich zu bessern. Damals konnte ich überhaupt nicht drei Jahre vorausdenken. Mich interessierten nur die nächste Brotration und die Frage, ob ich den kommenden Monat durchstehen würde.

Hunger und Krankheit griffen im Lager immer stärker um sich, weshalb bei der Essensausgabe immer häufiger Kämpfe ausbrachen. Die Kalfaktoren brachten das Essen in Karren zu jeder Kompanie; aber viele Gefangene sprangen einfach auf die Karren und stahlen einen Teil der Lebensmittel. Um das Problem zu lösen, ordneten die Polizisten an, daß die Häftlinge zur Ausgabe in die Küche gehen und sich ihre Portion persönlich abholen sollten. Diese Prozedur erwies sich als so langwierig, daß die Gruppenleiter den Befehl erhielten, an die Ausgabe zu treten und sich das ihren Leuten zustehende Essen aushändigen zu lassen. Also wartete ich, bis Gruppe sechs aufgerufen wurde, und meldete mich dann in der Küche, wo mir der Kalfaktor zehn Brötchen und zehn Schüsseln Wassersuppe übergab. Meine Gruppe stand in der Nähe, und jeder trug seine Ration zurück zum *kang,* um sie dort sicher zu verspeisen.

Am ersten Tag war ich auf dem Rückweg zum *kang* besonders wachsam, aber trotzdem rannte jemand an mir vorbei, riß mir das Brötchen aus der Hand und stürmte davon. Ich lief schreiend hinter ihm her, nach Kräften bemüht, meine Suppe nicht zu verschütten. Er stopfte sich das Brötchen in den Mund und blieb sofort stehen, nachdem er es hinuntergeschluckt hatte. So hatte er eine zusätzliche Mahlzeit erhalten. Der Mann war klein und schmächtig, und ich wußte, daß ich ihn verprügeln konnte, wenn ich meine Energie verschwenden wollte. Es erschien mir sinnlos, und ich ging weiter.

Danach verabredete ich mit meiner Gruppe, daß wir gemeinsam aus der Küche zurückkehren würden, um uns gegenseitig zu schützen. Doch auch jetzt waren unsere Rationen bedroht. Am nächsten Tag folgten drei Männer einem meiner Gruppenmitglieder, und während zwei ihn festhielten, stahl der andere sein Brötchen. Sie hatten ihr Vorgehen abgesprochen. Daraufhin schlossen sich einige Gruppen, darunter auch meine, gegen diese Dreierbande zusammen. Am folgenden Tag nahm ich vier meiner Leute mit; wir machten die drei ausfindig und verabreichten ihnen eine Tracht Prügel.

Mittlerweile verstand ich mich aufs Kämpfen. Damit keine Energie verschwendet wurde, mußte der Gegner mit dem ersten Schlag zu Boden gestreckt werden. Deshalb zielte ich auf seine Augen oder seine Nase. »Triff sein Auge mit einem Schlag, nicht mit zweien«, hatte Xing mich gelehrt. »Wenn du den Gegner an der Brust triffst, kann er immer noch versuchen, dein Essen zu schnappen. Ein Schlag an die richtige Stelle. Du mußt deine Nahrung retten.«

Wir alle wurden immer verzweifelter, als das Frühjahr 1961 in den Sommer überging. »Ich muß mit dir über etwas reden«, sagte Xing eines Tages Anfang Juli. »Ich warne dich, wir müssen ganz ehrlich miteinander sein.« Er hielt inne und stieß dann nervös die Worte hervor: »Willst du mit mir fliehen?«

Ich wußte nicht, was ich antworten sollte. Xing vertraute mir, und ich würde seinen Plan niemandem verraten. Aber ich glaubte nicht, daß wir Erfolg haben könnten.

Xing spürte mein Zögern. »Wenn wir sterben, dann wenigstens nicht im Lager. Wir werden sterben wie freie Männer.«

»Wohin werden wir gehen?« fragte ich. »Wo könnten wir Essen bekommen? Wir würden stehlen müssen. Und damit könnten wir nicht lange am Leben bleiben.«

»Mag sein«, gab Xing langsam zurück, »aber ich kann so nicht mehr weitermachen.«

»Wir haben nicht die Kraft, aus 583 zu verschwinden«, wandte ich ein, »und ich bin nicht sicher, wie weit wir zu Fuß gehen können, wenn uns die Flucht wirklich gelingt.«

Xing senkte schweigend den Kopf. Ich hatte nie erlebt, daß er seinen Kampfgeist verlor, aber an jenem Tag begann sein Verfall.

Kurz darauf wurde Xing von Langs Krankheit ereilt; er konnte seinen Darm nicht mehr kontrollieren. Er aß viel, um wieder zu Kräften zu kommen, aber je mehr er zu sich nahm, desto heftiger wurde der Durchfall. Gräser und Wurzeln waren kein Ersatz für echte Nahrung. Immer häufiger brachte Xing die Rationen anderer Häftlinge an sich. Er wurde aggressiver und kühner und mißachtete jegliches Risiko. Einmal erfuhr er, daß ein Lebensmittelpäckchen von der Familie eines Gefangenen im Sicherheitsbüro eingetroffen sei. Er schlich sich hinein, öffnete das Päckchen und aß den Inhalt.

Xings Vergehen blieben nicht unbemerkt. Eines Morgens ließen die Polizeihauptleute unsere ganze Kompanie antreten und hielten uns einen Vortrag über die Einhaltung der Disziplin. Dann verkündeten sie, daß Xing mit sieben Tagen Einzelhaft bestraft werden würde.

»Nein, nein!« brüllte Xing. Er bat um Verzeihung und versprach, nie wieder Nahrung zu stehlen. »Ganz bestimmt, ganz bestimmt!« flehte er. »Bitte, gebt mir noch eine Chance, mich umzuerziehen.«

Xing kniete vor der ganzen Kompanie nieder, doch der Hauptmann gab nicht nach. 1961 verhängten die Behörden nur noch selten Einzelhaft, da sich die Kürzung der Rationen eines unterernährten Gefangenen oft als tödlich erwiesen hatte. Diesmal hatte man offensichtlich beschlossen, an Xing ein Exempel zu statuieren. »Du kennst die Vorschriften«, schnauzte der Hauptmann. »Der Beschluß kommt aus dem Bataillonsstab 583.«

Plötzlich sprang Xing auf und riß einen Spaten an sich. »Ich verspreche, ich schwöre, daß ich nie wieder stehlen werde. Steckt mich nicht in Einzelhaft!« Er rammte sich den Spaten tief in den kleinen Finger der linken Hand. »Ich werde meinen Finger, mein eigenes Blut benutzen, um zu schwören!«

Der Hauptmann befahl, Xing zum Lagerarzt zu bringen. Sein Schritt hatte ihn vor dem fast sicheren Hungerstod in der Einzelhaft gerettet, aber sein Finger rötete sich und schwoll schmerzhaft an. Innerhalb von ein paar Tagen lag Xing mit hohem Fieber auf dem *kang*. Zwei Wochen später starb er an Wundstarrkrampf. Schon dem Tode nahe, murmelte er immer wieder im Delirium: »Verdammte Scheiße! Verdammte Scheiße!« Xings Fluch hallte in meinen Ohren wider. Es waren die letzten Schimpfwörter, die er einer gleichgültigen und feindseligen Welt widmete.

Keine Zeit für Träume

Anfang August 1961 führte das Pekinger Büro für Öffentliche Sicherheit neue Maßnahmen ein, um der wachsenden Demoralisierung in den Arbeitslagern zu begegnen. Die steigende Zahl von Todesfällen im Sommer, auf dem Höhepunkt der nationalen Hungersnot, hatte bei denen, die durch Arbeit umerzogen werden sollten, Verzweiflung und Panik aufkommen lassen. Die Verwaltung der Gefängnisse war durch Aufsässigkeit, Kämpfe um das Essen und Fluchtversuche in der Qinghe-Farm und in anderen Lagern erheblich erschwert worden. Um die Moral zu heben und für Stabilität zu sorgen, beschloß die Leitung von Qinghe, alle, die ein fortgeschrittenes Stadium der Aushungerung erreicht hatten, auf einem anderen Gelände innerhalb des riesigen Gefängniskomplexes unterzubringen – fern von den gesünderen Insassen. Der früher als Abteilung 585 bekannte Bereich wurde in »Genesungszentrum für Gefängnispatienten« umbenannt.

Ich hörte aufmerksam zu, als der Befehlshaber von Qinghe die neuen Maßnahmen erklärte: »Laut Beschluß des Zentralkomitees der Kommunistischen Partei und laut Erklärung des Ministers für Öffentliche Sicherheit Luo Ruiqing werden alle Arbeitslager durchgreifende Verwaltungsmaßnahmen vornehmen, um bösartige und heimtückische Vorfälle im Zusammenhang mit der Rebellion von Gefangenen in den Lagern zu verhindern. In dieser Situation werden wir im Rahmen unserer Möglichkeiten versuchen, das Beste für euch zu tun und eure Lebensqualität zu erhöhen. Ihr müßt für eure Gesundheit sorgen und euch hygienisch einwandfrei verhalten, um das Risiko von Krankheiten zu verringern. Zu diesem Zweck hat die Leitung der Qinghe-Farm beschlossen, sowohl in der westlichen als auch in der östlichen Abteilung ein Genesungslager für kranke Gefangene einzurichten. In diesen Lagern werden wir Sonderbehandlung anbieten, so daß Häftlinge sich rascher erholen und an die Arbeit zurückkehren können. Nur durch Arbeit könnt ihr euch umerziehen und neue sozialistische Menschen werden. Wenn ihr nicht in der Lage seid zu arbeiten, seid ihr nicht fähig, euch umzuerziehen. Deshalb wollen wir allen kranken Gefangenen besondere Aufmerksamkeit zuteil werden lassen. Im westlichen Bereich wird Abteilung 585 zum Genesungszentrum bestimmt. Wir hoffen, daß ihr euch dort behaglicher fühlen, eure Gesundheit zurückerhalten und an die Arbeit zurückkehren werdet. Und vergeßt nie, euch umzuerziehen und neue sozialistische Menschen zu werden.«

Die erste Gruppe zog Ende August in das neue Genesungszentrum um. Mehrere Wochen lang untersuchten die Klinikärzte jeden Häftling in Abteilung 583. Sie überprüften unser Gewicht, unseren Blutdruck und andere Körperfunktionen und teilten uns dann in drei Kategorien ein. Ich erfuhr nie, welche medizinischen Kriterien sie anwandten, aber ich konnte erkennen, daß die Angehörigen der ersten Kategorie dem Tod am nächsten zu sein schienen. Eine zweite Gruppe von Häftlingen machte sich Mitte September und eine dritte Anfang Oktober in das Genesungszentrum auf.

»Wenn ich eure Namen aufrufe«, erklärte der Polizeihauptmann, als er die dritte Gruppe vorbereitete, »stellt euch an die Wand und wartet auf Anweisungen.« Ich hatte gemischte Gefühle, als ich hörte, daß auch mein Name auf der Liste für Abteilung 585 stand. Die Entscheidung, einen separaten Bereich für schwerkranke und unterernährte Häftlinge einzurichten, war schließlich hoch oben im Zentralkomitee der Kommunistischen Partei getroffen worden. Man beabsichtigte, eine Stätte zu schaffen, an der Gefangene sich ausruhen und ihre Kräfte wiedergewinnen konnten. Vielleicht würden wir in 585 eine Sonderbehandlung erhalten, vielleicht hatten wir Glück.

Ich hörte, wie andere, die auf die Verlegung warteten, laut darüber spekulierten, daß man unsere Rationen im Genesungszentrum erhöhen werde. Einige äußerten sogar die Ansicht, daß wir echte Lebensmittel und nicht nur Ersatzstoffe bekommen würden, vielleicht etwas Gemüse, vielleicht dreißig oder vierzig Gramm Fleisch pro Monat, vielleicht auch dreißig oder vierzig Gramm Zucker. Die Vorfreude griff um sich. Manche der Gefangenen, die zurückblieben, betrachteten uns neidisch, als wir uns zur Abfahrt anschickten. Aber ich hatte auch Zweifel. Die Zurückbleibenden sahen gesünder aus als wir, und niemand wußte, was in 585 geschehen würde. Möglicherweise waren wir nicht mehr im Rennen, während die anderen noch an der Konkurrenz teilnahmen. Ich versuchte, meine wachsende Besorgnis zu unterdrücken.

Nur ungefähr fünf Kilometer trennten die beiden Komplexe voneinander – eine Entfernung, die ein gesunder Mensch in weniger als einer Stunde zu Fuß zurücklegen kann. Da wir keine Kraft mehr hatten, trafen vier Ochsenkarren ein, die uns achtzig Häftlinge in mehreren Fahrten zur Abteilung 585 bringen sollten. Chen Ming und ich waren mit vier anderen in dem ersten Karren. Wir brauchten etwa zwei Stunden. Ochsen bewegen sich nie schnell, und diese dürften zu alt und knochig gewesen sein, als daß es sich noch gelohnt hätte, sie zu schlachten. Während wir über die unebene Piste dahinholperten, bemühte ich mich, keine Mutmaßungen anzustellen. Ich durfte keine Energie auf unbegründete Ängste verschwenden. Trotzdem überlegte ich vage, wo diese Reise wohl enden würde. Man hatte vielleicht dreißig von uns auf die ersten vier Karren geladen. Aber ich hatte kein Interesse daran, die Gefangenen zu zählen oder auf meine Umgebung zu achten. Ich bemerkte weder die Farbe des Himmels noch die Art der Felder, an denen wir vorbeikamen.

»Juii!« rief der Kutscher dem Ochsen zu. Der Mann war ein »Umsiedlungshäftling«, der aus der Arbeitsumerziehung entlassen worden war, aber nicht ins Zivilleben zurückkehren durfte. Ich hörte, wie er die Zügel anzog, als der Karren zum Stillstand kam, und ich hob den Kopf, um über den Wagenrand zu schauen. Ein Wärter rollte langsam auf einem Fahrrad vorbei. Für diese Verlegung wurden keine Gewehre oder Hunde benötigt. Neben mir sah ich eine hohe Ziegelmauer, über die elektrisch geladener Stacheldraht gespannt war, und vor mir zwei schwere schwarze Torflügel.

Abteilung 585 unterscheidet sich nicht von 583, dachte ich und legte mich wieder auf den Boden des Karrens.

Der Ochsenkarren setzte sich ruckartig in Bewegung, und wir rumpelten schwerfällig durch die geöffneten Tore. Ich hörte das Klirren von Metall hinter uns und hob wieder den Kopf, um mich umzublicken. Die grauen Ziegelbaracken und der von gestampftem Lehm bedeckte Innenhof unterschieden sich nicht von dem Lager, das ich gerade verlassen hatte. Wir hielten an, die Wärter befahlen uns, aus den Karren zu steigen, und teilten uns Baracken zu. Chen Ming und ich gehörten zu Kompanie zehn, Gruppe sechs. Ohne ein Wort wußten wir beide, daß wir in dieser neuen Umgebung keine anderen Freunde haben würden. Alle übrigen waren Fremde.

Es war fast Mittag. Häftlinge waren über den Hof verstreut; sie standen oder saßen an den Barackenwänden und versuchten, der Herbstsonne etwas Wärme abzugewinnen. Viele wirkten kaum menschlich. Ihre Backenknochen ragten unter straffgespannter Haut hervor. Ihre Münder waren unter hohlen Wangen leicht geöffnet, und ihre hageren Hälse kamen mir unnatürlich lang vor. Die leeren Gesichter verrieten nicht, ob sie unsere Ankunft bemerkt hatten. Entgeistert stellte ich mir die Frage, ob ich genauso aussah.

In den anderthalb Jahren seit meiner Verhaftung hatte ich nie in einen Spiegel geschaut. Ich betrachtete meinen waschbrettartigen Brustkorb und begriff, daß ich – mit unrasiertem Gesicht, langem und zottigem Haar – genauso abgezehrt und ungepflegt wirkte. Diese Leute müssen einmal Ärzte oder Lehrer, Fabrikarbeiter oder Bauern gewesen sein, dachte ich, jeder mit seinem eigenen Himmel und seiner eigenen Hölle, seinen eigenen Hoffnungen und Problemen. Nun sind sie praktisch nicht mehr voneinander zu unterscheiden. Würde der Vorsitzende Mao ein Jahr im Lager verbringen, würde er nicht anders aussehen. Meine Wut flammte ein paar Sekunden lang auf: Waren dies die neuen sozialistischen Menschen, die der Vorsitzende Mao schaffen wollte? War dies das glorreiche Ergebnis der Umerziehung durch Arbeit?

An jenem ersten Abend in der Baracke musterte ich meine Mitgefangenen genauer. Mehrere hatten Schwellungen, manche nur an einem Bein, manche an beiden, einer bereits oberhalb der Hüfte. Ich gehörte zu den wenigen, die noch nicht an Ödemen litten, doch ich fürchtete, daß ihr Schicksal auch mich erwartete. Vielleicht war ich ausgemergelter, als ich glaubte. Es schauderte mich bei dem Gedanken, daß diese entkräfteten Gestalten Spiegelbilder meiner selbst waren.

Warum hatte man mich an diesen Ort geschickt, wo alle Häftlinge so schwerkrank, dem Hungertod so nahe waren? Mir fiel die ärztliche Untersuchung im August ein, als ich unter vierzig Kilo gewogen hatte und mein Blutdruck sehr niedrig gewesen war. Die Flüssigkeit in meiner Lunge machte mir nicht mehr zu schaffen, aber ich fühlte mich sehr schwach und fror ständig. Vielleicht hatte ich meine Resistenz gegen Krankheiten verloren, vielleicht war mein Zustand gefährlich. Ich fiel in einen unruhigen Schlaf.

An meinem ersten Morgen in Abteilung 585 erschien ein großer, kahlköpfiger Koch namens Wang, abweisend und fast zahnlos, um zehn Uhr mit zwei Eimern Haferschleim, die er an einer Schulterstange trug. Der bittere Geschmack ließ mich vermuten, daß wir eine Mischung aßen, die zur Hälfte aus Maismehl und zur Hälfte aus Ersatzstoffen, wahrscheinlich gemahlenen Maiskolben, bestand. Die warme Suppe war nicht sehr nahrhaft, aber während ich meine Schüssel leerte, empfand ich sie als angenehm und sättigend. Dann reichte mir ein Kalfaktor ein kleines Päckchen aus gefaltetem Zeitungspapier, das dreißig Gramm »Gesundheits-, Nähr- und Entspannungspulver« enthielt. Ich hatte noch nie von diesem Stärkungsmittel gehört, das einen süßlichen Geschmack hatte. Manche meinten, es handele sich hauptsächlich um gemahlene gelbe Bohnen mit ein wenig Zucker. Einige der Gefangenen rührten das Pulver in ihre Suppe, während andere es direkt aus dem Umschlag aßen. Ich war dankbar, wenigstens diese kümmerliche Proteinmenge zu bekommen.

In Abteilung 583 waren zwei Klinikangestellte für die gesamte Belegschaft von tausend Gefangenen verantwortlich gewesen, doch in Abteilung 585 überwachten uns vier Mediziner. Ihre

Hauptaufgabe bestand nicht darin, unsere Krankheiten zu behandeln, denn sie besaßen keine Medikamente, sondern darin, Bericht über sterbende Häftlinge zu erstatten und die Todesursache in die Personalakte einzutragen. Einer von ihnen erzählte mir später, daß er seine Tage damit verbrachte, die kleinen Umschläge aus Zeitungspapier zu falten und das Spezialpulver abzuwiegen.

An unserem zweiten Tag wies der Kalfaktor alle Neuankömmlinge an, am Nachmittag ein Antragsformular abzugeben, mit dem wir Bedarfsartikel bestellen konnten. Da wir noch geringe Beträge auf unseren Haftkonten aus Abteilung 583 hatten, durften wir Zahnbürsten, Zahnpasta, Umschläge, Briefpapier oder Briefmarken kaufen. Zigaretten wurden nicht angeboten, da wir als zu krank galten, um rauchen zu können. Ein älterer Gefangener kam auf mich zu, als der Kalfaktor gegangen war, und fragte: »Würdest du etwas Zahnpasta für mich bestellen?«

»Ich weiß nicht.« Die Bitte war mir unverständlich. »Warum denn?«

»Hilf mir einfach.«

»Wieso? Wobei?«

»Ich brauche sie.«

»In Ordnung.« Ich war nicht sicher, weshalb ich zugestimmt hatte, aber ich putzte meine Zähne nicht mehr und konnte deshalb auf Zahnpasta verzichten. Solche hygienischen Bemühungen schienen mir nutzlos zu sein, und ich wollte keine Energie für eine unnötige Aufgabe vergeuden.

Am selben Morgen fragte mich ein weiterer Gefangener leise: »Würdest du etwas Zahnpasta für mich bestellen?« Offensichtlich gab es einiges in dieser neuen Abteilung, das ich noch nicht durchschaute.

»Einverstanden«, stimmte ich wiederum zu. Ich beantragte zwei Tuben Zahnpasta und reichte das Formular ein.

Am Abend stürzte der Kalfaktor in die Unterkunft. »Was bildest du dir ein?« schrie er wütend und zeigte mit dem Finger auf mich. Die Heftigkeit seines Ausbruchs verängstigte mich. »Warum bestellst du zwei Tuben Zahnpasta? Breite deine Sachen aus.« Ich zog meine persönlichen Habseligkeiten von dem Regal gegenüber dem *kang* herunter. »Das habe ich mir gedacht«, sagte er mir. »Du hast noch Zahnpasta. Warum bestellst du mehr davon?«

Das Problem war mir rätselhaft. Ich hatte keine Ahnung, weshalb die anderen zusätzliche Zahnpasta haben wollten, und nun stand ich kurz davor, von der Gefängnisverwaltung des Betrugs angeklagt zu werden.

»Mir ist die Zahnpasta egal, kümmere dich nicht um die Bestellung«, erwiderte ich.

»Du bist neu hier«, knurrte der Kalfaktor, der nun sicher war, mich eingeschüchtert zu haben, »aber versuch das nicht noch mal!« Er verließ den Raum. Ich hätte erraten müssen, daß die Gefangenen Zahnpasta als Essensersatz benutzten.

Kurz nach der Mahlzeit am nächsten Morgen fragte ich Chen Ming: »Wollen wir uns draußen ein bißchen umschauen?«

»Es gibt nichts, das es sich lohnt anzusehen«, antwortete er matt.

»Laß uns trotzdem rausgehen.«

»Reine Kraftverschwendung.«

»Komm schon, komm schon«, wiederholte ich ungeduldig. Ich wollte meine Umgebung kennenlernen und außerdem meinen Freund aus seiner Lethargie aufrütteln. Chen Ming kam langsam auf die Beine, und ich stützte ihn, indem ich seinen Arm um meine Schultern legte. Die Schleimsuppe und das Bohnenpulver hatten mich ein wenig gestärkt. Ich trat blinzelnd ins Sonnenlicht hinaus.

Mit gemächlichen Schritten bewegten wir uns durch den Innenhof. In Abteilung 583 hatten identische Baracken zweitausend Insassen beherbergt, aber diese hier schienen nur halb belegt zu sein. Ich schätzte, daß in den vergangenen sechs Wochen ungefähr zwölfhundert Mann in Abteilung 585 verlegt worden waren. Wenigstens die Hälfte von ihnen war anscheinend nicht mehr in der Lage, durch das Lager zu gehen.

Im Innern der Latrine sah ich zwei Häftlinge, die kleine Feuer angezündet hatten. Was sie wohl kochten, da doch niemand das Lager verlassen durfte, um nach Nahrung zu suchen? Wir alle hatten von unseren Zigarettenrationen in Abteilung 583 noch Streichhölzer übrig, und sie mochten trockene Blätter und Papierfetzen als Brennstoff gesammelt haben, aber was gab es zu kochen? Sie beobachteten mich aufmerksam wie Wölfe, die bereit waren, ihre Beute zu verteidigen. Der eine sagte, er koche sein Brötchen in Wasser, damit es auseinandergehe. »Dann fühlt man sich satter«, erklärte er. Ich dachte an unsere Phantasiemahlzeiten. Der andere Häftling hatte mehr Glück gehabt, denn er kochte Weizenmehl, das er in einem Päckchen von seiner Familie erhalten haben mußte. Er hatte dem Wasser gerade genug Mehl hinzugefügt, um seinem Magen ein Völlegefühl zu geben. Wie viele Methoden wir finden, um Sattheit vorzutäuschen, dachte ich.

Ich drehte mich wieder zum Hof um und sah drei Gefangene, die auf einen Kalfaktor, der einen Holzeimer mit Essen trug, zuliefen. Die drei Männer fielen auf die Knie, um ein wenig verschüttete Schleimsuppe vom Lehmboden aufzulecken. Ich erinnerte mich lebhaft an jene Szene fast ein Jahr zuvor, als Xing – unfähig, seinen Hunger zu zügeln – sich auf die Frühlingsfestsuppe gestürzt hatte. Auch die erste Szene von Dickens' Roman *Zwei Städte*, den ich in der Mittelschule gelesen hatte, fiel mir ein: Hungernde Pariser lecken verschütteten Wein von den Pflastersteinen der Straßen auf.

»Laß uns zurückgehen«, murmelte Chen Ming und steuerte mit mir auf die Baracke zu. Seltsamerweise war sein Platz auf dem *kang* in unserer Abwesenheit belegt worden. Ich versuchte, den Häftling zu wecken, der Chen anscheinend verdrängen wollte, aber vergeblich: Der Mann war tot. Jemand hatte dem Sicherheitsbüro bereits Meldung gemacht, und zwei Kalfaktoren trafen fast sofort ein, um die Leiche in eine Riedmatte zu wickeln und zu einem kleinen Speicher in der Nähe zu tragen.

Als ich an jenem Abend auf dem *kang* lag, dachte ich aus irgendeinem Grund an die Arche Noah. All die Tiere, die vor der Sintflut paarweise an Bord getrieben worden waren, hatten vierzig Tage lang Seite an Seite gelebt. Auch sie mußten Nahrungsmangel durchgemacht haben, und sie wußten nicht, ob die Flut je enden würde. Wie mochten sie überlebt haben? Hatten sie gegeneinander gekämpft? Hatte der Wolf versucht, das Kaninchen zu fressen? Aber da sie alle unversehrt an Land gegangen waren, mußten sie einander in den Wochen der Flut geholfen haben. Vielleicht, dachte ich, können auch Menschen einander helfen, bis das Wasser zurückweicht. Für einen Moment erinnerte ich mich an die Lehren und den Trost der Kirche, und wieder betete ich zu Gott um Beistand.

In Abteilung 585 verliefen die Tage anders als in allen Lagern, die ich vorher gekannt hatte. Es gab keine Arbeit, keinen politischen Unterricht und fast keine Kämpfe. In jenen ersten Wochen wurde ich nur Zeuge einer einzigen Schlägerei. Sie glich einer Zeitlupenstudie, denn die Fäuste der Kontrahenten waren kaum geballt und schwangen ohnmächtig durch die Luft. Es war, als versuchten Papiermänner, sich zu prügeln, obwohl sie einander genausogut hätten umblasen können.

Ohne die Energie oder den Willen, uns zu bewegen, lagen wir Stunde um Stunde mit dem Kopf an der Wand unter unseren Steppdecken; zu beiden Seiten unserer Kissen stand eine angeschlagene Emailleschüssel, die eine für den Urin und die andere für das Essen. Ich fühlte mich wohler ohne Kleidung, und auch die meisten anderen Häftlinge lagen nackt da, solange sie nicht aufstehen mußten. Kaum jemand sprach. Sogar die kurze Entfernung über den Hof zur Latrine legten wir selten zurück, da wir nur alle drei bis fünf Tage den Darm entleerten. Gewöhnlich knieten wir auf dem *kang,* um zu urinieren, und gossen die Schüssel dann zweimal am Tag draußen aus. Ich wurde immer schwächer.

Ende Oktober brachte der Wind den ersten Kältehauch aus Sibirien mit. Kaum einer aus meiner Gruppe verließ jemals die Unterkunft. Nur am Mittag traten die kräftigsten von uns in den Sonnenschein hinaus. Meistens blieben wir Tag und Nacht auf dem *kang* liegen. Unser Koch, der alte Wang, blieb zweimal am Tag mit der Schleimsuppe vor der Baracke stehen. Er schlug mit einer großen Eisenkelle an seinen Eimer, um uns aufzuwecken. »Dong! Dong! Dong!« Überall auf dem *kang* öffneten die Männer die Augen und richteten sich, in ihre Decken gehüllt, langsam auf. Sie schoben ihre Schüsseln zum Rand des *kangs* und beobachteten den Schöpflöffel voll Schleimsuppe, den Wang austeilte. Er handhabte seine Kelle sehr präzise, hielt sie kurz über den Eimer, um die überschüssige Menge abfließen zu lassen, goß dann den Inhalt mit ruhiger Hand in die Schüssel und pochte mit der Kelle gegen die Seite, damit sich die letzten Tropfen lösten. Seine Methode führte stets zu Protesten.

»He! Meine ist nicht voll!« rief ein Häftling zum Beispiel.

Der Koch füllte die Kelle von neuem.

»He! Die Kelle ist nicht gerade!«

Er versuchte es wiederum.

»He! Da klebt noch was an der Kelle!«

Nach dem Essen leckten wir unsere Schüsseln gründlich aus und stellten sie wieder ans Kopfende. Sie wurden nie gespült. Einige Männer urinierten, andere gingen nach draußen, um ihre Urinschüsseln zu entleeren. Bald waren wir alle wieder unter die Dekken geschlüpft, um auf die nächste Mahlzeit zu warten.

Ein Mann besaß einen Löffel, was ihm erlaubte, das Eßvergnügen zu erhöhen: Er konnte jeden Löffel zählen. Zwar war die Suppe bitter und wenig schmackhaft, aber er nahm jeden Schluck bedächtig und genießerisch zu sich, wobei er darauf achtete, seinen Löffel immer ganz gerade zu halten.

»Verfluchter Mist! Gestern hatte ich fünfundzwanzigeinhalb. Heute sind's nur fünfundzwanzig. Ein halber Löffel weniger.« Wütend schrie er zu dem alten Wang hinüber: »Ich hoffe, du stirbst bald, ich hoffe, deine ganze Familie stirbt bald!«

Nach der Mahlzeit wurde er manchmal gefragt: »Wie war's denn heute?«

»Heute, nicht schlecht. Siebenundzwanzig.« Er sprach mit tiefer, schleppender Stimme. »Aber gestern schien sie dicker zu sein.«

Chen Ming wurde von Tag zu Tag mutloser. In Abteilung 583 war er bereits ein ruhiger Mann gewesen, der sich nie leicht aufregte oder rasch zur Tat schritt. Er war nicht muskulös oder kräftig, verabscheute körperliche Auseinandersetzungen und weigerte sich, um Nahrung oder Macht zu kämpfen. Wenn jemand ihn schlug, wandte er sich ab. Aber in Abteilung 585 zog er sich noch mehr auf sich selbst zurück. Es schien, als habe er aufgegeben und warte auf das Ende. Dann verflüchtigte sich seine Lethargie eines Morgens plötzlich. Er drehte sich auf dem *kang* zu mir um; seine Miene war verdutzt und ungewöhnlich munter. »Ich habe einen Traum gehabt«, sagte er.

»Hör auf«, mahnte ich. »Wir haben keine Zeit für Träume.«

»Ich habe geträumt, daß mich ein paar Männer mit Messern kleingeschnitten und dann mein Fleisch in einen riesigen Topf geworfen haben. Sie kochten und aßen es, aber ich war immer noch am Leben. Ich saß da und beobachtete sie, während sie mein Fleisch wie hungrige Tiger verschlangen.«

»Was hast du dabei gedacht?« fragte ich.

»Ich wollte, daß sie mir ein Stück abgaben und mich probieren ließen.«

»Das reicht. Träume nicht von solchen Sachen.«

Chen Mings grimmige Vision ließ auch mich über das Ende nachdenken. Ich zog ein Stück Papier, das ich schon seit einigen Tagen vorbereitet hatte, hinter meinem Kissen hervor. »Das ist die Adresse meiner Familie in Schanghai«, flüsterte ich.

»Vielleicht werde ich bald nicht mehr dasein. Wenn du noch am Leben bist, dann laß sie bitte wissen, daß ich gestorben bin.«

Er nahm den Zettel und gab mir seine eigene Adresse. »Ja, es wird Zeit. Ich habe nur noch meine alte Mutter. Sag ihr nur, daß meine Gedanken bei ihr waren.«

In den nächsten Tagen war Chen Ming zum Reden aufgelegt. Er wollte sein Leben überdenken und die unerfüllten Träume heraufbeschwören. »Sei still«, riet ich ihm eines Morgens, als er wieder begann, sich in Erinnerungen zu ergehen. »Wenn du kein Geld hast, kauf nichts. Wenn du kein Essen hast, verschwende keine Kraft. Du solltest nicht einmal träumen oder denken. Bedeck dir die Augen mit einem Handtuch. Spar deine Energie.«

»Wofür?«

»Frag mich nicht«, antwortete ich ungeduldig. »Was soll das? Es bedeutet, daß du denkst.«

»Ich kann meinen Geist nicht stillegen. Wie soll ich aufhören zu denken?«

»Vergiß es einfach. Frag nicht einmal, wie du Kraft sparen kannst. Dann denkst du immer noch. Schluß damit.«

Ich hatte eine Zuflucht im Nichts gefunden.

Totenwache

In den Baracken der Abteilung 585 wurde es immer schwieriger, Tote und Lebende auseinanderzuhalten. Auf den ersten Blick war kein Unterschied zu erkennen. Den größten Teil des Tages und der Nacht lagen wir wie betäubt auf dem *kang*. Wir achteten nicht mehr darauf, wenn jemand das Ende erreichte und mit einem letzten Keuchen oder Beben dahinschied. Der Tod stellte sich fast unbemerkt ein. Das einzige Zeichen dafür, daß ein Gefangener gestorben war, bestand darin, daß er sich bei einer Mahlzeit nicht mehr hochrappelte. Eines Morgens fiel mir auf, daß das Klappern des Schöpflöffels meinen Nebenmann nicht weckte. Als der Koch die Hand ausstreckte, um meine Schüssel zu füllen, sagte ich nur: »Lao Wang, da ist einer.«

Wang grunzte: »In Ordnung«, und ging weiter zur nächsten leeren Schüssel. Nach dem Essen kamen zwei Kalfaktoren, um den Leichnam zu entfernen. Sie breiteten ihre einsachtzig mal einsachtzig Meter große Riedmatte aus, legten den Körper darauf, wickelten ihn ein wie eine Frühlingsrolle und trugen ihn hinaus in den Speicher. Ich wußte, daß sie ihn am nächsten Tag zusammen mit den anderen Frühlingsrollen auf einen Ochsenkarren laden würden, der an einen Ort mit der Bezeichnung 586 fuhr. Dies war die letzte Ruhestätte der Verstorbenen.

Andere erzählten mir, früher habe man die Leichen in grobe Holzsärge – hergestellt aus den Brettern von Packkisten – gelegt, aber seit ich in Abteilung 585 eingetroffen war, wurden die Toten einfach in Matten eingerollt.

Ich weiß nicht, wie viele kranke Häftlinge in jenem Oktober starben. Ich weiß nicht einmal, wie viele aus meiner Gruppe umkamen. Die Zahl der Insassen in meiner Baracke schwankte zu sehr, um auf dem laufenden zu bleiben. Fast täglich verschwanden tote und erschienen lebende Körper. Ich kümmerte mich nicht darum und erfuhr nicht einmal ihre Namen.

Während die Tage vergingen, war nur noch ein Häftling zu Gesprächen aufgelegt – nämlich der Mann, der die Kellen Schleimsuppe bei jeder Mahlzeit abzählte. Doch eines Morgens, als Lao Wang an den Eimer schlug, blieb auch dieser Gefangene liegen.

»Lao Wang«, sagte jemand leise, »heute wird sich niemand über dich beschweren, wenn du rausgegangen bist.«

»Was?« Der alte Wang, ganz darauf konzentriert, die Suppe auszuschöpfen, hatte nicht bemerkt, daß einer der Männer nicht aufrecht dasaß. Der Sprecher hockte auf den Knien und zeigte über den Gang hinweg auf eine liegende Gestalt.

»Und warum sollte er sich über mich beschweren?« brummte Lao Wang.

»Er hat immer gesagt, daß du ihm eine halbe Kelle schuldest«, erwiderte ich.

»Du weißt, daß ich immer darauf achte, die Kelle gerade zu halten«, protestierte Lao Wang. Unser Koch, ein Moslem, sprach mit lauter, schroffer Stimme, aber ich spürte seine Sorge und zweifelte nicht an seiner Ehrlichkeit. »Ich habe ihn nie betrogen«, fuhr Lao Wang fort. »Aber jetzt ist es sowieso egal.« Er schnitt eine Grimasse und machte sich daran, dem nächsten Häftling die Suppe einzuschenken. Wang war zu unserer einzigen Verbindung mit der Welt jenseits unseres Raumes geworden.

Seit Ende Oktober brachten die Kalfaktoren keine Riedmatten mehr mit, wenn sie die Toten abholten. Ich nahm an, daß die Vorräte nach soviel Bedarf erschöpft waren. Sie rollten die Verstorbenen einfach in ihre Decken ein, banden die Zipfel zusammen, packten die Enden mit einer Hand und trugen die Toten hinaus. Die Körper waren alle sehr leicht.

Die Ärzte von Abteilung 585 untersuchten uns häufig, maßen den Blutdruck, fühlten den Puls, prüften unsere Augen und die Farbe der Zungen und trugen die Ergebnisse in unsere Akten ein. Sie verzichteten darauf, eine Waage mitzubringen, da viele von uns zu schwach waren, um sich hinzustellen. Ich merkte jedoch, daß ich weitere Pfunde verloren hatte. Seltsamerweise hatte ich in jenen Wochen kaum Hungergefühle. Ich schlang die Suppe und das Stärkungspulver zweimal am Tag hinunter, aber ich hatte keinen Appetit. Ich litt nicht, denn alle meine Gedanken, Gefühle und Schmerzen hatten sich aufgelöst.

Ich wollte nicht über meine Umgebung oder über die Zukunft nachdenken. Sogar wenn ich versuchte, zu träumen oder mich an die Vergangenheit zu erinnern, verweigerte mein Geist den Gehorsam. Da ich meine Denkfähigkeit nicht völlig verlieren wollte, bemühte ich mich immer wieder, meine Familie, meine Freundin oder irgendein Ereignis aus meiner glücklichen Jugend heraufzubeschwören. Vielleicht fehlte mir die Energie, vielleicht hatte die Unterernährung mein Gehirn beeinträchtigt – ich weiß es nicht. Aber zwei Monate lang vermochte ich mir nichts als die belanglosen Vorfälle zu vergegenwärtigen, die sich in unserer Baracke abspielten.

Eines Tages wurde Chen Ming ungewohnt gesprächig. Er redete stockend und legte nach jedem Gedanken eine Pause ein, aber er war entschlossen, mir wieder von seinen Jugendträumen zu erzählen.

»Ich zog nach Peking um, weil ich Lehrer werden wollte. In meiner Dorfschule war ich der klügste. Meine Freundin sagte, sie werde auf mich warten ... ein Bauernmädchen ... sehr gescheit. Ich wollte, daß sie stolz auf mich war. Mein Onkel wohnte in Peking. Ich fand eine Lehrerstelle ... an einer Grundschule ... Geographie. Ich lehrte meine Schüler, Karten zu lesen, und brachte ihnen viele Dinge bei. Zum Beispiel, daß Taiwan eine wunderschöne Insel ist ... daß die Einwohner Angriffe der Niederländer und der Japaner zurückgeschlagen hatten ... daß sie mutig und stolz sind. Meine Freundin sollte mir nach Peking folgen. Ich dachte, wir würden ein neues Leben beginnen. Aber daraus wurde nichts. Sie kam nach Peking ... aber sie heiratete einen anderen. Sie hatten ein Baby. Eines Tages kam meine Mutter. Ich führte sie zum Tiananmen-Platz ... dort drängten sich die Menschen ... wir wurden getrennt. Dann brachte mich die Polizei ins Gefängnis. Weshalb, weiß ich nicht.«

Zwar hatte ich Chen Mings Geschichte schon früher gehört, aber nicht in solcher Ausführlichkeit. Ich bewunderte seinen Ehrgeiz und seinen Wunsch, sein Dorf hinter sich zu lassen und in der Hauptstadt ein neues Leben als Lehrer zu beginnen. Wie so viele andere hatte er seinen Traum nicht verwirklichen können. Als die Anti-Rechts-Bewegung anhob und an jedem Arbeitsplatz eine »Feindquote« erfüllt werden mußte, stufte man ihn als »Gedankenreaktionär« ein, weil er positiv über Taiwan gesprochen und behauptet habe, daß das nationalistische Bollwerk einer Invasion vom Festland her widerstehen könne.

Ein Handtuch bedeckte meine Augen, und ich lauschte Chen Mings Worten mit schwankender Aufmerksamkeit. Am nächsten Morgen rührte er sich kaum, und bei der Nachmittagsmahlzeit setzte er sich nicht auf. Ich stupste ihn an, aber er bewegte sich nicht.

»Lao Wang«, sagte ich nach dem Essen, »noch einer.«

Die Kalfaktoren trafen ungefähr eine Stunde später ein, um Chen Ming abzuholen. Es war fast dunkel und, wie immer Mitte November, sehr kalt. Sie verknüpften die Zipfel seiner Decke und trugen ihn hinaus. Ich fand einen kleinen Umschlag und zwei Bücher unter seiner Bettwäsche. Mit einer schnellen Bewegung schob ich sie unter meine Decke. Das war alles, was ich für ihn noch tun konnte. Ich spürte nichts. Mein Herz war kalt geworden, und meine Tränen wollten nicht fließen.

Lange nach Einbruch der Dunkelheit, vielleicht gegen Mitternacht, hörte ich Rufe und die Stimmen von Polizisten. Zwei Kalfaktoren legten einen Körper neben mich. Ich sah, daß es Chen Ming war.

»Was ist passiert?« fragte ich.

»Wir hörten, wie der Kalfaktor im Speicher um Hilfe rief«, antwortete einer der beiden aufgeregt. »Er hatte gesehen, wie sich eine Hand hob und an der Tür rüttelte. Auf dem *kang* waren sieben Leichen. Am Morgen sollten sie zum Ochsenkarren gebracht werden. Der Kalfaktor glaubte, ein Gespenst vor sich zu haben, und rief den Sicherheitsposten herbei. Alle waren erschrocken. Anscheinend war ein Toter auferstanden. Dann begriffen sie, daß einer der Häftlinge nicht tot war.«

Chen Ming mußte das Bewußtsein verloren haben, und als er erwachte, war er zur Tür gekrochen und hatte daran gerüttelt, um jemanden auf sich aufmerksam zu machen.

»Bitte«, warf ich ein, »denkt daran, daß Chen Ming eine Mahlzeit verpaßt hat.«

»Warte bis morgen«, erwiderte der Hauptmann. »Die Mahlzeit ist vorbei, und er hat sie ausgelassen, das ist alles.«

»Aber er ist kein gewöhnlicher Häftling«, beharrte ich, »er ist aus der Hölle zurückgekehrt.« Nun konnte ich meinem Freund doch noch einen Gefallen tun.

Der Hauptmann zögerte und befahl dann dem Kalfaktor: »Hol Lao Wang.« Der Koch traf ein und bestätigte, daß Chen Ming die letzte Mahlzeit nicht gegessen hatte.

»Ich finde, Sie sollten eine zusätzliche Mahlzeit bestellen«, erklärte ich.

»Also gut, du schreibst den Antrag«, meinte der Hauptmann und reichte mir ein Stück Papier.

»Abteilung zehn, Gruppe sechs, Häftling Chen Ming, keine Nachmittagsmahlzeit. Bitte nachliefern.« Es war das erste Mal seit einem halben Jahr, daß ich etwas geschrieben hatte.

Lao Wang kehrte mit zwei Brötchen aus echtem Mais zurück, wie ich an dem üppigen Aroma sofort erkannte. Ich zog das Handtuch von meinen Augen und setzte mich auf. Lao Wang hielt Chen Ming einen Teller hin. Die beiden Brötchen glänzten sogar in dem trüben Licht wie Gold. Dampf stieg von ihnen auf, und der Duft wehte zu mir herüber. Nie im Leben hatte ich etwas so Köstliches gesehen. Diese Speise war ansonsten den Polizeihauptleuten vorbehalten.

Ich schüttelte Chen Mings Schulter. »Hoch mit dir, hoch.« Ich hatte nicht die Kraft, ihm aufzuhelfen. Er öffnete die Augen.

»Hier, hier. Das ist für dich, iß was«, sagte Lao Wang.

Plötzlich kam Chen Ming hoch. Seine Augen waren weit aufgerissen und funkelten unglaublich hell. Sie richteten sich auf die Maisbrötchen.

»Für mich?«

Er schnappte sich die Brötchen vom Teller und stopfte sich beide gleichzeitig in den Mund. Krümel hingen an seinen Lippen. Er kaute und schluckte und hob wie rasend weitere Krümel vom *kang* auf. Es dauerte nur ein paar Sekunden. Dann griff er seinen Magen und brüllte vor Schmerz. Sein Gesicht verzerrte sich, und er fiel zurück. Chen Ming war tot.

»Es tut mir so leid«, flüsterte ich und berührte sein Gesicht. Seine Haut fühlte sich heiß an. Offenbar hatte sein geschwächter Magen den so rasch hinuntergeschlungenen, reichhaltigen Mais nicht verarbeiten können.

Seit langem war ich niemandem begegnet, dessen Gesicht so rosig und gesund wirkte wie dasjenige Chen Mings in jener Nacht. Der Schmerz in seiner Miene wurde von Ruhe abgelöst, und sein Körper entspannte sich. Ich schloß ihm die Augen. Die Farbe wich aus seinen Wangen.

Es war November 1961. Zum drittenmal im Arbeitslager wandten sich meine Gedanken Gott zu. Ich betete, daß er Chen Ming aufnehmen werde: »Er ist eines Deiner Schafe, zu Dir zurückgekehrt im Glanz Deiner Liebe.«

Niemand in der Baracke zeigte irgendein Interesse an Chens Tod. Ich war der einzige, der sich aufgerichtet hatte. Zum erstenmal seit Wochen regte sich mein Geist. Zuerst dachte ich über Chen Ming nach. Er hatte mir von seinen Träumen erzählt, aber sie lagen in der Vergangenheit – sein Leben war vorbei, er war tot. Welchen Sinn hatte sein Tod gehabt? Es schien, als könne ein Mensch so leicht ausgelöscht werden wie eine Kerzenflamme.

Die Behörden konnten über Chen Ming behaupten, was sie wollten: daß er ein Verbrecher, ein Gedankenreaktionär, ein unerwünschtes Element sei. Die ganze Welt mochte ihn anklagen, aber meinem Freund konnte nichts mehr geschehen. Er brauchte keine Mißhandlung, keinen Schmerz mehr zu erleiden. Nichts konnte ihn berühren. Er hatte Frieden gefunden.

Ich begann, über mich selbst nachzudenken. Was war mein eigenes Leben wert? Welchen Sinn hatte es? Warum ging es weiter?

Weshalb wollte ich überhaupt leben? Wenn ich Chen Ming morgen folgte, welche Rolle würde dann alles spielen – meine Freundin, meine Stiefmutter, mein Vater, meine Baseballmannschaft, meine Zukunft? Es war alles Unsinn. Für Chen Ming, für Xing, für Ling, für Lang war alles vorüber, war alles unwichtig. Nichts schien eine Bedeutung zu haben.

Warum wollte ich überleben? Wofür klammerte ich mich an meine Existenz? Lebte ich weiter für meine Freundin oder meine Familie, um Professor zu werden oder Baseball zu spielen? Ob ich mein Bestes oder mein Schlechtestes gab – weder das eine noch das andere hatte etwas zu bedeuten. Morgen konnte alles vorbei sein.

Ich legte mich wieder hin und hüllte mich in die Decke. Mir fiel keine Antwort ein. Wenn ich morgen sterbe wie Chen Ming, dachte ich, wird mein Leben nutzlos gewesen sein. Aber ich wollte nicht aufgeben, nicht kapitulieren. In meinem Innern schrie etwas: Wo ist mein Gott, mein Vater? Hilf mir. Leite mich. Segne mich. Dann konnte ich mich plötzlich an nichts mehr erinnern. Den Rest der Nacht schlief ich friedlich.

Vor der Morgenmahlzeit kamen die Kalfaktoren, um Chen Mings Leiche zum Ochsenkarren zu bringen. Sie hatten gerade begonnen, ihn in seine Decke einzuwickeln, als ich mich aufrichtete.

»Nein, laßt ihn hier!« sagte ich mit fester Stimme und streckte mich über seinen Körper.

»Was machst du denn? Er ist tot«, rief einer der Kalfaktoren erstaunt.

Ich antwortete nicht, sondern blieb nur liegen und preßte die Brust gegen Chen Mings kalten Körper.

Da die Kalfaktoren nicht wußten, wie sie auf ein so seltsames Benehmen reagieren sollten, machten sie dem Sicherheitsbüro Meldung. Ein junger Hauptmann namens Zheng, der gerade in Abteilung 585 versetzt worden war, erschien in der Baracke.

Jeder Sicherheitshauptmann stellt sich den Gefangenen durch Gebrüll vor. Hauptmann Zheng war keine Ausnahme. »Was soll das?« schrie er. Ich antwortete nicht und rührte mich nicht vom Fleck.

»Weg mit dir, weg mit dir!« befahl er. Dann wurde er wütend. »Zieht ihn zur Seite!«

Einer der Kalfaktoren zerrte an meinem Arm. Ich flüsterte: »Ich möchte bei ihm bleiben.«

»Er ist tot und soll beerdigt werden. Du kannst nicht bei ihm bleiben.«

»Doch«, flüsterte ich, ohne zu wissen, wie ich das Wort hervorgebracht hatte.

Hauptmann Zhengs Überraschung verdrängte seinen Zorn. In Abteilung 585 brachten Häftlinge nur selten Emotionen zum Ausdruck. Wir waren abgestumpft, da so viele starben. Er überlegte und gab dann nach: »Meinetwegen, geh mit ihm.«

Ein Kalfaktor half mir auf die Beine und befahl mir, mich anzuziehen. Ich gehorchte mit langsamen Bewegungen. Er stützte mich auf dem Weg zum Ochsenkarren und half mir, hinten, neben Chen Mings eingerolltem Körper, auf die Ladefläche zu steigen. Sechs weitere Leichen lagen vorn. Die beiden Kalfaktoren ließen sich neben mir nieder. Dies war ihre tägliche Arbeit.

Was hatte ich eigentlich vor? Ich hörte das Knallen der Peitsche, lehnte mich an die Seite des Karrens und starrte hinaus, während wir durch das Tor von Abteilung 585 fuhren. Wir folgten einem gewundenen Pfad entlang der Lagermauer. Als wir um den Wachtturm herumfuhren, sah ich eine große, offene Fläche, die sich hinter Abteilung 585 ausbreitete. Der Ochsenkarren verließ den Pfad und holperte über einen Acker. Ich schaukelte hin und her und begriff, daß wir über Grabhügel fuhren. Wir waren auf einem Friedhof.

Ich konnte kleine Holzstücke erkennen, welche die Gräber markierten; man hatte die Namen mit schwarzer Tinte auf sie geschrieben. Einige der Grabstätten hatten noch recht hohe Hügel, als seien sie kurz zuvor entstanden, während andere im Laufe der Zeit abgeflacht waren. Es mußten Tausende von Gräbern gewesen sein, denn die Hügel erstreckten sich bis zum Horizont. Dies war der als Abteilung 586 bekannte Bereich der Qinghe-Farm.

Hier und dort entdeckte ich Löcher, und ich überlegte, ob wilde Hunde die Leichen gefressen hatten. Sogar einige der neueren Hügel waren zur Hälfte weggescharrt worden oder von Tunneln durchzogen. Mein Blick fiel auf ein paar verstreute Kleidungsfetzen.

Der Karren hielt endlich an, als wir unberührten Boden erreichten, und die Kalfaktoren machten sich mit ihren Schaufeln an die Arbeit. Bald waren fünf Leichen begraben. Auch die Chen Mings gehörte dazu. »He«, rief einer der beiden. »Dieses Loch hier ist groß genug für zwei.« Sie ließen die letzten beiden Körper in das Loch fallen und schaufelten es hastig mit lockerem Sand zu. Als sie fertig waren, ragten die Zipfel der Decken noch hervor. Sie hatten kein Grabschild mitgebracht. Chen Ming war verschwunden.

Die Totengräber kletterten zu mir auf den Ochsenkarren. Niemand sagte ein Wort. Bevor wir um den Wachtturm fuhren und uns dem Tor von Abteilung 585 näherten, schaute ich noch einmal zurück. Mit seltsam distanzierter Neugier nahm ich die unterschiedliche Höhe der Gräber, die primitiven Holzschilder und die vereinzelten Kleidungsfetzen zur Kenntnis. Ich hatte nichts gefühlt, als sie Chen Ming in den Boden senkten, aber dieser letzte Blick auf 586 brannte sich in mein Gedächtnis ein.

Plötzlich wurde ich lebhafter und hatte eine Art Offenbarung. Menschenleben haben hier keinen Wert, dachte ich bitter. Sie sind nicht wichtiger als in den Wind geschnippte Zigarettenasche. Wenn aber das Leben keinen Wert hat, dann hat auch die Gesellschaft, die jenes Leben gestaltet, keinen Wert. Wenn die Menschen nicht mehr als Staub sind, dann hat die Gesellschaft es nicht verdient, weiterzubestehen. Wenn die Gesellschaft nicht weiterbestehen darf, dann muß ich sie bekämpfen.

In jenem Moment wußte ich, daß ich nicht sterben durfte. Ich konnte nicht einfach ins Nichts entschwinden und Chen Ming folgen. Denn ich mußte mein Leben einem Zweck zuführen und versuchen, die Gesellschaft zu ändern. Dann würde ich selbst nicht nur Staub sein, sondern einen gewissen Wert haben. Meine Einsicht flackerte kurz und unerwartet auf, geboren aus der riesigen Grabwüste von 586. Danach versagte mir mein Verstand wieder den Dienst.

Der kälteste Winter

Der Winter 1961/62 war der kälteste, an den ich mich erinnern kann. Ich verbrachte die Dezember- und Januarwochen auf dem *kang* liegend, in meine Decke gehüllt und ohne einen Gedanken fassen zu können. Eines Mittags im Januar besichtigte ein neuer Hauptmann namens Cao die Unterkünfte. »Aufstehen! Alle aufstehen. Nach draußen«, rief er. Niemand wollte sich bewegen. Ich zog langsam Hose und Mantel an und wickelte mir die Decke um die Schultern. Welche zusätzlichen Qualen würde der Hauptmann uns bescheren?

Draußen lehnten wir uns schlaff an die Barackenwand und versuchten, uns vor dem Wind zu schützen. »Laut neuen Befehlen vom Pekinger Büro für Öffentliche Sicherheit«, erklärte Hauptmann Cao ermutigend, »wird jeder von morgen an täglich dreißig Gramm Nahrung zusätzlich erhalten.« Er wartete auf irgendeine Reaktion, auf ein Zeichen von Aufregung, aber niemand rührte sich. Was für Nahrung? dachte ich. Würde sie uns wirklich sättigen, oder würden sie uns nur den Magen mit weiterer gemahlener Baumrinde oder noch mehr Maispulver füllen? Was konnten dreißig Gramm ausmachen, wenn wir verhungerten?

»Ebenfalls von morgen an wird jede Abteilung mittags draußen antreten, um sich der frischen Luft auszusetzen. Sonnenschein wird eure Gesundheit verbessern«, fuhr Cao fort. »Sogar ein gesunder Mensch wird schwach, wenn er den ganzen Tag im Bett bleibt. Ihr müßt euch soviel wie möglich bewegen. Die Regierung des Volkes und die Kommunistische Partei wollen nicht, daß ihr sterbt, sondern daß ihr euch zu neuen sozialistischen Menschen umerzieht.« Diese letzten Worte hatte ich so viele Male zuvor gehört, aber der Rest von Caos Rede und sein milder Tonfall schienen echte persönliche Sorge und humane Gefühle auszudrücken.

Am folgenden Morgen erhielt jeder Häftling ein zusätzliches Brötchen. Der Geschmack und die Beschaffenheit verrieten uns sofort, daß es mehr als die übliche Menge Getreide und weniger Ersatzstoffe enthielt. Wir fragten nicht, woher das Getreide stammte. Vielleicht wollte die Regierung die Vielzahl von Todesfällen im Gefängnis eindämmen. Vielleicht war die Hungersnot abgeflaut. Wir wußten nur, daß seit langer Zeit täglich Leichen zur Abteilung 586 abtransportiert worden waren.

Am Mittag ging Hauptmann Cao wiederum durch alle Räume und rief: »Kommt raus! Kommt raus!« Er zwang die Gefangenen zwar nicht, den *kang* zu verlassen, aber er versuchte, sie aufzurütteln. Vielleicht zwanzig Prozent der Abteilung wagten sich in den Sonnenschein hinaus. Ich gehörte dazu.

Cao spazierte durch den Hof und plauderte mit den Männern, die sich an der Barackenwand drängten.

»Wie geht's dir?« fragte er mich.

»Die Sonne ist so grell«, erwiderte ich überrascht darüber, daß ein Polizeihauptmann an meinem Zustand interessiert war.

»Bleib jeweils nur kurze Zeit draußen. Versuch es morgen wieder. Allmählich wirst du dich daran gewöhnen. Bleib heute nicht zu lange hier. Kannst du gehen?«

»Es ist nicht leicht.«

»Lehn dich an die Wand, lehn dich an die Wand«, riet er. »Versuch's nur. Wenn du heute sechs Meter schaffst, dann genügt es. Morgen legst du vielleicht acht Meter zurück. Nach und nach wirst du immer mehr schaffen. Später wird es leichter.«

Die Baracke war ungefähr zwanzig Meter lang. An jenem ersten Tag konnte ich, obwohl ich mich am Gebäude abstützte, nur mit Mühe die ganze Strecke zurücklegen. Ich blieb mehrere Male stehen, um Atem zu holen. Cao kam häufig vorbei, um mich zu ermuntern. »Das ist sehr gut. Du schaffst es schon. Für heute reicht es. Geh zurück und ruh dich aus.«

Zwei Wochen später – seine Miene war optimistisch – versammelte er sämtliche Mitglieder der Abteilung, etwa hundertsiebzig Häftlinge, auf dem Hof. Diesmal forderte er sogar die schwächsten Männer auf, an die frische Luft zu kommen. Dann verkündete er: »Ich habe ein Gemüsebeet entdeckt, in dem vom letzten Jahr noch ein paar gefrorene Mohrrüben sind. Es wird kein Kinderspiel sein, aber wir werden sie ausgraben. Morgen werden mich alle begleiten, die noch so weit gehen können.« Cao war der erste Polizeihauptmann in meiner Erinnerung, der soviel Initiative für die Gefangenen zeigte.

Am nächsten Morgen hielten die Kalfaktoren einige Spitzhakken und Schaufeln bereit. Nur zwanzig von uns fühlten sich kräftig genug, um die vierhundert Meter bis zu dem Garten neben der Polizeiunterkunft zurückzulegen. Der Wind blies heftig. Obwohl ich mir die Decke über meinem gefütterten Mantel um die Schultern geschlungen hatte, fühlte ich mich starr vor Kälte. Ich ging nur deshalb weiter, weil Hauptmann Cao versprochen hatte, daß wir alles, was wir ausgruben, behalten könnten.

»Diese Mohrrüben wurden spät in der letzten Saison gepflanzt, deshalb haben sie nicht ihre volle Größe erreicht«, erklärte er, als wir ein kleines Quadrat erreichten, das von einem Windschutz aus Riedmatten umgeben war. »Niemand hat sich die Mühe gemacht, sie zu ernten, und sie sind über Winter im Boden geblieben.« Ich sah zu, wie er eine Schicht aus vertrockneten Blättern wegscharrte und auf mehrere dunkle Knötchen zeigte, die über der gefrorenen Erde gerade noch zu erkennen waren.

Ich kniete nieder, um weitere vermoderte Blätter zu beseitigen, und entdeckte die Enden einiger weiterer, vom Frost geschwärzter Mohrrüben. Sie würden mir gehören, wenn ich sie ausgraben konnte, aber an jenem Morgen betrug die Temperatur wohl zehn Grad unter Null. Die Erde war bis zu einer Tiefe von ungefähr zwanzig Zentimetern gefroren. Ich hob meine Spitzhacke und schlug zu. Ein weißer Splitter aus vereistem Lehm glitt von der Schneide ab. Ich schlug wieder und wieder zu, aber es gelang mir nur, einen flachen Ring um eines der Rübenenden freizulegen. Dann kratzte und grub ich mit den Fingern und achtete nicht auf den scharfen Schmerz, den der gefrorene Boden unter meinen Fingernägeln verursachte.

»Hast du eine gefunden?« fragte Cao. »Ich helfe dir.« Er warf seinen Militärmantel ab und griff nach meiner Hacke.

Tack! Tack! Tack! Die Hacke fraß sich durch die gefrorene Erde. Lehmsplitter wirbelten aus dem Loch in die Höhe. Ein paar Minuten später – sein Gesicht war gerötet – gab er mir die Rübe.

Ich sagte kein Wort. Die verschrumpfte Mohrrübe, etwa zwölf Zentimeter lang und so dick wie mein Daumen, lag auf meiner Hand. Ich wischte sie an meinem Ärmel sauber. Mein Mund öffnete sich, aber ich zwang mich, daran zu denken, wie Xing gestorben war. Ich wagte nicht, sie roh zu essen.

Nachdem Cao den Frostboden mit jenem ersten Loch durchbrochen hatte, konnte ich die umliegende Erde leichter lockern, und bald grub ich eine weitere Rübe aus. Zwei Stunden später hatte ich noch sechs herausgekratzt. Woher kam meine Ausdauer?

Mehrere Gefangene konnten sich nicht beherrschen und verzehrten sofort alles, was sie ausgegraben hatten. Ich sah einen Mann, der eine Rübe nur zur Hälfte herausgehauen hatte und sich auf den Boden legte, um sie abzuknabbern. Dieses Risiko wollte ich nicht eingehen. Nachdem ich in die Unterkunft zurückgekehrt war, füllte ich meine Waschschüssel mit Wasser und kochte die Mohrrüben in der Latrine. Ich aß vier, trank die Rübensuppe und bewahrte die beiden anderen für den folgenden Tag auf. Sie würden mir die Kraft geben, weiterzugraben. Ich wußte, daß ich jeden Schritt sorgfältig berechnen mußte, wenn ich überleben wollte.

In den nächsten Tagen grub ich stundenlang und verspeiste viele Mohrrüben. Dadurch erhielt ich zusätzliche Energie, so daß ich weitergraben konnte, und am Ende der Woche hatte ich zwanzig Rüben angesammelt. Ich trug sie, in ein Handtuch gewickelt, überall mit mir herum und schlief sogar mit dem Bündel unter dem Kissen. Wenn ich abends in die Latrine ging, um Wasser zu kochen, nahm ich zum Schutz eine Schaufel mit. Ich dachte an nichts anderes als an meinen Magen und scheuchte jeden fort, der mir zu nahe kam. Nun hatte ich keine Freunde mehr unter den Häftlingen, und ich half keinem, der zum Graben zu schwach war.

Zwanzig Gefangene gruben auf dem Beet, und nach acht Tagen

hatten wir alle Mohrrüben herausgeholt. »Heute habt ihr die letzte Chance«, sagte Cao, als die winterliche Dunkelheit anbrach. Ich beobachtete einen Trecker auf dem Nachbarbeet, der mit einem Pflug die letzten Bahnen zog, um den immer noch gefrorenen Boden für die Frühjahrsaussaat vorzubereiten. Dabei überlegte ich, woher wir als nächstes zusätzliche Nahrung bekommen würden. Die schwere Pflugschar durchschnitt den Boden und grub große, dunkle Erdklumpen um. Dann bemerkte ich, daß einige der Furchen mit kleinen, weißen Punkten gesprenkelt waren.

»Was ist auf dem Feld angepflanzt worden?« fragte ich Cao und deutete auf die Pünktchen.

»Kohl«, antwortete er, »aber man hat alles geerntet. Nichts ist übriggeblieben. Überzeug dich selbst.«

Ich bahnte mir einen Weg durch die gezackten Furchen, die der Trecker hinterlassen hatte, und legte mehrere weiße Brocken frei. Es waren Stücke von Kohlstrünken. Hier gibt's noch etwas zu essen, dachte ich aufgeregt. Ich kehrte mit blutenden Fingern zurück, um Cao eine Handvoll des Schatzes zu zeigen.

»Schon gut«, sagte er nickend. »Du kannst morgen zurückkommen.«

In der Unterkunft wusch ich den kleinen Haufen Wurzeln – jeder hatte die Größe einer winzigen Kinderhand –, spaltete sie der Länge nach mit einer Sichel und warf sie dann in kochendes Wasser. Die Haut war faserig und hart wie Baumrinde, aber das Innere war weiß, weich und schmackhaft.

Am folgenden Tag kehrten zehn von uns auf das Feld zurück, um Kohlstrünke zu sammeln. Die Furchen, die der Pflug gezogen hatte, waren über Nacht härter gefroren, so daß man sich noch schwerer auf ihnen bewegen konnte. Ich stolperte häufig, aber der Gedanke an das warme Gemüse in meinem Magen trieb mich an. Mit neuer Kraft benutzte ich die Spitzhacke, um die Wurzeln zu lockern, und riß sie dann mit den Händen heraus, ohne mich von dem stechenden Schmerz unter meinen Fingernägeln ablenken zu lassen.

Der Geruch von gekochtem Gemüse abends in der Latrine veranlaßte weitere Häftlinge, sich unseren Expeditionen anzuschließen. Jeden Tag wurde es schwerer, Kohlstrünke zu finden, aber ich kehrte nie mit leeren Händen in die Baracke zurück. Und ich merkte, daß ich kräftiger wurde. Nicht allen in meiner Gruppe erging es so gut. Hin und wieder sah ich einen leeren Platz auf dem *kang*, wenn ich die Baracke betrat.

Am fünften Tag beobachtete ich einen Trecker, der auf dem Nachbarfeld ausgedehnte Kreise zog. Ob dort etwas Eßbares zu holen war? Ich sprang zurück, als der Fahrer nur ein paar Meter vor mir eine zu große Kurve machte. Seine Pflugschar drang in den Graben, der die beiden Felder voneinander trennte, und legte ein kleines Loch frei. Ich stürzte vor, steckte die Hände in die acht Zentimeter breite Öffnung und zog ein Knäuel verflochtener Schlangen hervor, die hier Winterschlaf hielten. Jede war länger als dreißig Zentimeter und so dick wie mein Daumen; sie hatten einen grünen Rücken, weiße Bäuche und dunkelrote Flecken am Kopf.

Wie ein Tier kauerte ich über meiner Beute. Dieses Fleisch gehörte mir, nur mir. Ich hielt über die Schulter hinweg Ausschau für den Fall, daß jemand auf dem Feld mein Tun bemerkte. Rasch packte ich eine Schlange nach der anderen und biß zwölf Köpfe ab. Dann zog ich ihnen die Haut mit den Zähnen ab und riß die Innereien heraus. Ein paar Minuten später stopfte ich eine stattliche Menge rohes Fleisch in meinen Rucksack.

Am Nachmittag eilte ich sofort zur Latrine und kochte das Schlangenfleisch eine Stunde lang in meiner Waschschüssel. Zu meinen Füßen lag eine Schaufel, wodurch andere gewarnt wurden, daß ich die Mahlzeit mit niemandem teilen würde. Ich genoß den würzigen Geschmack, und das gedünstete Fleisch erwärmte meinen ganzen Körper.

Anfang Februar 1962 ging der Kalfaktor durch die Räume der Baracke. »Wenn euer Name genannt wird, meldet euch im Büro des Hauptmanns«, sagte er und verlas eine Liste. Dann rief er: »Wu Hongda.« Ich war der einzige aus meiner Gruppe und schloß mich draußen vier anderen Häftlingen aus meiner Abteilung an. Wir gingen zusammen ins Büro.

Hauptmann Cao teilte uns mit: »Wir werden euch verlegen. Keine Eile. Packt eure Sachen bis heute nachmittag zusammen. Vergeßt nichts.«

»Wohin werden wir gebracht?« fragte ich.

»Wir wissen es nicht, aber keine Sorge, ihr werdet am Nachmittag abgeholt.« Seine Stimme klang beruhigend.

Am frühen Nachmittag traf ein Ochsenkarren ein, und wir fünf Gefangenen kletterten hinauf. Ein Polizeihauptmann fuhr auf einem Rad neben uns her. Von ihm erfuhr ich, daß wir zur Abteilung 584 von Qinghe unterwegs waren. Ich hatte mich mit meinem Schicksal abgefunden und war völlig teilnahmslos. Mein Gehirn schien zu Holz geworden zu sein. Ich hatte keine Angst, weil ich keine Hoffnung hatte.

In den Mauern der Abteilung 584 war die Stimmung nahezu heiter. Ich sah Gefangene, die einander begrüßten und ihre Bettwäsche in die für sie bestimmten Baracken trugen. Sie wirkten viel kräftiger als wir fünf aus Abteilung 585. Dann hörte ich, daß alle diese Häftlinge Rechtsabweichler seien. Unter ihrer abgetragenen, verblichenen Kleidung waren sie also Intellektuelle wie ich. Ein Polizeihauptmann rief uns zu: »Geht in Raum elf, Gruppe fünf.« Dann zeigte er auf mich. »Du bist der Gruppenleiter.« Er reichte mir ein Namensverzeichnis.

Die vier langen Ziegelgebäude vor mir sahen genauso aus wie die Baracken, die ich in Abteilung 583 und 585 hinter mir gelassen hatte. Ich wußte, daß jedes ungefähr dreißig Meter lang und zehn Meter breit war und zehn Räume enthielt, die an einem schmalen Korridor lagen. Diese Ankunft war nicht wegen der Umgebung etwas Besonderes, sondern wegen der vereinzelten Gesprächsgeräusche, die von den einziehenden Gefangenen ausgingen. Viele von uns hatten schon seit vier Jahren hauptsächlich mit Kriminellen, Ganoven aus den Städten oder ungebildeten Bauern aus den Landgebieten, zu tun gehabt. Die Tatsache, daß wir nun mit politischen Häftlingen zusammen waren, die eine ähnliche Herkunft und Ausbildung wie wir selbst hatten, ließ ungeachtet der bitteren Umstände eine fast glückliche Laune aufkommen.

Der Gruppe fünf zugewiesene Raum unterschied sich nicht von dem, den ich gerade in Abteilung 585 verlassen hatte. An einer Wand zog sich ein *kang* aus Lehmziegeln hin, der einen Meter achtzig breit und sechzig Zentimeter hoch war. An der anderen Wand, jenseits des schmalen Ganges, war ein primitives Regal angebracht, auf dem die Gruppenmitglieder ihre Schüsseln und Becher, Zahnbürsten und Handtücher verstauten; darunter befand sich eine Reihe Haken, an denen wir unsere Mäntel und Hosen aufhängten. Wir fünf aus Abteilung 585 ließen uns erschöpft auf dem *kang* nieder, nachdem wir unsere Habseligkeiten vom Hof hereingetragen hatten.

»Welche Gruppe ist das hier?« fragte ein gutaussehender Häftling – er war etwa in meinem Alter – von der Tür her.

»Gruppe fünf«, erwiderte ich. Sein Akzent hatte vertraut geklungen. »Wer bist du?«

»Ich heiße Lu Haoqin.«

»Woher stammst du?«

»Aus der Provinz Jiangsu.«

»Welcher Kreis?« faßte ich nach.

»Wuxi.«

»Aha!« rief ich, aufgeregt über diese Gemeinsamkeit. »Wir haben dieselbe Heimat.« Ein traditionelles Sprichwort kam mir über die Lippen: »Wenn Landsleute einander begegnen, sind ihre Augen voll von Tränen.«

Lu sah irgendwie anders aus als die meisten von uns. Seine Kleidung war so alt und zerschlissen wie meine, aber viel sauberer und gepflegter. Auch der Braunton seiner kurzgeschorenen Haare sowie seine glatte Haut und die zarten Wangenknochen trugen dazu bei, daß er sich von uns abhob. Ich vermutete, daß Landarbeit nicht seine Stärke sein würde, aber er wirkte gesund und behende. Er drückte mir kräftig die Hand und sagte, daß er an der Universität Qinghua Kraftfahrzeugbau studiert habe. Ich wußte, daß man Mitte der fünfziger Jahre nur die besten Studenten zu diesem Fach zugelassen hatte, das als entscheidend für die Modernisierung Chinas galt.

Nach und nach trafen die anderen ein, die man Gruppe fünf zugeteilt hatte, und die Atmosphäre wurde immer munterer. Nach einer Stunde hatten sich neun Männer auf dem *kang* versammelt und damit begonnen, Namen und Informationen über ihre Herkunft auszutauschen. Ich machte mir Gedanken über den noch fehlenden Häftling, da ich als Gruppenleiter die Plätze auf dem *kang* ausmessen mußte. Mit Hilfe eines Astes, der mir als Zollstock diente, teilte ich den acht Meter langen *kang* in zehn Abschnitte und markierte diese mit Hilfe eines scharfen Steins. Wir alle warteten auf den letzten Gefangenen. Wenn er nicht auftauchte, würde jeder einen zehn Zentimeter breiteren Schlafplatz erhalten – eine erhebliche Verbesserung. Ich ging hinaus, um mit Hauptmann Wang zu sprechen.

»Kommt noch jemand zu Gruppe fünf?«

Er prüfte sein Verzeichnis. »Ao Naisong kommt noch. Er verspätet sich sehr oft.«

»Was ist los mit ihm?« wollte ich wissen. Der Hauptmann schien diesen Häftling zu kennen, vielleicht aus einer anderen Abteilung von Qinghe, und ich war ungeduldig, weil ich die Frage der Schlafplätze lösen mußte. Da erschien jemand am hinteren Ende des Korridors. Er ging sehr langsam und trug einen kleinen Sack, der mit einem zerfaserten Tau verschnürt war.

»Ist das hier Gruppe fünf?« rief er.

»Bist du Ao Naisong?« Wir begrüßten einander mit einem Nikken. Er war wahrscheinlich nicht älter als ich. Tiefe Falten breiteten sich von den Winkeln seiner großen Augen her aus, und sein Gesicht war von der Arbeit an der Sonne gebräunt.

»Wo ist deine Bettrolle?« fragte ich mit einem Blick auf den Sack.

Er deutete zur Tür. »Halt das für mich fest. Es ist eine Laute.«

Noch nie war ich einem Häftling begegnet, der eine Laute besaß. Warum hatte Ao seine Bettrolle nicht mitgebracht, warum ging er so langsam, und warum schien der Hauptmann ihn nachsichtig zu behandeln?

Ich wandte mich wieder an Hauptmann Wang. »Was fehlt ihm? Ist er krank?«

»Mach dir um ihn keine Sorgen«, antwortete der Hauptmann gleichgültig. »So ist er immer.«

Als ich mich am Nachmittag zum Essen anstellte, beherrschte mein Hunger wie schon so oft mein Denken: Würden sich unsere Rationen in Abteilung 584 erhöhen? Würde das Brötchen mehr Mehl enthalten? Aus der Ferne sah ich, wie der Kalfaktor das Essen aus einem riesigen Holzeimer in die Schüsseln schöpfte, die ihm entgegengestreckt wurden. Der Karren kam näher, und ich traute meinen Augen nicht: Uns wurde Reisbrei serviert! Ich hielt dem Kalfaktor meine Schüssel hin, hob sie an die Lippen und schluckte die warmen, weichen Kerne hinunter. Die Menge reichte nicht aus, um mich zu sättigen, aber seit einem halben Jahr hatte ich keinen Reis mehr gegessen. Alle unterhielten sich aufgeregt über diese Sonderbehandlung. Sie bestärkte uns in unserem Optimismus, daß die Gerüchte über unsere baldige Freilassung zutrafen.

»Glaubst du, daß man uns jeden Tag Reis geben wird?« fragte ich Lu Haoqin, der neben mir stand. Er zuckte die Achseln. Am nächsten Morgen wartete ich vor der Baracke, um mich bei dem Kalfaktor, der seine Runde machte, nach dem Essen zu erkundigen.

»Ihr kriegt hochwertigen Reis, der hier auf den Feldern von Qinghe angebaut worden ist«, sagte er. »Genießt ihn, solange ihr könnt, denn er ist nicht für euch bestimmt. Es gibt Schwierigkeiten mit dem Transport, und der gesamte Mais im Vorratslager von 584 ist verbraucht. Dieser Reis hätte eigentlich auf den staatlichen Markt geliefert werden müssen. Bald werdet ihr wieder Mais essen.« Wer zerbricht sich den Kopf über die vor uns liegenden Monate, dachte ich, solange wir heute Reis haben? Wenn das Transportproblem gelöst war, würden wir vielleicht schon in Freiheit sein.

In Abteilung 585 war ich isoliert gewesen, aber hier hörte ich bereits am ersten Tag, wie Rechtsabweichler, die aus anderen Bereichen von Qinghe gekommen waren, über die »Drei Ursprünge«-Politik sprachen, die das Zentralkomitee der Kommunistischen

Partei 1962 auf seiner Tagung in Guangzhou verabschiedet habe. Die neue Direktive sehe vor, daß Rechtsabweichler an ihren ursprünglichen Arbeitsplatz zurückkehren, ihre ursprüngliche Position bekleiden und ihre ursprünglichen Gehälter empfangen sollten. Niemand wußte, wann die Maßnahme in die Praxis umgesetzt werden sollte, aber sie gab uns allen Hoffnung. Offenbar handelte es sich um das Dokument, das Hauptmann Cao an dem Morgen, als wir Abteilung 585 verließen, erwähnt hatte. Vielleicht hatten die Hungersnot und die Wirtschaftskatastrophen des Großen Sprungs nach vorn die Partei zu der Einsicht geführt, daß sie die Fähigkeiten der Lehrer, Studenten, Wissenschaftler und Redakteure benötigte, die sie seit 1957 so rücksichtslos inhaftiert hatte.

Hauptmann Wang hatte von den heftigen Spekulationen unter den gerade eingetroffenen Gefangenen gehört. Beim Abendappell versuchte er, den Mutmaßungen ein Ende zu setzen. »Ihr Rechtsabweichler seid alle aus unterschiedlichen Abteilungen hier zusammengebracht worden, und ihr alle habt nach der ›Drei Ursprünge‹-Politik gefragt. Ich muß euch sagen, daß man mir nichts darüber mitgeteilt hat. Laut den Befehlen aus dem Bataillonsstab seid ihr hier als Häftlinge, die durch Arbeit umerzogen werden sollen. Ihr sollt eure Umerziehung akzeptieren, euer Denken umgestalten und euch durch Arbeit zum Besseren wandeln. Ihr werdet die Gefängnisvorschriften streng befolgen. Morgen werden diejenigen von euch, die nicht krank sind, damit anfangen, den Schilfteich zu säubern. Ihr werdet weiterarbeiten und weiterhin nach Umerziehung streben.«

Am Morgen traten wir zum Appell an, und alle, die zum Arbeiten noch zu schwach waren, machten einen Schritt zurück. Hauptmann Wang kannte die Bedingungen in Abteilung 585 und bestand nicht auf unserem Einsatz. Wir fünf kehrten in die Baracke zurück, während die anderen in Viererreihen zum Lagertor marschierten. Am dritten Tag schloß ich mich ihnen an, beflügelt von der Geschäftigkeit des Lagerlebens und den Gesprächen der anderen Rechtsabweichler. Die gefrorene Moorlandschaft sah noch genauso aus wie in meiner Erinnerung. Die durch das Eis wachsenden Schilfrohre waren größer als ich. Jeder hatte eine Sichel und einen großen Sack bei sich. Auf einer Lichtung stellten zwei Kalfaktoren eine einfache Waage auf, um die Bündel zu wiegen, die die Arbeiter den ganzen Tag über auf den Schultern herbeischleppten. Die Kalfaktoren machten sich daran, das Arbeitspensum jedes einzelnen zu verbuchen. Nichts hatte sich geändert.

Einmal machte ich eine Ruhepause und bemerkte, wie Lu Haoqin, mein Gruppenkamerad aus Wuxi, in der Nähe auf dem Eis kniete und ein Bündel Schilfrohre ordnete. Ich lächelte, als er einen schweren Stein sorgfältig zwischen den Rohren verbarg und sie zusammenschnürte. Er lud sich die Last auf die Schultern und marschierte in Richtung der Waage.

Hauptmann Wang zwang mich nicht zur Arbeit. Er wußte, daß ich das Tagespensum nicht erfüllen konnte, und gestattete mir, mich häufig hinzusetzen und mich auszuruhen. Die Temperatur blieb unter Null, und der Wind fegte über den zugefrorenen Sumpf. Da wir nichts als das morgendliche Brötchen im Magen hatten, empfanden wir die Kälte besonders heftig. Nachdem wir ins Lager zurückgekehrt waren, befahl der Hauptmann den Kalfaktoren, einen Ochsenkarren mit trockenen Maisstengeln als Brennstoff für den Barackenofen herbeizuholen. Wir aßen und ließen uns dann zu einem zweistündigen politischen Unterricht nieder. Wenigstens werden wir heute nacht nicht frieren, dachte ich.

In den Arbeitslagern gibt es ein strenges Protokoll, festgelegt durch die Anordnung der Schlafplätze auf dem *kang*, das die Zuweisung der Pflichten bestimmt. Als Gruppenleiter hatte ich den Platz neben der Tür, denn normalerweise wäre ich dafür verantwortlich gewesen, an jenem Abend das Feuer unter dem *kang* anzufachen. Aber der Hauptmann hatte mich aufgefordert, etliche Formulare mit Angaben über Namen, Alter, Verbrechen und Herkunft der Häftlinge auszufüllen, und ich war nach der Teilnahme an der Tagesarbeit überaus müde. Deshalb widerstrebte es mir, vor der Tür in der Kälte zu stehen, Maisstengel in den kleinen Ofen unter dem Gebäude zu stecken und darauf zu warten, daß die Hitze durch ein Rohr unter die Ziegel des *kang* geleitet wurde. Ich be-

Harry (untere Reihe, dritter von rechts) mit seinen drei jüngeren Schwestern, seinem zweitjüngsten Bruder, drei Cousinen und (obere Reihe) seinem älteren Bruder und seiner älteren Schwester; Schanghai, 1950.

Harry (zweiter von rechts) auf dem einzigen noch erhaltenen Foto der gesamten Familie, aufgenommen bevor seine ältere Schwester nach Hongkong abreiste; Schanghai, 1950.

Rückkehr von der Zwangsarbeit im Lager Nr. 2, Provinz Zhejiang, April 1994. Hier werden Werkzeuge für den Export in die USA hergestellt.

Appell im Lager Nr. 2, Provinz Zhejiang, April 1994.

schloß, die Arbeit Lu Haoqin zu übertragen, der den Platz neben mir belegte.

»Wie wär's, wenn du heute abend den Ofen füllst und das Feuer anzündest?« fragte ich ihn.

»Nein«, erwiderte er mit lauter Stimme, »das ist deine Aufgabe. Ich bin der zweite in der Reihe, nicht der erste.«

Ich überlegte rasch. Alle hatten gehört, wie er meine neue Autorität herausforderte, und ich konnte nicht nachgeben. »Zwar bin ich der erste, aber ich muß heute abend andere Dinge erledigen«, erklärte ich energisch. »Ich möchte, daß du die Sache zum Nutzen aller übernimmst.«

»Nein, dafür bin ich nicht zuständig«, beharrte Lu.

Ich konnte nicht zulassen, daß er mir nicht gehorchte. Wenn ich einen anderen Gefangenen beauftragt hätte, wäre die normale Abfolge der Pflichten noch mehr gestört worden, und der nächste würde sich wahrscheinlich ebenfalls weigern und meine Führerschaft in Gefahr bringen. Ich durfte nicht so schnell auf meine Macht verzichten.

»Tu, was ich dir sage«, rief ich, »oder du wirst es bedauern.« Lu schüttelte den Kopf.

Ich stand auf und packte seinen Fuß. »Wird's bald!« Dann verdrehte ich seinen Fuß mit aller Kraft.

»Laß mich los, ich gehe ja schon«, stöhnte Lu, und die Spannung löste sich auf. Er holte die Maisstengel von dem Ochsenkarren und steckte sie in den Ofen.

Ich hatte die Formulare ausgefüllt, und die anderen Häftlinge plauderten miteinander, als Lu eine halbe Stunde später zurückkehrte. Seine Hände waren steif vor Kälte. »Tut mir leid«, sagte ich, während er sich hinsetzte.

»Keine Ursache.« Er schien mir meinen Ausbruch nicht mehr übelzunehmen.

»Ich habe hier im Norden keine Verwandten.« Ich wollte unseren Streit vergessen machen, und ich vermutete, daß Lu mein Heimweh nach dem Leben südlich des Yangtze teilte. Da er schwieg, ahnte ich, wie einsam er war, und verstummte. Bei manchen Häftlingen ließen Erinnerungen an die Vergangenheit nicht Nostalgie, sondern schmerzliche Trauer aufkommen.

»Ist dir schon warm?« fragte Lu, ohne auf meinen Kommentar einzugehen.

»O ja, heute nacht werden wir gut schlafen«, erwiderte ich, dankbar für seine Kameradschaft.

Lu wiederholte ein traditionelles Sprichwort: »Wenn du dich satt fühlst und dir warm ist, fängst du an, an Sex zu denken. Unsere Mägen sind heute abend vielleicht nicht voll, aber die Wärme des *kang* wird mich bestimmt an Sex denken lassen.«

»Auf solche Gedanken werde ich sicher nicht kommen«, antwortete ich verlegen. Dann dachte ich daran, Meihua in den Armen zu halten. »Außerdem habe ich nach niemandem Sehnsucht.« Ich wollte das Gespräch beenden und meinen Schmerz über ihren Verlust vergessen.

»Wie kannst du aufhören, an Sex zu denken?« fragte Lu. »Gibt es etwas Menschlicheres?« Er zog sich die Decke über die Schultern und wandte sich ab, um zu schlafen.

Drachenträume

In unseren ersten Tagen auf der Qinghe-Farm im Februar 1962 klammerten wir uns an die Hoffnung, daß ein Befehl zur Entlassung der konterrevolutionären Rechtsabweichler eintreffen würde. Aber das Schweigen der Behörden war eine schreckliche Enttäuschung. Wir unterhielten uns seltener miteinander und vermieden jede Erwähnung der »Drei Ursprünge«-Politik. Nach außen hin gab ich mich meinen Gruppenkameraden gegenüber optimistisch, aber in Wirklichkeit glaubte ich, daß die Maßnahme bestenfalls verschoben worden war. Höchstwahrscheinlich war der Gedanke, so viele Intellektuelle freizulassen und dadurch die Ungerechtigkeit ihrer Behandlung indirekt einzuräumen, auf den Widerstand führender Parteivertreter gestoßen, zum Beispiel Deng Xiaopings, der die Anti-Rechts-Bewegung geleitet hatte.

Nachdem sich die schlimmste Kälte gelegt hatte, wurden wir nicht mehr dazu eingesetzt, Schilfrohre abzuschneiden, sondern dazu, die Bewässerungsgräben, die die Reisfelder voneinander trennten, instand zu setzen. Ich hatte einiges von meiner Kraft zurückgewonnen und konnte wieder mit einer schweren Spitzhacke und einem Spaten arbeiten, um die Lehmdämme, die im Winter eingebrochen waren, zu reparieren. Dies erforderte viel mehr Energie und Ausdauer als das Abschneiden von Schilfrohren auf der zugefrorenen Sumpflandschaft, weshalb ich zunächst sehr langsam arbeitete. Hauptmann Wang trieb uns nicht sonderlich an, denn er wußte, daß viele von uns immer noch unter den Folgen der Hungersnot litten. Als ich eines Morgens den Arbeitsplatz erreichte, zählte ich nur neun Mann. Ao Naisong hatte die Unterkunft mit den anderen verlassen, aber er war nirgends zu finden. Erst nachdem Hauptmann Wang den Grabenabschnitt ausgemessen hatte, den Gruppe fünf instand setzen sollte, entdeckte ich Ao, der immer noch vierhundert Meter entfernt war und gemächlich auf uns zukam.

Mittlerweile wußte ich, daß Ao von schmerzhaften Hämorrhoiden geplagt wurde, die ihn daran hinderten, sich rasch zu bewegen. Ich sah, wie er zu graben anfing, aber am Ende des Vormittags hatte ich mehr als drei Meter ausgebessert, während er gerade einen halben Meter geschafft hatte. Jeder Spatenstich schien ihm schwerzufallen, und er stand häufig still, als sei er in Gedanken versunken. Schmutzstreifen überzogen sein Gesicht, und seine Füße waren fast knöcheltief in dem Schlamm versunken, der sich unter dem dünnen Frostboden befand. Seine Schuhe waren durchtränkt, seine Füße mußten ihm vor Kälte weh tun. Nicht einmal in der Unterkunft gab es eine Möglichkeit, unsere gefütterten Baumwollschuhe zu trocknen. Wer zuließ, daß seine Schuhe feucht wurden, dessen Füße froren zwei Tage lang.

Am späten Nachmittag näherte sich der Hauptmann Lu Haoqin, der seine Arbeit immer zügig erledigte, und forderte ihn auf, Ao zu helfen.

»Tut mir leid«, erwiderte Lu rasch, »aber wir alle müssen die gleiche Arbeit machen, wir alle essen die gleichen Mahlzeiten. Ich kann nicht für einen anderen einspringen.«

Nach den Vorschriften von Abteilung 584 erhielten alle die gleiche Nahrungsmenge. Dadurch verspürten diejenigen, die am schwersten arbeiteten und am meisten Energie aufwandten, den größten Hunger. Wer würde freiwillig zusätzliche Arbeit leisten, wenn jeder, gleichgültig, wieviel er geschafft hatte, die gleiche Portion bekam? Lu hatte gelernt, sich im Lager durchzusetzen, und die Bedürfnisse anderer interessierten ihn nicht. Der Hauptmann konnte ihn nicht zwingen, außerplanmäßige Arbeit zu leisten, aber manche in der Gruppe waren der Ansicht, daß Ao wegen seiner Schmerzen besondere Nachsicht verdient habe. Zwei von ihnen schlossen sich mir an, und gemeinsam brachten wir Aos Arbeit zu Ende, so daß das Tagessoll unserer Gruppe erfüllt war.

Am folgenden Abend trat Ao vor Beginn des politischen Unterrichts an meinen Schlafplatz heran. Zu meiner Überraschung begann er trotz seiner sonstigen Zurückhaltung, von sich zu sprechen, und er erwähnte sogar den Namen seines Vaters. Dieser war ein berühmter Fotograf, dessen Aufnahmen man häufig in der Monatszeitschrift *China-Illustrierte* verwendet hatte.

»Und was war dein eigener Beruf?« Ich hoffte, ihn zu weiteren Auskünften bewegen zu können.

»Ich habe an der Optikabteilung des Pekinger Industrie-Instituts studiert«, antwortete er.

»Du mußt eine gute politische Herkunft haben«, sagte ich. Das Industrie-Institut wurde von der Armee verwaltet und nahm hauptsächlich die Kinder von Parteimitgliedern auf. Ao schwieg von neuem. Ein anderer aus der Gruppe hatte mir mitgeteilt, daß Aos Vater ihn verstoßen habe, um sich von den politischen Fehlern seines Sohnes zu distanzieren.

Ao wandte sich ab, da er nicht auf seine persönlichen Probleme eingehen wollte, und mir wurde bewußt, daß ich mir zum erstenmal seit meiner Freundschaft mit Großmaul Xing und Chen Ming Gedanken über einige meiner Kameraden machte. Ich wollte wissen, weshalb man Lu Haoqin und Ao Naisong verhaftet hatte, aufgrund welcher Verbrechen sie als konterrevolutionäre Rechtsabweichler angeklagt worden waren, was für ein Leben sie vor dem Aufenthalt im Lager geführt, welches Leid sie in den schlimmsten Monaten der Hungersnot ertragen hatten. Aber die Gefängnisvorschriften verboten jeden Informationsaustausch über die Verbrechen eines Häftlings. Die Behörden wollten unbedingt verhindern, daß sich unter uns Freundschaften, Bündnisse und Sympathien entwickelten.

Der Februar verging, und wir freuten uns auf das Frühjahrsfest. In jenen drei Tagen würden wir unsere Verwandten mehr als sonst vermissen, aber wir würden uns auch ausruhen können und bessere Nahrung erhalten. Die Tradition der Herstellung von Knödeln zum Frühjahrsfest war uns allen immer noch teuer. Wir erinnerten uns daran, wie wir uns zu Hause mittags mit der Familie an einen Tisch gesetzt, uns unterhalten und dem Fest fröhlich entgegengesehen hatten. Die Männer tranken Wein und aßen eingelegte Zwiebeln, während die Frauen den Teig anrührten, ihn zu einem Laib formten, ihn dann in Stücke schnitten und zu dünnen Scheiben ausrollten, die mit aromatischem Schweinefleisch und Kohl gefüllt wurden, und schließlich die sichelförmigen Happen zusammenfalteten. Diese Feier war eine Zeit großer Herzlichkeit in der chinesischen Familie. Sogar im Lager hofften wir alle, daß Familiengefühle aufkommen würden, soweit es in dieser Umgebung möglich war.

Am ersten Morgen des Festes reichte mir der Kalfaktor einen Gutschein mit Hauptmann Wangs persönlichem Stempel: »Gruppe fünf. Zehn Mann. Ein Pfund Mehl und ein Behälter Fleisch, gemischt mit Gemüse.« Der Gedanke an unsere erste schmackhafte Mahlzeit und unseren ersten Bissen Fleisch seit einem ganzen Jahr beflügelte unsere Vorbereitungen. Der Hauptmann wies mich an, die Vorkehrungen zu beaufsichtigen. Ich forderte Lu Haoqin auf, die drei Emailleschüsseln, welche die wenigsten Rostflecke hatten, ausfindig zu machen und zu waschen. Dann machte ich mich daran, das Ende eines Spatengriffes abzusägen, das als Nudelholz benutzt werden sollte, und glättete es mit einer Glasscherbe. Wir breiteten mehrere Zeitungsseiten auf dem *kang* aus und setzten uns hin, um zu warten.

Als der Kalfaktor rief: »Mannschaft sieben, Gruppe fünf!«, setzten wir uns rasch in Bewegung. Drei Männer halfen mir, die Schüsseln zu tragen, und zwei andere begleiteten uns als Wächter. Obwohl wir alle Intellektuelle waren, wagten wir nicht, die Wachsamkeit aufzugeben, die sich in den Hungermonaten herausgebildet hatte. Jemand hätte sich mühelos eine Handvoll Mehl in die Tasche stecken können, um sie, sobald er allein war, mit Wasser zu verrühren. Ich konnte nicht darauf vertrauen, daß wir noch genug Integrität besaßen, um unseren Überlebensinstinkt zurückzudrängen, aber es gelang uns, unsere Ration ohne Zwischenfälle aus der Küche zurückzubringen.

Nun mußte ich vorgehen wie ein Militärbefehlshaber, der Aufgaben delegiert. Mach keine Fehler, mahnte ich mich selbst. Sorg dafür, daß Harmonie herrscht, daß alle zufrieden sind, daß die Arbeit glatt vonstatten geht. Ich beauftragte zwei Männer, das Mehl mit Wasser zu verrühren, und beschloß, den Teig eigenhändig zu Laiben zu formen. Lu, der am sorgfältigsten arbeitete, sollte die Laibe in gleichmäßige Scheiben schneiden und sie dann ausrollen. Mehrere Männer hatten um diese Aufgabe gebeten, aber ich wußte, daß nicht jeder die Geduld oder das Geschick besaß, Knödel von genau gleicher Größe herzustellen. Wenn manche Stücke breiter waren als andere, würden wir die Streitigkeiten nie beenden können. Drei andere legten die gleiche Menge Fleischfüllung auf die einzelnen Scheiben, um sie dann zu Knödeln zu falten und zu versiegeln. Einer zählte die Knödel und stapelte sie zu Zehnerhaufen auf, so daß keiner verschwinden konnte. Ein weiterer Mann beobachtete alle anderen. Der einzige, der nicht mithalf, war Ao Naisong.

»Ao, was kannst du machen?« rief ich.

»Ich kann nur essen«, erwiderte er mit einer Spur von Humor. Ich wollte nicht, daß er sich vernachlässigt fühlte. »Könntest du nicht etwas Musik spielen?« fragte ich. »Das ist deine Aufgabe.« Er schien sich zu freuen.

Aos Platz auf dem *kang* war am hinteren Ende des Raumes, und seine Laute hing über ihm an der Wand. Er nahm sie herunter und spielte, während wir arbeiteten. Eine gesellige Stimmung entwikkelte sich – fast wie auf einer Familienfeier.

Mehr als hundert Gruppen warteten an jenem Morgen darauf, die riesigen Woks zu benutzen, und wir brannten darauf zu beginnen. Als fast alle Knödel fertig waren, schickte ich einen Mann fort, der sich vor der Küche anstellen sollte, bis wir an der Reihe waren. Drei Männer halfen mir, dic Schüssel mit den ungekochten Knödeln zu tragen, und weitere drei begleiteten uns. Jetzt benötigten wir am meisten Schutz. Wer darauf aus war, konnte sich sehr leicht eines gefüllten Knödels bemächtigen und sich ihn in den Mund schieben.

Als die Schüsseln voll dampfender Knödel endlich an meinem Platz auf dem *kang* standen und ihr Duft den Raum durchzog, verstummten alle. Ich ging die Reihe sitzender Männer entlang und zählte die Knödel ab. Alle zählten mit: »Eins, eins, eins ... zwei,

zwei, zwei ...« Wir hatten insgesamt vielleicht fünfhundert Knödel hergestellt, und ich hatte keine Ahnung, ob die Gesamtmenge durch zehn teilbar war. »Fünfundvierzig, fünfundvierzig, fünfundvierzig ...«

Nachdem ich die Knödel verteilt hatte, blieben vier übrig. Am einfachsten wäre es gewesen, jeden in fünf Stücke zu schneiden, aber ich hatte den Einfall, das Verfahren zu einem Spiel zu gestalten.

»Ein Vorschlag«, rief ich. »Wie wär's, wenn wir uns zehn Zettel machen, vier davon kennzeichnen und für die vier Knödel Lose ziehen? Dann können vier Leute jeweils einen ganzen Knödel gewinnen. Was meint ihr?«

»Nein!« widersprach Lu Haoqin sofort. »Vielleicht kriege ich nichts. Ich will meine zwei Stücke haben.«

»Warum nicht?« fragte ein anderer. »Das macht mehr Spaß.«

Da sich kein anderer beschwerte, veranstalteten wir im Geist des Frühjahrsfestes ein Glücksspiel um die Knödel. Ich gewann keinen – dafür aber Ao. Er versuchte, seine Freude zu unterdrücken, doch es gelang ihm nicht. »Ich hab' gewonnen! Ich hab' gewonnen!« rief er lachend.

Lu zog eine Niete. Er fluchte und ließ die Faust auf den *kang* krachen.

»Das Ergebnis ist fair!« erklärte ich. »Auch ich habe Pech gehabt, also reg dich nicht auf.« Aber Lu protestierte weiter. Ärgerlich darüber, daß die heitere Laune plötzlich verdorben worden war, nahm ich einen Knödel von meiner eigenen Portion und warf ihn in Lus Schüssel. Er blickte wütend zur Seite und weigerte sich zu essen. Sämtliche Gespräche verstummten. Jeder hatte gesehen, daß ich ihm einen Knödel geschenkt hatte, um ihn zu besänftigen, und die Spannung stieg.

Dann stand Ao von seiner Schlafstelle auf, hängte seine Laute an die Wand und kam mit dem gewonnenen Knödel durch den Gang. Er warf ihn auf die Schlafmatte neben Lu, schaute mich an und sagte ruhig: »Nimm deinen zurück.« Dann drehte er sich um und zischte durch die Zähne: »Lächerlich!«

Ich holte meinen Knödel aus Lus Schüssel, aber der Vorfall hatte die Stimmung beeinträchtigt. Schließlich durchbrach Lo, ein anderer aus unserer Gruppe, die Stille mit der ersten Zeile des bekannten russischen Volksliedes »Der sibirische Viehtreiber«. Es hat eine betörende Melodie und beschreibt, wie ein verwundeter Viehtreiber zum letztenmal durch die Steppe zieht. Als sein Tod naht, bittet der Hirte einen Freund, sich mit einer Botschaft in sein Dorf aufzumachen. »Gib meinem Vater mein schwarzes Pferd. Überbring meiner Mutter meine Liebe und meine Achtung. Sag meiner Frau, sie möge nicht traurig und besorgt sein. Wenn sie einen anderen finden kann, soll sie mich vergessen.« Wir alle sangen den Text, und unsere geteilte Melancholie verdrängte die feindseligen Gefühle.

Ein Jahr würde vergehen, bevor wir uns wieder an einer Knödelmahlzeit laben konnten, aber nun machten wir es uns – entspannt und mit vollem Magen – auf dem *kang* bequem. Jemand schlug vor, über die Bräuche unserer Heimatprovinzen zu sprechen, und wir begannen, Erinnerungen über unsere jeweiligen Lieblingsspeisen auszutauschen. Dann warf Lo ein anderes Thema auf: »Laßt uns alle über etwas wirklich Schönes nachdenken. Wenn ihr heute das Lager verlassen könntet, was würdet ihr dann als erstes tun? Wir wollen uns etwas Besseres vorstellen.« Er zeigte auf mich. »Wu Hongda, fang du an.«

Mir war stets unbehaglich zumute, wenn ich über persönliche Angelegenheiten sprechen sollte. Vielleicht würde ich meinen Vater aufsuchen, vielleicht an mein Institut zurückkehren oder meine Freundin suchen. All diese Möglichkeiten gingen mir gleichzeitig durch den Kopf, aber ich zögerte. Alle warteten, bis Lo das verlegene Schweigen brach.

»Wenn es dir schwerfällt, dann laß mich anfangen. Ich würde soviel Geld wie möglich zusammenraffen, in ein Restaurant gehen und zwei oder sogar drei Pfund Schweinekopf essen.«

Alle lachten übermütig.»Herrlich! Herrlich!« rief Lo, der sich freute, unsere Begeisterung geweckt zu haben.

»Nein! Zwei oder drei reichen nicht«, warf ein anderer ein.

»Ich würde vier Pfund essen oder vielleicht noch mehr!«

»Da bin ich ganz deiner Meinung »

In unserer Aufregung hatten wir fast den Eindruck, das Fleisch schmecken zu können. Als wir uns beruhigt hatten, brach Ao sein übliches Schweigen. »Seid vorsichtig«, sagte er schelmisch. »Eßt bloß nicht zuviel. Ihr werdet euch noch zu Tode fressen.« Alle lachten.

Der nächste Gefangene fuhr fort: »Ich würde zuerst nach Hause gehen, meine Kinder begrüßen, meine Frau umarmen, an ihren süßen roten Lippen knabbern und dann sofort mit ihr ins Bett gehen.«

Lu Haoqin schaltete sich aufgebracht ein: »Du Mistkerl! Wie redest du denn? Du hast vielleicht eine Frau zu Hause, aber manche von uns können sich so einen Augenblick nicht einmal vorstellen.«

In den Lagern war das Thema körperlicher Intimitäten tabu, denn solche Erinnerungen waren zu persönlich und schmerzlich. Wieder war die Stimmung umgeschlagen, und ich unterbrach die Unterhaltung, da ich eine Rückkehr zu unserer früheren Bitterkeit verhindern wollte. »Sagt, was ihr wollt, aber redet nicht mehr von Familienangelegenheiten. Dies ist nicht der richtige Zeitpunkt.«

Der nächste, der das Wort ergriff, schlug einen humorvolleren Ton an. »Ich werde in mein Büro fahren und zu dem Parteisekretär, der meine Verhaftung angeordnet hat, sagen: ›Da bin ich wieder. Wie ist das werte Befinden?‹«

Ein anderer erklärte: »Ich möchte in den nächstgelegenen Buchladen gehen, um mich zu überzeugen, ob man alle Exemplare meiner Bücher von den Regalen genommen hat.«

Lo ergriff zum zweitenmal das Wort. »Wenn ich das Lager verlasse, möchte ich in ein öffentliches Badehaus gehen, mich von Kopf bis Fuß säubern und jede Spur des Lagergeruchs fortspülen.«

»Und du, Ao?« fragte ich.

Er überlegte ein paar Sekunden lang. »Ich werde in ein Musikgeschäft gehen und zwei neue Saiten für meine Laute kaufen.«

Lu Haoqin meinte sarkastisch: »Warum gehst du nicht nach Hause zu deinem alten Vater?« Offenkundig hatte er die Schmach nach der Verlosung der Knödel nicht vergessen.

Aos Augen wurden größer. Sein Gesicht rötete sich, und er versuchte zu sprechen, doch seine Zunge schien an seinem Gaumen zu kleben.

»Kein Wort mehr über unsere Familien«, befahl ich schroff, denn mir war bewußt, wie bitter solche Erinnerungen sein konnten. »Jetzt bin ich an der Reihe.« Alle anderen hatten sich geäußert. »Wenn ich das Lager verlasse, werde ich mir als erstes einen gewaltigen Drachen kaufen. Ich werde ihm einen langen, flatternden Schwanz anbinden, mehr und mehr Leine lassen und zusehen, wie er immer höher fliegt. Dann werde ich die Schnur durchschneiden und beobachten, wie der Drachen davonsegelt.« Ich entsann mich an meine Kindheit in Schanghai, als es unmöglich gewesen war, den Drachen steigen zu lassen, den mir mein Vater gekauft hatte, weil es in unserer Gegend keine freie Fläche ohne Bäume und Stromleitungen gab. Damit endeten unsere Freiheitsphantasien, und wir legten uns schlafen.

Am nächsten Morgen hatten wir wieder Zeit, uns zu unterhalten, da wir vorübergehend keine Arbeit zu verrichten brauchten. Ich saß mit Lu Haoqin hinter der Baracke, wo wir vor dem stetigen Wind geschützt waren, und wir plauderten über dies und jenes, als sich seine Stimme plötzlich verlor und seine Miene ernst wurde.

»Hast du eine Freundin?« fragte er.

»Ich hatte mal eine Freundin.«

»Wo ist sie jetzt?«

»Fort – wie alles andere.«

»Was ist geschehen? Denkst du noch an sie?«

»Ja, ich denke noch oft an sie«, antwortete ich verlegen, »aber sie hat mir seit drei Jahren nicht mehr geschrieben. Schon bevor ich zum Rechtsabweichler erklärt wurde, hatte sie ihre Meinung über mich geändert. Ich liebe sie immer noch, aber ich würde ihr wohl nur Kummer machen. So wie jetzt ist es besser.« Ich hielt inne, denn ich wollte nicht mehr an meine Liebe zu Meihua denken. »Und du?«

»Oh, ich habe eine Freundin, und ich liebe sie immer noch sehr.«

Er schwieg, schniefte dann und fragte leise: »Hast du mal mit ihr geschlafen?«

»Nein«, erwiderte ich schockiert. In jenen Tagen war vorehelicher Sex unter Studenten äußerst selten, und niemand sprach über so persönliche Dinge.

»Wir haben es einmal gemacht«, fuhr er hastig fort. »Meine Freundin ist kräftig und gesund, und sie wollte es auch. Es war großartig. Schade, daß du nie eine Gelegenheit hattest.«

»Wie ist es passiert?« fragte ich und versuchte, meine Verlegenheit zu verbergen.

»Es war eines Abends auf dem Universitätsgelände hinter einem großen Baum. Vorher hatte ich noch nie ein Mädchen berührt. Ich konnte mich nicht beherrschen. Ich umarmte sie, und meine Hand glitt über ihren Körper. Ihre Haut fühlte sich so anders an. Ich vergaß alles. Aber eine Sache überraschte mich. Ich hatte gehört, daß ein Mädchen beim erstenmal ein bißchen blutet. Aber ich konnte kein Blut finden.« Er brach ab.

»Tut mir leid«, sagte ich nervös, »aber ich habe da keine Erfahrung.«

»Ob meine Freundin vielleicht keine Jungfrau mehr war?« sinnierte Lu.

»Darüber weiß ich wirklich nichts.«

»Vielleicht liegt es daran, daß sie Sportlerin ist. Sie könnte ihre Jungfräulichkeit bei einem Wettkampf verloren haben.«

Das Gespräch war mir peinlich, und ich kam ins Schwitzen, aber meine Neugier gewann die Oberhand. Ich sah, daß Lu die Unterhaltung noch nicht beenden wollte. »Hat es noch ein zweites Mal gegeben?«

»Nein, es war das erste und letzte Mal.«

»Warum?«

»Wir waren Kommilitonen und seit langem befreundet. Seit drei Monaten waren wir ineinander verliebt. An jenem Abend taten wir es einfach, ganz schnell. Keiner von uns wußte Bescheid, und wir waren ungeschickt. Danach hatte ich das Gefühl, ein Verbrechen begangen zu haben. Mehrere Tage lang wollte sie mich nicht ansehen. Wir beide schämten uns, und wir sprachen nie wieder darüber. Zwei Monate darauf wurde ich als Rechtsabweichler eingestuft. Das geschah vor fünf Jahren, ich war achtzehn. Es war das einzige Mal.«

»Denkst du noch an sie?«

»Ja, ich kann den Abend nie vergessen. Manchmal ist die Erinnerung sehr klar, manchmal weit weg. Danach erkundigte ich mich bei ein paar verheirateten Freunden, und sie erzählten mir mehr über Sex. Ich wußte, daß es beim nächstenmal besser sein würde. Wenn ich sie wiedertreffen könnte, würde ich nicht zögern.«

Meine eigenen Gedanken verweilten bei Meihua. Ich überlegte, wo sie sein mochte und ob sie einen anderen gefunden hatte. Würde ich jemals wieder eine Frau in den Armen halten, würde ich das, was Lu beschrieben hatte, je selbst erleben?

Am dritten Tag des Frühjahrsfestes legte sich der Wind, und eine Gruppe von uns saß nach der Mittagsmahlzeit hinter der Baracke in der Wintersonne. Während der Feiertage erhielten wir weiter eine Sonderverpflegung, und wir waren angenehm gesättigt, nachdem wir Brötchen aus Maismehl und eine Suppe aus Kohl, Möhren und getrocknetem Seetang gegessen hatten. Während wir plauderten, begann Ao, seine Laute zu spielen. Zum erstenmal hörte ich aufmerksam zu. Er spielte langsam und rhythmisch, und ich merkte, wie die Musik ihn aufwühlte. Als er die betörende Melodie »Mondlicht im Spiegel der Quellen« anstimmte, wünschte ich mir, daß er nie aufhören würde. Wir alle fielen in die vertrauten Worte über Trennung und Sehnsucht ein und reagierten mit unseren Gefühlen auf die Geschichte eines Mannes, dessen Verlobte von einem reichen Landbesitzer gestohlen wird. Jeden Tag geht er durch die Straßen, um sie zu suchen, und spielt dabei seine Laute. Sie ist eingesperrt, kann nicht zu ihm zurückkehren und nimmt sich schließlich das Leben. Wir alle waren gerührt von der Musik, und wir bedauerten, daß das Ende der Feiertage nahte. Niemand wußte, wann ein solcher Moment der Muße und Besinnung wiederkehren würde.

In den nächsten vier Monaten wurde die betäubende Routine des Lagerlebens von keinem anderen Ereignis durchbrochen. Jeden Morgen um 5.30 Uhr schrie ein Kalfaktor: »Aufstehen! Aus dem Bett!« Wir zogen uns an, bespritzten uns das Gesicht mit Wasser und traten um sechs Uhr mit unseren Gruppen an, um auf die Karren zu warten, die die üblichen Eimer mit Reisbrei brachten. Eine Kelle voll Brei, ein Stück gesalzene Steckrübe und ein Brötchen mußten uns bis zum Mittag genügen. Um 6.30 Uhr rief der Polizeihauptmann: »Ab zur Arbeit«, und sämtliche Gruppen stellten sich in Viererreihen auf, um abzuzählen, den morgendlichen Ankündigungen zu lauschen und das Arbeitspensum des Tages zu erfahren. Dann marschierte das gesamte Bataillon zum Eisentor, wo die bewaffneten Wärter einen zweiten Appell abhielten, bevor wir auf die Felder zogen.

Hauptmann Wang patrouillierte unsere Arbeitsplätze ab, um Auseinandersetzungen zu verhindern und die Disziplin aufrechtzuerhalten. Wir durften nicht sprechen oder Ruhepausen einlegen, und wir erhielten erst am Mittag Wasser und Essen, wenn die Kalfaktoren mit den Holzkarren eintrafen. Nach vierstündiger Schwerarbeit, ausgehungert und ermattet, kauerten wir uns auf den Boden, um zwei Brötchen zu verschlingen und eine Schüssel dünner Suppe zu trinken. Wir konnten uns die Hände vor dem Essen nicht waschen. Manche suchten nach Stöckchen, um ihre Brötchen aufzuspießen, andere versuchten, den Schmutz zu beseitigen, indem sie sich auf die Finger urinierten, wieder andere kümmerten sich nicht um den Dreck und wischten sich die Hände an ihrer Kleidung ab. Wir ruhten uns eine halbe Stunde lang aus und kehrten dann an die Arbeit zurück, um unser Pensum zu erledigen. Erst wenn die Sonne tief am Himmel stand, rief der Hauptmann: »Aufhören, aufhören!«, und wir traten zu einem weiteren Appell an, bevor wir wieder ins Lager trotteten. »Abtreten!« befahl er schließlich.

Diejenigen, die noch die Kraft dazu hatten, eilten zum Wasserhahn, um sich zu waschen, bevor sie sich für die letzte Brotration und die letzte Kelle Suppe anstellten. Um 19.30 Uhr rief der

Hauptmann: »Unterricht! Unterricht!«, und wir setzten uns auf unsere Decken, um die Zeitung zu lesen, irgendeine neue Richtlinie zu diskutieren oder die neuesten Leistungen der Kommunistischen Partei zu preisen. Nach einem erschöpfenden Arbeitstag vergingen diese beiden Stunden politischen Unterrichts sehr langsam. Um 21.30 Uhr marschierten wir hinaus zum Abendappell, und danach hörten wir Hauptmann Wang zu, der Kommentare über unsere Arbeitsweise und die Umerziehung unseres Denkens abgab. Um 22 Uhr brüllte er: »Abtreten! Ins Bett!« Wir machten uns zur Latrine auf, kehrten dann in die Baracke zurück und schliefen sofort ein. So verlief das Leben im Arbeitslager – Tag um Tag, Monat um Monat.

Nach der Frühjahrsfeier begriff ich, wie nützlich Protein für meine Ernährung war, und ich beschloß, meine Familie um die Zusendung von Sonderrationen zu bitten. Seit meiner Verlegung nach Qinghe hatte meine Schwester mir mehrere Päckchen mit Seife, Keksen und Bonbons geschickt. Ich hoffte, daß sie mir etwas Nahrhafteres zukommen lassen konnte, und bat sie brieflich um ein paar getrocknete Muscheln und gepreßte gelbe Bohnen. Ich wußte, daß diese Lebensmittel Geld kosten würden, aber wenigstens brauchte meine Familie keine Getreidegutscheine zu opfern wie beim Kauf von Keksen. Mehrere Wochen später erhielt ich einen Brief, in dem meine Schwester mir mitteilte, sie werde ihr möglichstes für mich tun.

Meine neue Kraft gestattete mir im April und Mai, täglich zur Arbeit hinauszuziehen. Im Frühjahr kommandierten die Hauptleute die Insassen von Abteilung 584 auf die Reisfelder ab, um die Bewässerungsgräben zu säubern oder die Lehmdämme zu verstärken, die die Felder voneinander trennten. Gleichzeitig suchten wir stets nach Nahrung. In jenen Wochen vervollkommnete ich die Methode des Fröschefangens, die Großmaul Xing mir beigebracht hatte. Zuerst zog man einen Faden aus seiner gefütterten Jacke und knüpfte ein kleines Stück Baumwollwatte aus dem Futter daran. Dann ließ man den Köder am Rand des Grabens baumeln, wo sich Frösche im Gras und im Schilf versteckten. Wenn man Glück hatte, hielt ein Frosch die Baumwolle für ein Insekt und sprang auf den Köder zu, der für kurze Zeit an seiner Zunge klebenblieb. Danach packte man seine Füße, tötete ihn mit den Zähnen, riß die Haut vom Kopf bis zu den Beinen ab und stopfte das rohe Fleisch in den Rucksack. Wenn es einem gelang, sich den Blicken des Hauptmanns am Abend zu entziehen, konnte man den Frosch in der Latrine kochen.

Im April 1962 – zwei Monate, nachdem die ersten Gerüchte über die »Drei Ursprünge«-Politik unsere Hoffnungen geweckt hatten – erhielten ein paar Rechtsabweichler aus Abteilung 584 die Nachricht über ihre Entlassung als »Umsiedlungshäftlinge«. Wir übrigen warteten vergeblich. Dann gab Hauptmann Wang eines Morgens im Juni plötzlich bekannt, daß alle noch auf der Qinghe-Farm vorhandenen Rechtsabweichler nach Peking zurückgeschickt werden würden. Niemand wußte, was diese neueste Direktive zu bedeuten hatte. Wir erkundigten uns danach, ob wir in ein anderes Lager gebracht werden sollten, doch Hauptmann Wang erklärte, er habe keine weiteren Informationen. Trotzdem gaben wir uns dem Glauben hin, daß dieser Transport zurück in die Hauptstadt endlich unsere Entlassung bedeute.

Am nächsten Tag brauchten die vier Gefängnislastwagen mehrere Stunden, um uns vierhundert Rechtsabweichler zum Bahnhof Chadian zu befördern, wo wir uns wieder auf dem Gleis versammelten, das nur von den Insassen der Qinghe-Farm benutzt wurde. Wir schauten aus den Zugfenstern hinaus auf die vorbeigleitenden Felder und erwarteten, nun bald entlassen zu werden. Unsere Spannung stieg nach der einstündigen Fahrt, als wir den Häftlingsbereich am Bahnhof Yundingmen im südlichen Teil von Peking verließen. Lastwagen transportierten uns eine halbe Stunde lang durch die vertrauten, von Pappeln umsäumten Straßen in den Außenbezirken der Hauptstadt, bis wir die Tuanhe-Farm, eine riesige Gefängnisanlage am Südrand der Stadt, erreichten.

Beißende Hunde

Keine Ziegelmauern oder Eisentore trennten die Tuanhe-Farm von den Feldern des vorstädtischen Peking. Keine Wachttürme standen an den Ecken des Lagers, und keine bewaffneten Posten beaufsichtigten uns. Nur der dünne Stacheldraht des einen Meter achtzig hohen Zaunes markierte die Grenzen des Gefängnisses. Wir versammelten uns an jenem ersten Abend in der Dämmerung auf dem Hof, blickten über ausgedehnte Felder hinweg und waren erstaunt, nach so vielen hinter Mauern verbrachten Jahren Stadtbusse zu sehen, die auf den Alleen außerhalb des Farmgeländes entlangfuhren.

Die Wärter aus Qinghe zählten uns zum letztenmal, bevor sie auf die leeren Lastwagen kletterten. Ihre schäbigen Uniformen wirkten neben der säuberlich gebügelten Zivilkleidung der Hauptleute von Tuanhe wie Lumpen. Seit zwei Jahren hatte ich niemanden zu Gesicht bekommen, der die für Regierungskader typischen saloppen grauen Hosen und die weißen kurzärmeligen Hemden trug. Die andersartige Kleidung schien einen Wendepunkt in unserem Gefängnisleben und das Ende der unmenschlichen Bedingungen unseres jahrelangen inneren Exils anzudeuten. Als die Hauptleute Gao und Wu mit ungewöhnlicher Höflichkeit erklärten, daß eine Mahlzeit auf uns warte, sobald man uns die Unterkünfte zugewiesen habe, hatte ich das Gefühl, in die Zivilisation zurückgekehrt zu sein.

Die Räume in Tuanhe waren groß genug, um zwanzig Mann – oder zwei Gruppen – aufzunehmen. An jeder Wand zog sich ein *kang* hin, und dazwischen lag ein schmaler Gang. Ich wurde zum Arbeitsleiter von Gruppe acht ernannt und machte mich daran, die Schlafplätze auszumessen. Dankbar stellte ich fest, daß wir eine Schlaffläche von jeweils neunzig Zentimetern haben würden –

fünfzehn Zentimeter mehr als unter den besten Bedingungen, die ich in Qinghe gekannt hatte. Als nächstes verlas ich das Namenverzeichnis, um die Reihenfolge der Schlafplätze für meine zehn Leute festzulegen. Auch Lu Haoqin und Lo waren Gruppe acht zugeteilt worden. Ao Naisong gehörte zu Gruppe neun, die den großen Raum zusammen mit uns bewohnte. Wir brachten unsere angeschlagenen Emailleschüsseln und unsere zerfaserten Handtücher auf dem Regal unter und breiteten unsere zerschlissenen Steppdecken aus. Hier, in der zivilisierteren Umgebung der Stadt, betrachtete ich die Ärmlichkeit unserer Besitztümer mit ganz anderen Augen.

Gegen 23 Uhr rief der Kalfaktor uns in die Küche. Bei früheren Verlegungen hatten wir mindestens eine Mahlzeit verpaßt und bis zum Morgen Hunger gelitten, doch hier servierten die Köche ein verspätetes Abendessen. Jeder von uns erhielt ein großes Maisbrötchen und eine Schüssel Kohlsuppe. Diese ermutigenden Zeichen für eine mildere Behandlung ließen mich den Bekanntmachungen des Morgens ungeduldig entgegensehen, und ich schlief kaum in jener Nacht.

Am nächsten Morgen traten wir rasch im frühsommerlichen Sonnenschein an und rechneten damit, Instruktionen über unsere Entlassung zu hören. Hauptmann Gaos elegante Erscheinung und seine respektvolle Begrüßung bestärkten uns in unserem Optimismus, doch dann wurde seine Stimme schrill. »Ich weiß, ihr habt eine Menge Gerüchte gehört«, schnauzte er, »aber ich habe keine Nachricht über eure Entlassung erhalten. Was morgen geschieht, kann ich nicht vorhersagen, aber heute seid ihr Häftlinge und habt euch diszipliniert zu benehmen. Ihr werdet zur Arbeit hinausgehen und euch streng an die Gefängnisvorschriften halten.« Mit diesen wenigen Worten wurde unsere Hoffnung auf Freiheit zunichte gemacht. In den Gesichtern meiner Kameraden spiegelten sich Unglaube, Wut und Verzweiflung wider.

Wie betäubt hörte ich, daß Hauptmann Wu bekanntgab, wir würden den Tag auf den Gemüsefeldern verbringen. Ich versuchte, meine Enttäuschung abzuschütteln. Unsere Entlassungsbefehle konnten schließlich noch in den nächsten Tagen eintreffen, und wenigstens würde ich mir zusätzliche Nahrung sichern können. Ich beschwor die Passivität herauf, die mir aus der Vergangenheit so vertraut war, und ermahnte mich selbst, nicht an die Zukunft zu denken, mich nur um die Bedürfnisse des Augenblicks zu kümmern. Während wir zur Arbeit hinausmarschierten, konzentrierte ich mich auf die Aussicht, frisches Gemüse zu verspeisen.

In Qinghe hatten meine stärksten Bemühungen, im Sumpf, in den Bewässerungsgräben und auf den Kohlfeldern etwas Eßbares zu finden, nur Wurzeln und Blätter zutage gefördert. Nun aber erregte mich der Anblick von Pflanzen, die sich unter Tomaten und Bohnen, Auberginen und Gurken – angebaut für die Märkte der Hauptstadt – bogen, und weckte meinen Heißhunger. Es war mir gleichgültig, daß ich gerade gefrühstückt hatte und daß ich das Gemüse roh essen mußte. Meine Kameraden schienen genauso heißhungrig zu sein. Wir verteilten uns, um Unkraut zu hacken, doch dann beugten wir uns zwischen den Reihen der Gemüsepflanzen nieder, so daß die Wärter uns nicht sehen konnten, und stopften uns den Mund voll. Offenbar hatten wir das Bedürfnis, einen Hunger ganz besonderer Art zu stillen. Ich weiß nicht, wieviel ich an jenem ersten Tag aß.

Nach dem Abendappell rief Hauptmann Gao verächtlich: »Ihr benehmt euch wie Tiere! Ihr stehlt einfach alles!« Er ließ uns abtreten, doch ich blieb zurück, um einen meiner Gruppenkameraden, einen bekannten Dramatiker, zu verteidigen, der beim Diebstahl einer Aubergine ertappt worden war.

»Hauptmann Gao«, erklärte ich, »Sie können es sich nicht vorstellen, aber wir haben monatelang gehungert.« Er musterte mich nur kühl, ohne auf meinen Kommentar zu reagieren.

Nach mehreren Wochen in Tuanhe waren wir nicht mehr nur von Gedanken ans Essen erfüllt. Die bitteren Jahre der nationalen Hungersnot waren durch bessere Ernten beendet worden, und wir erhielten größere Brötchen, die zwar noch mit Maismehl, aber ohne Ersatzstoffe hergestellt wurden. Jeder, der das tägliche Arbeitspensum ableistete, bekam eine monatliche Getreideration, die für ein Brötchen zum Frühstück und je zweieinhalb zum Mittag- und Abendessen ausreichte. Außerdem wurde in der Küche Kohlsuppe gekocht, die seltsam dunkel war, uns jedoch – mit dem dicken Gemüse, dem Geschmack von Sojasoße und ein paar Spritzern Fett – köstlich mundete.

Gleichwohl suchten wir die Felder in Tuanhe weiterhin nach Eßbarem ab – weniger, um unseren Hunger zu stillen, als zu dem Zweck, unsere Verpflegung durch schmackhafteres Getreide und Gemüse zu ergänzen. Zum Beispiel lernte ich, mit schnellen Bewegungen meiner Schuhsohlen die Spelzen von den weißen Körnern abzureiben und das Getreide dann roh zu essen. Häufig versteckte ich mich auch zwischen den Maisstengeln, riß ein oder zwei Kolben ab, sog die saftigen Körner aus und grub die Kolben dann ein, um meinen Diebstahl zu vertuschen.

Die uns monatlich zustehenden fünf Yuan, die auf unsere persönlichen Gefängniskonten eingezahlt wurden, ermöglichten uns, im Laden von Tuanhe Zahnpasta, Handtücher, Schreibstifte, Schreibpapier, Seife und sogar Thermosflaschen zu kaufen. Wir benutzten die Thermosflaschen nicht nur, um heißes Wasser aus dem Kesselhaus zum Trinken und Waschen mitzunehmen, sondern auch, um Frösche und Schlangen zu kochen, die wir auf den Feldern fanden. Die Latrinen im Lager boten keine Möglichkeit, unentdeckt ein Feuer zu bauen, deshalb steckten wir die abgehäuteten Frösche in unsere Thermosflaschen und ließen sie eine Stunde lang kochen, bis sie gar waren. Außerdem gab es auf der Tuanhe-Farm viele Häftlinge, deren Verwandte in der Nähe wohnten und Nahrungsmittel entbehren konnten.

In gewisser Hinsicht wurde unser Gefühl der Isolierung und Verzweiflung durch die besseren Zustände noch verstärkt. Die Freiheit schien so nahe, aber trotzdem unerreichbar zu sein. Die minimalen Sicherheitsvorkehrungen in Tuanhe dürften jeden veranlaßt haben, eine Flucht wenigstens zu erwägen. Ich stellte mir oft vor, über den Stacheldrahtzaun zu klettern, über die Felder zu rennen und mit einem Bus in der Stadt zu verschwinden, doch jedesmal beschloß ich, das Risiko einer Wiederergreifung nicht einzugehen.

Ich wollte meine Chance einer offiziellen Entlassung nicht aufs Spiel setzen. Die anderen Häftlinge gelangten offenbar zu demselben Schluß, und wir alle warteten jeden Tag darauf, daß sich die offizielle Einstellung gegenüber den Zehntausenden von konterrevolutionären Rechtsabweichlern änderte, die man im ganzen Land seit 1957 eingesperrt hatte.

Vorläufig mußten wir Mais, Baumwolle und Weizen aussäen und uns um die Gemüsefelder kümmern. Der Sommerweizen mußte im Juni und Juli eingebracht werden, und zur gleichen Zeit sollten wir den Herbstmais anpflanzen. Als Arbeitsleiter hatte ich sehr viel zu tun. Ich war nun fünfundzwanzig Jahre alt und einer der jüngsten unter den Rechtsabweichlern. Da ich mich von der Entkräftung durch den Hunger völlig erholt hatte, konnte ich nicht nur 150 Pfund Weizen auf dem Rücken tragen, sondern die Last auch auf einen Trecker wuchten. Die Hauptleute wußten meine Kraft und meinen Einsatz zu schätzen.

Einige in meiner Gruppe, besonders drei ältere Häftlinge, konnten mich allerdings nicht leiden. Sie betrachteten den Arbeitsleiter, der ihnen die tägliche Norm zuwies und sie ständig antrieb, als einen Gehilfen der Polizei. Vor allem an Tagen, an denen wir eine kollektive Norm zu erfüllen hatten, beklagten sie sich über die schwere Arbeit. Ich war für die kollektive Leistung verantwortlich und bestand stets darauf, daß alle ihren Anteil erledigten – sogar jene, die hungrig waren oder nicht arbeiten wollten.

Manche bezichtigten mich unverhohlen: »Du bist nichts als ein Jagdhund. Warum arbeitest du für die, warum zwingst du mich zu dieser Schinderei?«

Andere hatten Verständnis für meine Position. »Er hat keine Wahl«, entgegneten meine Freunde. »Wenn Wu Hongda nicht Gruppenleiter wäre, würde jemand anders die Aufgabe übernehmen.«

Meine Freunde wie meine Feinde wußten, daß der Gruppenleiter erhebliche Macht besaß, denn es war mir überlassen, ob ich bestimmte Männer begünstigte und ihnen die leichteste Arbeit zuteilte. In Tuanhe stellten wir zuweilen Ziegel her, und ich konnte einem Freund befehlen, den Sand und nicht die schwereren fertigen Ziegel zu tragen. Wenn wir Reis pflanzten, konnte ich jemanden, dem ich helfen wollte, dorthin schicken, wo der Schlamm auf dem überfluteten Feld weich war und wo die Sämlinge mühelos in den Boden gesteckt werden konnten, während sich andere auf dem festeren Schlamm abrackerten. Zur Erntezeit konnte ich bestimmen, wer das Getreide trug – eine relativ leichte Arbeit – und wer die zermürbende Aufgabe hatte, sich auf den Feldern niederzubeugen und die Halme mit einer Sichel abzumähen.

Wenn sich ein Gruppenmitglied meinen Anordnungen widersetzte, konnte ich den Hauptmann herbeirufen. Zudem besaß ich die Möglichkeit, am Ende des Arbeitstages Meldung über einen Häftling zu machen, der mir nicht gehorcht hatte. Die Ordnungshüter mußten sich darauf verlassen können, daß ich für die Erfüllung der Norm sorgte. Unsere persönlichen Streitigkeiten interessierten sie nicht, und wenn es zu Schlägereien kam, verhängten sie nur dann Strafen, wenn jemand ernstlich verletzt wurde. In der Regel sprach der Hauptmann nur eine Rüge aus oder ignorierte den Streit völlig.

In jenem Sommer wurde ich häufig in Schlägereien verwickelt. Eines Tages trug ich auf dem Feld das hintere Ende einer Schulterstange, an der ein schwerer Eimer voll Erde hing, als ich bemerkte, wie mein Partner eine vertrocknete Rübe mit dem Fuß in das hohe Gras neben dem Bewässerungsgraben stieß. Wahrscheinlich wollte er später zurückkommen, um sich die Rübe zu holen, denn in jenem Moment stand ein Wärter in der Nähe, so daß wir unsere Arbeit nicht unterbrechen konnten. Ich merkte mir die Stelle, kehrte als erster zurück – es war, als gehorchte ich immer noch einem angeborenen Überlebensinstinkt –, hob die Rübe auf und eilte davon, um sie an einem abgelegenen Ort zu essen. Ich ließ keine Gelegenheit aus, meine Tagesration irgendwie zu erhöhen. Mein Partner sah mich und rannte wütend herbei.

»Gib sie zurück!« rief er.

»Und wieso gehört sie dir?« brüllte ich. »Hau ab, du Scheißkerl.«

»Ich habe die Rübe gefunden!« erklärte er und versuchte, sie an sich zu reißen.

»Hau ab!« wiederholte ich und versetzte ihm einen kräftigen Schlag. Seine Nase begann zu bluten, und seine dicke Brille fiel zu Boden. Er tastete verzweifelt auf der Erde herum, um sie zu finden. Plötzlich fühlte ich mich schuldig – nicht, weil er blutete, sondern weil auch ich eine Brille trug und wußte, daß er ohne sie fast blind war. Ich fand die Brille unzerbrochen im dichten Gras, reichte sie ihm, und er verschwand. Da er schwächer als ich war, konnte er mich nicht körperlich bestrafen, aber später erzählte er allen in der Unterkunft, daß ich ihm eine Rübe gestohlen hätte. Ich verteidigte mich mit der Behauptung, ich selbst hätte die Rübe gefunden. Mehrere Männer fragten, weshalb ich gewalttätig geworden sei. Ich gab trotzig zurück, daß er versucht habe, mir mein Essen zu rauben. Meine Verzweiflung über die anhaltende Lagerhaft war so groß und der Selbsterhaltungstrieb so stark, daß ich keine Gewissensbisse hatte, soviel Nahrung wie möglich an mich zu raffen. Ich machte mir nicht die geringsten Gedanken über die selbstsüchtige Haltung, die ich mir in meinen beiden Lagerjahren zugelegt hatte.

Andere definierten die Grenzen des annehmbaren Verhaltens auf unterschiedliche Weise. Mir schien es gerechtfertigt zu sein, mich auf den Feldern brutal und aggressiv zu benehmen, da ich seit langem die Überzeugung hegte, daß nur die Stärksten im Lager überleben könnten. Aber ich haßte aggressives oder heimtükkisches Verhalten während des politischen Unterrichts. Diejenigen, die zu schwach und feige waren, um sich auf Kämpfe einzulassen, und die ihre Rivalitäten und Vorurteile in einem politischen Rahmen ausleben wollten, konnten nur mit meiner Verachtung rechnen. Um sich Einfluß oder eine Vorzugsbehandlung zu verschaffen, zeigten sie andere heimlich bei den Wärtern an. Daneben erhoben sie falsche Anklagen in »Kampfversammlungen« und beteiligten sich an der planmäßigen Verprügelung von Häftlingen, die wegen ihrer schlechten politischen Einstellung eine »Lektion« erhielten. Ein solches Benehmen widerte mich an. Manchmal mußte ich mich auf Kampfversammlungen dem allgemeinen Druck beugen und Anklagen brüllen, aber ich schlug keinen und zeigte nie jemanden aus politischen Gründen an. Meine Skrupel waren gut bekannt, und die meisten meiner Gruppenkameraden begegneten mir mit Vertrauen und Respekt.

Die Männer, die andere bei der Polizei anschwärzten, hofften, dadurch die Fortschritte ihrer Umerziehung demonstrieren und sich eine baldige Entlassung sichern zu können. Dong Li, der wichtigste »Umerziehungsaktivist« in Gruppe acht, hatte diesen Pfad beschritten. Ich konnte nie begreifen, wieso er zum Rechtsabweichler erklärt worden war, denn er schien keine politischen Überzeugungen zu besitzen und nie gründlich genug nachzudenken, um von der Parteilinie abzuweichen. Er war in den Landgebieten nördlich von Peking aufgewachsen und sprach mit einem langsamen, dörflichen Akzent. Wir Städter betrachteten ihn mit der Herablassung, die für die gebildete Elite Chinas typisch war, als einen rückständigen Provinzler. Was wir ihm jedoch besonders verübelten, war sein Mangel an moralischen Grundsätzen.

Dong Li strebte nicht nur nach speziellen Vergünstigungen, sondern er protzte auch noch mit ihnen. Die Gefängnisvorschriften gestatteten nur Besuche von nächsten Angehörigen, doch die Polizei erlaubte Dongs Onkel, ihn zu besuchen, da seine Mutter für die Reise angeblich zu alt sei. Besucher durften einem Häftling offiziell nur zwei Pfund Lebensmittel mitbringen, doch Dong Lis Onkel erhielt die Genehmigung, ihm ein zehn Pfund schweres Paket mit vorgekochtem Mehl zu übergeben. Dong Li bewahrte den Vorrat unter seinem Kissen auf, und jeden Abend vor dem Schlafengehen sahen wir alle zu, wie er eine Handvoll Mehl in seiner Schüssel mit Wasser verrührte und danach verspeiste.

Er verstärkte unseren Groll also dadurch, daß er die unausgesprochene Regel über den Genuß von Sonderrationen außer acht ließ. Niemand erwartete, daß ein Gefangener Privatgeschenke mit seinen Kameraden teilte, aber andererseits galt es nicht als akzeptabel, daß er solche Speisen vor den Augen der übrigen aß. Alle empfanden Haß auf Dong Li, wenn er seinen Schatz stolz zur Schau stellte und beim Essen genießerisch schmatzte. Niemand sonst in Gruppe acht hatte Verwandte in Peking, die Lebensmittel ins Lager bringen konnten, und unser Ärger wuchs. »Du zeigst uns bei der Polizei an, wirst dafür belohnt und tust dich dann vor unseren Augen an deiner Belohnung gütlich«, dachte ich.

Eines Abends, als Dong Li den Raum verlassen hatte, zogen vier von uns das Paket unter seinem Kissen hervor; wir teilten uns das Mehl, verrührten die Portionen mit Wasser und verschlangen den Brei sofort. Als Dong zurückkehrte, heulte er wie ein tollwütiger Hund, aber er war machtlos. Am nächsten Morgen erstattete er dem Hauptmann Meldung, aber er hatte keine Beweise für die Schuld bestimmter Gruppenmitglieder. Der Hauptmann interessierte sich ohnehin kaum für dieses Bagatelldelikt, das ihm nur die Folge persönlichen Gezänks zu sein schien.

Ein paar Tage später nahm Dong Li Rache. Er meldete dem Hauptmann, daß der sanfte, prinzipienbewußte Lo, der während des Frühjahrsfestes so ergreifend gesungen hatte und den alle respektierten, reaktionäre Gedanken hinausposaunt habe. Wenn es um solche Probleme ging, wurde der Hauptmann sofort aktiv, obwohl Lo den Vorwurf entschieden bestritt. Vielleicht wollte der Hauptmann Dong Li versöhnlich stimmen, oder vielleicht hatte er willkürlich beschlossen, diesen Vorfall zu nutzen, um uns vor den Folgen des Widerstands gegen die Umerziehung zu warnen. Was immer sein Motiv gewesen sein mochte, er befahl, Lo sieben Tage lang unter Einzelhaft zu stellen. Wir alle wußten, daß diese Strafe großes Leid verursachte. Der Gefangene wurde in eine winzige Zelle gesperrt, erhielt nur Hungerrationen und lag – unfähig, zu sitzen oder zu stehen – in seinen eigenen Exkrementen. Empört über Dong Lis Verrat kamen wir überein, ihm eine Abreibung zu verpassen. Ich traf die Vorkehrungen.

Nach dem Abendappell eilten wir zurück in die Baracke. Als Dong Li den Raum betrat, hüllten wir ihn blitzartig in eine dicke Steppdecke und schlossen die Tür. Ich stand draußen, um nach Kalfaktoren oder Sicherheitskräften Ausschau zu halten. Von innen her hörte ich keine Stimmen, sondern nur die gedämpften Geräusche von Füßen und Fäusten. Die Prügel dauerten etwas länger als eine Minute, und der zusammengesackte Dong Li blieb auf dem Boden liegen. Nur Ao hatte sich geweigert, an der Aktion teilzunehmen.

Als Dong Li sich schließlich die Decke vom Kopf riß und sich aufrappelte, hatte er ein blaues Auge, eine blutende Nase und Prellungen an Armen und Beinen. Natürlich konnte er erraten, wer von uns ihn angegriffen hatte, und am nächsten Tag machte er der Polizei Meldung, aber wieder fehlte es ihm an Beweisen. Die Decke, die ihn umhüllt hatte, gehörte ihm selbst.

»Sag mir, wer dich geschlagen hat, und ich werde die Schuldigen bestrafen«, erklärte Hauptmann Gao. Dong Li konnte nur schweigen. Für den Hauptmann war es ein weiteres unbedeutendes Gezänk.

Danach hörte Dong eine Zeitlang auf, uns anzuschwärzen, aber die Lektion verlor bald an Wirkung. Wir wußten, daß er uns immer noch bespitzelte und nur auf eine unüberlegte Bemerkung wartete. Wir versuchten, wachsam zu sein, besonders wenn wir über politische Ereignisse diskutierten, was den Vorschriften widersprach und sehr gefährlich war. Wenn man Pech hatte, wurde man wegen Verbreitung »reaktionärer Gedanken« gemeldet. Das Verbrechen würde in den Personalakten erscheinen und konnte zu der ursprünglichen Anklage hinzugerechnet werden. Noch schlimmer war es, wenn man bei politischen Gesprächen mit mehreren Personen belauscht wurde, denn dann lief man Gefahr, der Mitgliedschaft in einer »reaktionären Clique« bezichtigt zu werden. Da wir die möglichen Folgen solcher Gespräche kannten, erwähnten wir politische Themen nur vorsichtig und ausschließlich gegenüber bewährten Freunden.

Im Frühjahr 1962 lasen wir eine Reihe von Artikeln in der *Volkszeitung*, in denen behauptet wurde, daß die amerikanischen Imperialisten beabsichtigten, die Guomindang-Regierung in Taiwan zu unterstützen und das chinesische Festland anzugreifen. Der Konflikt schien so weit entfernt zu sein, daß er für die meisten von uns kaum eine Rolle spielte, doch einer meiner Freunde im Lager – er hieß Zhao Wei und war früher Redakteur der *Pekinger Tageszeitung* gewesen – wollte über die drohende internationale Krise diskutieren. An einem unserer zweiwöchentlichen Ruhetage nahmen wir hinter einer Baracke Platz, und er flüsterte: »Wenn die Vereinigten Staaten die Guomindang unterstützen, wird sich die chinesische Regierung herausgefordert fühlen. Das wird böse Auswirkungen für die Rechtsabweichler haben. Schon jetzt wird die ›Drei Ursprünge‹-Politik nicht befolgt, aber dann könnte uns noch Schlimmeres zustoßen. Wenn es zu einer größeren Krise kommt, wird man politische Häftlinge innerhalb der Hauptstadt für ein Sicherheitsrisiko halten und uns vielleicht in eine entlegene Gegend fern von Peking transportieren.«

»Ich glaube nicht, daß die Vereinigten Staaten so handeln werden«, widersprach ich. »Sie haben im Koreakrieg ihre Lektion gelernt. Warum sollten sie einen schlechten Schachzug wiederholen?«

Die Diskussion setzte sich fort, als Ao, der seine Schüssel und Eßstäbchen in den Händen hielt, um die Ecke kam. Er setzte sich leise hin, lauschte den Worten des Redakteurs und sprang plötzlich auf. Tack! Tack! Tack! Ao schlug heftig mit den Eßstäbchen an seine Schüssel. »Zwei Brötchen und eine Kelle voll Suppe!« rief er und klopfte weiter mit den Eßstäbchen an den Schüsselrand. »Zwei Brötchen und eine Kelle voll Suppe!« Es hörte sich an wie ein ironischer Kommentar dazu, daß die Bedrohung durch Taiwan fern sei, während die Gefängniskost ein unmittelbares Problem für uns darstelle. Ich lachte und machte Anstalten, fortzugehen. Da sah ich den Grund für Aos seltsames Verhalten. Dong Li lehnte hinter der Ecke an der Wand – nahe genug, um uns zugehört zu haben. Ao hatte ihn bemerkt und vermutet, daß Dong uns beim Hauptmann wegen Abhaltung eines konterrevolutionären Treffens anzeigen wollte. Dies wäre eine günstige Gelegenheit für ihn gewesen, sich an uns zu rächen. Der Vorfall verstrich, aber wir beobachteten Dong Li sorgsam, da wir wußten, daß er nur auf eine Chance lauerte, Meldung über uns zu machen.

Den ganzen Sommer und Herbst 1962 hindurch zogen wir morgens hinaus zur Arbeit und saßen abends in der Baracke, um Zeitungen zu lesen. Wir erfuhren aus der *Volkszeitung*, daß die alljährliche Konferenz der höchsten Parteiführer in dem Badeort Beidaihe einen neuen politischen Kurs verabschiedet habe. Der Vorsitzende Mao, der seine Autorität nach dem Scheitern des Großen Sprungs nach vorn offenbar wieder festigen wollte, hatte neuen – und für uns nichts Gutes bedeutenden – Nachdruck auf die Ideologie gelegt. Der »Klassenkampf« habe das »entscheidende Bindeglied« für alle Bemühungen zu sein, verkündete Mao. Die Kursänderung machte sich für uns lange Zeit nicht bemerkbar, bis die vier Männer, die auf der Tuanhe-Farm für die politische Umerziehung von Rechtsabweichlern verantwortlich waren, eines Abends im Oktober hereinmarschierten. Wir legten unsere Zeitungen nieder, und sofort stieg die Spannung im Raum. Wir wußten, daß wir mit einer erfreulichen oder einer katastrophalen Nachricht zu rechnen hatten.

Genosse Song, der Politinstrukteur unserer Kompanie, wiederholte die kürzlichen Anweisungen des Vorsitzenden Mao. »Wir dürfen den Klassenkampf nie vergessen!« rief er. »Wir im Arbeitslager sind nicht immun gegen dieses Problem. Sogar in dieser Gruppe hier findet ein Klassenkampf statt! Ihr müßt euch des Übels bewußt werden. Wir werden heute abend eine pädagogische Versammlung über den Klassenkampf abhalten!«

Dann trat Zhang vor, der als Politinstrukteur des Bataillons diente. »Nach den neuen höchsten Anweisungen des Vorsitzenden Mao müssen wir gründlich über die Worte des Genossen Song nachdenken.« Ein Angehöriger unserer Gruppe habe in letzter Zeit ein konterrevolutionäres und reaktionäres Benehmen an den Tag gelegt. Zhang biß die Zähne zusammen und fragte: »Wer ist Xu Yunqin?«

Sofort brüllte der Unterrichtsleiter von Gruppe neun, die den Raum mit uns teilte: »Xu Yunqin! Steh auf!«

Xu erhob sich verstört und blieb mit gebeugtem Haupt neben dem *kang* stehen. Instrukteur Zhang fuhr fort: »Wir haben Xu Yunqins Akte geprüft und entdeckt, daß er ein konterrevolutionärer Rechtsabweichler und ein brutales, die Kommunistische Partei ablehnendes Element ist! Er hat eine sehr schlechte Einstellung, denn er versucht, frühere Urteilssprüche umzustoßen, und er macht reaktionäre Aussagen. Vor kurzem äußerte er sogar die reaktionären Worte: ›Die Geschichte wird mich für unschuldig befinden.‹ Wir haben beschlossen, dieses unverbesserliche Element, diesen konterrevolutionären Verräter durch Einzelhaft zu bestrafen. Aber zuerst werden die beiden Gruppen eine gemeinsame Kampfversammlung abhalten!«

Die Politinstrukteure gingen hinaus, um anderen Gruppen die Anweisungen des Vorsitzenden Mao zu übermitteln, doch Hauptmann Gao blieb zurück, um das weitere Verfahren zu beaufsichtigen. Wang, der Unterrichtsleiter von Gruppe neun, und Mao, unser Unterrichtsleiter in Gruppe acht, berieten sich ein paar Sekunden lang mit dem Hauptmann.

Ich wünschte Xu nichts Schlechtes, aber die Schwere der Anklagen würde mir keine Möglichkeit lassen, mich den Vorgängen zu entziehen. Offenbar erhielten Wang und Mao, die eng mit den Hauptleuten zusammenarbeiteten, gerade hastige Befehle für den Verlauf der Sitzung. Und aus irgendeinem Grund hatte ich den Eindruck, daß Dong Li eine entscheidende Rolle spielen würde.

Nachdem Hauptmann Gao die Unterrichtsleiter instruiert hatte, erklärte er die Versammlung für eröffnet. Der erste Schritt bestand darin, daß Xu sein Verbrechen gestand und dann seine eigenen Positionen und Gedanken kritisierte. Xu, der immer noch verwirrt aussah, legte häufig Pausen ein und suchte nach Worten. »Ich bin wahrhaftig ein böser Rechtsabweichler«, begann er, »und ich habe viele konterrevolutionäre Verbrechen begangen. Die Kommunistische Partei hat mir geholfen, mich umzuerziehen, aber ... aber ... ich habe meine Verbrechen immer eingeräumt ... ich habe immer versucht, mich zu bessern ...«

Mao, der Unterrichtsleiter aus meiner Gruppe, ergriff Xus Nakken, zwang ihn auf die Knie und rief: »Zuerst müssen wir dir helfen, deine Einstellung zu ändern! Beug den Kopf und gib deinen Irrtum zu. Bitte unseren Großen Führer, den Vorsitzenden Mao, um Bestrafung!«

Ein »Umerziehungsaktivist« aus Xus eigener Gruppe sprang auf und fing an, das Opfer zu ohrfeigen und zu treten. Diese grobe Behandlung half einem Übeltäter angeblich, sein Verbrechen zu verstehen. Ich nahm überrascht zur Kenntnis, daß Dong Li sitzen blieb.

Zwei andere, die Hauptmann Gao ebenfalls beeindrucken wollten, fielen über Xu her und schrien dabei: »Nieder mit dem Umerziehungsgegner Xu Yunqin! Er weigert sich, die Umerziehung zu akzeptieren! Er möchte sich von den revolutionären Massen lossagen! Lang lebe unser Großer Führer, der Vorsitzende Mao!«

Dann mußten wir übrigen in den Chor einfallen, um unseren Enthusiasmus für die Kampfversammlung zu beweisen und um zu bekräftigen, daß wir Xu für einen bösen Umerziehungsgegner hielten. Wer nicht zeigte, daß er der Partei zustimmte, würde ebenfalls kritisiert werden. Hauptmann Gao sah mit ausdrucksloser Miene zu. Er schien beschlossen zu haben, daß die Prügel Xu bereits eine Lehre gewesen waren. »Laßt ihn aufstehen!« befahl er. Die Unterrichtsleiter und die anderen Aktivisten kehrten auf ihre Plätze zurück.

Hauptmann Gao trat in die Mitte des Raumes und wandte sich leise an den Angeklagten: »Xu Yunqin, man hat gehört, daß du behauptet hast, die Geschichte werde dich eines Tages für unschuldig befinden. Hättest du recht, so könnte das nur bedeuten, daß die Partei im Gegensatz zu dir Fehler gemacht hat. Nun wollen wir hören, was du 1957 in deiner Mittelschule getan hast. Jeder soll persönlich entscheiden, ob du die Bezeichnung eines konterrevolutionären Rechtsabweichlers verdient hast!« Gaos Stimme hatte sich nun zu einem wütenden Brüllen erhoben. Das Schauspiel war noch nicht vorbei.

Xu schien immer noch nicht zu wissen, was er sagen sollte, und wieder erklangen die Rufe: »Sprich! Sprich! Gestehe! Gestehe!«

Wir Häftlinge hatten alle gelernt, die Liste unserer Verbrechen stets gegenwärtig zu haben, damit wir sie jederzeit mit den üblichen Angaben über unseren Geburtsort, die Namen unserer Eltern und unsere Klassenherkunft rezitieren konnten. Xu – ein hochgewachsener, schmaler, intelligenter Mann aus einer bäuerlichen Familie – berichtete, er sei Mittelschullehrer in einem kleinen Dorf weit südlich von Peking gewesen und habe während der Hundert-Blumen-Kampagne im Frühjahr 1957 verderbliche Kritik an der Kommunistischen Partei geäußert. Ich hatte etliche Male gehört, wie Xu seine Verbrechen auf früheren Gruppenzusammenkünften aufzählte, und meiner Ansicht nach war seine Abstempelung als Rechtsabweichler völlig unbegründet. Anscheinend hatte er den Parteisekretär seiner Schule gegen sich aufgebracht, weil er eine gewisse Überlegenheit den weniger gebildeten Dorfbewohnern gegenüber an den Tag legte, aber sonst hatte er sich nichts zuschulden kommen lassen. Damals lieferten persönliche Vorurteile und kleinliche Ressentiments häufig das Motiv für politische Aburteilungen, und man hatte Xu zum Rechtsabweichler erklärt, damit die Mittelschule das Soll an konterrevolutionären Feinden erfüllen konnte.

Bevor Xu seine Erklärung beendet hatte, unterbrach ihn Wang, sein Unterrichtsleiter, mit erregter Stimme: »Die unumstößlichen Tatsachen beweisen, daß du ein konterrevolutionärer Rechtsabweichler bist, aber du behauptest, daß die Geschichte deine Unschuld zeigen wird. Jeder kann sehen, daß du dich der Umerziehung widersetzt. Du versuchst, das Urteil der Partei umzustoßen!«

Wir alle hatten uns an diese unglaubliche Logik gewöhnt. Die Kommunistische Partei war stets »groß, gut, glorreich und untadelig«. Deshalb mußten die Anklagen des Parteivertreters Zhang zwangsläufig zutreffen, und deshalb mußte Xu zwangsläufig lügen. Aber nach diesem letzten Vorwurf erwiderte Xu plötzlich mit fester Stimme: »Ich habe mein Verbrechen immer eingesehen und die Umerziehung immer akzeptiert.«

»Nein! Du lügst! Du machst Ausflüchte! Du leugnest!« Die Rufe begannen wieder mit neuer Energie. Dann sprangen mehrere Aktivisten auf, um Xus Hartnäckigkeit zu bestrafen und um sich durch ihren Enthusiasmus bei Hauptmann Gao beliebt zu machen.

Jetzt schaltete sich der Hauptmann ein. »Es wäre besser für dich, wenn du ein Geständnis ablegst«, riet er Xu schmeichlerisch. »Die Sache ist klar. Wenn du nicht sofort gestehst, wirst du keine

Chance mehr haben. Man wird erneut Anklage gegen dich erheben, und die Folgen werden noch drastischer sein!«

Xu blieb stumm, seine Miene ließ wiederum Verwirrung erkennen. Hauptmann Gao nahm Platz. Langsam und wichtigtuerisch stand Dong Li auf. Ich war sicher, daß man seinen Auftritt von vornherein geplant hatte. Dong räusperte sich und begann mit seinen Beschuldigungen.

»Seit langem weist Xu die Umerziehung zurück und weigert sich, seine konterrevolutionären Verbrechen zu gestehen. Er hat die Kommunistische Partei immer gehaßt. Vor drei Tagen habe ich in diesem Raum gehört, wie Xu rief: ›Die Geschichte wird mich für unschuldig befinden.‹ Stimmt das etwa nicht, Xu?« Dong Li zitterte vor selbstgerechtem Zorn.

Xu drehte den gebeugten Kopf ein wenig zur Seite. Er musterte Dong Li und stieß zwischen zusammengebissenen Zähnen hervor: »Das habe ich nie gesagt!«

Sofort packten Wang und Mao, die beiden Unterrichtsleiter, Xus Arme. Diesmal schlug auch Dong Li – außer sich darüber, daß Xu gewagt hatte, seinen Vorwurf zurückzuweisen – auf das Opfer ein. Vielleicht war er entrüstet, weil seine Glaubwürdigkeit in Frage gestellt worden war, vielleicht sah er eine Chance, die Polizei noch stärker für sich einzunehmen. Xu brach unter den Hieben zusammen, sein Kopf prallte auf den Rand des *kang*, und Blut floß aus einer Wunde über seinem Ohr.

Hauptmann Gao gab einem an der Tür wartenden Kalfaktor ein Zeichen, Xu in die Einzelhaft abzuführen. In diesem Augenblick stieg Ao vom *kang* hinunter und ging langsam auf das Regal zu, wo wir unseren persönlichen Besitz aufbewahrten. Die Kampfversammlung war noch nicht aufgelöst worden, und wir durften uns noch nicht frei in der Baracke bewegen. Alle waren entgeistert über Aos Bruch der Vorschriften. Er hielt Hauptmann Gao eine Broschüre hin und sagte ruhig: »An jenem Tag saß Xu Yunqin auf dem *kang* und las laut aus dieser Schrift vor. Außer mir war kein anderer im Raum. Ich hörte, wie er den Titel nannte: ›Die Geschichte wird mich für unschuldig befinden.‹ Vielleicht hörte

Dong Li Xus Stimme aus dem Flur und wußte nicht, daß er nur vorlas.«

»Wie kann er es wagen, dem Hauptmann zu trotzen?« dachte ich, aber Ao hatte noch nicht geendet. »Diese Broschüre wurde von der Partei herausgegeben. Ihr Titel bezieht sich auf eine Rede Fidel Castros, des kubanischen Revolutionsführers.« Ao drehte sich um und kehrte zu seinem Platz zurück. Hätte er früher versucht, gegen den Strom der Kampfversammlung zu schwimmen, wäre er zweifellos selbst zum Ziel der Parteiattacken geworden. Er hatte keine Möglichkeit gehabt, Xu vor den anfänglichen Schlägen zu retten, aber nun bemühte er sich, die weitere Bestrafung zu beeinflussen.

Auch ich hatte die Broschüre gelesen, welche die chinesische Kommunistische Partei 1962, kurz nach der kubanischen Raketenkrise, veröffentlicht hatte, um die Menschen über die internationale Lage zu unterrichten. Hauptmann Gao blätterte die Seiten langsam um, wobei er anscheinend versuchte, sich über seinen nächsten Schritt klarzuwerden. Dann ergriff Dong Li von neuem das Wort: »Es ist wahr, daß der Titel dieser Broschüre aus Castros Rede stammt, aber es ist ebenfalls wahr, daß der Umerziehungsgegner Xu gegen die bäuerliche Klasse rebelliert hat. Er hat den Titel der Schrift absichtlich laut vorgelesen, um seine Unschuld zu beteuern und um der Partei einen Fehler vorzuwerfen. Er ist ein Feind der Partei!«

Hauptmann Gao schien das Interesse verloren zu haben. Wahrscheinlich war er zu dem Schluß gelangt, daß es sich doch nicht um ein ernstes Problem, sondern wiederum nur um kleinliches Gezänk handelte. Ohne ein Wort ging er zur Tür hinaus. Als Dong Li weiterhin Selbstkritik von Xu verlangte, stieg Ao wiederum vom *kang* hinunter.

»Die Geschichte wird über uns alle urteilen«, sagte er langsam, »weshalb also sollen wir nun ein hastiges Urteil fällen? Vielleicht wird die Geschichte entscheiden, daß Xu ein Verbrechen begangen hat, aber vielleicht auch nicht. Überlaßt es der Geschichte.«

Dies waren eindeutig »schwarze Wörter«, die gefährlichsten aller Äußerungen, denn sie bestritten die letztliche Autorität und die Unfehlbarkeit der Kommunistischen Partei. Niemand sprach. Ich wollte diesen Moment nutzen, um die Versammlung zu beenden, bevor weitere Anklagen erhoben werden konnten.

»Dong Li«, rief ich, »wie wär's, wenn du Hauptmann Gao um Arbeitsanweisungen für morgen bittest?«

»Nein! die Kampfversammlung muß weitergehen!« schrie Dong Li. »Wir alle sind hier, um unsere Gedanken zu verbessern. Der Klassenkampf ist das allerwichtigste. Du darfst die Produktion nicht als Vorwand benutzen, um unsere politische Aufgabe zu schwächen.«

»Dann werde ich Hauptmann Gao melden, daß ich morgen keine Verantwortung für die Arbeit übernehmen kann«, erwiderte ich mit fester Stimme und trat zur Tür.

Ao stand auf und sagte: »Ich gehe jetzt zur Toilette.« Mehrere andere folgten seinem Beispiel, und ich machte mich zu Hauptmann Gao auf. Als ich zurückkehrte, saß Dong Li immer noch auf dem *kang* und betrachtete Xu mit vor Wut starrer Miene. Ao lag da und überließ sich seinen Gedanken. Zwei der Gruppenkameraden hatten Xus Wunde gewaschen, und wir warteten auf die angekündigte Bestrafung. Aber der Kalfaktor kam nicht mehr zurück, um Xu in die Einzelzelle zu bringen. Beim Einschlafen dachte ich über Aos Mut nach und darüber, wie er sich ein so hohes Gerechtigkeitsgefühl hatte bewahren können.

Einzelhaft

Im Laufe des Jahres 1963 wurde fast die Hälfte der fünfhundert Rechtsabweichler, die man im Juni 1962 auf die Tuanhe-Farm verlegt hatte, aus der Umerziehung durch Arbeit »entlassen«. Man brachte sie in einen anderen Bereich der Tuanhe-Anlage, wo sie weiterhin unter Aufsicht als Umsiedlungshäftlinge oder »Zwangsarbeitspersonal« beschäftigt wurden. Ihr neuer Status bescherte ihnen nicht die Freiheit, aber eine Reihe von Privilegien.

Sie erhielten Monatslöhne und hatten die Möglichkeit, die Farm alle zwei Wochen für einen Tag zu verlassen, ein Restaurant zu besuchen, zusätzliche Lebensmittel zu kaufen oder sich einen Film anzusehen. Sie bezogen ihre täglichen Mahlzeiten aus einer Kantine wie gewöhnliche Arbeiter, was bedeutete, daß sie Fleisch- und Gemüsegerichte bestellen konnten, wann immer sie wollten. Außerdem brauchten sie nicht mehr zum Abendappell anzutreten, was vielleicht am meisten dazu beitrug, daß sie sich nicht mehr wie Gefangene fühlten. Die 261 von uns, die in der Baracke Nummer 2 blieben, zählten ungeduldig die Tage bis zum 24. Mai 1964 – dem Datum, an dem die dreijährige Höchststrafe für Rechtsabweichler ablaufen würde, so daß auch wir unseren Status der Umerziehung durch Arbeit beenden konnten.

Das Gefühl, ein Ziel anzustreben, erzeugte einen neuen Geist der Kooperation. Während sich das Datum der Entlassung näherte, begannen wir, höflicher miteinander umzugehen, uns weniger häufig zu streiten und zu prügeln. Lu Haoqin zum Beispiel wurde weniger egozentrisch und half manchmal anderen, ihr Arbeitspensum zu erfüllen, und sogar Dong Li änderte sich: Er suchte nicht mehr nach Gründen, um seine Gruppenkameraden bei der Gefängnisleitung anzuschwärzen. In unserer Freizeit bereiteten wir uns auf unsere Verlegung vor und freuten uns auf die

Möglichkeit, zweimal im Monat Freunde und Restaurants in der Stadt aufzusuchen. Lu wusch und flickte sein Hemd, wobei er sich ungeschickt mit der winzigen Nadel abmühte. Ein anderer schrieb einen Brief, den er seiner Frau schicken wollte, sobald er die Nachricht über seinen neuen Status erhielt.

Wir verdrängten die Sorge darüber, daß die Regierung nie eine offizielle Erklärung über die Entlassung von Rechtsabweichlern abgegeben hatte, denn das Datum war 1961 eindeutig festgelegt worden. Ein paar Gefangene äußerten sogar von neuem die Hoffnung, daß das Ende der dreijährigen Haft völlige Freiheit mit sich bringen werde, doch die meisten von uns erwarteten, unter Aufsicht des Büros für Öffentliche Sicherheit auf der Tuanhe-Farm zu bleiben. Trotzdem konnten wir dem Zeitpunkt entgegensehen, an dem wir weniger als Gefangene denn als Arbeiter behandelt werden würden. Zumindest würden wir einen Schritt nach vorn machen.

Am Abend des 23. Mai warteten wir darauf, daß der Hauptmann die Arbeitsleiter zu sich rief, um ihnen Befehle für die Norm des nächsten Tages zu erteilen. Statt dessen traf ein aufgeregter Kalfaktor mit einer Mitteilung aus dem Büro des Lagerkommandanten ein. »Morgen fällt die Arbeit aus«, las er vor. »Eine Erklärung folgt morgen früh.« Zwar diente er der Polizei, aber auch er war als Rechtsabweichler verurteilt worden und wartete genauso gespannt wie wir auf eine Nachricht.

Nach dem letzten Appell an jenem Abend lag ich unruhig auf dem *kang*. Neben mir wälzte sich Lu Haoqin hin und her. Ich stand mehrere Male auf, um in die warme Nachtluft hinauszugehen. »Drinnen bleiben!« rief der Kalfaktor, sobald einer von uns auf der Schwelle erschien. »Verlaßt den *kang* nicht, kommt nicht raus!«

Wir waren schon in der Morgendämmerung hellwach, verschlangen unser Brötchen und kehrten auf den *kang* zurück, um dort bis zur Nachricht über unser Schicksal auszuharren. Um zehn Uhr schließlich hallte die Stimme des Kalfaktors schließlich durch den Flur: »Alle auf den Hof! Antreten!«

Wir eilten zur Tür und warteten wieder voller Spannung, bis Hauptmann Gao vor uns stand. »Genosse Ning vom Bataillonsstab ist gekommen, um eine Ansprache zu halten«, erklärte er. Diese Worte ermutigten mich. Ein Kompaniehauptmann wie Gao war meiner Ansicht nach nicht bedeutend genug, um den Befehl über die endgültige Entlassung der Rechtsabweichler zu überbringen. Damit hatte man einen höheren Funktionär beauftragt.

»Heute ist der 24. Mai«, begann Administrator Ning und sortierte ein Bündel Papiere. »Für jeden Häftling, der zu drei Jahren verurteilt ist, sollte dies der letzte Tag der Umerziehung durch Arbeit sein. Ihr alle habt auf diesen Moment gewartet, aber bis jetzt ist kein Befehl aus dem Pekinger Büro für Öffentliche Sicherheit eingetroffen. Bis dahin müssen alle geduldig sein. Solange wir keine offizielle Nachricht über eure Entlassung in der Hand haben, werdet ihr weitermachen wie gewohnt. Ihr dürft nicht vergessen, daß die Gedankenumerziehung lebenslang währt. Ich hoffe, ihr alle werdet weiterhin danach streben, euch umzuerziehen und durch Arbeit zu neuen sozialistischen Menschen zu werden. Abtreten!«

Niemand bewegte sich. Ao stand neben mir. Nach mehreren Minuten brach ich das Schweigen. »Was hat das zu bedeuten?« fragte ich ihn. »Ist die Strafe ohne ein Entlassungsdatum verlängert worden?«

Aos Miene blieb ungerührt. »Natürlich«, sagte er nach einer Weile, »das ist doch kaum eine Überraschung. Womit hattest du denn gerechnet?« Über seine Lippen glitt die schwache Spur eines spöttischen Lächelns.

»Sie müssen heute unsere Entlassung bekanntgeben«, brüllte Lu Haoqin wütend, nachdem wir in die Baracke zurückgekehrt waren. Er saß steif neben mir auf dem *kang,* aber sein Gesicht war von Emotionen verzerrt. »Wie können sie unser Strafmaß ignorieren? Was hat das mit dem Gesetz zu tun?«

»Schrei nicht so«, antwortete ich, erschrocken über seine Verzweiflung. »Vielleicht ... ich weiß nicht, was geschehen wird ... wir müssen eben warten ...« Ich überlegte rasch, wie ich ihn beruhigen konnte. »Sag mir, was du getan hättest, wenn du heute entlassen worden wärst.«

»Ich wäre sofort nach Peking gefahren, um meine Freundin zu

finden«, tobte Lu. »Ich muß dauernd an sie denken. Nachts kann ich nicht schlafen, weil ich das Gefühl habe, daß sie neben mir liegt. Was soll ich jetzt tun?«

»Ja, ich weiß, daß du an sie denkst. Und jede Nacht tust du etwas unter deiner Decke.«

Er schaute mich an. »Wie kommst du darauf?«

»Jede Nacht spüre ich, wie du neben mir zitterst, und auf deiner Decke sind viele feuchte Stellen.«

Lu senkte den Kopf. »Wirklich? Ich wecke dich auf? Das wußte ich nicht. Ich denke immer an sie. Ich kann nicht aufhören.«

Sein Temperament war von Anfang an unberechenbar gewesen. Ich sah ihn an und fragte mich, wie ich ihm helfen konnte, mit dieser neuesten Enttäuschung fertig zu werden. »Wenn du sie wirklich liebst, dann laß sie in deinem Herzen leben. Verschwende deine Energie nicht. Wenn du noch lange so weitermachst, wirst du dir nur schaden. Und wenn deine Freundin dann wirklich zurückkehrt, wird es dir sehr leid tun.«

»Aber ich kann mich nicht beherrschen«, erwiderte Lu.

Ao hatte unser Gespräch mitgehört. »Denk gut darüber nach«, riet er. »Du brauchst dein Rohr nicht so oft zu streicheln.«

»Außerdem ist diese Art Handwerk illegal«, scherzte ich unbeholfen, um die Spannung zu mindern.

Ao schaute mir direkt in die Augen. »Es ist nicht ungesetzlich, sich das Rohr zu streicheln«, sagte er.

Ich hatte Lu nur helfen, nicht über das Gesetz oder die Moral diskutieren wollen. Ein wenig verärgert gab ich zurück: »Wovon redest du? Wenn er so weitermacht, wird er seiner Gesundheit schaden.«

»Das ist seine persönliche Angelegenheit«, meinte Ao schlicht.

»Tust du es etwa auch?« fragte ich aufgebracht.

»Dieses Handwerk hat mich noch nie interessiert«, entgegnete er ruhig. »Aber ich finde, daß es Lu Haoqins Privatangelegenheit ist. Das ist eben die menschliche Natur.«

Die Chinesen sind weithin der Meinung, daß Masturbation den Körper entkräftet. Ich teilte diese Ansicht und fürchtete, daß es Lu besonders jetzt, nach einer so schweren Enttäuschung, schwächen würde, wenn er so häufig masturbierte. Er schien mir bleicher als sonst auszusehen, und ich hatte den Eindruck, daß seine Gesundheit vielleicht bereits gelitten hatte. Lu war immer einer der geschicktesten Arbeiter auf dem Feld gewesen. Er konnte den ganzen Tag hindurch vornübergebeugt Weizen mähen oder Sämlinge in den Schlamm stecken. Im Gegensatz zu weniger kräftigen Mitgliedern unserer Gruppe brauchte er nie eine Pause einzulegen, um sich auszuruhen. Aber in der Woche zuvor hatte ich einmal beobachtet, wie er heftig stöhnte und das Gesicht vor Schmerz verzog.

»Was ist los?« rief ich.

»Bin ... gestern gestürzt«, antwortete Lu zögernd. Schon damals hatte ich befürchtet, daß er sich sein Rohr zu oft streichelte.

Die Sorge um Lu dämpfte meine eigene Empörung darüber, wie schamlos die Behörden unser Entlassungsdatum mißachtet hatten. An jenem Tag sprach niemand mehr ein Wort. Wir saßen allein mit unserem Kummer da und rätselten, was als nächstes geschehen würde.

Ein paar Tage später kam Ao nach dem Abendessen auf mich zu. »Was hältst du nun von unseren Zukunftsaussichten?« fragte er.

»Ich weiß nicht. Ich denke nicht mehr darüber nach.«

»Wenn du nicht mehr über die Zukunft nachdenkst, weshalb lebst du dann überhaupt noch weiter?« erkundigte sich Ao mit ausdrucksloser Miene. »Welchen Zweck hat das Leben denn eigentlich?«

»Ich weiß es wirklich nicht. Man lebt einfach weiter, vielleicht um das Ende der Geschichte zu erfahren.«

In derselben Woche ging ich einmal während des Unterrichts zur Toilette und erkannte Ao, der auf der anderen Seite der Latrine über dem Trog kauerte. Er bemerkte mich nicht. Ich warf einen Blick über die Schulter: Seine Ausscheidung war die längste, die ich je gesehen hatte, und sie schien nicht in den Trog zu fallen. Ich wandte mich ab, doch als ich mich wieder umschaute, baumelte das dunkelrote Gebilde immer noch unter Aos Körper. Es dauerte eine Weile, bis ich begriff, daß es eine Hämorrhoide war.

Ao stopfte die Hämorrhoide sorgfältig mit den Fingern zurück ins Rektum. Dann blieb er lange stehen und drückte sich die Hände gegen das Gesäß.

»Hallo«, sagte er beim Hinausgehen. Er schien nicht einmal überrascht zu sein, als er mich entdeckte.

»Jetzt weiß ich, was für Schmerzen du hast«, flüsterte ich mitfühlend. Ich hatte höchste Achtung vor diesem tapferen, doch verschlossenen Mann.

»Ja«, antwortete er mit seinem spöttischen Lächeln. »Vielleicht zuviel Schmerzen. Vielleicht ist alles bald vorbei.«

Im Juni hofften wir nicht mehr darauf, am Ende der dreijährigen Haft entlassen zu werden, doch unsere Enttäuschung hielt an. Wochen wurden zu Monaten, während wir Mais und Weizen, Baumwolle und Reis anpflanzten. Wir fütterten Schweine und Hühner, bauten Ställe für die Tiere, pflegten Obstbäume und ernteten Trauben. Da wir nicht annehmen durften, daß unsere Haft jemals enden würde, konnten wir unsere Niedergeschlagenheit nicht überwinden. Ich schrieb meiner Familie, daß man die Entlassung am 24. Mai nicht ausgesprochen habe. Im Sommer erhielt ich einen abweisenden Brief von meinem älteren Bruder. Vielleicht war er nach Schanghai zurückgekehrt, um dort Urlaub zu machen, und hatte die Briefe gelesen, die ich unseren Verwandten im Laufe der Jahre geschickt hatte. »Was bildest Du Dir ein?« begann er. »Die Familie leidet und hat kaum Geld, aber Du forderst sie auf, bourgeoise Kost für Dich zu kaufen?« Er meinte meine zwei Jahre zurückliegende Bitte an meine Schwester, mir ein paar Muscheln und gelbe Bohnen zu senden. »Es ist schon schwer genug für uns, unser eigenes Leben zu führen. Unsere Stiefmutter ist tot. Unser Vater ist ein konterrevolutionärer Rechtsabweichler. Wie kannst Du Dich umerziehen, wenn Du immer noch ein bourgeoises Leben führen willst? Wir alle haben eine klare Linie gezogen, um uns von Dir zu trennen. Du mußt den Lehren des Vorsitzenden Mao folgen und Dir alle Mühe geben, Dich durch Arbeit umzuerziehen.«

Die Kälte, mit der mich mein Bruder tadelte, tat mir weh, aber die Nachricht vom Tod meiner Stiefmutter traf mich ins Herz. Ich hatte mir nicht erklären können, weshalb sie mir nie einen Brief schickte, aber meine Schwester beantwortete meine Fragen nach der Gesundheit unserer Stiefmutter stets mit der Versicherung, daß es ihr gutgehe. Ein paar Wochen später ließ meine Schwester wieder von sich hören: »Es tut mir sehr leid, Dir mitteilen zu müssen, was sich in unserer Familie zugetragen hat. Unsere Stiefmutter ist gestorben, unser Vater ist ein konterrevolutionärer Rechtsabweichler. Studiere weiterhin die Gedanken des Vorsitzenden Mao und arbeite zielstrebig auf Deine Umerziehung hin.«

Ich wußte nicht, was meine Verwandten bewogen hatte, diese Briefe zu schreiben. Vielleicht hatten sie auf meine Entlassung gewartet, um mich über die Wahrheit ins Bild zu setzen, und dann – nach der Nachricht, daß ich weiterhin in Haft bleiben würde – beschlossen, mich über die Situation der Familie zu informieren. Mein Bruder könnte angenommen haben, daß ich mich weiterhin hartnäckig gezeigt und die Fortsetzung der Strafe verdient hätte. Ich konnte nur darüber rätseln, was mein Vater dachte und ob er mich ebenso wie mein Bruder verurteilte.

Die Sorge um meine Familie lenkte mich in jenem Sommer während des Unterrichts ab, als wir häufig Artikel in der *Volkszeitung* über die Sozialistische Erziehungskampagne lasen. Diese Kampagne hatte zur Folge, daß die Verwaltungspraktiken auf dem Lande und die Erziehungspolitik in den Städten aufmerksam unter die Lupe genommen wurden. Gruppen von Parteiarbeitern führten angeblich einen Klassenkampf, um den »Revisionismus« auszumerzen. Man hatte auch an die Mittelschulen und Universitäten Arbeitsgruppen entsandt, die die Textbücher, Lehrpläne und die Aufzeichnungen der Schüler und Studenten auf reaktionäre Ideen hin überprüfen sollten.

Innerhalb der Tuanhe-Farm schienen die ideologischen Debatten, die Machtkämpfe und politischen Kursänderungen der Kommunistischen Partei weit entfernt und unwichtig zu sein. Die neueste Kampagne wirkte sich nicht auf mein Leben aus. In der Vergangenheit eingesperrte Konterrevolutionäre blieben vergessen wie zuvor. Ein weiteres Jahr verging.

Im Sommer 1965 machte mir Guo Jie, einer der jüngeren Häftlinge in meiner Kompanie, den Vorschlag, Kontakt zu Personen in der Außenwelt herzustellen. Er wollte auf die Tatsache hinweisen, daß Rechtsabweichler immer noch in den Umerziehungs-Arbeitslagern schmachteten, obwohl sie ihre Strafe abgesessen hatten. Guo war besonders niedergeschlagen, weil er seiner Mutter nicht einmal brieflich erklären konnte, daß man ihn, obwohl seine Frist abgelaufen war, im Gefängnis zurückhielt. Sie war Parteimitglied und zudem Vorsitzende ihres Wohnkomitees in der Provinz Jiangxi, und der Hauptmann hatte Guo gewarnt, daß ein Brief von einem Häftling aus einem Umerziehungslager gefährlich für sie sein könne. Aber Guo wollte sich nicht passiv mit der Ungerechtigkeit unserer Lage abfinden. Er brannte darauf, andere auf unser Schicksal aufmerksam zu machen und den Grund für unsere fortdauernde Haft zu erfahren.

Guo bat mich, ihm bei der Abfassung eines Briefes an den Vorsitzenden Mao zu helfen; er wollte sich erkundigen, wann wir Rechtsabweichler mit dem Ende unserer Umerziehungsstrafen rechnen konnten. Diese Idee faszinierte ihn so sehr, daß er bald vorschlug, auch an das Zentralkomitee der Kommunistischen Partei und an das Parteikomitee von Peking Briefe zu schreiben. Irgend jemand mußte doch die Ungerechtigkeit unserer Lage begreifen und für Abhilfe sorgen! Auch ich hielt die Idee für vielversprechend, mahnte Guo jedoch, vorsichtig zu sein, damit seine Aussagen nicht als reaktionär abgestempelt werden könnten. Man würde die Briefe höchstwahrscheinlich bis ins Lager zurückverfolgen, und dann würde sich jeder Beteiligte bei der Gefängnisleitung verantworten müssen.

Chen Quan, ein weiterer Freund, hatte mir anvertraut, wie empört er über unsere nicht enden wollende Haft war. Ich forderte ihn und unseren langjährigen Gruppenkameraden Li auf, sich Guo bei der Briefplanung anzuschließen. Außerdem zog ich Zhao Wei zu Rate, den früheren Zeitungsredakteur, dessen Meinung ich sehr hochschätzte. Zhao war sechs Jahre älter als ich und ein kluger Beobachter der politischen Szene. Mehrere Wochen hindurch – wann immer wir sicher waren, nicht belauscht zu werden – diskutierten Guo und ich über den Wortlaut der Schreiben. Auf keinen Fall durften wir den Eindruck vermitteln, daß wir eine »reaktionäre Gruppe« bildeten. Dies galt als das schwerste Verbrechen in den Lagern. Ein einziger Häftling, der »konterrevolutionäre« Bemerkungen fallenließ, wurde nicht annähernd so streng bestraft wie zwei oder drei, die gemeinsam ähnliche Ideen äußerten.

Guo übernahm die Verantwortung für die Niederschrift der drei Briefe. »Wir wissen, daß die Partei beabsichtigt, allen bei der Umerziehung zu helfen«, begann er. »Wir wissen, daß die Maßnahmen zur Umerziehung von Rechtsabweichlern sehr erfolgreich gewesen sind. Unter Anleitung der Partei ist es uns gelungen, unseren Charakter in den Jahren der Umerziehung durch Arbeit zu verbessern. Selbst wenn nicht jeder einzelne von uns vollständig umerzogen ist, so müssen doch einige von denen, die an unserer Seite erzogen wurden, dieses Ziel erreicht haben. Was ist der Grund dafür, daß seit dem 24. Mai 1964 keine Rechtsabweichler entlassen worden sind?« Jedes Blatt Papier unterzeichnete er mit »Ein konterrevolutionärer Rechtsabweichler«. Dann warteten wir auf eine Gelegenheit, die Briefe unentdeckt abzusenden.

Fast einen Monat später – an einem Septembersonntag, einem unserer vierzehntägigen Ruhetage – ließ Hauptmann Gao mich in sein Büro kommen. »Nimm drei Männer mit zum Kanal. Ihr müßt Pfirsiche pflücken!« befahl er. Normalerweise hätte ich mich über einen derartigen inoffiziellen Auftrag geärgert, denn ich wußte, daß das Obst auf den Tisch der Hauptleute gelangen würde, aber diesmal war ich dankbar für ein paar Stunden ohne Aufsicht. Gao vertraute mir, obwohl er rasch hinzufügte: »Nimm den Unterrichtsleiter mit.« Ich hatte oft Unkraut an den Wurzeln der Pfirsichbäume gejätet, die einen Abschnitt des Bewässerungskanals an der Südgrenze der Gefängnisfarm umsäumten, und ich wußte, daß es dort keine Zäune gab. Zuweilen hatte ich gewöhnliche Bauern auf den Feldern jenseits des Kanals und Lastwagen beobachtet, die über die schmale Landstraße fuhren. Außerdem hatte ich einen knapp zweihundert Meter entfernten Briefkasten bemerkt.

Nachdem ich in die Baracke zurückgekehrt war, forderte ich Guo und Chen auf, vier große Weidenkörbe zu holen und mit mir zu kommen. Sie begriffen, daß dies die Chance war, auf die wir gewartet hatten. Dann teilte ich Fan Guang, dem damaligen Unterrichtsleiter unserer Gruppe, Hauptmann Gaos Anweisung mit. Li blieb zurück. Bekleidet mit Shorts, Unterhemden und breitkrempigen Strohhüten legten wir vier im hellen Herbstsonnenschein die achthundert Meter bis zum Kanal zurück.

Ich machte mich freiwillig an die schwerste Aufgabe – das heißt, ich pflückte die Pfirsiche von den höchsten Zweigen des größten Baumes –, um zu zeigen, wie ernst ich die Befehle des Hauptmanns nahm. Danach beauftragte ich Fan Guang, die kleineren Bäume in meiner Nähe abzuernten, und schickte Guo und Chen zum anderen Ende der Reihe, wo sie Fans Blickfeld entzogen waren. Ich flüsterte ihnen zu, daß sie eine Stunde lang arbeiten und dann durch das brusthohe Wasser zum jenseitigen Ufer waten sollten, wobei sie ihre Hemden und Schuhe in die Strohhüte stopfen und über den Kopf halten müßten. Meiner Berechnung nach würden sie nur zehn Minuten benötigen, um den Briefkasten zu erreichen und die Umschläge einzuwerfen. Der Plan gelang vortrefflich. Ihre Shorts waren fast völlig getrocknet, als sie sich am Mittag mit ihren Körben voll Pfirsichen bei mir meldeten.

Am nächsten Abend traten wir nach dem Essen wie gewöhnlich zum Appell und zu den täglichen Ermahnungen an, uns mehr Mühe zu geben und uns durch Arbeit umzuerziehen, aber zehn Minuten vergingen ohne ein Zeichen von Hauptmann Gao. Als er aus dem Sicherheitsbüro hervorkam, wurde er vom Verwaltungsbeamten Ning begleitet. Uns war klar, daß irgendein Disziplinarproblem aufgetaucht sein mußte. Dann machte Ning einen Schritt nach vorn. Er zog drei Umschläge hinter dem Rücken hervor. »Der Mann, der diese Briefe geschrieben hat, weiß genau, was er angestellt hat. Nach dem Appell muß er sich im Büro melden und seine Handlung erklären. Der Grundsatz der Kommunistischen Partei lautet: ›Milde für alle, die gestehen, Härte für alle, die sich der Umerziehung widersetzen.‹ Mehr brauche ich nicht zu sagen. Abtreten.«

Guo Jie marschierte neben mir und flüsterte: »So schnell! Was sollen wir jetzt tun?«

Ich war verblüfft über die rasche Arbeit des Pekinger Büros für Öffentliche Sicherheit. Die Briefe konnten erst an jenem Morgen abgeholt worden sein, doch bis zum Abend hatte man sie bereits ins Lager zurückgeschickt. In der Baracke wartete ich nervös auf einen Ruf ins Büro, doch nichts geschah. Fan Guang war während des Unterrichts verschwunden, wahrscheinlich weil die Lagerleitung wußte, daß nur wir vier den Briefkasten jenseits des Kanals hatten erreichen können. Man würde dem Unterrichtsleiter befehlen, einen detaillierten Bericht zu erstatten, und dann einfach abwarten, bis wir übrigen ein Geständnis ablegten.

Der Hauptmaßstab für die erfolgreiche Umerziehung eines Häftlings im Lager ist stets seine Bereitschaft, »der Regierung näherzurücken, aktiv Übel anzuzeigen und den Behörden über sie Meldung zu machen«. Wer diesem Maßstab gerecht wird, darf mit Lob und persönlichen Privilegien, vielleicht sogar mit einer Verringerung seiner Strafe rechnen. Ein solcher Anreiz ist überaus verlockend. Fan Guang war Mitte Vierzig und schwach. Er ließ keinen Zweifel an seiner Überzeugung, daß es seinem Vorteil und seinem Überleben diene, »der Regierung näherzurücken«.

Wir fünf Briefschreiber hatten von vornherein erwogen, wie wir uns verhalten sollten, falls die Umschläge der Lagerleitung in die Hände fielen. Unserer Ansicht nach hatten wir durch ein Geständnis nichts zu gewinnen. Das Verlassen der Lagerbegrenzung und der Versuch, den höchsten chinesischen Politikern Bittschriften zu senden, würden als Schwerverbrechen eingestuft werden. Aber sobald man die Briefe zurückgebracht hatte, schwebte das Damoklesschwert über uns.

Am Montag abend gegen 22 Uhr erschien der Kalfaktor und befahl Chen, sich im Büro zu melden. Chen war im Laufe des Jahres zu einem meiner besten Freunde geworden. Er hatte mir in jeder freien Minute beigebracht, Blindschach mit ihm zu spielen. Dies war nicht nur eine angenehme Ablenkung, sondern diente auch dazu, unser Gedächtnis zu stärken. Ich mochte nicht an das denken, was Chen bevorstand. Er sah mich nicht an, als er an meiner Schlafstelle vorbeikam.

Am Dienstag morgen erfuhr ich, daß man auch Guo Jie während der Nacht geholt hatte. Bei der Feldarbeit konnte ich nur an die Vernehmung meiner Freunde denken. Am Mittag hockte sich Zhao Wei neben mich, um hastig auf mich einzureden. »Die Sache muß vertuscht werden. Wir dürfen nicht zulassen, daß wir als eine Gruppe betrachtet werden. Guo Jie wird niemals plaudern, aber Chen Quan ist aus weniger hartem Holz geschnitzt. Wenn er verrät, daß andere im voraus von dem Plan gewußt haben, wird der Hauptmann uns für eine konterrevolutionäre Clique halten. Das hätte ganz üble Folgen.«

»Was können wir tun?« fragte ich.

»Du mußt ein Geständnis ablegen«, sagte Zhao energisch. Er hatte offenbar lange über das Problem nachgedacht. »Es ist besser, wenn nur eine Person – nicht zwei – in Einzelhaft gesteckt wird. Das verringert die Gefahr einer Entlarvung.«

Ich antwortete nicht. Zwar mochte Zhaos Vermutung zutreffen, daß man Guo und Chen in ihre Unterkünfte entlassen würde, wenn ich die volle Verantwortung übernahm und behauptete, daß die anderen nichts von meinem Plan gewußt hätten. Aber in meiner mehr als fünfjährigen Haftzeit war ich nie gefoltert oder in eine Einzelzelle – genannt »die Kleine« – gesteckt worden, und mir fehlte es an der Selbstlosigkeit, mir solche Qualen freiwillig aufzubürden.

Am Nachmittag drängten sich alle in einer Reihe vor dem Kesselraum, wo wir nach der Arbeit heißes Wasser zum Trinken und Waschen erhielten. Zhao blieb neben mir stehen und flüsterte: »Hast du dich entschieden?« Bevor ich antworten konnte, fuhr er fort: »Es ist die einzige Möglichkeit. Wir werden uns einen Plan einfallen lassen.« Ich wußte, daß er sein möglichstes für mein Überleben tun würde.

Während des politischen Unterrichts am Abend rief der Kalfaktor von der Tür her: »Wu Hongda, ab ins Sicherheitsbüro!« Meine Kameraden glaubten, daß der Hauptmann die Pflichten des kommenden Arbeitstages mit mir besprechen wolle, aber ich wußte, daß ich vielleicht nie wieder zurückkehren würde.

Hauptmann Gao, Hauptmann Wu und der Verwaltungsbeamte Ning saßen am Tisch – der Qualm ihrer Zigaretten durchzog den Raum – und hoben den Kopf, als ich auf der Schwelle erschien. Das winzige Büro war bereits so überfüllt, daß ich nicht eintreten konnte. »Melde, was sich letzte Woche an deinem Ruhetag abgespielt hat, als du zum Pfirsichpflücken gingst«, befahl Gao.

»Ich möchte sofort ein Geständnis ablegen«, sagte ich hastig, bevor ich es mir anders überlegen konnte. »Ich war derjenige, der die drei Briefe in den Kasten geworfen hat. Es hatte nichts mit Guo Jie und Chen Quan zu tun.«

Die drei tauschten Blicke aus, und Hauptmann Gao musterte mich. »Wir haben den Vorfall bereits untersucht. Da wir es für unwahrscheinlich halten, daß du der Schuldige bist, haben wir Chen und Guo in Einzelzellen bringen lassen. Das wird sie zwingen, die Wahrheit zu sagen. Was willst du uns sonst noch mitteilen?«

Fan Guang mußte schon vorher berichtet haben, daß er den ganzen Morgen hindurch neben mir gearbeitet habe, während Guo und Chen weiter entfernte Bäume abgeerntet hätten. Meine Gedanken überschlugen sich, während ich erklärte, daß Fan Guang zwar zumeist Pfirsiche von den Bäumen neben mir gepflückt habe, jedoch nicht in der Lage gewesen sei, mich dauernd im Auge zu behalten. »Als Fan Guang einmal abgelenkt war, schwamm ich zum anderen Kanalufer. Ich brauchte nur fünfzehn Minuten, um die Briefe loszuwerden.«

Der Verwaltungsbeamte Ning schrie dem Kalfaktor zu: »Hol Fan Guang!« Ein paar Sekunden später tauchte Fan auf und bestätigte, daß er hin und wieder tatsächlich nicht in der Lage gewesen sei, mich zu beobachten.

»Laß Guo Jie und Chen Quan frei!« rief Gao. »Bring sie zu ihren Gruppen zurück und sorge dafür, daß die Küche ihnen etwas zu essen gibt. Morgen können sie wieder arbeiten. Bring Wu Hongda in die Einzelhaft.«

Ich hatte die Reihe von zehn Einzelzellen am Südrand des Gefängnisgeländes häufig von fern betrachtet. Der Kalfaktor führte mich hin , und ich konnte erkennen, daß eine Ziegelmauer die vergitterten Zelleneingänge abschirmte. Ein holpriger Pfad verlief an den Türen entlang, und dort packte der Kalfaktor, der diesen Abschnitt beaufsichtigte, meinen Arm, öffnete eine der vergitterten Türen, drückte meine Schultern nach unten und stieß mich hinein. Ich stolperte gebückt durch den Eingang und wollte mich aufrichten, doch mein Kopf prallte in der Dunkelheit heftig gegen die Zementdecke, und fast hätte ich das Bewußtsein verloren. Das Eisengitter fiel zu, dann drehte sich der Schlüssel geräuschvoll im Schloß.

Ich betastete die Zelle mit den Händen und versuchte, den Kopf zum Eingang zu drehen. Der Raum war ungefähr einen Meter achtzig lang, neunzig Zentimeter breit und neunzig Zentimeter hoch – ein wenig größer als ein Sarg. Er roch nach Feuchtigkeit und Moder. Die Nacht war still, und ich wußte nicht, ob irgendeine der anderen Zellen belegt war. Ob mich jemand hören könnte, wenn ich einen Schrei ausstieß? Ich ging in die Hocke und versuchte, den Kontakt mit dem kalten Zementboden so gering wie möglich zu halten. Da ich nicht einmal Stroh unter mir hatte, war ich bald durchgefroren, aber ich konzentrierte mich auf die Planung meines Geständnisses, denn ich war entschlossen, diesen Betonkäfig schon beim ersten Besuch des Hauptmanns zu verlassen. Der Umstand, daß man mir keine Handschellen angelegt hatte, ließ mich auf eine nicht zu strenge Behandlung hoffen. Den gebeugten Rücken an die Wand gelehnt, schlief ich ein.

Bei Tagesanbruch kroch ich nach vorn und setzte mich neben die Eisenpforte. Außer den Steinbrocken und dem Unkraut, die den Pfad zwischen der Zellenreihe und der Ziegelwand bedeckten, konnte ich nichts erkennen. Ich wünschte mir, den Himmel sehen zu können. Dann dachte ich an die Tiere, die ich als Kind im Zoo von Schanghai besichtigt hatte.

Vor der Pforte, außerhalb meiner Reichweite, stand ein Metalleimer. Ich rief, jemand solle kommen, damit ich mich erleichtern könne. Ich rief lauter, doch vergeblich. Dann stützte ich mich auf alle viere, aber es war schwierig, mit an die Decke gepreßtem

Rücken zu urinieren. Schließlich streifte ich meine Hose ab und setzte mich auf den Boden. Der Urin spritzte gegen das Eisengitter. Das war meine wichtigste Aktivität am ersten Tag der Gefangenschaft.

Auch am zweiten Tag kam niemand, um mir Essen oder Wasser zu bringen. Ein bohrender Schmerz erfüllte meinen Magen, und ich hatte einen klebrigen und bitteren Geschmack in der Kehle. In der Abenddämmerung schob ich mich so weit wie möglich in die hintere Zellenecke, um dem Mückenschwarm an der Pforte zu entkommen. Ich versuchte einzuschlafen, doch verworrene Bilder, gemischt mit bruchstückhaften Kindheitserinnerungen, gingen mir durch den Kopf.

Am dritten Tag erschien der Kalfaktor gegen Mittag. Er war ungefähr fünfzig Jahre alt, hatte einen kräftigen Körper und ein ausdrucksloses bäuerliches Gesicht. »Wu Hongda!« sagte er.

»Ja«, antwortete ich mit einer schon schwächer werdenden Stimme.

Er bückte sich und näherte sich der Pforte, um in die Zelle zu blicken. »Bist du gesund?«

Ich kroch wie ein Hund zum Gitter. »Wann kriege ich was zu essen?«

»Gewöhnlich nach dem dritten Tag.« An seiner Stimme ließen sich keine Gefühle ablesen, und ich überlegte mir flüchtig, wie viele leidende Häftlinge er bereits bewacht hatte.

»Kann ich Wasser haben?« Er antwortete nicht, sondern stand nur auf und schritt davon.

Früh am Morgen des vierten Tages kehrte er zurück. Ohne ein Wort öffnete er die Pforte, um mich hinauszulassen. Ich kroch bis zu seinen Füßen, und er gab mir eine Schüssel Wasser. Rasch nahm ich zwei große Schlucke und schlürfte dann den Rest. Er fragte, ob ich den Metalleimer benutzen wolle. Seltsamerweise verspürte ich den Drang, meinen Darm zu entleeren, und ich rappelte mich auf, konnte jedoch nur ein paar Tropfen Urin produzieren. »Ich möchte dem Hauptmann ein Geständnis ablegen«, flehte ich.

»Darüber mache ich den Behörden Meldung«, antwortete er und schloß mich wieder ein.

Eine halbe Stunde später kam er mit einer Schüssel Maissuppe und einem gepökelten Rübenstück von der Größe meines Daumens zurück. Mit bebenden Händen trank ich den dünnen Brei und kratzte die Schüssel dann mit der Rübe aus. Kurz danach erschien Hauptmann Gao.

»Was möchtest du mir mitteilen?« fragte er fast beiläufig. Ich versuchte, mich an meine vorbereitete Rede zu erinnern, und legte mit demütiger Stimme dar, daß ich nur gewünscht hätte, den Vorsitzenden Mao über unsere Situation zu unterrichten. Außerdem hätte ich ihn bitten wollen, meinen Umerziehungsjahren ein Ende zu setzen, damit ich an meine Arbeit zurückkehren und beim Aufbau des Sozialismus helfen könne.

»Das nennst du ein Geständnis?« brüllte Hauptmann Gao. »Du glaubst, daß du kein Verbrechen begangen hast? Du glaubst, daß du die Maßnahmen der Partei lenken und dir aussuchen kannst, wohin du geschickt wirst?« Er stolzierte davon. Am Abend wurde mir eine zweite Schüssel Schleimsuppe hingestellt.

Am fünften Tag begann mein Körper zu zittern. Ich fürchtete, daß ich den ständigen Kontakt mit dem kalten Betonboden nicht überleben würde. Bis dahin hatte ich versucht, gekrümmt in einer Ecke zu sitzen und den Boden sowenig wie möglich zu berühren, aber nun hatte ich für diese Haltung keine Kraft mehr. Ich konnte mich nur noch auf dem Boden ausstrecken, so daß der Zement meine Körperwärme absorbierte. Morgens, wenn der Kalfaktor eine weitere Schüssel Schleimsuppe brachte und die Tür aufschloß, bewegte ich mich mühsam zur Öffnung, um die Suppe zu trinken. Mir fehlte die Energie hinauszukriechen, und ich verspürte keinen Drang, den Toiletteneimer zu benutzen. Ab und zu tröpfelte Urin an meinem Bein hinab, aber ich bemerkte die Nässe und sogar den Geruch nicht mehr.

Als die morgendliche Suppe am sechsten Tag erschien, rief ich matt: »Ich möchte dem Hauptmann ein Geständnis ablegen.« Die Einzelhaft dauerte gewöhnlich sieben Tage, und ich beabsichtigte, mich bei der Partei zu entschuldigen und meine Reue zum Ausdruck zu bringen, damit ich einen Tag früher entlassen wurde. Aber Hauptmann Gao kam nicht. Ich begann, Halluzinationen zu haben. Kindheitserinnerungen vermischten sich mit Trugbildern: Ich wurde in eine Schlägerei mit Kindern aus der Nachbarschaft verwickelt und schlich in Peking in den Sommerpalast, um im See Karpfen zu fangen; während der Sommerferien küßte ich Meihua, und ich sah die langen, weißen Hände meiner Stiefmutter.

Am Morgen des siebten Tages stellte sich Hauptmann Gao ein. Der Kalfaktor brachte einen niedrigen Hocker herbei, so daß Gao neben meiner Pforte sitzen konnte. Ich schaffte es, Kopf und Schultern aus der Zelle hinauszustecken.

»Machst du Fortschritte bei deiner Selbstkritik?«

»Ich bin schuldig«, weinte ich. »Ich habe ein Verbrechen an der Partei, ein Verbrechen am Volk begangen. Dann habe ich die Befehle der Regierung, die meiner Umerziehung dienten, nicht befolgt und dadurch ein neues Verbrechen verübt. Ich bitte die Regierung, mir zu verzeihen, ich bitte um eine zweite Chance ...«

»Schildere von Anfang an, wie du die Briefe geschrieben hast!« brüllte Hauptmann Gao.

Ich erklärte, daß ich die Briefe beim Pfirsichpflücken mitgenommen, Fan Guang fortgeschickt und die Lagergrenze überquert hätte, um den Briefkasten jenseits des Kanals zu erreichen. Dabei gab ich mir Mühe, meine Gedanken zusammenhängend und meine Stimme überzeugend klingen zu lassen.

»Wenn du diese Einzelzelle heute verlassen willst«, drohte Hauptmann Gao, »wirst du nicht nur gestehen, daß du dich der Umerziehung widersetzt hast, sondern auch, daß du eine Verschwörung mit einer konterrevolutionären Clique eingegangen bist. Du wirst gestehen, welches Komplott deine feindliche Gruppe ausgeheckt hat, sonst bleibst du hier!«

Er wies den Kalfaktor an, eine zweite Schüssel Maissuppe neben meinen Kopf zu stellen. »Trink die Suppe und leg ein Geständnis ab. Ich warne dich, daß die Geduld der Regierung nicht grenzenlos ist!«

Zu Hauptmann Gaos Füßen hingestreckt, schluckte ich die Suppe hinunter. Neue Kraft durchfuhr mich. »Ich weiß, daß ich dem Vertrauen der Partei nicht gerecht geworden bin, und ich verspreche, es nie wieder zu tun. Die Weisheit der Lehren des Vorsitzenden Mao leuchtet mir ein. Ich bin ein ›reaktionäres Element‹, und ich muß eine lange Umerziehung durchmachen, um ein neuer sozialistischer Mensch zu werden. Ich bitte die Partei um eine zweite Chance ...«

Hauptmann Gao versetzte mir einen Fußtritt. »Hör auf, Unsinn zu reden! Ich weiß schon Bescheid über deine konterrevolutionäre Clique. Du mußt Bericht über das erstatten, was du mit deiner reaktionären Gruppe unternommen hast. Sonst wirst du in Einzelhaft bleiben.« Nach diesen Worten entfernte er sich. Der Kalfaktor stieß meine Schultern in die Zelle, verschloß die Pforte und trug den Hocker fort.

Ich packte die Gitterstäbe und rief: »Hilf mir! Sag Hauptmann Gao, daß mein Geständnis noch nicht beendet ist. Sag ihm, daß ich die Partei um eine zweite Chance bitte ...«

»Das ist gegen die Vorschriften. Du hast deine Gelegenheit verpaßt. Ich kann nur Notfälle melden.« Seine Schritte verklangen.

Dunkelheit umhüllte mich, und zum erstenmal in meinem Leben empfand ich ausweglose Verzweiflung. Ich hatte den Hunger, den Durst, die Kälte ertragen und versucht, bis zum siebten Tag durchzuhalten. Nun fühlte ich mich ganz und gar verlassen, so unbedeutend wie eine Ameise auf dem Bürgersteig. Niemand interessierte sich dafür, ob ich von einem Schuh zermalmt wurde. Meine Gedanken schweiften zurück zu meinem »Geständnisversuch«. Ich hatte mein Verbrechen zugegeben, keinen Widerstand geleistet und um Verzeihung gebeten, aber ich konnte meine Freunde nicht belasten. Wenn das der Preis der Erlösung war, würde ich in der Einzelzelle sterben. Ich beschloß, nicht mehr weiterzukämpfen. Das Leben selbst war zu einer Qual geworden.

Am achten Morgen entdeckte mich der Kalfaktor im hinteren Winkel der Zelle, wo ich zusammengebrochen war. Ich reagierte nicht auf seine Worte. Nach ein paar Minuten kroch er in die Zelle und zerrte mich zur Pforte. »Trink deine Suppe aus!« befahl er, aber ich hielt die Augen geschlossen. Von nun an würde ich die Nahrung verweigern. Ich stieß die Schüssel von mir, und die Suppe lief über den Zement.

»Oh«, rief der Kalfaktor, »jetzt will er also sterben!« Er verschwand, um Meldung zu machen, und kehrte ein paar Stunden später mit einer zweiten Schüssel zurück, aber ich bewegte mich nicht. Am Nachmittag tauchte Hauptmann Gao von neuem auf. »Es ist deine Sache, ob du ißt oder verhungerst«, erklärte er. »Die Partei und die Regierung fürchten deine Selbstmorddrohung nicht.« Ich hörte, wie er fortging, aber meine Augen blieben geschlossen.

Am neunten Morgen ertönte Hauptmann Gaos Stimme vor der Pforte. Ich blinzelte und sah, daß er vier Häftlinge und einen Klinikangestellten mitgebracht hatte. »Wu Hongda!« knurrte er. »Du willst dich also der Partei und der Regierung bis zum Ende widersetzen. Du willst dich also für immer vom Volk lösen. Holt ihn raus!« Der Kalfaktor bückte sich und zog mich aus der Zelle.

»Es ist das Ziel der Partei, dich in einen neuen sozialistischen Menschen zu verwandeln. Die Regierung hat die Verantwortung für dich übernommen. Wir werden revolutionäre Humanität walten lassen, um dich vom Pfad des Todes abzubringen und um zu verhindern, daß du dich vom Volk löst!«

Dann drückten mich die vier Häftlinge zu Boden, und der Kalfaktor hielt meinen Kopf mit seinen starken Bauernhänden fest. Der Klinikangestellte steckte mir einen Gummischlauch ins Nasenloch und zwängte ihn Zentimeter um Zentimeter hinein. Ich spürte einen stechenden, brennenden Schmerz und hatte plötzlich einen salzigen Geschmack in der Kehle. »Weit genug«, murmelte er und goß eine dünne Suppe durch einen Trichter in den Schlauch.

Am Nachmittag lag ich auf dem Betonboden und schluckte das Blut, das mir aus der Nasenhöhle in den Hals tropfte. Die revolutionäre Humanität der Kommunistischen Partei hatte mich vor dem Tod bewahrt.

Am zehnten Morgen kam Hauptmann Gao wieder. Ich öffnete die Augen nicht, aber die Stimmen verrieten mir, daß er eine andere Gruppe von Häftlingen bei sich hatte. Vielleicht möchte er, daß möglichst viele etwas aus dieser Umerziehungslektion lernen, dachte ich.

»Wu Hongda!« rief er. »Hast du deine Einstellung korrigiert? Willst du dich weiterhin dem Volk entfremden, oder bist du bereit, den Pfad des Geständnisses und der Milde zu beschreiten?«

Ich antwortete nicht. Wieder hielt der Kalfaktor meinen Kopf fest. »Nimm heute das rechte Nasenloch«, sagte er, bevor der Klinikangestellte den Schlauch einführte. Diesmal war der Schmerz geringer. Als die Häftlinge meine Arme und Beine losließen, spürte ich einen leichten Druck an meiner rechten Hand. Ich nahm verschwommen wahr, daß mir jemand ein Papierkügelchen zugesteckt hatte. Ich blieb regungslos liegen und hörte, wie die Gruppe verschwand. Dann schob mich der Kalfaktor wieder in die Zelle.

Ich glättete das Papier, kniff die Augen zusammen und erkannte Zhaos winzige Handschrift. »Leg ein Geständnis ab. Nur Guo und Chen. Du brauchst dich nicht zu opfern.« Dann rollte ich den Zettel zusammen und schluckte ihn hinunter. Zhao hatte sein Versprechen erfüllt und einen Plan gemacht, um mir zu helfen.

Am elften Morgen hörte ich wieder Schritte und Hauptmann Gaos Stimme. »Ich bin bereit zu gestehen«, sagte ich matt. »Ich bin bereit zu essen.«

»Was willst du gestehen?«

Ich versuchte zu sprechen, aber der Schmerz in Nase und Kehle ließ meine Worte zu einem heiseren Grunzen werden. Hauptmann Gao befahl dem Kalfaktor, meinen Kopf zu stützen, damit ich reden könne. In der veränderten Position strömte mir Blut aus Mund und Nase.

»Bring ihn weg!« ordnete Gao an. »Schick ihn zurück in seine Kompanie und gib ihm drei Tage, damit er ein volles Geständnis niederschreiben kann. In der Küche soll man Krankenrationen für ihn zubereiten. Wenn er kein volles Geständnis ablegt, kommt er wieder in Einzelhaft.«

Die Tortur war beendet. Zwei Tage lang konnte ich mich nicht vom *kang* bewegen. Niemand durfte Mitgefühl mit mir äußern, doch ich erkannte die Sorge in den Blicken meiner Kameraden. Ab und zu boten sie mir heißes Trinkwasser oder ein kleines Stück Brot an. Guo fing auf den Feldern einen Frosch und reichte mir am zweiten Abend eine Schüssel mit zartem, gedünstetem Fleisch. Allmählich kehrten meine Kräfte zurück, und ich war erstaunt über die Reserven meines Körpers. Ich empfand keinen Haß auf meine Häscher und keine Rachegelüste. Ich war am Leben – alles andere war unwichtig.

Vor meiner Entlassung aus der Einzelhaft hatten sich Guo und Chen bereits getrennten Kampfversammlungen unterzogen und vor ihren Gruppenkameraden Selbstkritik geübt. Die Polizei glaubte, den Fall erfolgreich abgeschlossen zu haben, und behandelte mein schriftliches Geständnis als Formalität. Man hatte die Briefe rasch abgefangen, den Rädelsführer entlarvt und streng bestraft, einen Selbstmord verhindert und ein volles Geständnis erwirkt. Damit konnte der Vorfall zu den Akten gelegt werden. Am sechsten Tag nach der Einzelhaft nahm ich – immer noch schwach, aber weitgehend erholt – die Arbeit wieder auf. Es war der 17. September 1965.

Die kleine Frau

Am 1. Oktober 1965 hielt Außenminister Chen Yi in Peking eine Pressekonferenz mit in- und ausländischen Journalisten ab, um zu erklären, daß China absolut entschlossen sei, den amerikanischen Imperialismus zu besiegen. Die Nachricht erschien auf der Titelseite der *Volkszeitung*: »Wir sind zu jedem Opfer bereit, um dieses Ziel zu erreichen. Nachdem wir die Vereinigten Staaten überwunden haben, werden Kolonialismus und Imperialismus ausradiert sein. Der Kommunismus wird sich als siegreich erweisen!«

Im Innern des Lagers hatten wir nur Zugang zu den Informationen, die in den Zeitungen und Broschüren der Kommunistischen Partei veröffentlicht wurden, und wir erwarteten, daß sich die Geschichte durchaus im Sinne von Chen Yi entwickeln könne. Vielleicht würde der Kommunismus in der übrigen Welt genauso triumphieren wie in China. Zhao und ich gaben unserer Sorge Ausdruck, daß die Initiative, die äußeren Feinde des Landes niederzuwerfen, auch für uns, seine inneren Feinde, Konsequenzen haben werde.

Am selben Abend wurde durch eine offizielle Mitteilung des Bataillonsstabes der Tuanhe-Farm bekanntgegeben, daß man vierundzwanzig Rechtsabweichler aus unserer Arbeitskompanie verlegen wolle. Wir wußten nichts über ihr Schicksal, abgesehen von der Tatsache, daß sie als Zwangsarbeitspersonal mit dem Status von Umsiedlern eingestuft werden würden. Li, Lo, Dong und Ao gehörten zu ihnen. Lu Haoqin, Chen und ich blieben in Gruppe acht zurück. Als die Namen der Umsiedler verkündet wurden, fiel mir auf, daß man Zhao, Guo und Fan Guang nicht erwähnte. Sämtliche Bemühungen Fans, sich bei der Polizei einzuschmeicheln, waren erfolglos gewesen. Die Nachricht von der »Entlassung« meiner Freunde rief gemischte Gefühle in mir hervor. Ich beneidete sie um die Aussicht auf größere Freiheit, aber ich wußte auch, daß ihre künftigen Möglichkeiten durch diese Verlegung verdüstert wurden.

Umerziehungshäftlinge wie ich leisteten – wenigstens theoretisch – eine feststehende Strafe ab. Wir konnten die vage Hoffnung aufrechterhalten, daß die Parteiführer eines Tages ihre Einstellung Rechtsabweichlern gegenüber revidieren und ein Datum für das Ende unserer Haft verkünden würden. Selbst wenn wir noch zehn Jahre warten mußten, würden wir das Lagersystem vielleicht doch noch verlassen und unser unterbrochenes Zivilleben fortsetzen können. Der Wechsel in den Zwangsarbeiterstatus beseitigte eine solche Möglichkeit. Umgesiedelte frühere Häftlinge würden für immer einer bestimmten Arbeitsstätte, wahrscheinlich in einem abgelegenen Gebiet, zugewiesen werden und ihr Leben in der Unterwelt der inneren Verbannung beschließen.

Nach der Bekanntgabe dachte ich daran, daß Ao und die anderen einen festen Monatslohn sowie Mahlzeiten in einer Kantine erhalten und ihre freien Tage damit verbringen würden, sich die Schuhe reparieren zu lassen oder Nudeln in einem kleinen Restaurant zu essen. Aber mir war auch klar, daß sie die Rückkehr zu einem normalen Leben in der Gesellschaft verwirkt hatten. Sie würden keine Arbeitsunterlagen, keine Lebensmittelkarten, keine Unterkunft besitzen und nur innerhalb des Farm- und Betriebssystems, das vom Büro für Öffentliche Sicherheit geleitet wurde, existieren können. Ihr Zwangsarbeiterstatus kam einer lebenslänglichen Freiheitsstrafe gleich.

Ao wußte, daß sich nach seinem Wechsel zum Umsiedlerstatus in Wirklichkeit sehr wenig ändern würde. Sein Lohn würde um die Hälfte niedriger sein als der eines gewöhnlichen Arbeiters – zu gering für teure Restaurantmahlzeiten. Er würde weiterhin in einer kasernenartigen Baracke – nicht in einer Wohnung – leben, und seine Arbeit würde auch in Zukunft von der Polizei diktiert und beaufsichtigt werden. Er würde die Farm nur an seinen freien Tagen – und auch dann lediglich mit einer Reiseerlaubnis – verlassen dürfen. Und selbst wenn es ihm gelang, eine Frau von bäuerlicher

Herkunft zu finden, die bereit war, mit ihm in die Baracke zu ziehen, durfte er nicht auf eine glückliche Ehe hoffen oder darauf, daß er Kinder aufziehen konnte, ohne das Stigma des ehemaligen Häftlings auf sie zu übertragen. Er würde ein gewisses Maß an Freiheit gewinnen, doch gleichzeitig alle seine Hoffnungen begraben müssen.

Ao hatte es mehr als die meisten von uns geschafft, sich seine Ideale zu bewahren. Seine Laute, seine Nachdenklichkeit, seine Weigerung, sich in Schlägereien verwickeln zu lassen, und sein Glaube an Gerechtigkeit und Fairneß hatten ihn stets ausgezeichnet. Wie würde er auf die Aussicht reagieren, daß er sein ganzes Leben mit körperlicher Arbeit – unterbrochen nur von Essen, Schlafen und vielleicht gelegentlichem, flüchtigem Sex – verbringen mußte?

Bevor Ao am nächsten Morgen abfuhr, zog er mich beiseite. Er hatte nur ein paar Minuten Zeit, während die Kalfaktoren die letzten Vorbereitungen für den Transport trafen. Ich hatte ihn noch nie so betrübt erlebt.

»Wenn dich in deinem Leben nur Enttäuschung erwartet, weshalb sollst du dann noch weiterexistieren?« fragte er. »Aus welchem Grund?«

»Solche Fragen sind unnütz.« Ich starrte zu Boden, da ich ihm nicht in die Augen sehen wollte. »Du wirst es besser haben als ich. Man wird dir mehr Freiheit einräumen.«

»Wieviel besser?« beharrte er. »Früher konnte ich mir wünschen, freigelassen zu werden. Wenn mir nichts als die Umsiedlung gestattet wird, habe ich das Ende erreicht. Worauf kann ich noch hoffen?«

»Ao Naisong«, begann ich mit ernster Stimme und zog ihn hinter die Baracke, wo wir während unserer mehr als dreijährigen Freundschaft auf der Tuanhe-Farm über die Bedrohung durch Taiwan und über so viele andere verbotene Themen gesprochen hatten. »Ich möchte dir eine Geschichte aus meinem Leben erzählen.«

Im Grunde wußte ich auch nicht, wofür ich noch lebte. Ich hatte keine echte Zukunft vor mir, hatte keinen Grund zu der Annahme, daß mir etwas anderes als weitere Kämpfe, Elend und Leid bevorstanden. Worauf konnte ich hoffen? Ich wußte es nicht, aber ich wollte Ao ermutigen.

»Als Junge habe ich mich einmal mit einem Klassenkameraden geprügelt, der älter und stärker als ich war. Er tat mir weh, aber ich verkniff mir die Tränen. Ich rannte nach Hause, und meine Stiefmutter tätschelte mir den Kopf und säuberte meine blutende Nase. Erst dann ließ ich meinen Tränen freien Lauf. ›War er größer und stärker als du?‹ fragte meine Stiefmutter mitfühlend.

›Ja‹, antwortete ich schniefend. ›Es war nicht fair. Sein Bruder hat ihm geholfen. Zwei gegen einen.‹ Mein Vater saß in der Nähe und rief mich zu sich. Ich rechnete damit, daß auch er mich bemitleiden würde.

›Mir ist egal, wer sich mit dir geprügelt hat oder wie viele es waren‹, sagte er energisch, ›aber eines möchte ich wissen: Hast du aufgegeben?‹

›Nein!‹

›In Ordnung‹, meinte er stolz. ›Gib nie auf. Was auch passiert, aufgeben darfst du nie!‹ Mein Vater hat mich immer gelehrt, keine Schwäche zu zeigen, mich nicht einschüchtern zu lassen und nie zurückzuweichen.«

Dann fuhr ich fort: »Ich kann deine Frage nicht beantworten, denn ich weiß auch nicht, weshalb ich noch lebe. Vielleicht deshalb, weil ich meinem Vater immer noch gehorche.«

»Alles Gute«, wünschte mir Ao mit einem bitteren Lächeln.

»Wir werden nicht weit voneinander entfernt sein. Vielleicht können wir uns manchmal treffen.« Meine Worte täuschten uns nicht, aber ich wollte den Trennungsschmerz mildern. Um optimistisch zu klingen, zitierte ich ein traditionelles Sprichwort: »Zwei Fische, in einem Tidebecken gefangen, bespritzen einander, um zu überleben. Wenn sie in den Ozean zurückkehren, können sie einander nie mehr vergessen.«

Ao drehte sich zu dem wartenden Lastwagen um. Ich versuchte, Trost in dem Gedanken zu finden, daß diejenigen von uns Rechtsabweichlern, die im Arbeitslager blieben, vielleicht irgendwann begnadigt oder »rehabilitiert« werden würden. Vielleicht würde man mir eines Tages gestatten, mein früheres Leben fortzusetzen.

Die Strapazen der unbegrenzten Haft belasteten alle, nachdem Ao und die anderen in jenem Herbst 1965 abgefahren waren, aber am schwersten trafen sie Lu Haoqin. Wir, die wir Seite an Seite mit ihm lebten, konnten nicht übersehen, daß sich seine Probleme ernsthaft verschlimmert hatten. Er zeigte sich introvertiert in der Baracke und teilnahmslos bei der Arbeit. Sein Benehmen wurde unberechenbar: Wutausbrüche, Kummer und Wahnvorstellungen lösten einander ab.

Seit dem Frühjahr hatte ich mir Sorgen darüber gemacht, wie sich die unbegrenzte Haftzeit auf seinen Geist auswirkte und krankhafte Gefühle hervorbrachte. Eines Nachts im April hatte er sich auf dem *kang* zu mir gedreht und geflüstert: »Weißt du, was das bedeutet, ›in den Hintern ficken‹?« Ich hatte erwidert, daß er über so schmutzige Dinge nicht sprechen solle. Als ich am nächsten Morgen vor dem Weckruf des Kalfaktors aufwachte, hatte Lu die Hand unter meine Decke geschoben. Ich stieß sie zurück und drohte, ihn bei der Polizei anzuzeigen, wenn er nicht damit aufhöre.

Während des Sommers schien sich Lu eine Zeitlang mit seiner Situation abgefunden zu haben, aber im August hatte er den Gefängnisfriseur plötzlich aufgefordert, ihm den Kopf kahlzuscheren. Jemand sagte höhnisch: »Was für eine hübsche kleine Nonne!« Ich schaute ihn an und dachte, daß Lu tatsächlich das Gesicht einer schönen Frau besaß. Danach wurde »kleine Nonne« zu seinem Spitznamen. Es schien ihm nichts auszumachen.

Im Spätsommer fühlten sich mehrere unserer Gruppenkameraden durch Lus Verhalten beleidigt. Ich versuchte, seine Gefühlsausbrüche zu ignorieren und seine Bedürfnisse zu verstehen. Er war seit sieben Jahren im Gefängnis, und seine Sehnsucht nach Sex war zu einem akuten Problem geworden. Nachdem das Datum unserer erwarteten Entlassung 1964 verstrichen war, hatte er die Hoffnung verloren, seine Freundin je wiederzusehen, und er konnte sich wirklich nicht mehr beherrschen. Ich hatte Mitleid mit ihm.

Dann, eines Mittags, als wir außer Sichtweite des Polizeihauptmanns im Schatten eines Gebüsches am Kanal nebeneinander hockten, um eine heimliche Ruhepause zu machen, änderte sich seine Miene schlagartig. Wir hatten den Morgen damit verbracht, Reissämlinge zu pflanzen. Er blickte auf, neigte den Kopf und fragte: »Na, bin ich nicht schön? Möchtest du mich nicht lieben?«

»Was redest du denn?« fragte ich und rückte zur Seite. Er versuchte, mich zu umarmen.

»Das mag ich nicht. Wir müssen wieder an die Arbeit«, sagte ich und eilte zurück aufs Feld. Ich wollte nichts mit Lus Zärtlichkeiten zu tun haben. Meiner Meinung nach sollte sich ein Mann wie ein Mann, nicht wie eine Frau benehmen.

Danach schien Lu seine Gefühle mehrere Wochen lang unter Kontrolle zu haben. Gruppe acht wurde mit verschiedenen Bauprojekten beauftragt, und Lu arbeitete mit größerer Energie und Begeisterung. Wie ich hielt er es für weniger langweilig, Schweineställe zu bauen, als auf den Feldern Unkraut zu jäten oder Weizen zu ernten. Manchmal schleppten wir Ziegel und Holz herbei, manchmal holten wir Sand und Wasser, um Zement zu mischen. Unsere Arbeit war nicht nur abwechslungsreicher, sondern wir konnten uns auch paarweise im Lager bewegen, um Baumaterialien mit Hilfe unserer Schulterstangen hin und her zu befördern. Dadurch erhielten wir ein ungewohntes Gefühl der Freiheit.

Im November befahl man uns, eine hohe, freistehende Ziegelmauer parallel zur Straße, dicht neben einem der Farmeingänge, zu errichten. Die Mauer sollte dazu dienen, die Häftlinge vor neugierigen Blicken abzuschirmen. Außerdem würde sie eine markante Fläche für die revolutionären Parolen liefern, die Ende 1965 überall in der Stadt mit zunehmender Leidenschaft an Wände gemalt wurden. Zu Beginn dieses Projektes machte ich mich mit Lu auf, um ein paar alte Ziegel in einem verlassenen Winkel des Farmgeländes einzusammeln. Plötzlich umarmte er mich und versuchte, mein Gesicht zu küssen.

»Also gut …«, sagte er mit erregter und verängstigter Stimme, wobei sein Atem heiß über meinen Hals strich. »Ich liebe dich. Nun schlaf mit mir.«

»Was fällt dir ein?« Ich stieß ihn fort. Trotz der Novemberkälte war er durch die Arbeit ins Schwitzen gekommen und hatte sich seine gefütterte Jacke und die Hose ausgezogen. Während wir die schweren Ziegellasten trugen, war er nur mit Shorts und einem ärmellosen Unterhemd bekleidet. Die Haut seiner Schulter fühlte sich an meinem Arm so glatt wie die einer Frau an. Ich konnte einen Anflug sexueller Erregung nicht unterdrücken.

Lu trat zurück und zog seine Shorts aus. »Guck dir das an«, sagte er und streichelte seinen Penis. Ich wurde wütend, aber als ich Lus Gesicht betrachtete und das Ausmaß seiner Qual erkannte, wußte ich nicht mehr, was ich tun sollte. Verwirrt von meinen eigenen Gefühlen, konnte ich ihn nur anstarren.

»Komm schon, komm schon«, sagte Lu. »Ich spiele mit dir. Du bist mein Mann! Du bist stark. Ich liebe dich!«

»Wie meinst du das?« Ich war erstaunt darüber, daß ich zögern und eine solche Frage stellen konnte. Vor meinem geistigen Auge erschien das Gesicht eines Klassenkameraden aus der Mittelschule. Eines Tages war ich schockiert gewesen, als ich die dunklen Nähte von Nylonstrümpfen unter seiner Hose bemerkte. Besonders nach dem kommunistischen Sieg galt Homosexualität in China nicht nur als Perversion, sondern sogar als ein Grund zur Verhaftung, und ich war von der Idee sexueller Beziehungen zwischen Männern stets angeekelt gewesen.

Lu steckte sich den Penis zwischen die Beine und drückte sie zusammen, so daß sein Glied verborgen war. Dann drehte er sich immer wieder um die eigene Achse. »Siehst du! Ich hab' keinen. Ich bin genau wie eine Frau. Bin ich hübsch? Gefalle ich dir? Komm schon, schlaf mit mir!« Er trat ganz dicht heran, zerrte an meinen Shorts und versuchte, mich zwischen den Beinen zu berühren.

»Zieh deine Shorts an und hör damit auf«, entgegnete ich. »Du bist ein Mann. Benimm dich wie ein Mann.«

»Wieso denn?« Er ließ seine Stimme höher und weiblicher klingen. »Ich bin jetzt eine Frau, eine hübsche Frau. Siehst du? Hier!« Er zog Hemd und Schuhe aus. »Gefalle ich dir nicht?«

»Nein!« stieß ich laut und heiser hervor. »Hör auf!«

Er versuchte von neuem, mich zu umarmen. Schließlich versetzte ich ihm eine Ohrfeige. Er kam zu sich und zog seine Kleidung ohne ein Wort an. Wir nahmen die Schulterstange auf und trugen die Ziegel schweigend zum Bauplatz.

An jenem Abend flüsterte Lu: »Bitte, sprich mit niemandem darüber.«

»Natürlich nicht.« Ich hoffte immer noch, daß er sein schreckliches Verlangen irgendwie beherrschen würde. »Sei stark. Blick nach vorn.«

Aber Lus Benehmen wurde noch sprunghafter. Er begann, so oft wie möglich Zigaretten zu rauchen, forderte andere auf, mit ihm zu schlafen, oder schlich sich von hinten an einen Häftling heran, um ihm die Hose herunterzuziehen. Manchmal wirkte er ruhig, schien bei klarem Verstand zu sein und konnte zügig arbeiten, aber dann verfiel er plötzlich wieder in eine Art Wahnsinn. In einer seiner stabileren Phasen fragte ich ihn, woran er denke, wenn er andere Männer um Sex bitte.

»Genau das wünsche ich mir«, antwortete Lu. »Das brauche ich. Ich warte schon so lange. Wahrscheinlich werde ich nie wieder einer Frau nahe sein. Wenn ich mein Rohr streichele, fühle ich mich zufrieden und glücklich. So war es das eine Mal mit meiner Freundin. Immer wenn ich mein Rohr streichele, denke ich wieder an sie. Ich fühle ihren, nicht meinen Körper. Dann vergesse ich alles. Warum nicht? Manche sagen, es sei unanständig, aber ich bin anderer Meinung. Damit schade ich niemandem. Es ist meine eigene Angelegenheit, und es gefällt mir.«

Ich fürchtete um das Wohl dieses Mannes, der einer meiner engsten Freunde geworden war. »Lu, ich weiß, daß es deine eigene Angelegenheit ist, aber es greift deine Gesundheit an. Du bist schwach geworden und kannst nicht mehr richtig arbeiten. Das macht mir Sorgen. Unsere Situation ist immer noch sehr schwierig. Du brauchst einen kräftigen Körper. Außerdem ist es gefährlich für dich. Man wird dich bestrafen, wenn du nicht aufhörst.«

»Ich weiß.« Seine Stimme war matt. »Ich weiß.«

Ungefähr zwei Monate später wartete Lu nach dem Frühstück auf dem *kang* auf mich. In seiner Miene spiegelte sich Verzweiflung wider. »Ich bin krank. Heute morgen kann ich nicht aufs Feld gehen. Ich will nicht mehr arbeiten.«

»Wenn du krank bist, brauchst du die Genehmigung des Hauptmanns, um im Lager zu bleiben. Es ist die einzige Möglichkeit, freigestellt zu werden. Ich habe keine Vollmacht dazu.«

»Bitte, sprich mit ihm. Ich will nicht mehr arbeiten.«

Auch ich wollte nicht mehr arbeiten. Niemand wollte es, aber wir hatten keine andere Wahl. Oft mußte ich meine eigenen rebellischen Gefühle unterdrücken, meinen Groll zügeln und mich ermahnen, geduldig zu sein, abzuwarten und zu gehorchen, bis sich die Lage änderte. Aber Lu hatte keine Geduld mehr.

Ich gab Lus Bitte an Hauptmann Gao weiter. »Nein!« rief er. »Alle gehen wie gewohnt zur Arbeit. Lu fehlt nichts. Er ist nicht krank, er tut nur so. Ich weiß Bescheid. Eine Frechheit, daß er versucht, hier seinen schmutzigen Arsch zu verkaufen. Willst du ihm etwa helfen?«

Die Erinnerung an Lus gehetzten Blick ließ mich widersprechen. »Nein, er ist wirklich krank.«

»Hol ihn raus!« schrie der Hauptmann. »Hol ihn!«

Ich wußte nicht, weshalb Lu an jenem Tag nicht arbeiten wollte, aber ich hatte in der Nacht neben mir heftige Bewegungen bemerkt. Ich folgte dem Kalfaktor zurück in die Baracke.

»Uuuuuh«, quietschte Lu und krümmte sich, als der Kalfaktor versuchte, ihn an den Beinen vom *kang* zu ziehen. »Willst du mich etwa vergewaltigen?« Er war wieder eine Frau. »Komm, schlaf mit mir!« Er fing an, sich auszuziehen.

Der Kalfaktor knurrte: »Was soll der Blödsinn? Spielst wohl den Verrückten?«

Hauptmann Gao erschien auf der Schwelle. »Er verstellt sich wieder, bring ihn zur Vernunft!« Der Kalfaktor schlug Lu ins Gesicht und trat auf ihn ein. Ich hielt seinen Arm fest, so daß Lu davonlaufen konnte. Gao schaute sich die Szene schweigend an.

»Laß das sein«, warnte ich den Kalfaktor leise, aber dann kehrte Lu zurück.

Er lachte laut und hatte sich die Hand auf den Penis gelegt. »Ich bin hübsch, ich bin jung. Ich möchte mit allen schlafen. Kommt nur!«

Zwei Kalfaktoren packten ihn. Sie wollten von neuem zuschlagen, als ich mich an den Hauptmann wandte: »Sie sehen doch, daß er wirklich krank ist.«

»Was verstehst du denn davon?« fragte Gao.

»Mit mir wollte er auch einmal schlafen«, sagte ich. »Also weiß ich Bescheid. Dieser Mann ist nicht normal.«

Der Hauptmann schaute auf seine Uhr. »Laßt ihn für heute hier«, befahl er.

Hundert Gefangene warteten auf dem Hof auf die Anweisung, zur Feldarbeit aufzubrechen. Bevor ich mich ihnen anschloß, warnte ich den Kalfaktor noch einmal: »Wenn ich zurückkomme und merke, daß du ihn geschlagen hast, kannst du was erleben.«

Als wir an jenem Abend in Viererreihen zurück ins Lager marschierten, sah ich erschrocken, daß mehrere Fensterscheiben in unserer Baracke zerbrochen waren. Der Kalfaktor, der auf Lu Haoqin hatte aufpassen sollen, kam mir entgegen.

»Ich konnte ihn nicht beruhigen«, sagte er. »Lu hat sich wieder ausgezogen und dann angefangen, Fenster zu zerschmettern und mit einer Frauenstimme zu kreischen.«

Sofort rannte ich in die Unterkunft. Decken, Kissen, Kleidung waren auf dem Boden verstreut. Die anderen Gruppenmitglieder begannen, Lu zu beschimpfen, der nackt und mit zusammengepreßten Beinen herumhüpfte und alle in seiner Nähe aufforderte, mit ihm zu schlafen. Ich befahl den anderen, sich nicht um ihn zu kümmern und die Baracke aufzuräumen. Zwei Hauptleute standen im Flur und beobachteten den Aufruhr. Ich hörte, wie einer von ihnen sagte: »Sie werden bald hier sein.«

Eine halbe Stunde später stoppte ein Jeep mit quietschenden

Bremsen vor unserem Gebäude. Zwei Männer in Polizeiuniform traten ein und wiesen die wartenden Kalfaktoren an, Lu festzuhalten. Sie prüften seine Pupillen, fühlten ihm den Puls und untersuchten ihn. Lu blieb ruhig, doch sobald er losgelassen wurde, tanzte er wieder lachend herum. Er schien jegliche Verbindung zur Realität verloren zu haben.

Der Lärm veranlaßte zwei andere Männer aus dem Jeep, »Beruhigungskleidung« – einen einteiligen Anzug aus dickem Leinen – hereinzubringen. Der Anzug hatte einen durchgehenden Reißverschluß, kurze Bänder führten von den Armen zum Rumpf, und eine weitere Schnur war unten zwischen den Hosenbeinen angebracht. Sie zwängten Lu in das Kleidungsstück, verschnürten seine Arme und Beine, so daß er sich nicht bewegen konnte, und flößten ihm dann irgendein Medikament ein. Er verstummte. Die Männer hoben ihn auf und trugen ihn in die Unterkunft der Kalfaktoren.

Am nächsten Tag war Lu verschwunden, als ich von den Feldern zurückkehrte. Der Kalfaktor erklärte mir, er sei in ein anderes Lager gebracht worden. Ich wollte wissen, wohin.

»Woher soll ich das wissen? Vielleicht in die Ziegelfabrik von Yanqing«, antwortete er.

Ich hatte die Stahlfabrik von Yanqing 1961, also vier Jahre zuvor, verlassen, als sie nach dem Großen Sprung nach vorn geschlossen wurde. Man hatte sie und die beiden Eisengruben nicht wieder geöffnet. Mir war zu Ohren gekommen, daß das Büro für Öffentliche Sicherheit die Ziegelfabrik jedoch weiterhin zur Unterbringung von Häftlingen benutzte, die aus physischen oder psychischen Gründen arbeitsunfähig waren. Die einsame, in den Bergen gelegene Fabrik mußte ein schrecklicher Ort sein. Wie würde Lu dort überleben?

Im Winter 1965 dachte ich häufig an Lu. In Tuanhe arbeiteten wir jeden Tag auf dem Feld und saßen jeden Abend beim politischen Unterricht. Die Zeitungen berichteten über die Kampagne der »Vier Säuberungen« in den Landgebieten, wo angeblich korrupte Dorfkader von den Massen »entlarvt« und »bekämpft« würden. Ich hatte wenig Interesse an diesen Geschehnissen. Für mich war nur die Lage in den Arbeitslagern von Bedeutung. Immer häufiger beneidete ich die Gefangenen, die Verwandte in Peking hatten, so daß sie an Besuchstagen zusätzliche Nahrung erhalten konnten. Ich sehnte mich nach Abwechslung von der Kost aus Maisschleim, Dampfbrötchen und Gemüsesuppe. Zwar gelang es mir immer noch, auf den Feldern Gemüse zu stehlen und manchmal einen Frosch oder eine Schlange zu fangen, aber ich begehrte die Kekse, das Weizenmehl und das Fleisch der Häftlinge, die von ihren Verwandten versorgt wurden.

Eines Morgens fand ich beim Unkrautjäten auf den Reisfeldern eine Möglichkeit, unbemerkt mit einem früheren Gruppenkameraden namens Wang zu plaudern. Er war Anfang 1964 in die Kategorie der Zwangsarbeiter übergewechselt. Der stille und tüchtige Wang hatte das Vertrauen der Gefängnisleitung errungen und war nun als Kontrolleur für die Wasserversorgung der Felder zuständig. Es war eine besondere Aufgabe, die verlangte, daß er sich ohne Begleitung im Lager bewegte, um das System der kleinen Kanäle und Bewässerungsgräben zu prüfen. Die Vorschriften ließen nicht zu, daß ein Zwangsarbeiter mit einem Umerziehungshäftling sprach, aber Wang blieb hin und wieder neben mir stehen, um Informationen mit mir auszutauschen oder mir sogar ein kleines Päckchen Kekse oder Bonbons zuzustecken. Er wollte mich unterstützen, indem er einige seiner Privilegien mit mir teilte, und ich war dankbar für seine Großzügigkeit.

Nach seiner Entlassung hatte Wang eine einfache Bäuerin geheiratet, die in ihrem Dorf wohnte, doch die Tuanhe-Farm ungehindert besuchen konnte. Unterdessen wurde mein Wunsch nach Fleisch immer stärker, und ich bat Wang, mir zu helfen. Bei unserem nächsten Gespräch auf dem Feld teilte er mir seinen Plan mit. Seine Frau sei bereit, sich als eine meiner Schwestern auszugeben, die nach Nordosten unterwegs sei, um eine Qualitätskontrolle für ihre Lautsprecherfabrik in Schanghai durchzuführen. Sie werde behaupten, ihren Bruder in Tuanhe besuchen zu wollen, und ein Paket Fleisch – ein Geschenk von meinem Vater – bei sich haben. Wang hatte die Familienfotos gesehen, die ich mit dem Rest meiner Habseligkeiten in meinem Gepäck im Lagerraum der Kompanie verwahrte, und er wußte einiges über meine Herkunft. Seiner Ansicht nach waren seine Frau und meine zweitjüngste Schwester einander so ähnlich, daß niemand Fragen stellen würde. Dann erkundigte er sich nach dem Alter und der Arbeit meiner Schwester.

Ein paar Wochen später, im Januar 1966, rief mich der Hauptmann eines Nachmittags von der Feldarbeit zu sich. »Wie kommst du mit deiner Gedankenreform voran?« fragte er.

»Gut«, erwiderte ich vorsichtig.

»Wie geht's deiner Familie? Hast du eine Schwester?«

»Ich habe drei Schwestern«, antwortete ich und nannte ihm ihre Namen. Wangs Frau mußte um einen Familienbesuch gebeten haben.

Der Hauptmann führte mich in ein kleines Büro im Verwaltungsgebäude der Kompanie. Da »meine Schwester« erklärt hatte, daß sie ihre Inspektionsreise aus Schanghai nur kurz unterbrechen könne, hatte man einen speziellen Passierschein für sie ausgestellt, der außerhalb der gewöhnlichen Besuchszeit gültig war. Eine junge Frau saß neben dem Schreibtisch. Ihr Gesicht war durch eine Gazemaske vor der Kälte geschützt, und ihr Kopf wurde von einem Wollschal verborgen. Ich betrachtete ihre Augen, entdeckte eine kleine Narbe und kam zu dem Schluß – ich hatte ja zwei Fotos von Wangs Ehefrau gesehen –, daß die Frau vor mir eine andere sein mußte. Ich rief den Namen meiner Schwester, und sie nickte. Ein Wärter stand in der Nähe. Um die Nervosität der Frau zu mindern, erkundigte ich mich nach ihrer Reise und machte dann einige der üblichen Bemerkungen über mich selbst. »Ich arbeite sehr schwer und tue mein Bestes, um mich umzuerziehen.«

»Deine Familie hat nur eine einzige Hoffnung für dich«, erwiderte sie wie auf ein Stichwort hin. »Du mußt dir Mühe geben, den Anweisungen des Hauptmanns gehorchen und dich vom Vorsitzenden Mao leiten lassen, damit du zu einer neuen sozialistischen Person wirst. Ich kann nicht länger bleiben, aber ich habe dir etwas Pökelfleisch mitgebracht.«

Ich mußte ihr zum Schein widersprechen. »Das möchte ich

nicht. Meine Lebensbedingungen sind hervorragend. Ich brauche nicht mehr Nahrung.« Wir alle konnten solche Aussagen im Beisein von Amtspersonen automatisch herunterleiern.

Der Wärter reagierte wie erwartet. »Was? Sie haben zehn Pfund Fleisch mitgebracht? Das ist bestimmt nicht nötig. Ihre Familie muß daran denken, daß Ihr Bruder schwer arbeiten soll, um sich umzuerziehen. Er ist zum Verbrecher geworden, weil sein Leben zu leicht war, und ich kann Ihnen nicht erlauben, ihm soviel Fleisch zu übergeben.«

»Natürlich brauche ich das Fleisch nicht«, warf ich ein, um die Posse fortzusetzen. »Das Essen hier reicht aus, und ich muß mich weiterhin anstrengen, um meine Einstellung zu verbessern. Bitte, nimm das Fleisch wieder mit.«

»Das kann ich nicht entscheiden«, protestierte meine »Schwester«. »Ich habe das Paket auf Geheiß unseres Vaters hierher gebracht.«

»Sie werden es wieder mitnehmen müssen«, wiederholte der Wärter.

»Aber ich kehre nicht nach Schanghai zurück«, beharrte sie. »Ich mache eine Inspektionsreise für meine Fabrik.« Schließlich bot der Wärter die übliche Lösung an: Ich dürfe fünf Pfund Fleisch für mich behalten, und er werde fünf Pfund für die Küche der Polizeihauptleute beschlagnahmen. Der Besuch war zu Ende, und ich begleitete die Frau zum Lagertor.

»Wer bist du?« fragte ich, als der Wärter einen Moment lang außer Hörweite war.

Sie zog ihre Gesichtsmaske rasch herunter und sagte: »Sieh mich an und vergiß mich nicht.« Dann war sie verschwunden.

Ich wartete bei der Arbeit auf Wang, damit ich ihm für seine Großherzigkeit danken und von ihm erfahren konnte, wer mich anstelle seiner Frau besucht hatte. Ein paar Wochen später hörte ich, daß er als Umsiedlungshäftling in ein anderes Lager versetzt worden sei. Das sanfte Gesicht der Frau und ihre ungewöhnliche Güte wollten mir nicht aus dem Sinn. Ich hatte den Wunsch, ihr zu danken, aber es gab keine Möglichkeit, ihren Namen herauszufinden.

Revolution auf der Farm

Der von Gewalttaten begleitete Ausbruch der Kulturrevolution im Frühsommer 1966 hatte keine Folgen für das Alltagsleben in den Arbeitslagern. Überall in Peking tobten Banden von politisch aufgestachelten Jugendlichen, genannt Rote Garden, durch die Straßen und terrorisierten die Menschen in den Universitäten, Verwaltungen, Zeitungs- und Rundfunkredaktionen und Wohngebäuden. Auf der Tuanhe-Farm verbrachten wir unsere Tage wie zuvor, indem wir Reis und den Herbstweizen anpflanzten. Für drei Monate bildeten die Lager eine seltsame Zuflucht vor dem Wahnsinn und der Brutalität, die sich in der Stadt ausbreiteten.

Gefangene, die Briefe aus Peking und Besuche von Verwandten erhielten, gaben in jenen Wochen hinter vorgehaltener Hand Kommentare über junge Leute weiter, die ihren revolutionären Zorn auf Lehrer und Eltern richteten. Sie erzählten von Menschen, die auf den Straßen als »konservative Reaktionäre« angeklagt und dann gedemütigt, geschlagen oder sogar mit Gürteln geprügelt wurden. Einigen schor man den Kopf, oder man riß ihnen die Kleidung vom Leibe.

Ich versuchte im Juni und Juli 1966, das Ausmaß der Brutalität anhand von Berichten in der *Volkszeitung* abzuschätzen, aber ich erfuhr nur, daß ein »Kampf zweier Linien« begonnen habe, daß der Vorsitzende Mao die revolutionären Massen unterstütze und befohlen habe, die »vier Alten« auszumerzen: alte Ideen, alte Bräuche, alte Gewohnheiten und alte Kultur. Im August las ich, daß der Vorsitzende Mao persönlich von seiner Tribüne auf dem Tiananmen-Platz zu Zehntausenden von Rotgardisten gesprochen und sie ermutigt habe, überall im Land die Flammen der Revolution anzufachen und die Überreste von Privilegien, Korruption und Revisionismus wegzufegen. Gleichzeitig erzählten Gefängnisbesucher davon, daß man buddhistische Tempel, konfuzianische Denkmäler, Museen und Friedhöfe verwüstet, Wohnungen geplündert und persönlichen Besitz beschlagnahmt habe – alles im Zuge des Kampfes auf Leben und Tod, der das Land von dem verderblichen Einfluß seiner bourgeoisen Vergangenheit befreien sollte.

Weit beunruhigter war ich aber über den sich ausweitenden Konflikt Chinas mit Vietnam und die zunehmenden Spannungen mit der Sowjetunion als über den politischen Tumult im Inland. Ich fürchtete stets, daß der Ausbruch einer internationalen Krise die Lage der politischen Gefangenen verschlechtern würde. Wenn die Sicherheit der Nation bedroht war, könnten die Kontrollen innerhalb der Lager verschärft werden, oder vielleicht würde die Regierung sogar Konterrevolutionäre hinrichten lassen, um sich ihrer inneren Feinde zu entledigen.

Die Gerüchte über den Terror außerhalb der Lager waren mir mehr oder weniger gleichgültig. Ich hatte mich so sehr an Gewalt und Grausamkeit gewöhnt, daß mir sogar die schockierendsten Erzählungen lediglich das Gefühl gaben, ein Feuer vom anderen Ufer eines Flusses zu beobachten. Das Leid anderer interessierte mich nicht mehr. Bis zum 17. September kümmerte ich mich kaum um den Kampf zweier Linien oder die Bestrafung reaktionärer Elemente. An jenem Abend, nach dem Essen, stürmte eine Gruppe von zwanzig Rotgardisten lärmend durch das Lagertor. Sie brüllten Parolen: »Es ist richtig, daß wir rebellieren!« – »Die Revolution ist keine Abendgesellschaft!« – »Wir müssen den Lehren unseres Großen Führers, des Vorsitzenden Mao, folgen!« – »Wir müssen den Revisionismus auslöschen!«

Die Rebellen versammelten sich mit erhobenen Fäusten und wütenden Mienen vor dem Büro des Polizeihauptmanns. Ihr Anführer schrie Hauptmann Gao mit heiserer Stimme an: »Wer ist dein widerspenstigster Häftling?« Ich stand in Habachtstellung mit den anderen Gefangenen meiner Gruppe da, während die militanten Jugendlichen – sie trugen grüne Armeejacken und rote Armbinden – die auf dem beleuchteten Lagerhof angetretenen Häftlinge zornig betrachteten.

Selbst wenn Hauptmann Gao uns hätte beschützen wollen, konnte er in jenem Moment die Befehle der revolutionären Avantgarde des Vorsitzenden Mao nicht mißachten. Er mußte den Jugendlichen ein Opfer liefern. Nach einer Weile zeigte er auf einen bebrillten Gefangenen mit kantigem Gesicht, der ein paar Meter neben mir stand. »Der da widersetzt sich immer noch der Umerziehung.«

»Holt ihn raus!« rief der Anführer der Rotgardisten.

Ich kannte Xiu, den der Hauptmann ausgewählt hatte, seit mehr als drei Jahren. Er hatte früher als Bauingenieur für die Pekinger Planungsbehörde gearbeitet. Sein Gleichmut angesichts von Kritik und seine Weigerung, andere zu belasten, hatten ihm im Laufe der Jahre den Ruf der Hartnäckigkeit eingetragen. Xiu war älter als ich und verstand sich nicht auf körperliche Arbeit; deshalb sah die Lagerleitung der Tuanhe-Farm ihn als wenig nützlich an.

Zwei Rotgardisten zerrten Xiu nach vorn und hielten ihm die Arme auf dem Rücken fest. Drei andere begannen, mit den Fäusten und mit ihren schweren Ledergürteln auf ihn einzuschlagen. Ein paar Sekunden lang schrie er vor Schmerz, dann brach er bewußtlos zusammen.

»Dies ist eine revolutionäre Handlung!« erklärte einer der Jugendlichen. »Wir werden zurückkehren! Wenn ihr euch der Umerziehung verweigert, werdet ihr mit dem Tod bestraft werden!«

»Lang lebe die Große Proletarische Kulturrevolution des Vorsitzenden Mao! Lang lebe unser großer Führer, der Vorsitzende Mao!« riefen sie im Chor. Wir wiederholten die Parolen mechanisch, bis sie sich entfernten, um ihren revolutionären Kampf in andere Teile des Lagers zu tragen.

Xiu bewegte sich schwach auf dem Boden. Blut strömte von seiner Stirn. Mehrere seiner Gruppenkameraden hoben ihn auf und brachten ihn in ihre Baracke, um seine Wunden zu versorgen. Bis dahin hatte ich mich nicht vor der Kulturrevolution gefürchtet. Ich war der Meinung gewesen, daß meine Lage als Häftling mit unbegrenztem Strafmaß sich kaum verschlimmern könne. Xius schlimme Mißhandlung zerstörte sogar diese bittere Illusion.

Später äußerten meine Gruppenkameraden unterschiedliche Ansichten darüber, wie wir auf die Drohung der Rotgardisten, daß weitere revolutionäre Maßnahmen bevorstünden, reagieren sollten. Einige rieten zu einem Fluchtversuch, da das Pekinger Büro für Öffentliche Sicherheit offenbar von Rebellen in seinen eigenen Reihen zerrüttet sei und die Straßen der Stadt nicht mehr unter Kontrolle halten könne. Andere wollten sich zur Wehr setzen, falls die Rotgardisten zurückkehrten, denn nach Jahren körperlicher Arbeit würden wir keine Mühe haben, uns gegen diese unerfahrenen Burschen zu verteidigen. Noch andere beschlossen, enger mit der Polizei zusammenzuarbeiten, um den Roten Garden bei deren nächstem Überfall nicht ausgeliefert zu sein.

Etwa eine Woche später verkündeten die Polizeihauptleute, daß das Lager von jeglichem Besitz, der »alt« oder reaktionär sei, befreit werden müsse. Man befahl mir, meine Bücher herauszugeben. Kurz nach meiner Verhaftung im Jahre 1960 hatte das Geologie-Institut mir alle meine Bücher und Notizhefte nachgesandt. Diese Texte waren mir von Lager zu Lager gefolgt, ebenso wie ein paar unbenutzte Kleidungsstücke in dem großen Lederkoffer, der Sporttasche und der kleinen Holzkiste, die ich 1955 bei meiner Abreise aus Schanghai von zu Hause mitgenommen hatte. An jedem Ort blieben sie in dem verschlossenen Speicher meiner jeweiligen Kompanie. Die Polizei besaß den Türschlüssel, aber ich behielt die Schlüssel zu meinen Gepäckstücken. Gewöhnlich öffnete der Hauptmann den Raum einmal im Monat an einem unserer Ruhetage, damit wir Kleidung aus unseren Koffern und Kisten herausholen oder einfach nur unsere Habseligkeiten sortieren konnten.

Ich befürchtete, daß man alles, was ich aushändigte, in einem gewaltigen Freudenfeuer als »reaktionär« verbrennen würde. Widerwillig lieferte ich mein chinesisch-deutsches Wörterbuch sowie meine Geologiefachbücher ab. Aber ich mußte verhindern, daß meine literarischen Lieblingswerke vernichtet wurden. Deshalb riskierte ich den Versuch, ein kleines Bücherpaket zu retten. Um meinen Plan auszuführen, borgte ich mir einen Spaten und eine Plastikplane von einem meiner Freunde, der unsere Arbeitsgeräte verwaltete. Dann wickelte ich die chinesischen Übersetzungen von Shakespeare und Tolstoi, Victor Hugo und Mark Twain fest in die Plane ein und vergrub das Paket am Abend vor der Durchsuchung neben dem Geräteschuppen der Kompanie. Die Polizisten setzten voraus, daß wir zu unserem eigenen Schutz jegliches belastende Material freiwillig herausgeben würden, und stellten keine Nachforschungen an. Meine wenigen westlichen literarischen Werke blieben mehr als ein Jahr lang in ihrem sicheren Versteck.

Die Tatsache, daß die Gewalt der Kulturrevolution auf die Farm übergegriffen hatte, ließ alle nervös werden. Diejenigen Gefangenen, die sich am stärksten bemühten, ihre erfolgreiche Umerziehung unter Beweis zu stellen, baten um Erlaubnis, sich revolutionäre Abzeichen zu kaufen, mit denen der Träger seine Loyalität zum Vorsitzenden Mao bewies. Ihre Bitte wurde abgewiesen. Rechtsabweichler seien Volksfeinde, verfügte unser politischer Ausbilder, keine Angehörigen der revolutionären Massen. Es stehe uns nicht zu, Mao Tse-tung als unseren Führer zu beanspruchen oder Abzeichen mit seinem Bild an der Mütze oder am Aufschlag zu tragen. Als Feinde der Revolution müßten wir die Werke des Vorsitzenden Mao noch sorgfältiger studieren als jeder gewöhnliche Bürger. Einigen Häftlingen fiel es leicht, sich die Worte des Vorsitzenden einzuprägen, aber ich stockte häufig beim Zitieren längerer Passagen, und der Unterrichtsleiter warf mir etliche Male vor, ich nähme meine Umerziehung nicht ernst. Offenbar konnte ich die Zitate nur dann mühelos auswendig lernen, wenn sie vertont wurden.

Nach dem Angriff auf Xiu begannen auch die Polizisten, auf der Hut zu sein. Sie hatten Angst, daß die Roten Garden zurückkehren und sie für jeden Bruch der Lagerdisziplin verantwortlich machen würden. Niemand wollte einen politischen Fehler begehen. Wie wir wartete die Lagerleitung wachsam ab. Bald bemerkte ich Anzeichen dafür, daß die Polizei von Tuanhe ihrerseits Fraktionskämpfe ausfocht. Wenn die Wärter uns auf den Feldern beaufsichtigten, hatte jeder ein rotes Armband in der Tasche, das er sich rasch überstreifen konnte, wenn er sein revolutionäres Engagement deutlich machen mußte. Als ich einen der politischen Kader nach der Arbeitsverteilung befragte, warnte er mich schroff davor, den Anweisungen eines bestimmten Polizeihauptmanns zu gehorchen. Danach mußte ich annehmen, daß die Hauptleute ebenfalls Druck und eigenen Kritikversammlungen ausgesetzt waren. Ich hielt mich zurück, um nicht in ihre Streitigkeiten hineingezogen zu werden.

Ein paar Wochen später war die Barbarei der Kulturrevolution wiederum im Lager zu beobachten, diesmal in unseren eigenen Reihen. Im Oktober unterbrach ein Polizeihauptmann eines Abends unseren politischen Unterricht, um uns zu einer Kampfversammlung zu rufen. Wir konnten an seiner Miene ablesen, daß sich etwas Schwerwiegendes ereignet hatte. Nachdem sich vier Gruppen von ungefähr fünfundvierzig Häftlingen in einen großen Schlafsaal gedrängt hatten, verkündete der Hauptmann, daß sich ein »aktiver konterrevolutionärer Vorfall« abgespielt habe, und ging hinaus. Zwei Rechtsabweichler, die ich nur oberflächlich kannte, standen vorn. Vier Mitgefangene hielten ihnen die Arme auf dem Rücken fest und rissen ihnen den Kopf nach hinten. Dies war die schmerzhafte »Düsenjägerhaltung«, die während der Kulturrevolution benutzt wurde, um angebliche Feinde zu foltern. Zu meinem Entsetzen prügelten und traten die vier Aktivisten – ebenfalls Rechtsabweichler – wild auf ihre Opfer ein und forderten sie auf, ein Geständnis abzulegen. »Ist es euch zu heiß?« höhnte einer, als die beiden zu schwitzen begannen. Dann zogen zwei Aktivisten die hilflosen Männer vor unseren Augen aus. Einer brach zusammen.

»Er stellt sich tot«, rief ein Aktivist. »Ich werde ihm auf die Beine helfen.« Er lief hinaus in den Geräteschuppen und kehrte mit einem Strick zurück. Kurz darauf hingen die beiden an den Handgelenken vom Dachbalken herunter. Jemand trat mit einem befeuchteten Gürtel heran und peitschte einen der Männer, mit dem er, wie ich wußte, eine alte Rechnung zu begleichen hatte. Die Aktivisten erregten sich immer mehr und behaupteten, daß die beiden einer konterrevolutionären Clique angehörten. Dong Li schrie einen dritten und vierten Namen, und mehrere Männer rannten hinaus, um die angeblichen Komplizen herbeizuholen. Wie gewöhnlich war Dong Li ein bellender, kein beißender Hund.

In diesem Moment schlüpfte ich durch die Hintertür und machte mich zum Sicherheitsbüro im nächsten Gebäude auf. Tatsächlich gab es zwischen den Angeklagten eine gewisse Verbindung, und ich wollte der Kampfversammlung unbedingt ein Ende setzen. Zwei Männer versuchten, mich zurückzuhalten, aber ich erklärte, daß ich als Arbeitsgruppenleiter im Polizeibüro Meldung machen müsse, wogegen die beiden keinen Einwand erheben konnten. Ich zögerte vor der Tür der Hauptleute und verzog mich dann rasch in die Polizeilatrine – sie durfte von Häftlingen nicht betreten werden –, um mir einen Plan auszudenken. Ich mußte eine Möglichkeit finden, die Ausbreitung der Gewalt zu verhindern. Im Inneren der Latrine entdeckte ich den vierten Mann, dem die Mitgliedschaft in der konterrevolutionären Clique vorgeworfen wurde. Er war früher Professor für russische Geschichte an der Universität Peking gewesen. Der Mann schien Todesangst zu leiden und bedeutete mir durch eine Handbewegung, ihn nicht zu verraten.

Ich ging zur Tür des Sicherheitsbüros und klopfte an. »Meldung!«

»Was ist los?« fragte einer der Hauptleute. »Wir sprechen später über die Arbeitsverteilung.«

»Ich muß etwas melden.«

»Und zwar?«

»Jemand ist geflohen«, sagte ich hastig.

»Wer?« Drei Hauptleute sprangen auf. Die Sache war ernst.

»Fan Ming«, erwiderte ich. So lautete der Name des Professors.

Die Hauptleute rannten in den Schlafsaal und befahlen allen Teilnehmern der Kampfversammlung, draußen zum Appell anzutreten. Wie ich gemeldet hatte, war Fan Ming abwesend.

»Wer hat ihn gesehen?« brüllte einer der Hauptleute, als Fan Ming plötzlich um die Barackenecke bog. Mit leiser Stimme erklärte er, daß er die Versammlung nur verlassen habe, um die Latrine aufzusuchen. Er entschuldigte sich dafür, die Polizeitoilette benutzt zu haben, doch diese sei näher gewesen. Der Hauptmann erteilte ihm einen Verweis und ließ uns abtreten. Die Raserei der Gewalt war zu Ende. Ich hatte in meinen sechseinhalb Jahren im

Lager häufig inhumane Handlungen erlebt, aber nie war ich Zeuge einer solchen Grausamkeit gewesen.

Erst am nächsten Tag erfuhr ich, welche Verbrechen die beiden ursprünglichen Angeklagten begangen haben sollten. Der eine – er hieß Guo – hatte an jenem Abend während des Unterrichts angeblich konterrevolutionäre Parolen auf eine Zigarettenschachtel geschrieben. Dong Li, der neben ihm gesessen hatte, behauptete, Guo habe mit winzigen Zeichen »Nieder mit dem Vorsitzenden Mao« gekritzelt. Dong hatte die Zigarettenschachtel sofort gepackt und war zum Polizeihauptmann gelaufen, um Anzeige zu erstatten. Wang, das zweite Opfer, war ein Gruppenkamerad, der Dong Li gefolgt war, um ihn aufzuhalten. Stets bereit, anderen zu helfen, warnte er Dong Li, sich in acht zu nehmen. Daraufhin hatte Dong ihn bezichtigt, einen konterrevolutionären Akt begünstigt zu haben. In Wirklichkeit hatte Guo, wie ein anderes Gruppenmitglied erläuterte, nur die Parolen »Lang lebe der Vorsitzende Mao« und »Nieder mit Liu Shaoqi« niedergeschrieben, um sich die Zeit zu vertreiben, doch auf der Zigarettenschachtel seien die Zeichen ineinander übergegangen. Die Polizei dürfte das Beweismaterial für nicht sehr zwingend gehalten haben, da sie die Häftlinge auf einer Kampfversammlung allein gelassen hatte, statt sich selbst um die Ermittlungen und die Bestrafung zu kümmern.

Diese von kriecherischen Häftlingen verübte Mißhandlung kam mir noch empörender und schrecklicher vor als die Brutalität der jugendlichen Eiferer, die von revolutionärer Ekstase angetrieben worden waren. Danach gab ich mir noch mehr Mühe, an nichts zu denken und nichts zu empfinden. Tragödien schienen nun an der Tagesordnung zu sein, niemand durfte damit rechnen zu überleben. Ich arbeitete, aß und schlief – das war alles.

An einem frischen Herbsttag Ende Oktober wurde ich durch einen Umsiedlungshäftling, der als Wasserkontrolleur arbeitete, aus meiner Lethargie aufgerüttelt. Ich schaute von der Instandsetzung eines Kanals auf und bemerkte meinen Freund Wang, der die Bewässerungsgräben in der Nähe inspizierte. Er fing meinen Blick auf und fächerte sich mit seinem Strohhut frische Luft zu – ein

Zeichen dafür, daß er mit mir reden wollte. Der Hauptmann, der unsere Arbeit beaufsichtigte, war jedoch ganz in der Nähe und hätte uns hören können.

»He!« rief ich Wang zu. »Wasserkontrolleur! Hier drüben ist eine undichte Stelle. Kannst du sie stopfen?«

Wang kam herüber und machte sich mit seinem Spaten ans Werk. »Der nächste Film«, flüsterte er. »Dreißig Minuten nach Beginn. Hinter der Leinwand.« Dann hob er die Stimme. »In Ordnung, das dürfte genügen. Wenn's wieder undicht wird, sag mir Bescheid.« Er schritt davon und überquerte die flachen, weiten Felder.

Zwei Wochen später kündigte der Kalfaktor eine Abendvorführung von *Tunnelschlacht* an. Es war ein heroischer Film über das kommunistische Achte Expeditionsheer, welches das chinesische Volk während des Chinesisch-japanischen Krieges bei der Erhebung gegen die japanischen Invasoren anführte. In Tuanhe zeigte man uns draußen auf der Tenne durchschnittlich einen Film pro Monat, und diesen hatte ich bereits mehrere Male gesehen. Als es dunkel wurde, setzte ich mich inmitten meiner Gruppe auf den Boden, nicht weit von dem weißen Tuch, das zwischen zwei Bambusstäben aufgespannt war und als Leinwand diente. Das dünne Laken kräuselte sich im kühlen Novemberwind. Ich hatte keine Ahnung, ob Wang kommen würde oder weshalb er sich soviel Mühe gegeben hatte, diese Verabredung mit mir zu treffen.

Genau fünfundzwanzig Minuten nach Beginn des Filmes bat ich Hauptmann Gao um Erlaubnis, die Latrine zu benutzen. Er nickte, und ich verschwand in der Dunkelheit unter dem Lichtkegel des Projektors. Während ich auf die Fläche hinter der Leinwand zusteuerte, folgte mir das blecherne Filmgeräusch von Gewehrfeuer. Ich wußte, daß das Achte Expeditionsheer ein strategisch wichtiges Tal gegen die feindlichen Streitkräfte verteidigte. Bald würden die Japaner versuchen, die Guerillas aus ihrem Tunnel hinauszutreiben und diesen mit brennendem Stroh auszuräuchern. Am Ende würde eine verstreute Gruppe von kommunistischen Soldaten den Feind gegen alle Wahrscheinlichkeit vernichten und überleben. Ich bewegte mich durch die Dunkelheit und hoffte, genausoviel Glück zu haben.

Ich bückte mich sorgsam, damit sich mein Kopf nicht auf der Leinwand abhob. Um mich herum konnte ich Häftlinge hören, die ihren Freunden flüsternd Botschaften übermittelten oder Nahrung und Zigaretten weiterreichten. Ich legte mich hinter der behelfsmäßigen Leinwand auf den Boden und wartete. Ungefähr dreißig Meter hinter mir schob sich ein Gesicht zweimal kurz in den Lichtstrahl. Ich sprang zur Antwort zweimal auf und kroch dann auf meinen Freund zu. Sobald ich Wang erreichte, gab er mir ein kleines, in Zeitungspapier eingewickeltes Päckchen. »Das ist alles«, flüsterte er und tauchte in der Finsternis unter.

Ich schob das Päckchen unter mein Hemd, schlich zurück und wählte eine nicht allzuweit von meiner Gruppe entfernte Stelle, um mich hinzusetzen. Die Dunkelheit verbarg meine Bewegungen, und ich wickelte ein halbes Pfund kostbares Schweinefleisch und ein Pfund Kekse aus. Dann ertastete ich einen kleinen, zusammengefalteten Zettel. Ich stopfte ihn mir in die Tasche und begann zu essen. Ich verschlang Fleisch und Kekse und wünschte mir, etwas von dem Geschmack bis zum nächsten Tag bewahren zu können. Die ganze Zeit über hatte ich Angst, daß mich jemand beobachten und der Polizei Meldung machen könnte. Dann hätte ich zugeben müssen, woher das Geschenk stammte, und wäre kritisiert worden wegen Mißachtung der Vorschrift, die jeglichen Kontakt zwischen Lagerhäftlingen und Umsiedlungsarbeitern verbot.

Ich wußte, daß ich die Notiz nicht vor dem politischen Unterricht am folgenden Abend lesen konnte, denn zu keiner anderen Zeit war uns irgendeine Lektüre erlaubt. Wenn ich versucht hätte, die Notiz nach dem Film auf dem *kang* oder am nächsten Tag auf dem Feld zu entfalten, wäre sie möglicherweise entdeckt worden. Ich schob den Zettel in der Baracke unter meine Matte und hoffte, daß niemand ihn finden würde.

Am nächsten Abend kehrte ich nach dem Essen als erster auf den *kang* zurück und hob wie beiläufig eine frühere Ausgabe der *Volkszeitung* auf, die zu den Studienmaterialien gehörte. An meine zusammengerollte Decke gelehnt, ließ ich die Hand unter die Matte gleiten und stellte zu meiner Erleichterung fest, daß der Zettel noch da war. Ich verbarg ihn in der Zeitung und konnte ihn nun endlich entfalten und die winzigen Zeichen lesen. Die Mitteilung war von Li unterschrieben, einem meiner früheren Gruppenkameraden, der im Oktober zuvor den Status eines Umsiedlers erhalten hatte. Die Botschaft lautete, daß Ao Naisong verschwunden sei, daß man ihn suche und nicht wisse, ob er zurückkehren werde. Das Datum am oberen Rand – der 18. Oktober 1966 – verriet mir, daß die Information bereits zwei Wochen alt war.

Beunruhigt schob ich den Zettel wieder unter die Matte und überlegte angestrengt, wobei ich so tat, als studierte ich die Zeitung. Ich hatte gehört, daß Ao und Li mehrere Monate vorher gemeinsam von Tuanhe auf die Qinghe-Farm gebracht worden waren. Nun mußte ich das Schlimmste vermuten. Ao war kein Mann, der einen Fluchtversuch machen würde, und ich nahm an, daß mein Freund sich endgültig verabschiedet hatte.

Ich dachte zurück an den Tag, als ich vier Jahre zuvor – 1962 – von der Qinghe-Farm nach Tuanhe gekommen war. Damals hatte ich Ao zum erstenmal gesehen, während er langsam, den Sack mit seiner Laute in der Hand, durch den Flur schritt. Die Erinnerung erfüllte mich mit Trauer, denn Ao hatte sich allem Leid zum Trotz als einziger unter uns seine elementare Menschlichkeit bewahrt. Ich holte den Zettel unter meiner Matte hervor und schrieb ein kurzes Gedicht darauf:

Stolz, ungerührt
Wie eine Gottheit der Natur,
Eine gerade Kiefer,
Ewig grün,
Ewig treu,
Ewig geborgen in den Herzen jener,
die ihn kannten.

Ich hoffte, daß Ao endlich Ruhe gefunden hatte. Dann beseitigte ich den Zettel.

Ein neuer Tag

Im Januar 1967 befahl die Polizei uns eines Morgens ohne jegliche Vorwarnung, unsere Sachen zu packen. Man hatte die Anweisung erhalten, sämtliche Rechtsabweichler, die sich noch in der Baracke des zweiten Bataillons in Tuanhe aufhielten, in das besser gesicherte Lager zu verlegen, in dem die Häftlinge von Bataillon eins untergebracht waren. Die Lagerleitung mußte beschlossen haben, zusätzliche Maßnahmen zur Verhinderung von Fluchtversuchen zu treffen und die ihr anvertrauten politischen Verbrecher vor unbefugten gewaltsamen Übergriffen durch die Roten Garden zu schützen. Am Mittag befanden sich mehr als zweihundert von uns in einer neuen, noch viel unwirtlicheren Umgebung.

Ohne allzugroße Sorge betrachtete ich den unter Strom stehenden Draht auf der meine neue Baracke umgebenden Ziegelmauer und die bewaffneten Wärter, die an den vier Ecken standen, um die Bewegungen der Gefangenen im Hof zu beobachten. Zwar war mir der Gedanke an straffere Disziplin und verstärkte Aufsicht verhaßt, doch ich wußte, daß ich hier besser gegen revolutionäre Aktionen von außen abgeschirmt sein würde.

Zwei Monate später, im März 1967, wurden wir Rechtsabweichler von neuem verlegt. Diesmal warteten Lastwagen am Lagertor, und wir stiegen ein, ohne unser Ziel zu kennen. Wir fuhren zwanzig Minuten lang schweigend dahin, bis wir den Bahnhof in Yundingmen erreichten. Wie früher trieben die Wärter uns auf den Bahndamm des Sondergleises. Ich schaute mich neugierig um, doch nichts deutete auf das Chaos hin, von dem das Land, wie ich wußte, seit Monaten beherrscht wurde.

Im Zug teilten die Wärter uns mit, daß wir zur Qinghe-Farm unterwegs seien. Die Nachricht ließ mich kalt. Vielleicht würden wir in einem weiter von Peking entfernten Lager sicherer sein.

Vielleicht würde ich meine alten Freunde wiedersehen und mehr über Ao Naisongs Schicksal erfahren. Nach sieben Jahren der Gefangenschaft war es mir gleichgültig, wo ich arbeiten mußte. Allerdings würde ich das Gemüse und Obst auf den Feldern der Tuanhe-Farm vermissen.

In Qinghe schien sich nichts verändert zu haben, nur die Versorgung war besser geworden. Die Baracken, die Sümpfe, der Elektrodraht auf der Mauer – das alles war mir nur zu vertraut. Die Wärter aus Tuanhe verteilten uns auf den östlichen und den westlichen Abschnitt. Zu meiner Mannschaft gehörten etwa dreißig Häftlinge, und in meiner Gruppe gab es außer mir nur noch einen Rechtsabweichler. Ansonsten bestand der einzige Unterschied zu 1962 darin, daß wir nun beim Hin- und Rückmarsch zur Arbeit die Worte des Vorsitzenden Mao singen mußten.

Als Umerziehungshäftlinge mußten wir die Chance, uns durch Arbeit umzugestalten, begeistert begrüßen. »Singt ein Lied!« brüllte ein Wärter jeden Morgen, wenn wir uns aufstellten, und einer der Gruppenleiter stimmte das Lied an, gewöhnlich eine Passage aus den vertonten *Worten des Vorsitzenden Mao*:

All jene irrigen Gedanken,
All jene giftigen Unkräuter,
All jene Gespenster
Müssen kritisiert werden.
Laßt sie nie um sich greifen!

Nachmittags, wenn auch unsere Bewacher nach einem Tag auf den Feldern erschöpft waren, ließen sie uns erst kurz vor dem Tor singen und Marschordnung annehmen. Dann hieß es: »In Reihen! Ein Lied!«

Wer zur See fährt, braucht einen Steuermann,
Das Wachstum der Pflanzen braucht den Sonnenschein,
Regen und Tau befeuchten die Sämlinge –
Die Revolution wird von Mao Tse-tungs Gedanken beschützt!

Kurz nachdem ich mich wieder an den Tagesablauf in Qinghe gewöhnt hatte, rief ein Polizeihauptmann eines Tages, als ich von der Arbeit im Schlamm der Bewässerungsgräben zurückkehrte: »He, Wu Hongda! Komm her. Lu Haoqin ist wieder da. Er wartet in deiner Baracke. Kümmere dich um ihn.« Ich vermutete, daß meine frühere Freundschaft mit Lu in meiner Akte verzeichnet war.

»Wie geht's ihm?« fragte ich.

»Überzeug dich selbst!«

Auf der Schwelle blieb ich einen Moment lang stehen und beobachtete Lu, der mit verschränkten Beinen auf dem *kang* saß. Er hatte sich mit dem Rücken an die Wand gelehnt, und auf seinen Knien lag ein von Zigarettenstummeln überquellender Aschenbecher. Er rauchte nervös mit kurzen, raschen Zügen. Wie hatte er es nur geschafft, anderthalb Jahre in den öden Bergen des Lagers in Yanqing zu überleben?

»Hallo, Lu!« Ich freute mich, meinen Freund wiederzusehen. »Bist du gesund?«

»Wer weiß?« erwiderte er mit monotoner Stimme, ohne von seiner Zigarette aufzublicken. Da er nicht mit mir sprechen wollte, ging ich hinaus, um mich zu waschen und um zu essen.

»Leihst du mir etwas Geld, damit ich Zigaretten kaufen kann?« fragte Lu, als ich zum Unterricht zurückkehrte.

»Wie kommst du darauf? Woher soll ich denn Geld haben?«

Lus Gesichtsausdruck ließ mich meine Worte bedauern. Er mußte angenommen haben, daß wir alle während seiner Abwesenheit als Umsiedler entlassen worden seien und einen Monatslohn erhielten. Ich hatte seine Hoffnung nicht so unvermittelt zunichte machen wollen.

»Ich werde versuchen, dir ein paar Zigaretten zu besorgen. Aber leider habe ich mein letztes Geld für diesen Monat schon ausgegeben«, log ich. »Vielleicht kann ich mir etwas borgen.«

Ich ging von Raum zu Raum, bat um Spenden und kam schließlich mit einer ganzen Schachtel Zigaretten zurück. Lu dankte mir kühl. Während des zweistündigen Unterrichts sagte er kein Wort, und als wir zum Abendappell hinausgerufen wurden, rührte er sich nicht von der Stelle. Ich war dafür verantwortlich, daß meine Gruppe zum Appell antrat, aber ich wollte ihn nicht zwingen. Lu blieb in der Unterkunft.

»Wo ist Lu?« rief Hauptmann Yu. Er war der strengste Sicherheitsbeamte, den ich seit meiner Rückkehr nach Qinghe kennengelernt hatte.

»In der Baracke«, erwiderte ich.

»Warum ist er nicht angetreten?«

»Er kann nicht kommen!«

Der Abendappell war zwingend vorgeschrieben. Jede Gruppe stellte sich in einer Reihe auf, und der Kalfaktor verlas den Namen jedes Häftlings. Nur wenn ein Insasse so krank war, daß er sich nicht vom *kang* erheben konnte, durfte ein Gruppenleiter an seiner Stelle antworten. Dieser Appell galt als die wichtigste Sicherheitsmaßnahme des Tages.

»Schafft ihn her!« befahl Hauptmann Yu. Ich blieb wie angewurzelt stehen, und er drehte den Kopf wütend in Richtung der Kalfaktoren, die sich zu seinem Erstaunen ebenfalls nicht gerührt hatten. »Wollt ihr mir nicht gehorchen?«

In diesem Moment schaltete sich Hauptmann Wang ein, der Lus Werdegang kannte, und der Appell wurde fortgesetzt. Aber was würde geschehen, wenn Lu auch am nächsten Tag nicht antrat?

In der Unterkunft machten wir uns zum Schlafen bereit. Lu saß immer noch mit gekreuzten Beinen da und rauchte. Als ich unter meine Decke kroch, fragte er: »Wu Hongda, was ist hier los?«

»Wie meinst du das?« gab ich zurück. Lu war meinem Blick seit seiner Rückkehr ausgewichen, doch nun schaute er mir direkt in die Augen. Anscheinend hatte die Polizei von Yanqing ihn belogen, was unseren Status betraf – vielleicht, um ihm ein wenig Hoffnung zu geben oder um ihn gefügig zu machen. Nun wollte er die Wahrheit hören.

»Keine Änderung?« fuhr Lu fort.

»Was für eine Änderung?« erwiderte ich ausweichend.

»Wieso habt ihr immer noch Abendappelle?«

Ich schwieg. Wenn Lu geglaubt hatte, als Umsiedlungsarbeiter – also mit dem Anspruch auf einen geringen Lohn und ein paar Urlaubstage – zurückzukehren, dann hatte er wahrscheinlich auch erwartet, in Peking nach seiner Freundin suchen zu können. Ich wollte diese Hoffnung nicht zerstören.

»Muß ich morgen immer noch zur Arbeit antreten?«

»Vermutlich«, antwortete ich zögernd. Ich konnte ihn nicht belügen, und schließlich wußte er selbst, daß Umerziehungshäftlinge jeden Morgen auf dem Hof anzutreten hatten, während dies Umsiedlungsarbeitern erspart blieb. »Wenn du dich gesund fühlst, wirst du hinaus müssen.«

Bevor ich einschlief, erwähnte ich noch, daß der Weckruf um 5.30 Uhr ertönen werde. Lu muß in jener Nacht noch lange aufgesessen haben, denn am Morgen fand ich ihn an der Wand vor, wo er im Schlaf zusammengesackt war. Als es an der Zeit war, zusammen mit den anderen Gruppen zum Appell anzutreten, weigerte sich Lu wiederum, den *kang* zu verlassen.

»Bleib hier«, riet ich Lu, denn er mußte schlecht geschlafen haben. »Später möchte ich mit dir reden.« Lu sagte nichts.

Als Gruppenleiter mußte ich dem Hauptmann die Zahl der anwesenden Männer melden. In diesem Fall waren es neun. Hauptmann Yu fragte: »Wo ist der zehnte?«

»Lu Haoqin ist gerade aus Yanqing zurückgekehrt. Er braucht Ruhe«, antwortete ich.

»Ausgeschlossen. Er muß arbeiten! Dies ist die Große Proletarische Kulturrevolution. Wir müssen die Diktatur des Proletariats stärken! Wir dürfen keine Sympathie für die Klassenfeinde zeigen! Er soll herkommen!«

Lu hatte seit dem Abend zuvor kein Wort gesprochen. Ich sah Probleme voraus und blieb stehen.

»Hol ihn!« brüllte Yu, dessen Gesicht sich rötete.

»Würden Sie mit Hauptmann Wang sprechen?« Ich hoffte, daß sich Wang wie am Vorabend einschalten und Lu Haoqin vom Appell befreien würde.

Hauptmann Yu schrie: »Was? Du respektierst meine Befehle nicht? Du möchtest dich mit Hauptmann Wang beratschlagen? Meine Entscheidung steht fest! Hol ihn sofort her!«

Da ich die Autorität des Hauptmanns nicht länger in Zweifel ziehen konnte, blieb mir nichts anderes übrig, als in die Baracke zurückzukehren, wo Lu schlafend an der Wand lehnte. Ein voller Aschenbecher stand neben ihm. Mir war klar, daß er noch Ruhe brauchte, und ich trat wieder hinaus auf den Hof.

»Hauptmann Yu«, meldete ich. »Lu kann nicht kommen.«

Er wandte sich tobend an die Kalfaktoren. »Holt ihn her!«

»Vielleicht sollten Sie sich selbst überzeugen«, schlug ich mit leiser Stimme vor.

»Was ist los?«

»Ich weiß nicht. Vielleicht fehlt ihm etwas.«

Hauptmann Yu steuerte auf unsere Baracke zu, und ich folgte ihm in ein paar Schritten Abstand. In der Nähe der Tür rief er Lus Namen, doch mein Freund rührte sich nicht. »Es ist schon spät!« knurrte Yu zögernd. »Ich spreche mit ihm, wenn wir zurückkommen. Los jetzt!« Und wir marschierten zur Arbeit.

Als ich am Nachmittag zurückkehrte, hatte Lu sich nackt ausgezogen und lag auf dem *kang*. Seine Augen waren geschlossen, und ein feuchter Fleck auf der Decke deutete darauf hin, daß er kurz vorher masturbiert hatte. Ich deckte ihn zu und rief: »He!«

Er schüttelte sich benommen und murmelte dann: »Alles ist also noch genauso wie früher.« Seine Augen schienen wieder glasig zu werden.

»Brauchst du ein paar Zigaretten?« fragte ich. »Na komm, zieh dich an!« Ich wollte, daß er nach draußen ging und mit den anderen sprach. Der Kontakt würde ihm vielleicht helfen, die Tatsache zu akzeptieren, daß er immer noch in Haft war. Er zog sich stumm an. Unterdessen sammelte ich ein paar Zigarettenkippen für ihn.

»Nun weiß ich Bescheid«, sagte Lu, als er sich mir an der Tür anschloß. »Nichts wird sich je ändern.«

»Willst du morgen nicht mit zur Arbeit kommen? Es ist Erntezeit. Wir können etwas Mais oder ein paar Rüben klauen und vielleicht sogar einige Frösche oder Schlangen finden.«

»Einverstanden«, entgegnete er ruhig. »Morgen.«

»Wie war's in Yanqing?«

Er rollte sich die Ärmel hoch. An seinen Unterarmen waren kleine schwarze und braune Narben zu sehen. Lu erklärte langsam: »Die Polizei benutzte elektrische Instrumente für eine Schockbehandlung. Die anderen Gefangenen haben mein Essen gestohlen, mich geschlagen und mich in den Hintern gefickt. Am Ende hörte ich von den Wärtern, daß ich in die Umsiedlung entlassen werden sollte. Ich dachte, ich könnte meine Freundin besuchen. Vielleicht ist sie noch an der Universität Qinghua. Danach fühlte ich mich besser, aber sie haben gelogen.«

Am nächsten Morgen marschierte Lu mit uns hinaus auf die Felder. Er saß den ganzen Tag lang an einem Bewässerungsgraben und betrachtete seine Füße. Ein Hauptmann forderte ihn mehrere Male auf, sich an die Arbeit zu machen, doch am Ende ließ man ihn in Ruhe.

»Heute werde ich nicht arbeiten«, sagte er am folgenden Morgen. »Ich bin müde und krank.« Ich machte der Polizei Meldung, und Lu durfte in der Baracke bleiben. Am Nachmittag wollte ich sofort mit ihm reden, aber mehrere Gruppenmitglieder hatten die Unterkunft vor mir erreicht. Während ich in der Schlange vor dem Wasserhahn stand, hörte ich plötzlich Gebrüll. Ich rannte zur Tür und sah, daß der Hinterkopf eines Mannes an das Glas des hohen, vergitterten Fensters über dem Türgriff gepreßt war. Sein Körpergewicht hinderte uns daran, die Tür aufzustoßen.

»Schnell!« rief ich, und wir eilten zu dem Gitterfenster an der gegenüberliegenden Seite des Raumes. Ich konnte erkennen, daß Lus Füße ungefähr zehn Zentimeter über dem Boden hingen. Nur das Fenster auf den Flur hinaus – eine der Scheiben war seit langem zerbrochen und durch Zeitungspapier ersetzt worden – hatte keine Gitter. Ich schrie, daß jemand eine Sichel holen solle, kletterte auf das Fensterbrett, riß das Papier ab und steckte den Arm hinein, um das Seil um Lus Hals durchzuschneiden. Sein Körper plumpste zu Boden. Ich sprang in den Raum und zerrte Lu fort von der Tür. Sein Körper fühlte sich noch warm an. »Holt den Arzt! Holt den Hauptmann!« rief jemand.

»Nur zu. Ruft den Saukerl«, murmelte ich. Dann beugte ich Lus Knie und drückte seine Oberschenkel kräftig an seine Brust, damit Blut in die Lungen strömen konnte.

»Was geht hier vor?« fragte Hauptmann Yu von der Schwelle her.

Ich schaute zur Seite. Wir hoben Lu auf den *kang*. »Kommt er zu sich?« wollte der Hauptmann wissen. Ich hatte ihm nichts zu sagen.

Der Arzt – ein Rechtsabweichler wie wir – traf ein und massierte Lus Brust und Arme. Als sich seine Augen zitternd öffneten, drückte ich ihm eine Tasse Wasser an die Lippen. Dann musterte ich den Nagel, den Lu in den Türpfosten getrieben hatte, und das Seil, das er aus den Senkeln unserer Ersatzschuhe hergestellt hatte. Lu schien außer Gefahr zu sein, und der Arzt ließ ihn schlafen.

An jenem Abend debattierten meine Freunde und ich hinter der Baracke über Lus Verzweiflungstat. Ich wollte ihn an einem neuen Selbstmordversuch hindern, ihn um Geduld bitten, aber ich hatte ihm keine Hoffnung zu bieten. Schließlich konnte ich ihm nicht versichern, daß unsere Haft eines Tages enden, daß er seine Freundin sehen, von seiner alten Mutter Besuch erhalten oder bald eine prächtige Mahlzeit aus Schweinefleisch essen werde. Ich konnte ihm nicht einmal versprechen, daß ich genug Zigaretten für ihn besorgen würde. Meine Freunde meinten, es gebe keinen Anreiz für Lu, am Leben zu bleiben.

Einer von ihnen – er hieß Tang – riet mir: »Laß ihn gehen. Er hat genug gelitten. Rette ihn nicht noch einmal. Es gibt nur eine Möglichkeit, ihn zu befreien.«

Ich wußte, daß Tang recht hatte, aber ich konnte Lu nicht sterben lassen. »Würdest du morgen in der Baracke bleiben?« fragte ich Yin, einen anderen Gruppenkameraden. Yin hatte Fußschmerzen und damit einen legitimen Grund, sich von der Arbeit freistellen zu lassen. »Bleib hier und beobachte Lu, in Ordnung? Ich hole die

Genehmigung von Hauptmann Wang. Kümmere dich um Lu Haoqin, bis ich zurück bin.«

Am nächsten Abend berichtete Yin, daß Lu den ganzen Tag über ohne ein Wort in der schmalen Gasse zwischen den Unterkünften hin und her gegangen sei. Yin paßte drei Tage lang auf Lu auf, und nichts geschah. Am vierten Tag mußte er wieder arbeiten, und ich erkundigte mich in den anderen Gruppen unserer Kompanie, ob ein kranker Häftling an jenem Morgen in der Unterkunft bleiben werde. Die meisten dieser Männer waren Kriminelle, aber sie waren meine einzige Hoffnung. Ein Gefangener mit einem großen, häßlichen Schädel erklärte sich bereit, Lu im Auge zu behalten. »Na klar, wir kümmern uns um deinen Freund, kein Problem. Du kannst ihn uns überlassen!«

Nach der Arbeit eilte ich zurück durchs Tor und machte nicht einmal am Wasserhahn halt. In der Baracke lag Lu Haoqin starr auf dem *kang*; seine geöffneten Augen waren getrübt. Der Häßliche erklärte, daß Lu einen Nagel über dem Fenster eingeschlagen und einen neuen Selbstmordversuch gemacht habe. Er sei vom Kalfaktor heruntergehoben und dann vom Arzt zum zweitenmal wiederbelebt worden. Anscheinend habe Lu den Versuch sorgfältig geplant, denn er habe gewartet, bis die beiden Häftlinge auf der Krankenliste zum Essen verschwunden seien und die Tür nicht mehr beobachtet hätten. Der Häßliche zuckte die Achseln und wandte sich ab.

Danach sprach Lu überhaupt nicht mehr. Beim Abendessen verzehrte er nur die Hälfte seines Brötchens und seiner Suppe. Ich bat um eine Unterredung mit Hauptmann Wang. »Wenn Lu sich umbringt, wird es der Moral der anderen Häftlinge schaden«, erklärte ich dem Hauptmann. »Ich schlage vor, daß jemand damit beauftragt wird, bei ihm zu bleiben und auf ihn aufzupassen.«

»Wenn er sich von der Partei und dem Volk distanzieren will«, antwortete Wang, »wäre es besser für ihn, tot zu sein. Wir haben ihm die Chance gegeben, sich umzuerziehen, aber er weigert sich. Er ist verstockt. Wir können nichts mehr tun. Er muß seine eigene Entscheidung treffen.« Aber dann unterbrach sich der Hauptmann. Zweifellos dachte er über das Risiko für seine eigene Karriere nach, falls er dem Büro des Bataillonskommandeurs einen Selbstmord in seiner Kompanie melden mußte. »Also gut. Ich gebe dir einen Tag Zeit. Morgen gehst du nicht zur Arbeit. Sprich mit Lu und mach ihm klar, welche Folgen seine Dummheit hat. Wenn er sich dann immer noch widersetzt, werden wir eine Kampfversammlung für ihn abhalten.«

Den größten Teil jener Nacht hindurch lag ich wach und überließ mich meinen Gedanken. Ich konnte nur noch einmal im Lager bleiben. Dies würde mein letzter Tag mit Lu sein. Mir fiel nichts ein, was ich ihm sagen konnte, kein Motiv, das ihn bewegen würde weiterzuleben.

»Wieso bist du nicht zur Arbeit gegangen?« erkundigte sich Lu am nächsten Morgen mißtrauisch.

»Ich bin krank«, erwiderte ich rasch.

Wir saßen auf dem *kang,* und ich schwelgte laut in Erinnerungen an unsere Heimatprovinz. Ich sprach über die Schönheiten ihrer Natur und über meine Hoffnung, eines Tages wieder über den Morgennebel am See Tai Hu, einem der herrlichsten Orte in China, hinwegzublicken. Lu reagierte nicht.

Ich versuchte, ihn nach seiner Mutter zu fragen, doch er gab barsch zurück: »Ich weiß nichts über sie. Außerdem ist sie nicht meine wirkliche Mutter. Ich bin allein.«

Dann redete ich von den Gerichten der Provinz Wuxi. »Entsinnst du dich an die in Sojasoße geschmorten Rippenspeere? Soll ich jemanden finden, der uns ein Paket mit Rippenspeeren bringt?«

»Ich mag sie nicht«, erwiderte Lu kühl, und wir saßen für den Rest des Morgens schweigend da. Am Nachmittag fiel mir nur noch eine einzige Möglichkeit ein, ihn zu retten.

»Möchtest du mit mir schlafen?« fragte ich mit sanfter Stimme. »Komm schon. Möchtest du das?« Es schien keinen anderen Weg zu geben, ihn ins Leben zurückzuholen, doch Lu schaute zur Seite.

»Erinnerst du dich noch, wie du mich gefragt hast und ich abgelehnt habe?« beharrte ich. »Heute haben wir noch eine Chance. Für dich und für mich.«

»Nein.« Seine Stimme war so leise, daß ich sie kaum hören konnte. »Das interessiert mich nicht.«

Ich konnte immer noch nicht aufgeben. »Los, versuch's doch! Ich bin kräftig, ich bin gesund. Vielleicht werde ich dir gefallen.«

»Nein.« Lus Stimme war emotionslos.

»Aber du bist so hübsch«, fuhr ich fort. »Du bist die hübsche Frau, die ich früher gesehen habe. Komm, umarme mich.« Ich zog mein Hemd aus.

»Blödsinn«, erwiderte Lu. Er hatte von seiner einzigen Leidenschaft abgelassen. Wir saßen schweigend bis zum Spätnachmittag zusammen, als die Gefangenen von der Arbeit zurückkehrten und die Stille des Lagers mit ihrem Lärm und ihren Streitigkeiten durchbrachen.

Am nächsten Morgen wurde ich schon vor dem Weckruf um 5.30 Uhr durch einen gellenden Schrei aus dem Schlaf gerissen. »Kommt schnell! Jemand muß ihn retten!« Ich rannte nach draußen. Dort hatte sich bereits eine kleine Menge angesammelt. Hinter der Baracke stand eine Reihe von Zementpfosten, zwischen denen Drähte zum Trocknen der Trauben gespannt waren. Außerhalb der Erntezeit warfen wir jeden Abend unsere Strohhüte auf diese Pfosten und unsere schmutzige Arbeitskleidung auf die Drähte, um sie bis zum Morgen trocknen zu lassen. Lu hatte an der Spitze eines der Pfosten einen Gürtel befestigt. Ich sah, daß seine Füße nur drei Zentimeter über dem Boden baumelten. Diesmal hatte Lu Haoqin Erfolg gehabt.

»Hast du nicht bemerkt, wie er rausgekommen ist? Hast du ihn nicht beobachtet?« brüllte ich den Kalfaktor wütend an, als wir im gespenstischen Licht der Scheinwerfer hinter der Baracke standen.

»Natürlich habe ich ihn bemerkt, und ich habe ihn im Auge behalten, während ich meine Runden machte. Er ging dauernd hin und her, und ich dachte, er könne nicht schlafen. Schließlich lehnte er sich gegen den Pfosten da. Er schien sich auszuruhen. Die Hüte und Kleidungsstücke schirmten ihn vom Licht ab, und ich habe vergessen, daß er dort war.«

Weitere Häftlinge kamen schweigend und mit ausdrucksloser Miene herbei. Wir hörten den Weckruf um 5.30 Uhr. Dann löste sich die Menge auf, und die Männer gingen zum Wasserhahn und zur Latrine. Es war Zeit, zu essen und zu arbeiten. Ein neuer Tag hatte begonnen.

Ein größerer Vogelkäfig

Eingesperrt in der Qinghe-Farm, kam ich mit den immer heftiger werdenden politischen Kämpfen der Kulturrevolution kaum in Berührung. Manchmal hörte ich von den Wärtern oder von Häftlingen, die Besuch empfangen hatten, Gerüchte darüber, daß Schulen und Universitäten geschlossen würden, daß Fabriken die Produktion einstellten und daß man »gebildete Jugendliche« in wachsender Zahl aufs Land schicke – mutmaßlich, um die Gewalttätigkeit in den Städten zu verringern. Ich nahm am Rande wahr, daß selbsternannte »Rebellen-Kampfgruppen« an vielen Arbeitsstätten versuchten, alte Rechnungen zu begleichen und dabei den Anschein zu erwecken, daß sie musterhafte Anhänger des revolutionären Kurses seien, den der Vorsitzende Mao verordnet hatte. Aber erst sehr viel später erfuhr ich von den schwersten Auseinandersetzungen, etwa von dem tödlichen Machtkampf zwischen Militäreinheiten im Südwesten, die einander mit Panzern und automatischen Waffen, umgeleitet von der vietnamesischen Front, beschossen. In den Jahren 1967 und 1968 hatte ich keine Ahnung, daß sich die Gewalt in manchen Teilen des Landes über die Stufe gesellschaftlicher Unruhen hinaus bis zu einer Art Bürgerkrieg entwickelt hatte.

Isoliert und mit mir selbst beschäftigt, arbeitete ich jeden Tag auf dem Feld und wiederholte jeden Abend Parolen über die Bekämpfung des »Revisionismus« und über die Verbreitung von Mao Tse-tungs Gedankengut. Während Tage zu Wochen und Monate zu Jahren wurden, nahm meine Isolation zu. Nach dem Sommer 1966 hatten meine Verwandten aufgehört, mir Briefe und Lebensmittelpäckchen zu schicken, da ihnen jeglicher Kontakt mit einem Konterrevolutionär, der im Arbeitslager umerzogen wurde, schaden konnte. Die Änderungen in meiner Umgebung und sogar das Elend und die Ungerechtigkeiten des Gefängnislebens waren mir gleichgültig geworden. Nachdem ich die schlimmste Hungersnot überlebt hatte, paßte ich mich nun teilnahmslos jedem Wandel in der Lagerroutine, im Arbeitspensum und in den Lebensbedingungen an.

Meine Einstellung hatte sich nach der Qual der Einzelhaft im Jahre 1965 geändert. Da ich dem Tod so nahe gewesen war, fand ich mich seltsam mühelos mit meiner täglichen Existenz ab. Ich machte mir keine Sorgen mehr um meine Familie oder um meine Zukunft. Meine Jugend in Schanghai und meine Studentenjahre in Peking verblaßten in meiner Erinnerung. Das Gefängnis wurde zu der einzigen Realität, die ich kannte. Das Leben selbst war alles, was ich erhoffen durfte.

In den ersten Jahren nach meiner Verhaftung war ich empört über die Beschimpfungen der Wärter und über die kleinlichen Treuebrüche meiner Mitgefangenen gewesen. Ich hatte mich über die willkürlichen, manchmal sadistischen Befehle der Polizeihauptleute geärgert und war später bekümmert über die Herabsetzung meiner Menschenwürde gewesen. Das alles war vorbei. Ich dachte immer seltener an Lu und Ao, die alles hinter sich gelassen hatten, und ich überlegte nicht mehr, weshalb ich nicht wie sie in der endgültigen Vergessenheit untertauchte. Ich aß, arbeitete und schlief wie ein auf dem Feld eingesetzter Ochse. Ein Tag unterschied sich nicht vom anderen.

Während der Hungersnot hatte ich in meinen beiden Jahren auf der Qinghe-Farm gelernt, im Schlamm, im Schilf und auf den Reisfeldern zu arbeiten, 1967, nach meiner Rückkehr hinter dieselben Mauern, begann ich wieder, im Frühling nach Fröschen zu suchen, im Sommer frische Blätter zu sammeln und im Herbst reifes Getreide von den Feldern zu stehlen. Ich stopfte mir eßbare Kräuter und – als Brennstoff – Händevoll Stroh unter die Jacke, wann immer ich hoffen konnte, daß meine Diebstähle unentdeckt bleiben würden. Die Polizei zog es vor, »ein Auge offen und eines geschlossen« zu halten und geringere Verstöße gegen die Disziplin zu ignorieren. Nur während der Erntemonate nahm sie ihren

Auftrag ernst, der darin bestand, die Getreideversorgung des Staates zu gewährleisten. In den übrigen Monaten machten die Wärter sich kaum die Mühe, uns zu durchsuchen, wenn wir ins Lager zurückkehrten.

Wir alle wurden Experten darin, unsere kümmerliche Beute zu verstecken. Zum Beispiel ließen wir Reiskörner im Jackenfutter verschwinden und leerten sie aus, sobald wir die relative Sicherheit des schmalen Ganges hinter der Baracke erreichten, der von den Polizisten kaum kontrolliert wurde. Dort entfachten wir kleine Feuer unter unseren Schüsseln, um alles Eßbare, das wir tagsüber aufgestöbert hatten, zu kochen. Die Wärter wußten, daß wir die Lagermauer nicht überwinden konnten. Da sie mit ihren eigenen Streitigkeiten beschäftigt waren und befürchten mußten, daß man sie später für den Zusammenbruch des öffentlichen Sicherheitssystems verantwortlich machen würde, hatten sie wenig Interesse an unseren heimlichen Kochkünsten. Aber obwohl wir über die Bewachungsmethoden sehr gut im Bilde waren, konnten wir das Risiko zufälliger Inspektionen nie völlig ausschließen.

Eines Abends im August 1967 hockte ich wie gewöhnlich im Schatten der schulterhohen Innenmauer hinter der Baracke und versuchte, in meiner Schüssel etwas Weizen über einer kleinen Flamme zu kochen. Plötzlich bemerkte ich, daß die Häftlinge, die zu beiden Seiten mit einer ähnlichen Tätigkeit beschäftigt waren, ihre Schüsseln packten, die Feuer austraten und sich fortstahlen. Ich warf rasch einen Blick über beide Schultern, entdeckte jedoch nichts, was ein Grund zur Unruhe gewesen wäre. Trotzdem stand ich auf, um zu sehen, was meine Gruppenkameraden aufgeschreckt hatte – und schaute einem Polizeihauptmann auf der anderen Seite der fünfundzwanzig Zentimeter dicken Mauer in die Augen.

Instinktiv streckte ich die Hand aus, um meinen Brei zu schützen. In diesem Moment versuchte er, meine Kochschüssel mit einem Spaten umzustoßen. Das rostige Spatenblatt bohrte sich in meine Hand und hinterließ eine klaffende Wunde über meinem linken Daumen. Mein erster Gedanke, tief eingewurzelt nach Jahren des Hungers, hätte sich normalerweise darauf gerichtet, meine Nahrung auf dem Boden zusammenzukratzen, aber das aus meiner Hand strömende Blut machte mich wütend. Ich starrte den Hauptmann haßerfüllt an und konnte sein Unbehagen für einen Sekundenbruchteil spüren. Auch er war ein menschliches Wesen, und er war in seinem Akt kleinlicher Grausamkeit bloßgestellt und in jenem Moment aller moralischen Autorität beraubt worden. Schweigend wandte er sich ab, ohne meine Wunde zu beachten. Ich raffte soviel wie möglich von dem verschütteten Weizen an mich und ging dann in die Klinik, wo der medizinische Angestellte meine Wunde nähte.

Im Innern der Farm verstrich das ganze Jahr ohne besondere Vorkommnisse. Die politischen Umwälzungen des Landes wirkten sich erst Anfang Februar 1968 auf mein Leben aus, kurz vor der Frühjahrsfeier, als einer unserer Kompaniehauptleute eine dringende Mitteilung der Stadtverwaltung von Peking verlas. Kang Shen, der Minister für Öffentliche Sicherheit – einer der Führer der mächtigen »Kleinen Gruppe«, die mit der Leitung der Kulturrevolution beauftragt war –, hatte eine Weisung geschickt. Wir würden einen weiteren Schritt zur Beseitigung der »vier Alten« machen. Die Behörden von Qinghe sollten die Ziele der Kulturrevolution energisch weiterverfolgen und den Revisionismus innerhalb des Lagers auslöschen. Am folgenden Tag würden die Hauptleute alle unsere persönlichen Habseligkeiten inspizieren, um sich zu vergewissern, daß niemand reaktionäre Gegenstände verborgen halte. Bevor wir zur Arbeit antraten, sollten wir die Schlüssel zu unseren Koffern und Kisten abgeben. Ich war erstaunt darüber, daß einer der Führer der Kulturrevolution plötzlich wieder die »vier Alten« angriff. Aber damals hatte ich nicht ahnen können, daß er die Befehle Jiang Qings, der Frau des Vorsitzenden Mao, ausführte. Sie wollte überall im Lande jegliche Unterlagen vernichten lassen, die ihre eigene »reaktionäre« Vergangenheit als Filmschauspielerin in Schanghai in den vierziger Jahren hätten enthüllen können.

Sofort fielen mir meine versteckten Bücher ein. Bevor ich die

Tuanhe-Farm 1967 verließ, war es mir gelungen, das Päckchen mit meinen ausländischen Romanen auszugraben und sie unter ein paar alten Schuhen in meiner verschlossenen Holzkiste zu verbergen. Die Bücher hatten bereits seit einem Jahr unberührt im Speicher von Qinghe gelegen. Was immer Kang Shens plötzliche Weisung veranlaßt haben mochte, ich war immer noch nicht bereit, meinen letzten Besitz aufzugeben. Deshalb sagte ich nichts über den Inhalt meiner Kiste.

Hauptmann Wang entließ uns am Nachmittag vorzeitig von der Arbeit, damit wir den Kalfaktoren bei der Inspektion helfen konnten. Das Chaos in der Unterkunft schockierte mich. Nie zuvor hatte ich eine so gründliche Inspektion erlebt. Kleidungsstücke waren auf dem Boden verstreut, man hatte unsere Schlafmatten umgedreht, sogar unsere Steppdecken waren aufgerissen worden, so daß die Baumwollfüllungen hervorquollen. Bevor ich meine Sachen einsammeln konnte, rief ein Kalfaktor namens Zhu meinen Namen und befahl mir, auf den Hof zu gehen. Dort lag ein kleiner Berg von Truhen und Koffern. Auch die Kiste mit meinen Büchern war darunter.

»Alles, was noch verschlossen ist, wird aufgebrochen«, erklärte der Polizeihauptmann. Ich hätte meine Truhe sofort vor seinen Augen öffnen und gestehen können, daß es ein Fehler gewesen sei, reaktionäres Material zu verbergen. Aber ich hatte den Entschluß gefaßt, Widerstand zu leisten. Aus irgendeinem Grund war ich versessen darauf, meine Bücher zu beschützen, obwohl ich wußte, daß *Les Miserables* im Lager völlig nutzlos war. Ich hatte weder die Zeit noch die Neigung, Literatur zu lesen, und wenn ich jemals wieder ins normale Leben zurückkehren sollte, hätte ich die Bücher leicht ersetzen können. Doch eine innere Kraft bewog mich, mir meinen letzten wertvollen Besitz nicht widerstandslos nehmen zu lassen. Trotz – oder vielleicht Eigensinn –, aber auch Gleichgültigkeit verdrängte meine Vorsicht.

Wie im September 1966, als ich die Bücher in Tuanhe vergraben hatte, war ich wieder zu einem Risiko bereit. Diesmal hoffte ich darauf, daß die Polizei meinen Nutzen als stets zuverlässiger Arbeitsleiter, der beharrlich für die Erfüllung der täglichen Produktionsnorm sorgte, anerkennen und mich mit einer gewissen Nachsicht behandeln würde. »Eine der Kisten gehört mir«, sagte ich lässig. »Sie ist noch abgeschlossen, weil ich den Schlüssel verloren habe. Aber sie enthält nur ein paar alte Schuhe. Vertrauen Sie mir, ich habe Sie noch nie belogen.«

»Alle Gepäckstücke müssen geöffnet werden«, entgegnete der Hauptmann. »Keine Ausnahmen.«

Ich kehrte in die Baracke zurück, als wolle ich den Schlüssel suchen, und teilte zwei Gruppenkameraden, Wu und Li, meine Entscheidung mit. Die beiden waren nicht als politische Verbrecher, sondern als kleine Diebe inhaftiert worden. Sie rieten mir, nicht närrisch zu sein, aber dann spürten sie meine Entschlossenheit. »Also gut, hol die Truhe heimlich her, tausch den Inhalt aus und bring sie zurück auf den Haufen«, meinte Li. »Das ist die einzige Möglichkeit, deine Bücher zu retten.«

Ich bat meine beiden Freunde, an der entlegenen Hofseite einen kleinen Zwischenfall anzuzetteln, um Zhu abzulenken. Ein paar Minuten später begannen sie, sich laut zu streiten. Als Zhu hinüberging, um sich einzuschalten, schnappte ich mir meinen Kasten und rannte in die Baracke. Ich bemerkte, daß Zheng, der Unterrichtsleiter meiner Gruppe – ein langjähriger Insasse von Qinghe und ein Aktivist, der der Polizei regelmäßig Bericht erstattete –, auf dem *kang* saß. Mehrere andere Häftlinge, die ihre Sachen zu ordnen versuchten, waren ebenfalls im Raum, und ich hoffte, daß Zheng mir keine Aufmerksamkeit schenken würde.

Hastig zog ich ein Paar abgetragene Schuhe aus dem Loch unter meiner Schlafstelle und schob die Bücher hinein. Mit einer schwungvollen Armbewegung riß ich das Moskitonetz herunter, das im Winter unbenutzt an der Wand hinter meiner zusammengerollten Decke lag, und warf es auf die alten Schuhe in der Kiste. Als Kalfaktor Zhu den Streit zwischen meinen beiden Freunden beigelegt hatte, lag meine Truhe mit ihrem harmlosen Inhalt schon wieder unauffällig unter den anderen Gepäckstücken.

Bei meiner Rückkehr in die Baracke sah ich, daß sich Zheng

zielstrebig zum Sicherheitsbüro aufmachte. Ein paar Minuten später rief der Polizeihauptmann, daß meine Holzkiste zur Inspektion herübergebracht werden solle. Erst jetzt begann ich, mir über die möglichen Folgen meiner Halsstarrigkeit klarzuwerden.

Nach dem Abendappell beorderte Hauptmann Wang mich zu sich. »Wo sind deine verborgenen Bücher?« brüllte er. »Versuchst du immer noch, dich der Regierung zu widersetzen? Willst du die Kulturrevolution des Vorsitzenden Mao immer noch behindern?«

Ich versuchte, mich kooperationsbereit zu zeigen, um meinen Ungehorsam und meine Lüge gegenüber dem Hauptmann zu kompensieren. »In der Baracke«, antwortete ich. In diesem Moment traten Zhu und Zheng ein, um meine Bücher im Polizeibüro abzuliefern. Ich dachte daran, welche Freude es den Hauptleuten bereiten würde, ihren Vorgesetzten ein so glänzendes Ergebnis ihrer Durchsuchung melden zu können.

Zwei Tage lang mußte ich warten. Morgens ging ich zur Arbeit hinaus, doch ich bemerkte, daß Li und Zheng, die beiden Aktivisten in meiner Gruppe, abends beim politischen Unterricht emsig Eintragungen in ihre Notizbücher machten. Ihre abgewandten Gesichter verrieten mir, daß sie Berichte für eine Kampfversammlung gegen mich vorbereiteten. Beide konnten mich nicht leiden, und nun hatten sie eine Chance, sich an mir zu rächen und der Polizei ihre Loyalität zu beweisen. Höchstwahrscheinlich würden sie mich des dreifachen Verbrechens bezichtigen, die Polizei belogen, die Kommunistische Partei betrogen und die Große Proletarische Kulturrevolution behindert zu haben.

Am zweiten Abend gab Hauptmann Wang bekannt, daß am folgenden Morgen eine Kampfversammlung des gesamten Bataillons stattfinden solle. Ich wußte, daß ich das Opfer sein würde, aber ich war seltsam gefaßt. Die Tage in der Einzelhaft hatten mich von der Furcht vor jeglicher Tortur befreit. In der Betonzelle hatte ich die Grenze meiner Belastbarkeit erreicht und in den schwarzen Schlund der Verzweiflung geblickt. Danach konnte mich nichts mehr erschrecken. Während ich in jener Nacht einzuschlafen versuchte, dachte ich: Sie können mir wegnehmen, was sie wollen – meine Bücher, meine Arbeit, meine Jugend, mein Leben –, und ich bin unfähig, mich zu wehren. Meine Resignation verschaffte mir eine Freiheit, die sich der Polizeikontrolle entzog. Was immer geschehen würde, ich konnte nichts dagegen tun. Es soll nur kommen, dachte ich und schlief ein.

Am nächsten Morgen hörte ich, wie die Kalfaktoren den anderen Kompanien befahlen, auf dem Hof anzutreten. Als meine Kompanie hinausmarschierte, zog Hauptmann Wang mich beiseite und schickte mich ins Polizeibüro. Ich stand in dem überfüllten Raum und stellte mir vor, wie sich die zwölfhundert Häftlinge draußen auf dem Boden niederließen, um Zeugen meines Elends zu werden. Ungefähr zehn Minuten vergingen, bis mich ein Kalfaktor vor die Plattform führte, auf der die Kompaniehauptleute und der Bataillonskommandeur Platz genommen hatten. Vor mir auf dem Boden lagen meine Romane, die man säuberlich nebeneinander angeordnet hatte.

Der Politinstrukteur des Bataillons war eingetroffen, um den Vorsitz zu übernehmen. Er hob sein Exemplar der *Worte des Vorsitzenden Mao* in die Höhe, und zwölfhundert kleine Rote Bücher wurden zur Antwort hin und her geschwenkt. Ich wußte, daß das erste Zitat den Ton für das Verfahren angeben würde. »Unser Großer Führer, der Vorsitzende Mao, lehrt uns, daß die Revolution keine Abendgesellschaft ist!« deklamierte er mit schriller Stimme. Dies war eine der strengsten von Maos Lehren, mit der jede Grausamkeit gerechtfertigt werden konnte. Ich begriff, daß mir Schreckliches bevorstand.

Wie jede Kampfversammlung folgte auch diese einem leicht durchschaubaren Drehbuch. Zuerst stimmten die Aktivisten aus mehreren Gruppen, die im Publikum verteilt waren, anklagende Parolen an, um die Zuschauer aufzurütteln und das Opfer einzuschüchtern. Nach dem dritten Chor unterbrach der Politinstrukteur: »Wie lautet euer Urteil über Wu Hongdas Verbrechen? Sollte er erschossen werden? Die Revolution kann niemals eine Abendgesellschaft sein!«

Das Gebrüll setzte sich fort, und vier Aktivisten traten vor. Sie schrien, ich solle demütig den Kopf beugen. Zwei packten meine Schultern, um mich – ein weiteres Zeichen der Erniedrigung – auf die Knie zu zwingen, dabei verlangten sie, daß ich die Partei um Gnade anzuflehen hätte. Die beiden anderen rissen meine Arme hinter dem Rücken zu der unerträglich schmerzhaften Düsenjägerhaltung hoch.

Als ich mich abmühte, auf den Beinen zu bleiben, rief Hauptmann Wang: »Seht euch seine konterrevolutionäre Einstellung an! Seht, wie er sich unserer Partei, unserem Großen Führer, unserer Großen Proletarischen Kulturrevolution widersetzt!« Scheinbar von spontaner Empörung überwältigt, rannten etwa zehn Männer auf mich zu, umklammerten meine Arme, traten mich gegen die Beine, hämmerten mit den Fäusten auf mich ein und preßten meine Knie auf die Erde. Zwei von ihnen stellten sich mit ihrem vollen Gewicht auf meine Waden, damit ich nicht aufstehen konnte. Gleichzeitig zerrten sie meine Arme hinter meinem Rükken hoch und rissen meinen Kopf zurück.

Die Düsenjägerposition war so unnatürlich und so schmerzhaft, daß ich von einem unerwarteten Adrenalinstoß gekräftigt wurde und meine Angreifer abschütteln konnte. Es gelang mir sogar, auf die Beine zu kommen, doch dieser offenkundige Akt des Trotzes löste nur weitere Schläge aus. Plötzlich bemerkte ich aus dem Augenwinkel, daß jemand eine Holzkeule hob. Es war Fan Guang, der ehemalige Unterrichtsleiter, der unsere unglückliche Pfirsichernte beaufsichtigt hatte und nun wegen seiner treuen Dienste für die Polizei zum Kalfaktor befördert worden war. Ich wußte instinktiv, daß ich einen Schlag an den Kopf abwehren mußte, und mein linker Arm zuckte hoch, um mein Gesicht zu schützen, bevor Fans Spatenstiel niedersauste. In jenem Moment verspürte ich keinen Schmerz, aber ich konnte sehen, wie die scharfe Kante eines Knochens an meinen Ärmel stieß. Meine linke Hand baumelte schlaff am Gelenk. Blut strömte über meine Finger und auf den Boden.

Die Menge keuchte. Die Gesichter der mir nächsten Häftlinge zeigten, daß sie schockiert waren, und sogar die Polizisten schienen besorgt zu sein. Kampfversammlungen dienten der Bestrafung, aber bei ihnen durfte kein Blut fließen, und eine ungeschriebene Regel verbot, daß Werkzeuge zum Schlagen zweckentfremdet wurden. Einige meiner Gruppenkameraden, die man in die erste Reihe gesetzt hatte, damit sie meine Demütigung aus der Nähe erlebten, sprangen jäh hoch. Sie waren außer sich vor Wut über die Brutalität, mit der ich geschlagen worden war. Hauptmann Wang trat von der Plattform herunter, um eine Prügelei zu verhindern. »Aufhören! Aufhören!« brüllte er und wedelte mit den Armen, bis ein Kalfaktor herbeikam und meine Bücher anzündete. Dann entließ der Hauptmann das Publikum und befahl, mich abzuführen.

In der Klinik vernähte der Arzt meine Wunde, richtete den Knochen und schiente meinen Arm mit Holzlatten. Ich blieb eine Woche lang in der Baracke, ohne arbeiten zu müssen, und schluckte Tabletten, um eine Entzündung zu verhindern. Am siebten Tag mußte ich trotz meiner Schlinge aufs Feld hinausgehen. Da ich nur zu leichter Arbeit fähig war, verbrachte ich die nächsten vier Wochen damit, Unkraut mit der rechten Hand zu jäten. Der Arzt hatte den Bruch fachmännisch gerichtet, und die Wunde verheilte.

»Fan Guang ist nur eine kleine Erdnuß«, sagte ich zu meinen Freunden, nachdem sie mir von ihrer Rache erzählt hatten. Sie hatten auf dem Feld einen unbeobachteten Moment abgewartet, den verachteten Jagdhund dann kräftig verprügelt und in das schlammige Wasser eines Grabens geworfen. Dem diensthabenden Polizeihauptmann war gemeldet worden, daß Fan die ihm zugewiesene Arbeit verweigert habe.

Ich hatte Fan Guang bei der Arbeit häufig Schwierigkeiten gemacht. Zum Beispiel hatte ich ihn beauftragt, anderthalb Zentner schwere Säcke Getreide auf einen Lastwagen zu laden, obwohl ich wußte, daß es ihm an der nötigen Körperkraft fehlte. »Ich gehorche dir im politischen Unterricht. Hier draußen hast du mir zu gehorchen!« rief ich manchmal. Wir haßten einander, aber ich verspürte keine Genugtuung über die Rache meiner Freunde, sondern nur Überdruß über den scheinbar endlosen Kampf. »Laßt ihn in

Ruhe«, riet ich. »Denkt daran, daß sich Rache immer im Kreis bewegt.«

In den Monaten nach der Kampfversammlung schenkte ich der Außenwelt keine Beachtung. Die mir angetane Gewalt hatte mich abstumpfen lassen, und die Geschehnisse auf der Qinghe-Farm waren mir gleichgültig. Ein weiteres Jahr verging. Dann, im Spätherbst 1969, merkte ich, daß die Polizisten sich seltsam benahmen. Gewöhnlich arbeiteten wir jeden Tag fast bis zum Sonnenuntergang, aber im Oktober wurden wir mehrere Tage hintereinander vorzeitig zurück in die Unterkunft geschickt. Zweimal blieb der für unsere abendlichen Unterrichtssitzungen zuständige Hauptmann fern und verzichtete auf die üblichen Ankündigungen. Auch befahl er uns nicht, unser wöchentliches Treffen abzuhalten, auf dem geringfügige Regelverstöße kritisiert wurden, etwa wenn jemand das tägliche Arbeitspensum nicht erfüllt oder einen unbedeutenden Diebstahl begangen hatte. An drei Abenden riefen die Kalfaktoren uns nicht einmal zum Schlußappell hinaus. Diese Abweichungen von der Routine waren so ungewöhnlich, daß die Lagerleitung von Qinghe vor einem entscheidenden Problem stehen mußte.

Die Unregelmäßigkeiten setzten sich bis Anfang Dezember fort, als einer unserer Kompaniehauptleute hundertfünfzig von uns zu einer wichtigen Bekanntmachung auf dem Hof antreten ließ. Ein Hauptmann, den wir vorher nie gesehen hatten, verlas eine Namensliste und teilte uns in zwei Gruppen. Er entließ die eine in die Baracken und befahl meiner Gruppe von achtzig Mann, weitere Instruktionen abzuwarten. Mit monotoner Stimme wiederholte er unsere Namen und wies jedem einzelnen den politischen Status eines Zwangsumsiedlers zu. Wir hätten drei Tage, um unsere Sachen zu packen und uns auf die Versetzung vorzubereiten. Das war alles. Wir traten ab. In jenem Augenblick war meine Strafe – Umerziehung durch Arbeit – jäh aufgehoben worden, ohne daß ich mich darauf hätte freuen können.

Ich kehrte benommen in die Baracke zurück und versuchte, die Nachricht zu verarbeiten, daß ich plötzlich, nach mehr als neun

Jahren, kein Häftling mehr war. Zusammen mit Lu und Li, die man ebenfalls neu eingestuft hatte, spazierte ich an den Sicherheitsposten vorbei durch das offene Lagertor. Wir wollten uns davon überzeugen, daß wir uns wirklich frei bewegen konnten. Niemand hielt uns an. Wir gingen die Straße neben den Gebäuden der Polizeifamilien und den Gemüsegärten entlang und sahen, daß das Lagerpersonal ebenfalls packte. Wir hatten keine Ahnung, was die Veränderungen bedeuteten, aber wir kosteten jenen ersten Geschmack der Freiheit aus. Als Zwangsumsiedler würden wir immer noch Gefangene sein, aber immerhin würden wir in einem größeren Vogelkäfig leben.

Am dritten Tag nach unserer Neueinstufung rief uns der neue Hauptmann wiederum zusammen, um uns mitzuteilen, daß alle Pekinger und Schanghaier unter uns in die Provinz Shanxi umgesiedelt und dem Kohlenbergwerk Wangzhuang zugewiesen würden. Die anderen, die nicht aus diesen Großstädten stammten, würden in ihre Heimatprovinzen zurückkehren und der Aufsicht der örtlichen Sicherheitsbehörden unterstellt werden. Ich wußte nicht, welcher Bestimmungsort vorzuziehen war oder welchen Lebensbedingungen ich bald als Exhäftling in einer Kohlengrube ausgesetzt sein würde.

Den ganzen Nachmittag hindurch liefen Gerüchte um, und wir erfuhren von den Kalfaktoren, daß sämtliche Bereiche der Qinghe-Farm geräumt würden. Alle Angehörigen des Büros für Öffentliche Sicherheit und ihre Familien schickten sich zur Abreise an. Erst am folgenden Morgen hörten wir eine offizielle Erklärung. Der Kompaniekommandeur hatte einen Stapel Dokumente in der Hand und las mit feierlicher Stimme vor: »Laut ›Befehl Nummer eins‹ der Kommunistischen Partei wird die Qinghe-Farm geschlossen.« Fast ungläubig nahm ich zur Kenntnis, daß Lin Biao, der engste Waffengefährte und designierte Nachfolger des Vorsitzenden Mao, die Mobilmachung des Landes zum Krieg gegen die Sowjetunion angeordnet habe. Die Nation müsse jederzeit auf einen umfassenden Angriff vorbereitet sein. Verstärkte Sicherheitsmaßnahmen erforderten, daß alle Häftlinge in die inneren Provinzen – fort von den Küstengebieten und Großstädten – zu verlegen seien. Wir hätten während dieser Bedrohung unserer Heimat strikte Disziplin zu wahren.

Ich stellte mich in die Reihe, während die Kalfaktoren eine volle Tagesration Brötchen und gesalzene Rüben austeilten. Dann packte ich in der Baracke und wartete auf die Lastwagen, die uns zum Bahnhof Chadian befördern sollten. Stand China wirklich kurz vor einem Krieg mit der Sowjetunion? Es war genausogut möglich, daß Lin Biaos Anweisung politische Hintergründe hatte. Vielleicht war die plötzliche Mobilisierung ein Teil des langwierigen Machtkampfes an der Führungsspitze, oder vielleicht sollte sie von dem wirtschaftlichen und politischen Chaos ablenken, das sich nach den dreijährigen Auseinandersetzungen der Kulturrevolution eingestellt hatte. Ohne Zugang zu Informationen konnte ich diese Entwicklungen nicht abschätzen.

Auf der neunstündigen Zugfahrt nach Shanxi versuchte ich, mich den Veränderungen meiner eigenen Situation anzupassen. Während die weiten Flächen der Hebei-Ebene von den kahlen Gebirgshängen der Provinz Shanxi abgelöst wurden, wünschte ich mir, Erleichterung und Aufregung empfinden zu können. Statt dessen verspürte ich eine Mischung von Verwirrung und Besorgnis darüber, wie sich mein Leben als Zwangsumsiedler gestalten würde.

An dem kleinen Bahnhof, an dem wir ausstiegen, warteten keine uniformierten Polizisten auf unsere Ankunft. Vertreter des Kohlenbergwerks Wangzhuang nahmen uns in Empfang und organisierten uns zu vorläufigen Kompanien. Sie trugen die gleichen schwarzen, mit Baumwolle gefütterten Jacken wie die Arbeiter und Bauern, die sich um den Bahnhof drängten. Deshalb vermutete ich, daß sie zum Verwaltungspersonal des Bergwerks gehörten.

Der erste Eindruck von meiner neuen Umgebung war, daß alles von einem einförmigen Grau überzogen zu sein schien. Während ich die drei Kilometer zur Kohlengrube zu Fuß zurücklegte, sah ich an den zerklüfteten grauen Hügeln nichts als graue, von Kohlenstaub bedeckte Ziegelgebäude. Ich hörte, wie sich einer der

Polizisten von Qinghe, die mit uns versetzt worden waren, bereits über die örtlichen Bedingungen beschwerte. Offenbar wäre er lieber im Pekinger Sicherheitsbezirk geblieben, als in diese ferne Berglandschaft geschickt zu werden. Aber wie wir konnte auch er sich seinen Arbeitsplatz nicht auswählen.

Innerhalb der Tore von Wangzhuang warf ich einer Gruppe von Arbeitern, die gerade eine Schicht beendet hatten, neugierige Blicke zu. Ich suchte nach Anhaltspunkten für das Leben, das ich führen würde, und musterte ihre steifen Schutzhelme aus geflochtenen Zweigen, ihre kniehohen Gummistiefel und ihre geflickten, vom Kohlenstaub verschmutzten Jacken und Hosen. Müde Augen schauten aus geschwärzten Gesichtern hervor, und ich versuchte, mich in die Rolle eines Bergarbeiters zu versetzen. Dann erreichte ich meine Unterkunft. Die Fenster waren nicht verglast, sondern mit Papier überklebt worden, und eine Rußschicht lag auf dem *kang* und dem Fußboden. Das Leben hier würde nicht leicht sein.

Von den Männern, die sich auf dem *kang* ausgestreckt hatten, erfuhr ich, daß die Belegschaft der Grube nach dem Vorbild der Lager zu Kompanien organisiert war; sie wurde von einem Abteilungskommandeur, einem Parteisekretär und einer Hierarchie von Mitarbeitern des Büros für Öffentliche Sicherheit verwaltet. Wir zwölfhundert, die gerade von der Qinghe-Farm eingetroffen waren, würden uns achthundert langjährigen Zwangsumsiedlern anschließen. Einige züchteten Gemüse, stellten Ziegel her oder betrieben die Küche, doch die meisten von ihnen arbeiteten unter Tage.

Ich erkundigte mich bei den Männern nach der Verpflegung. Wie ich erfuhr, aßen alle in der allgemeinen Arbeiterkantine. Dies war – trotz der deprimierenden Lebensbedingungen – eine aufregende Nachricht, denn es bedeutete, daß ich einen Lohn für meine Arbeit erhalten würde. Ich würde mir meine Mahlzeiten in der Kantine auswählen und sogar Fleisch essen können.

An jenem Abend wiederholte ich im stillen ständig, daß ich kein Häftling mehr war, daß das Tor hier geöffnet blieb und daß ich in meiner Freizeit ungehindert ins Dorf gehen konnte. Vielleicht würden meine geologischen und technischen Kenntnisse endlich von Nutzen sein. Als ich in der ersten Nacht einschlief, freute ich mich geradezu auf die neue Situation.

Die Sicherheitshauptleute des Bergwerks hielten uns zwei Tage lang mit Verwaltungsmaßnahmen auf Trab, die mit unserer Versetzung und unserem Arbeitsauftrag zu tun hatten. Sie verteilten die Neuankömmlinge auf Gruppen von erfahrenen Arbeitern und setzten uns dann über die drei täglichen Schichten, über Sicherheitsvorkehrungen und das Alarmsystem der Grube ins Bild. Am zweiten Tag wurde ich einem Bau- und Reparaturtrupp zugewiesen. Meine Aufgabe würde darin bestehen, die Grubenhölzer zu inspizieren und, wenn nötig, zu ersetzen. Am Nachmittag gaben die Arbeiterinnen der Nachschubkompanie neue Gummistiefel, Gürtel, Schutzhelme und Scheinwerfer an uns aus. Ich fühlte mich wie verwandelt: Nach fast einem Jahrzehnt der Feldarbeit wurde ich wie ein Facharbeiter behandelt. Beeindruckt von der nagelneuen, teuren Ausrüstung, konnte ich meine erste Schicht kaum abwarten.

Doch am dritten Tag mußten wir vor unserer Baracke zu einer politischen Versammlung antreten. Zweitausend Mann setzten sich mit gekreuzten Beinen auf den Lehmboden. Der Parteisekretär stand vor uns. Er hieß uns nicht willkommen, sondern sprach eine strenge Warnung aus: »Die Lage der neueingetroffenen Umsiedlungsarbeiter ist noch nicht stabil. Sie denken vielleicht an ihre Heimat und ihre Familie, sie sind vielleicht noch nicht auf die Arbeit in einem Bergwerk vorbereitet, sie denken vielleicht sogar an Flucht. Eine solche Einstellung werden wir nicht dulden. Ihr alle müßt euch vor Augen halten, daß ihr euch weiterhin unter der Diktatur des Proletariats befindet und daß ihr eure Gedankenreform fortsetzen werdet.« In diesem Moment betrat eine Gruppe uniformierter Polizeiwärter den Hof – gewöhnlich ein Zeichen dafür, daß jemand verhaftet werden sollte. Spannung erfaßte die Reihen der früheren Häftlinge. Plötzlich schien die Unterscheidung, die ich zwischen dem Leben eines Häftlings und dem eines Zwangsumsiedlers gemacht hatte, übereilt gewesen zu sein.

»Gegen einige Personen ist ermittelt worden, und die Polizei ist hier, um Verhaftungen vorzunehmen«, erklärte der Parteisekretär. Auf dieses Stichwort hin rief der Hauptmann einen Namen. Sogleich zerrten mehrere Männer in schwarzen, gefütterten Jacken – am Bahnhof hatte ich sie für das zivile Verwaltungspersonal des Bergwerks gehalten – den angeblichen Missetäter aus der Menge heraus. Voller Entsetzen beobachtete ich das offizielle Verhaftungsverfahren in der Provinz Shanxi. Einer der Schwarzbejackten, die, wie ich nun begriff, Sicherheitspolizisten in Zivil sein mußten, drehte dem Opfer die Arme auf den Rücken, während ein anderer ein Seil aus seiner Tasche zog und die Handgelenke des verängstigten Arbeiters sachkundig fesselte. Dann zog er das Seil über die Schultern und unter den Armen hindurch wieder nach hinten, um es an den Handgelenken mit einer Schlaufe zu befestigen. Ein dritter Wärter rammte dem Angeklagten das Knie in den Magen und stieß sein Kinn scharf zurück. Der Wärter, der das Seil hielt, straffte es, so daß die gefesselten Hände zum Nacken hinaufgezwungen wurden. Diese Verschnürung dauerte nur ein paar Sekunden.

Nach ein oder zwei Minuten lag das Opfer bewußtlos auf dem Boden. Ich sah, wie sein Gesicht rot, dunkelbraun und fast schwarz wurde, bevor sämtliche Farbe entwich. Der erste Schwarzbejackte lockerte das Seil und schlug dem gefesselten Gefangenen auf die Arme, um den Blutkreislauf wiederherzustellen. Dann ließ man ihn auf der Erde liegen und schleppte das nächste Opfer heran. Das ganze Verfahren diente offenbar dazu, den Angeklagten zu bestrafen und einzuschüchtern, nicht jedoch dazu, ihn arbeitsunfähig zu machen oder zu töten.

Der Polizeihauptmann gab nacheinander die Namen von fünf weiteren Männern bekannt, die des wiederholten Diebstahls oder eines Fluchtversuchs bezichtigt wurden. Die Schwarzjacken fesselten jedes Opfer rasch, zogen das Seil an, warteten, bis der Mann zu Boden gesackt war, und brachten ihn wieder zu sich. Die Prozedur erinnerte mich an die Schlachtung von Hühnern. Später erzählte mir einer der erfahrensten Exhäftlinge im Bergwerk, daß nicht einmal die zähesten Gauner dieser Behandlung gewachsen seien. Wenn das Seil länger als fünf Minuten gestrafft blieb, würden die Arme des Opfers sein Leben lang verkrüppelt sein. In meinen neun Jahren im Lager hatte ich nicht selten erlebt, daß Häftlinge verprügelt wurden, aber die kalte Effizienz dieser Seilmarter war mir neu. Die Versammlung hatte mich erschüttert. In jenem Augenblick wirkte das offene Tor des Bergwerks wie ein grausamer Hohn auf die Freiheit.

Umsiedlung

Im Bergwerk Wangzhuang, intern bekannt als Umerziehungs-Arbeitsabteilung Nummer 4 der Provinz Shanxi, saßen die zwölfhundert von uns, die man im Dezember 1969 aus der Qinghe-Farm hierher versetzt hatte, weiterhin in der Falle des ausgedehnten chinesischen Strafvollzugssystems. Wir existierten in einer abgetrennten Welt, denn wir waren durch unseren Zwangsarbeiterstatus gebrandmarkt und ständigen Disziplinarmaßnahmen und Kontrollen unterworfen. Zwar hatten wir als Umsiedler nun größere Freiheit, doch wir mußten immer noch mit willkürlichen Bestrafungen durch das Sicherheitspersonal und mit Einzelhaft rechnen. Wir mußten unsere Gruppenkameraden weiterhin beim obligatorischen abendlichen Unterricht kritisieren und ein fortgesetztes Streben nach der Verbesserung unseres Denkens erkennen lassen. Doch noch bedrückender als sämtliche Kontrollen war die endgültige Einsicht, daß wir nie wieder über unser eigenes Leben bestimmen würden.

Mit einem Passierschein, der von den Wärtern ausgestellt wurde, durften wir an unseren freien Tagen durch das Tor gehen und das im Tal liegende Dorf aufsuchen. Wir durften bei den Mahlzeiten zusammensitzen, miteinander plaudern und sogar mit den sechzig Arbeiterinnen der Grube Kontakt aufnehmen. Wir durften Briefe schreiben, Besucher empfangen, eine jährliche Heimreise und eine Heiratserlaubnis beantragen. Aber ohne eine Arbeitsbescheinigung und ohne eine Getreidekarte konnten wir Wangzhuang nicht verlassen. Wie früher Ao Naisong wurde nun auch mir mit niederschmetternder Endgültigkeit klar, daß meine Versetzung in diesen Umerziehungsbetrieb keine Möglichkeit zur Rückkehr in die normale Gesellschaft bot.

Wir alle, die wir wegen der angeblichen Gefahr eines Krieges mit der Sowjetunion aus Umerziehungs-Arbeitslagern entlassen und hierher versetzt worden waren, begannen unser Leben als Bergleute an unserem vierten Tag in der Provinz Shanxi. Die erfahrenen Exhäftlinge, denen wir in unseren Gruppen als Lehrlinge zugeteilt wurden, hatten beängstigende Erzählungen über häufige Verletzungen und Todesfälle in der Grube parat. Ich fragte mich, ob man uns angemessen auf unsere Aufgabe vorbereitet hatte. Hier benötigten wir Fachkenntnisse, nicht nur die reine Körperkraft, die für das Ausheben von Bewässerungsgräben und die Einebnung von Reisfeldern in Qinghe genügt hatte. Der Umgang mit schweren Maschinen und Sprengstoff verlangte Geschick und Präzision. Eine unvorsichtige Handlung konnte zur Folge haben, daß es zu einer Gasexplosion kam, daß ein Waggon davonrollte, ein Stollen überflutet wurde oder eine Grube zusammenbrach. Ich hoffte, daß sich die anderen Neuankömmlinge die Sicherheitsvorschriften so aufmerksam eingeprägt hatten wie ich.

Die Arbeit unter Tage wurde rund um die Uhr in drei Schichten geleistet. Jeden Morgen standen die Arbeiter meines Bautrupps um vier Uhr auf, verschlangen in der Kantine zwei Brötchen und eine Schüssel Suppe, stellten sich an der Materialausgabe an, um ihre Ausrüstung in Empfang zu nehmen, und meldeten sich um 4.30 Uhr am Grubeneingang. Erst am späten Nachmittag sahen wir das Tageslicht wieder.

Häufig dauerte es eine Stunde, bis wir unseren Arbeitsplatz innerhalb des Bergwerks erreichten. Dann schufteten wir, nur von unseren Grubenlichtern geleitet, acht Stunden lang in der Dunkelheit in kleinen Seitenstollen. Dabei mußten wir uns bis zur Hüfte vorbeugen und schwere Kiefernpfosten zur Abstützung der Stollen schleppen. Meine Gruppe hatte zu prüfen, ob die Streben durch Dynamitexplosionen oder durch Chemikalien beschädigt waren. Letztere konnten gefährliche Trockenfäule im Innern von Streben verursachen, die völlig massiv aussahen. In solchen Fällen mußten wir einen Einbruch verhindern, indem wir die alten Stützen herausstemmten und neue einhämmerten.

In der Mitte der achtstündigen Schicht ließ der Hauptmann eine

Pause einlegen. Der für die Versorgung zuständige Arbeiter unserer Mannschaft brachte einen Eimer mit Brötchen und zwei Kannen Trinkwasser an den Arbeitsplatz jeder Gruppe. Durstig wie wir waren, konnten wir kein Wasser entbehren, um uns den Ruß vor dem Essen von den Händen zu waschen. Wir arbeiteten weiter bis vierzehn Uhr und warteten dann, bis sich der Gruppenleiter von der Erfüllung unserer Norm überzeugte. Um 14.30 Uhr kletterten wir durch die Seitenstollen zurück zum Haupttunnel, und erst gegen 15.30 Uhr kamen wir erschöpft an die Oberfläche.

Sobald ich nachmittags meine Ausrüstung abgegeben hatte, wartete ich darauf, das Gemeinschaftsbadehaus, das zweitausend Arbeitern diente, zu benutzen. Die ständige Wasserknappheit in der gebirgigen Provinz Shanxi bedeutete, daß der Komfort und die Hygiene der Zwangsumsiedler hintangestellt wurden. Ich war schon froh, wenn das Wasser in dem hüfthohen Becken, das nur zwanzig Mann gleichzeitig aufnehmen konnte, am selben Morgen gewechselt worden war, und ich schätzte mich noch glücklicher, wenn ich mich mit den fünfhundert Kumpeln der ersten Schicht waschen konnte. Nach der zweiten und dritten Schicht wurde das Wasser schwarz und begann zu stinken. Wenn es zwei Tage lang nicht ausgewechselt wurde, herrschten abscheuliche Verhältnisse, aber wir hatten keine andere Möglichkeit, den Kohlenstaub loszuwerden.

Nach der Abendmahlzeit gingen wir um 19 Uhr zu einem zweistündigen politischen Unterricht in unsere Schlafsäle. Gewöhnlich lasen wir Auszüge aus den Werken des Vorsitzenden Mao sowie Artikel aus der *Volkszeitung*. Manchmal kritisierten wir ein Gruppenmitglied, das sein Arbeitspensum nicht erfüllt oder einen unbedeutenden Verstoß gegen die Disziplin begangen hatte, zumeist einen Bagatelldiebstahl oder eine Störung der öffentlichen Ordnung.

Die politische Atmosphäre blieb gespannt und bedrohlich, hauptsächlich deshalb, weil der Vorsitzende Mao – nach drei Jahren innerer Kämpfe in den Betrieben des Landes – nur noch eine bedingte Kontrolle ausübte. Ich wollte den Aktivisten in meiner Gruppe keine Gelegenheit geben, mich zur Zielscheibe ihrer Bemühungen zu machen, deshalb achtete ich darauf, nur über die alltäglichsten Themen zu sprechen. Auch suchte ich Kontakt zu Mithäftlingen, die nicht Intellektuelle, sondern ehemalige Strafgefangene waren. Jeden Tag erfüllte ich mein Arbeitspensum, und jeden Abend las ich die Zeitung und deklamierte im Unterricht die geforderten Passagen aus Maos Werken.

Anfang Januar erfuhren wir, daß das Bergwerk, wie viele andere Produktionsstätten im ganzen Land, unter militärische Aufsicht gestellt worden war. 1968 begann der Vorsitzende Mao, Armee-Einheiten mit der Verwaltung der größten Universitäten, Fabriken und Propagandaorganisationen, zum Beispiel der *Volkszeitung*, zu beauftragen, um die Fraktionskämpfe zu beenden und die soziale Stabilität und die industrielle Erzeugung wiederherzustellen. Ein Kommandeur der Volksbefreiungsarmee aus der Provinzhauptstadt Taiyuan, den wir als Armeevertreter Li anredeten, traf eines Morgens mit seinem jungen Adjutanten ein, um anstelle des Abteilungskommandeurs und des Parteisekretärs die Leitung von Wangzhuang zu übernehmen. Später kam mir zu Ohren, daß Armeevertreter Lis Hauptaufgabe darin bestehe (was allerdings nie zum Ausdruck gebracht wurde), Disziplinarmaßnahmen gegen jegliche Mitarbeiter des Büros für Öffentliche Sicherheit zu ergreifen, deren Loyalität dem Vorsitzenden Mao und Lin Biao gegenüber suspekt war.

Ein paar Tage nach seiner Ankunft beschloß Armeevertreter Li, die Disziplin der Bergleute zu straffen. Denn jeden Abend stand eine Menge rufender und johlender Arbeiter vor dem Schlafsaal der Frauen. Die meisten dieser Frauen waren – wie die Männer – ursprünglich wegen strafrechtlicher Delikte, nicht wegen politischer Verbrechen, verhaftet worden. Ungefähr ein Drittel von ihnen war unverheiratet. Allabendlich kam es zu Streit und manchmal sogar zu Prügeleien, wenn die Männer um die Gunst der Frauen wetteiferten. Die meisten Frauen – sogar manche, die zu Hause einen Ehemann und Kinder hatten – suchten sich im Lager Liebhaber und Sexualpartner.

Armeevertreter Li gab bekannt, daß man sämtliche unverheirateten Frauen, von denen einige inzwischen fast wie Prostituierte lebten, als Zwangsarbeiterinnen in das Gefängnis Nummer vier der Provinz Shanxi – am Rande von Taiyuan – versetzen werde. Dort sollten sie Kleidungsstücke oder Toilettenartikel, zum Beispiel Zahnpasta, herstellen. Die Verfügung stieß sofort auf Widerstand. Viele Angehörige der Frauenkompanie wollten auf die sexuellen Beziehungen zu den Bergleuten nicht verzichten. Zudem fürchteten sie, daß die Arbeitsbedingungen im Gefängnis noch schwerer sein würden als in der Nachschubabteilung des Bergwerks. Daher versuchten etliche, einen Ausweg zu finden. Eine Möglichkeit bestand darin, einen der anderen Zwangsumsiedler zu heiraten.

Ich hatte die lautstarken abendlichen Auseinandersetzungen stets als unangenehm empfunden und mich von den Zwangsarbeiterinnen ferngehalten. Allerdings konnte ich ihren Widerstand gegen die Versetzung verstehen. Kurz nach der Verfügung von Armeevertreter Li lud mich ein älterer Arbeiter namens Wang – einer von zwei anderen politischen Häftlingen in meiner Gruppe – für den folgenden Sonntag zum Knödelessen ein. Er war 1950 verhaftet worden, weil er vor der Befreiung für die Nationalisten gearbeitet hatte. Wang, ein freundlicher Mittelschulabsolvent mit einem breiten, offenen Gesicht, hatte ein paar Jahre zuvor eine frühere Gefangene geheiratet, und die beiden hatten eine der verlassenen Wohnhöhlen instand gesetzt, die vor langer Zeit in die Lößhänge über der Mine getrieben worden waren. Diese unbewohnbaren Behausungen wurden Exhäftlingen zugewiesen, die eine Heiratserlaubnis erlangen konnten. Wang hatte sich dort häuslich niedergelassen. Jeden Morgen trat er zur Arbeit an und nahm mit uns am politischen Unterricht teil, aber jeden Abend um 21 Uhr konnte er entfliehen. Er konnte den rauchgeschwängerten, von Kohlenstaub bedeckten Schlafsaal hinter sich lassen; er brauchte nicht mit fünfzehn Männern auf dem von Läusen verseuchten *kang* um Platz zu rangeln; er brauchte sich ihre Flüche und ihre Prahlereien nicht anzuhören und nicht zuzusehen, wie sie mit Hingabe auf den Zementfußboden spuckten. Jede Nacht konnte er acht Stunden in der anspruchslosen Behaglichkeit seines eigenen Zuhauses verbringen. Meine Neugier darauf, etwas über sein »anderes« Leben zu erfahren, bewog mich, die Einladung zum Mittagessen anzunehmen.

Wangs Ehefrau, eine fröhliche, intelligente Frau von fünfzig Jahren, füllte dampfende Knödel in meine Schüssel, gab einen Schuß kräftigen Shanxi-Essigs hinzu und fragte mich dann unvermittelt, ob ich an eine Eheschließung dächte. Ich versicherte ihr, daß ich nicht interessiert sei. Doch sie forderte mich auf, mir die Sache zu überlegen, denn als verheirateter Mann könnte ich sonntags zu Hause Knödel essen und in den Wintermonaten bequem mit meiner Frau auf einem geheizten *kang* schlafen. Ich erwiderte, daß ich den Gedanken an eine Ehe seit langem aufgegeben hätte. Da mein Status als Zwangsumsiedler nie enden werde und da ich keinen Einfluß auf meine Tätigkeit oder meinen Arbeitsplatz hätte, sei ich dagegen, zu heiraten und eine Familie zu gründen. Es wäre unerträglich für mich, wenn meine Kinder für immer als die Abkömmlinge eines konterrevolutionären Rechtsabweichlers gebrandmarkt würden. Auch hätte ich nicht den Wunsch, eine frühere Strafgefangene zu heiraten, eine Frau, die schon zu Anfang ihres Lebens ins Verbrechen getrieben worden sei, und ich müsse sogar eine einfache Bäuerin aus einer nahegelegenen Kommune ablehnen. Der Vorschlag sei mir genauso zuwider wie die Alternative, eine gelegentliche Sexualpartnerin im Bergwerk zu finden. Ich zöge es vor, mich mit meiner Einsamkeit abzufinden.

Wangs Frau lauschte meinen Argumenten, doch dann setzte sie ihre Überredungsversuche fort. Sie kenne eine Frau, die älter als ich sei und eine Sterilisierung hinter sich habe, so daß unerwünschte Kinder ausgeschlossen seien. Um nicht unhöflich oder undankbar zu erscheinen, lenkte ich das Gespräch auf andere Themen. Aber in den nächsten Tagen redete Wang weiterhin von dem Plan, eine Frau für mich zu finden. »Du brauchst keine besonderen Gefühle für sie zu haben, und du kannst auch auf Geschlechtsverkehr verzichten. Es ist einfach ein praktischer Weg, dein Leben zu verbessern. Wenn du immer noch daran denkst, eines Tages an deine Universität zurückzukehren, dann bist du verrückt! Das ist vorbei. Du mußt realistisch sein.«

Wang lud mich ein zweites Mal zu sich zum Essen ein. Auf dem *kang* saß eine gepflegte, sympathische Frau namens Shen Jiarui. Sie war Gruppenleiterin in der Frauenkompanie und neununddreißig Jahre alt. Ich war damals dreiunddreißig. Aus irgendeinem Grund beschloß ich ganz plötzlich, sie zu heiraten. Warum nicht? dachte ich. Wir beide sind Menschen. Wir beide sind Exhäftlinge, wir haben ein ähnliches Schicksal hinter uns. Keiner von uns hat irgendeinen Besitz oder wirkliche Freiheit, deshalb werden wir einander keine Vorwürfe machen und uns nicht gegenseitig ausnutzen. In jenem Moment schien die simple Gleichheit unserer Umstände zu genügen. Schließlich treffen sich auch in der normalen Gesellschaft viele Paare, deren Ehe arrangiert worden ist, erst am Hochzeitstag. Sie erwarten von ihrer Verbindung nicht Liebe oder Glück, sondern vielmehr materielle und wirtschaftliche Vorteile. Warum sollte ich mehr verlangen?

Wir verabredeten, bei den Sicherheitshauptleuten unserer Kompanien die Heiratsgenehmigung zu beantragen. Diese lehnten jedoch ab, da sie meinten, wir wollten die neue Maßnahme zur Versetzung alleinstehender Frauen in das Gefängnis in Taiyuan umgehen. Doch Shen sagte, sie werde nicht aufgeben. Armeevertreter Li mochte sie gern und unterhielt sich oft mit ihr, wenn er die Materialausgabe aufsuchte. Aufgrund dieser besonderen Beziehung wollte Shen ihn um Hilfe bitten. Gleichzeitig – es war Januar 1970 – änderte sich die politische Situation innerhalb des Bergwerks. Während ich auf die Antwort von Armeevertreter Li wartete, berief mein Hauptmann plötzlich abends eine Versammlung ein.

»Ernst zu nehmende Konterrevolutionäre« setzten ihre Komplotte fort, um die Macht der Partei zu untergraben, erklärte er. Eine neue »Kampagne zur Bekämpfung von Konterrevolutionären« habe begonnen, und wir sollten den »Sechs Artikeln« große Aufmerksamkeit widmen. Er bezog sich auf ein 1968 herausgegebenes Dokument des Büros für Öffentliche Sicherheit; darin hatte man auf dem Höhepunkt der gewalttätigen Fraktionskämpfe strenge Strafen für jeden mutmaßlichen Gegner der Kulturrevolution oder des Vorsitzenden Mao sanktioniert. Als dieses Dokument wieder erwähnt wurde, wußte ich, daß die politische Auseinandersetzung neue Intensität gewinnen würde. Ich nahm mir vor, jeden Tag noch größere Begeisterung erkennen zu lassen, wenn ich meine Loyalität zum Vorsitzenden Mao und zu Lin Biao, seinem »engsten Waffengefährten«, zum Ausdruck brachte.

Dann gab der Hauptmann neue Vorschriften bekannt. Von jenem Tag an würden alle Arbeiter nur mit ihrer eigenen Mannschaft zu tun haben. Ehepaare würden getrennt in ihren Schlafsälen wohnen. Wir würden jeden Tag nach der Arbeit in unsere Unterkunft zurückkehren. Wir dürften mit niemandem außerhalb unserer eigenen Kompanie umgehen oder sprechen. Alle waren besorgt, denn keiner von uns wußte, was wir nach diesen Befehlen zu erwarten hatten. In dieser gespannten Atmosphäre fragte ich mich, wie ich von Shen Jiarui erfahren konnte, ob Armeevertreter Li ihre Bitte erfüllt hatte.

Am nächsten Abend entdeckte ich sie in der Kantine und stellte mich rasch in die Schlange neben sie. »Ich habe die Genehmigung«, sagte Shen. Sofort schickte mein Gruppenleiter mich zum Kompaniehauptmann. Im Büro hörten sich drei Hauptleute die Anklage des Gruppenleiters an, daß ich mit jemandem außerhalb meiner Kompanie gesprochen hätte. Dann warf einer von ihnen ein Seil auf den Boden.

»Was fällt dir ein?« schnauzte der Kompaniehauptmann. »kennst du die Vorschriften nicht? Du hast die Regeln verletzt.« Dann befahl er seinem Stellvertreter: »Fessele ihn!«

Die Seiltortur würde unerträglich für mich sein. »Warten Sie!« rief ich. »Ich möchte Ihnen sagen, wovon die Rede war.«

»Ist egal«, knurrte der Hauptmann und packte meinen Arm.

»Sie hat mit Armeevertreter Li gesprochen«, sagte ich. Der Hauptmann zögerte. »Er hat uns erlaubt zu heiraten.«

Die Hauptleute tauschten verärgerte Blicke aus. Sie mußten sich den Anordnungen von Armeevertreter Li widerwillig fügen. Danach hinderte mich niemand mehr daran, in der Kantine mit Shen zu sprechen.

Ein paar Tage später ließen die Hauptleute uns grollend ziehen, damit wir unsere Eheschließung in der Dorfkommuneverwaltung, zwei Stunden entfernt im Tal, amtlich anmelden konnten. Am 22. Januar 1970 setzten wir unsere Unterschrift auf den Trauschein unter die traditionellen Zeichen mit der Bedeutung »doppeltes Glück«. Mit dieser einfachen Geste heiratete ich eine Frau, die ich kaum kannte. Es war ein seltsames Gefühl, als wir zusammen die Schotterstraße durch die Hügel hinaufstiegen. Armeevertreter Li hatte uns eine der verlassenen Höhlen über dem Bergwerk zuweisen lassen. Vielleicht würde sich später eine gewisse Zuneigung zwischen uns herausbilden. Ich beschloß, eine Beziehung zu dieser stillen, aber sehr patenten Frau aufzubauen.

Während wir nachts noch in unseren getrennten Unterkünften schliefen, verbrachten Shen und ich zwei Monate lang unsere Freizeit zwischen den Schichten und dem politischen Unterricht damit, die Höhle bewohnbar zu machen. Dabei blieben wir manchmal unbeobachtet. Der Eingang war völlig zusammengebrochen, und es bereitete uns große Mühe, den festen Lößsand zu entfernen. Wir benutzten unsere Spitzhacken zum Graben und einen Handkarren, um die gelockerte Erde fortzuschaffen. Schließlich gelang es uns, eine drei mal drei Meter große Türöffnung und einen Wohnraum herzustellen, der sich etwa drei Meter tief in den Hügel hineinschob. Vorn ließen wir einen quadratischen Erdwall stehen, der uns als *kang* diente, und höhlten darunter längsgerichtete Gänge aus, so daß das Feuer des Ziegelofens auch unser Bett wärmen konnte. Anfang März hatten wir bereits ein Ofenrohr für die Entlüftung des Kohlenrauches eingebaut, die engen Wände getüncht und einige Habseligkeiten aus unseren getrennten Schlafsälen herübergetragen. An jedem Abend kehrte ich zum politischen Unterricht zurück und schlief später mit meinen Gruppengefährten auf dem *kang*.

Unsere abendlichen politischen Zusammenkünfte waren länger und strikter als zuvor. Der Gruppenleiter forderte uns ständig dazu auf, die Klassenfeinde und verborgenen Konterrevolutionäre in unserer Mitte zu entlarven. Jeder fürchtete, des Ungehorsams oder

der Illoyalität bezichtigt zu werden, und die Opportunisten hatten während dieser Bewegung zur »Säuberung der Klassenreihen« häufig Gelegenheit, andere anzuschwärzen und sich dadurch Privilegien zu verschaffen. In jeder Gruppe schwelten persönliche Feindschaften und Ressentiments. In der gnadenlosen Welt der Arbeitslager hätte die Situation nicht schlimmer sein können. Es war eine Erleichterung für mich, die politischen Spannungen jeden Nachmittag hinter mir zu lassen und mit Shen Jiarui an unserer Höhle zu arbeiten.

Während einer Ruhepause erzählte mir Shen eines Tages ihre Geschichte. Vor ihrer Verhaftung war sie Bibliothekarin am Eisenbahninstitut in Peking gewesen, wo ihr Mann – ein Wissenschaftler, der vor der Befreiung an einer amerikanischen Universität studiert hatte – als Dozent arbeitete. Sie zogen vier Kinder auf, aber er erhob Einwände dagegen, daß sie Freundschaft mit ausländischen Studenten und Lehrern am Institut schloß, und es kam zum Zerwürfnis. 1962 wurden sie geschieden, und das Parteikomitee übertrug ihm das Sorgerecht für die Kinder. Zwei Tage später wies die Partei ihm einen Posten in Schanghai zu, und er zog mit allen Kindern fort.

Shen wohnte zeitweilig bei ihrem Vater, bis sie Arbeit im Fremdsprachenverlag fand. Später knüpfte sie eine Beziehung zu einem Kollegen an, einem schwarzen Amerikaner und früheren Gefangenen aus dem Koreakrieg, der in China geblieben war. Er versprach ihr, seine Kontakte zur kenianischen Botschaft zu nutzen, damit sie China verlassen könne, und Shen plante, ihn zu heiraten. Sie wußte, daß die Parteibehörden eine gemischtrassige Beziehung scharf verurteilen würden, doch sie hoffte, daß sein diplomatischer Einfluß sie schützen werde.

Die Parteiführer am Institut kritisierten Shen immer wieder, und sie merkte, daß sie beschattet wurde, wenn sie sich mit dem Amerikaner traf. Aber sie ließ sich nicht einschüchtern. 1965 wurde sie schließlich wegen Anknüpfung »gesetzeswidriger Beziehungen zu Ausländern« – dieses Verbrechen kam Hochverrat gleich – verhaftet. Man deportierte ihren Verlobten nach Kenia, und sie sah ihn nie wieder. Shens Erzählung erschütterte mich. Als sie geendet hatte, verzichtete ich auf jegliche Frage, denn ihre Vergangenheit gehörte nur ihr allein.

Bevor wir die Arbeit an unserer Höhle beendet hatten, tauchte Shens ältester, damals neunzehnjähriger Sohn eines Nachmittags überraschend auf. Shen war entgeistert, denn sie hatte acht Jahre zuvor, nachdem ihr das Sorgerecht entzogen worden war, sämtliche Kontakte zu ihren Kindern verloren. Man hatte den Jungen zur Arbeit in die Innere Mongolei geschickt, und er wollte sich den rauhen Bedingungen in jenem entlegenen Gebiet unbedingt entziehen. Von einem Onkel in Peking hatte er gehört, daß seine Mutter in Wangzhuang arbeitete. An jenem Abend erfuhr Shen Jiarui, was ihre Familie in den letzten acht Jahren durchgemacht hatte.

Zuerst war der Vater ihrer Söhne am Anfang der Kulturrevolution – hauptsächlich wegen seiner amerikanischen Ausbildung – als »bourgeoiser Gewährsmann« abgestempelt und unter Aufsicht einer Rebellengruppe in das provisorische Gefängnis der Universität gesteckt worden. Die beiden ältesten Söhne, damals fünfzehn und dreizehn Jahre alt, hatten ihren Vater wegen seiner konterrevolutionären Verbrechen anprangern müssen, um Rotgardisten werden zu können. Sie schlossen sich sogar einer Gruppe von Rotgardisten an, die den Auftrag hatte, den bourgeoisen Besitz in ihrer eigenen Wohnung, darunter ein Radio und eine Kamera, zu zerschmettern. Wie viele Kinder, die in jenen Jahren unbeaufsichtigt blieben, schlugen sich die Söhne mit Hilfe von kleinen Diebstählen durch. 1968 wurden sie mit Tausenden von anderen Jugendlichen zur Arbeit in die fernsten Gebiete des Landes geschickt, der eine in die Steppen der Mongolei und der andere in die Provinz Heilongjiang, die an Sibirien grenzt. Bevor sie abreisten, hörten sie von ihrem Vater, daß ihre Mutter eine imperialistische Spionin gewesen und im Gefängnis umgekommen sei.

Familientragödien waren während der Kulturrevolution an der Tagesordnung, aber diese war plötzlich zu meinem Problem geworden. Mit dreiunddreißig Jahren wußte ich nicht, was für eine Beziehung ich zu diesem neunzehnjährigen Jungen anknüpfen sollte. Shen Jiarui und ich waren erst gut einen Monat verheiratet, als er in unsere nur teilweise fertiggestellte Höhle einzog. In manchen Nächten erhielt Shen die Genehmigung, bei ihm zu bleiben. Ich erinnerte sie an unsere Absprache, daß Kinder in unserer Ehe keine Rolle spielen würden, aber Shen erklärte, ich sei nun Stiefvater, und sie benötige meine Hilfe, um ihre drei anderen Kinder zu finden. Der älteste Junge beantragte einen Familienurlaub und wohnte sechs Wochen lang in unserer Höhle. In meiner Freizeit begann ich, ihm Englisch, Mathematik und Geographie beizubringen, und er lernte sehr rasch. Danach wohnte er jedes Jahr fünf Monate lang bei uns.

Eines Morgens im März erschien ich wie gewöhnlich um 4.30 Uhr zur Arbeit, doch ein Polizeihauptmann teilte uns mit grimmiger Miene mit, daß Armeevertreter Li für diesen Tag sämtliche Schichten abgesetzt habe. Am Nachmittag beorderte der Hauptmann uns zu einer Bataillonsversammlung, und wir bemerkten sofort, daß ein Militärjeep direkt hinter dem Tor geparkt war. Niemand ahnte, wer diesmal das Opfer einer Disziplinarmaßnahme sein würde. Dann schritt eine Gruppe von uniformierten Polizisten auf die Plattform. Ihr Hauptmann brüllte ins Mikrophon: »Holt den aktiven Konterrevolutionär Yang Baoyin heraus!«

Wir hoben die geballten Fäuste und riefen als Refrain auf die Anklagen der unter uns verstreuten Aktivisten: »Nieder mit dem Konterrevolutionär Yang Baoyin!«, »Widerstand gegen die Umerziehung ist der Weg zum Tod!«, »Neige den Kopf und gestehe dein Verbrechen!«, »Gib dir Mühe, dich umzuerziehen, werde zu einem neuen sozialistischen Menschen!« An diese Parolen schlossen sich die üblichen Rufe »Lang lebe die Kulturrevolution!« und »Lang lebe unser Großer Führer, der Vorsitzende Mao Tse-tung!« an. Gleichzeitig schleppten drei schwarzbejackte Sicherheitspolizisten einen straff gefesselten Mann nach vorn. Er konnte weder gehen noch den Kopf heben, doch auf der Plattform riß einer der Wärter sein Haar zurück, um uns sein Gesicht zu zeigen.

Der Polizeihauptmann verkündete, daß Starrsinn und Widerstand gegen die Umerziehung zu Yangs Verbrechen gehörten;

außerdem habe er den Vorsitzenden Mao Tse-tung angegriffen. Atmosphärische Störungen der Lautsprecher verzerrten seine Worte, und ich konnte nur hören, daß der Gefangene zur unverzüglichen Hinrichtung verurteilt worden sei. Während ich zur Unterkunft zurückkehrte, sah ich mehrere Wärter, die sich auf dem staubigen Boden neben einem ausgetrockneten Bach über einen schlaffen Körper beugten. Zwei Tage später flüsterten sich alle die Einzelheiten der schauerlichen Szene zu. Der Henker habe den Gefangenen aus nächster Nähe erschossen und ihm dabei die Schädeldecke abgetrennt. Dann habe er das Gehirn herausgenommen und es einem Bergwerkshauptmann namens Li gegeben, und es sei von dessen siebzigjährigem Vater aus medizinischen Gründen gegessen worden.

Ich versuchte herauszufinden, weshalb Yang zum Tode verurteilt worden war. Gerüchten zufolge war er ursprünglich wegen Straßenraubs verhaftet und mit fünf Jahren Umerziehung durch Arbeit bestraft worden. Nachdem man Yang als Zwangsumsiedler eingestuft habe, sei er nach Wangzhuang gekommen. Ein halbes Jahr später habe er die Erlaubnis zum Besuch seines Heimatdorfes beantragt, um sich mit einer Frau zu treffen, doch nach Ablauf seiner Reiseerlaubnis sei er nicht zurückgekehrt. Das Sicherheitsbüro des Bergwerks habe die örtliche Polizei benachrichtigt, und diese habe ihn nach Wangzhuang zurückgebracht. Die Überschreitung einer Reisefrist wurde als Fluchtversuch gewertet und mit fünf Wochen Einzelhaft bestraft.

Während Yang, isoliert und wütend, in der Zelle gewesen sei, habe er auf eine Zigarettenschachtel geschrieben: »Nieder mit dem Vorsitzenden Mao.« Es hieß, daß er nach mehreren Wochen der Einkerkerung aufsässig geworden sei. Durch dieses neue Verbrechen wurde sein Schicksal besiegelt. Armeevertreter Li statuierte ein Exempel an ihm, um uns alle über die Folgen konterrevolutionären Ungehorsams zu belehren. Nach dieser Zurschaustellung revolutionärer Gerechtigkeit legte sich die politische Spannung, und ich konnte mit Shen Jiarui in unsere Höhle ziehen.

Im Sommer 1970 gelang es Shen, Verbindung zu ihrem zweiten

Sohn in Heilongjiang aufzunehmen und zu ermitteln, daß ihr drittes Kind, eine Tochter, zufrieden in Schanghai mit ihrem Vater und ihrer Stiefmutter zusammenlebte und bei ihnen bleiben wollte. Als sie erfuhr, daß ihr jüngster Sohn in ein Pflegeheim geschickt werden sollte, erklärte ich mich bereit, ihn zu adoptieren. Da wir ihn in Shanxi nicht versorgen konnten, zog er zu meinem Vater und meiner Schwester nach Schanghai und besuchte dort die Mittelschule. Nach all diesen Komplikationen nahmen wir endlich ein bescheidenes häusliches Leben auf.

Meine einzigen Pflichten, neben meiner regelmäßigen Arbeit und dem politischen Unterricht, bestanden darin, Brennmaterial für den Herd herbeizuschaffen und den Wasservorrat in dem großen Keramikbehälter vor unserer Tür ständig zu erneuern. Am Ende meiner Schicht hievte ich mir stets einen großen Kohlenbrocken auf die Schulter und kletterte zwanzig Minuten lang auf dem Pfad zu unserer Höhle hinauf. Ich ruhte mich kurz aus und ging dann mit meiner Schulterstange und zwei Eimern wieder den Hügel hinunter, um am Gemeinschaftshahn Wasser zu holen. Den Rest meiner Freizeit verbrachte ich damit, einen kleinen, von Mauern umgebenen Hof vor unserer Höhle zu bauen. Dazu benutzte ich den Sand, den wir ausgegraben hatten. Außerdem half ich Shen Jiarui, in unserem Vorgarten Kohl, Tomaten und Bohnen anzupflanzen, und ich errichtete einen Stall, damit wir zwei Hühner halten und frische Eier bekommen konnten.

Im Laufe der Monate entwickelte sich ein Band gegenseitiger Anteilnahme zwischen uns. Die politische Bewegung, die uns zusammengebracht hatte, war abgeflaut, und die bedrückende Suche nach verborgenen Klassenfeinden hatte ein Ende gefunden. Armeevertreter Li war nach Taiyuan zurückgekehrt. Zum erstenmal seit meiner Verhaftung wurde mir ein gewisser Frieden zuteil. Nach fünfzehn Jahren fast ständiger Kämpfe und dauernder Angst glaubte ich, meine Wachsamkeit ein wenig verringern zu können. Vorläufig schien die größte Gefahr von den kleinlichen Rivalitäten unter den Arbeitern auszugehen.

Meine Gruppenkameraden waren weiterhin stets bereit, einander zu kritisieren. Häufig wurde irgendeine kleine Provokation zum Anlaß genommen, Rache zu üben. Ich konnte diesem Gezänk meistens ausweichen, aber eines Abends verlor ich im politischen Unterricht die Beherrschung. Während der Morgenschicht hatte ich riesige Felsbrocken auf eine Lore geladen und mehr als acht Stunden lang schwere Lasten durch die Stollen befördert. Zufällig war meine Lore an die eines Gruppenkameraden gestoßen. Der Mann, der bereits Groll gegen mich hegte, behauptete, ich sei an dem Vorfall schuld. »Paß bloß auf«, fauchte er mich an. »Sobald ich die Chance habe, kriegst du eine Lektion von mir!«

Als der Gruppenleiter an jenem Abend über Produktionsprobleme sprach und die Arbeit für den nächsten Tag verteilte, schaltete mein Kontrahent sich ein und warf mir vor, seine Lore absichtlich angestoßen zu haben, damit er sein Pensum nicht erfüllen könne. Zuerst forderte er den Leiter auf, mich vor den anderen zu kritisieren, doch dann ereiferte er sich so sehr, daß er mich vom *kang* herunterzog und von mir verlangte, mich im Büro des Hauptmanns zu melden. Ich wäre nicht auf die Provokation eingegangen, aber als er mich packte, fühlte ich mich körperlich bedroht, sprang auf und versetzte ihm einen Schlag. Er schlug zurück, und der Gruppenleiter rief die Kalfaktoren, um uns zu bändigen. Sie fesselten uns und führten uns ab in Einzelzellen.

Die Einzelhaft im Bergwerk war weniger zermürbend als auf der Tuanhe-Farm. Arbeitern, die man wegen Verstoßes gegen die Disziplin einsperrte, wurden gewöhnlich nach einigen Stunden freigelassen, wenn sie ihre Missetat zugegeben hatten. Sie erhielten die üblichen Brot- und Wasserrationen, damit ihre Kraft und ihre Produktivität nicht beeinträchtigt wurden. Ich wartete zuversichtlich auf den Sicherheitshauptmann, damit er mich kritisieren und ich mich für meinen Fehler entschuldigen konnte. Aber nach zwei Stunden wurde mir klar, daß ich die Nacht in dem kleinen, fensterlosen Raum verbringen mußte, der kein Bett und nicht einmal einen Toiletteneimer enthielt und knapp zwei Quadratmeter maß.

In einer Ecke fand ich ein altes Exemplar der *Volkszeitung*. Ich breitete sie auf dem festgestampften Lehmboden aus und schlief ein. Am nächsten Morgen rief mich der Kalfaktor heraus, und ich nahm an, daß er mich zur Arbeit schicken würde. Aber ich war schon einige Male mit diesem Mann aneinandergeraten, und er hatte anscheinend diesen Moment gewählt, um sich an mir zu rächen. »Was hast du getan?« schrie er. »Diesmal hast du einen schweren Fehler gemacht. Du hast auf der *Volkszeitung*, dem Sprachrohr der Partei, herumgetrampelt. Also bist du immer noch kein besserer Mensch geworden. Du widersetzt dich weiterhin der Revolution!« Dann ließ er meinen Gruppengefährten zur Arbeit zurückkehren und sperrte mich wieder in die Zelle.

Ich war empört über diesen rachsüchtigen Mißbrauch seiner Autorität. Mein Wärter, ein Zwangsumsiedler wie ich, hatte die Macht, mich zu erniedrigen und mich von der Arbeit abzuhalten. Am Mittag traf der Sicherheitshauptmann ein und fragte, was ich angestellt hätte. Ich gab zu, auf der Zeitung geschlafen zu haben, doch ich hätte die Partei nicht beleidigen wollen. Nachdem ich mich für meinen Fehler entschuldigt hatte, schickte er mich zur Arbeit. Inzwischen war ich vier Stunden verspätet und mußte mir die Kritik meines Arbeitsleiters anhören, während ich mich abmühte, meine Norm in der Hälfte der üblichen Zeit zu erfüllen.

Erst im Januar 1972, als unser Kompaniehauptmann uns plötzlich in den Hof beorderte, schien es wieder ernsthaft geboten, auf politische Angelegenheiten zu achten. Der Abteilungskommandeur stieg auf die Plattform und befahl uns, seinen Bericht über eine wichtige Bekanntmachung der Zentralregierung aufmerksam anzuhören. Er verlas eine kurze Mitteilung: Lin Biao, den ich als den treuesten Verbündeten des Vorsitzenden Mao kannte, habe ein erfolgloses Komplott zum Sturz der Regierung geschmiedet und sei bei einem Flugzeugabsturz über der Inneren Mongolei ums Leben gekommen. »Ein neues Stadium im Klassenkampf hat begonnen«, erklärte er drohend. »Einige Feinde wollen diese Gelegenheit nutzen, sich der Kommunistischen Partei zu widersetzen. Wir müssen unsere Wachsamkeit erhöhen.«

Wir kehrten zu einer politischen Diskussion in die Unterkunft zurück, und ich beobachtete die Reaktion meiner Gruppenkameraden. Viele von ihnen schienen ungerührt über die Nachricht zu sein, daß der zweitmächtigste Politiker des Landes einen Staatsstreich angezettelt habe, aber ich fürchtete, daß wir als Exhäftlinge und »schlechte Elemente« der Gesellschaft unter dieser neuerlichen Betonung des Klassenkampfes zu leiden hätten. Wir waren stets die ersten Opfer, auf die sich die Organe der Volksdiktatur konzentrierten, die ersten, die als Beispiel für das schreckliche Schicksal hingestellt wurden, das allen Gegnern der Parteiautorität drohte. Vermutlich war mein Gruppenleiter angewiesen worden, mich besonders scharf im Auge zu behalten. Ich war einer der wenigen Intellektuellen in der Gruppe und galt in einer so unbeständigen Zeit als besonders gefährlich, da ich in der Lage sei, konterrevolutionäre Ideen zu verbreiten und andere zu Aktionen anzustiften. Zwar konnte ich nicht ahnen, weshalb Lin Biao wirklich in Ungnade gefallen war, aber ich wußte, daß immer dann, wenn der Vorsitzende Mao seine Macht bedroht fühlte, neuerliche Bemühungen zur Kontrolle der Gesellschaft eingeleitet wurden.

Ich versuchte, mir aus den kargen Informationen ein Bild zu machen. Die Nachricht über das Flugzeugunglück schien als Tarnung für einen verborgenen Konflikt innerhalb der Regierung zu dienen. Die Parteiführer hatten während der Kulturrevolution um Einfluß gerungen, und ich fragte mich, ob das plötzliche Hinscheiden von Maos engstem Verbündeten eine Schwächung seiner eigenen Autorität und vielleicht sogar das baldige Ende seiner Macht signalisierte. Nach außen hin unterstützte ich nachdrücklich – wie in früheren politischen Krisen – die neueste Änderung des offiziellen Kurses und verurteilte die Sünden Lin Biaos genauso enthusiastisch, wie ich ihm in den vergangenen zwei Jahren ein langes Leben gewünscht hatte. Aber insgeheim hoffte ich, daß das Ende von Maos Herrschaft nicht mehr allzuweit entfernt war.

Die Krise schien vorüberzugehen. Ich blieb auf der Hut, aber niemand bedachte mich mit spezieller Kritik. Die Zeitungen veröffentlichten schrille Leitartikel über die Notwendigkeit, sämtliche Anhänger von Lin Biao und Konfuzius auszumerzen, die nun plötzlich über die Jahrhunderte hinweg als eingefleischte Revisionisten und Feinde des Sozialismus miteinander verknüpft wurden. Aber im Bergwerk Wangzhuang setzten wir unsere Arbeit fort, ohne daß besonderer Nachdruck auf den politischen Kampf gelegt wurde. Im Frühjahr 1972 wies man mir sogar einen Posten mit größerer Verantwortung zu. Die Grubenleitung beschloß, mein Ingenieurstudium zu nutzen, und versetzte mich vom Bautrupp in ein technisches Team. Nun bestand meine tägliche Aufgabe darin, den Grad des giftigen Kohlenmonoxyds zu messen, das sich in den Stollen ansammelte.

Der neue Posten brachte zahlreiche Vorteile mit sich. Ausgerüstet mit einem teuren, aus Westdeutschland importierten Eichgerät durchstreifte ich die Stollen, um die Luftqualität zu prüfen. Später schrieb ich Berichte mit Empfehlungen dazu, wo und wie der Sauerstoffumlauf im Bergwerk zu verstärken sei. Ich war nicht nur von schwerer Arbeit befreit, sondern ich brauchte auch kein Tagespensum zu erfüllen, und ich konnte mich unabhängig von den anderen Kumpeln bewegen. Manchmal kroch ich sogar in eine Nische in einem der Seitenstollen, knipste mein Grubenlicht aus und legte mich schlafen. Die Polizeitechniker verließen sich auf meine Fähigkeit, ihre eigene Belastung zu verringern. Meine Zukunft blieb weiterhin trostlos, doch zumindest war meine Arbeit weniger anstrengend als zu jedem Zeitpunkt in den letzten zwölf Jahren.

Die Rückreise

Während der Kulturrevolution waren örtliche Kader des Büros für Öffentliche Sicherheit sehr wählerisch, wenn es darum ging, Anträge von Zwangsumsiedlern auf den jährlichen Heimaturlaub zu genehmigen. Diejenigen, die als Konterrevolutionäre abgestempelt waren – besonders wenn sie in Großstädten lebten, wo die staatliche Kontrolle durch die Kämpfe direkt bedroht wurde –, erhielten selten eine Reiseerlaubnis. Ein ehemaliger Strafgefangener aus den nahegelegenen Landgebieten von Shanxi konnte seine Familie gewöhnlich ohne große Schwierigkeiten besuchen, während ein früherer politischer Häftling wie ich kaum damit rechnen durfte, daß ihm eine Reise nach Schanghai bewilligt wurde. Obwohl ich im Jahre 1970 genug Geld für die Bahnfahrt gespart hatte, zögerte ich, einen Antrag einzureichen. Ich wußte, daß mein Reisedokument einen Stempel des Umerziehungs-Arbeitslagers Nummer 4 in Shanxi tragen würde, was in jedem Stadium meiner Reise signalisierte, daß ich kein gewöhnlicher Bürger, sondern ein ehemaliger Umerziehungshäftling war. Ich fürchtete, daß man mich auf der Straße oder im Zug als einen der »fünf Arten von Feinden« angreifen oder daß mein Erscheinen zu Hause Schande über meine Familie bringen würde. Erst 1974 hielt ich die politische Situation für so stabil, daß ich einen Antrag riskieren konnte.

Ich erklärte Hauptmann Li, der im Bergwerk für die Disziplin zuständig war, daß ich seit siebzehn Jahren nicht mehr zu Hause gewesen sei und zurückkehren müsse, um die Asche meiner Stiefmutter beisetzen zu lassen. Meine Verwandten versuchten bereits, in Wuxi eine kleine Parzelle am See Tai Hu zu kaufen, wo sie für immer in der Nähe ihres Geburtsortes ruhen sollte. Ich fühlte mich schuldig, weil ich nicht fähig gewesen war, meiner Stiefmutter vor ihrem Tod einen Teil ihrer Belastung abzunehmen. Nun hatte ich eine besondere Verantwortung und einen hinreichenden Grund, die Erlaubnis zum Besuch meiner Familie zu beantragen. Ich machte mir immer noch Gedanken über das Risiko einer Reise auf dem Höhepunkt der gegen Lin Biao und Konfuzius gerichteten Bewegung, aber mein Antrag wurde genehmigt, und ich war bereit, aufzubrechen. Hauptmann Li befahl mir, mich sofort nach meiner Ankunft in Schanghai auf dem örtlichen Polizeirevier zu melden.

Ich brauchte meine Reisebescheinigung nicht vorzuzeigen, um eine Karte für den Nahverkehr nach Taiyuan zu kaufen, aber in der Provinzhauptstadt mußte ich alle meine Dokumente vorlegen, um am folgenden Morgen nach Schanghai weiterzureisen. Der Bahnangestellte zögerte, stellte mir eine Reihe von Fragen nach meinem Verbrechen, ermahnte mich, gehorsam zu sein und rechtzeitig zurückzukehren, stellte mir aber schließlich eine Karte aus. Ich schaute mich gar nicht erst nach einem kleinen Hotel um, wo ich die Nacht hätte verbringen können, denn dann hätte ich zum zweitenmal meine Papiere vorlegen und mich einem Verhör unterziehen müssen. Statt dessen streckte ich mich auf einer Bank aus, um im Bahnhofsgebäude zu schlafen. Um Mitternacht wurde ich von zwei Bahnpolizisten wachgerüttelt, die meine Papiere kontrollieren wollten. Sie hielten jeden zurück, der keine ordnungsgemäße Reisegenehmigung besaß, und schickten mich zum Verhör ins Sicherheitsbüro. »Wohin willst du?« fragte der diensthabende Hauptmann. »Was ist dein Verbrechen? Wie lange bist du schon in der Umerziehung?« Ich fühlte mich durch diese Behandlung gedemütigt, aber nach einer Stunde wurde ich entlassen. Früh am nächsten Morgen stieg ich in den Zug.

Vom Bahnhof in Schanghai aus ging ich durch die vertrauten Straßen nach Hause. Vieles hatte sich verändert. Ich hatte meine Verwandten nicht über meinen Besuch informiert. Meine drittjüngste Schwester, die als Mittelschullehrerin arbeitete und mit ihrer Tochter zu Hause wohnte, öffnete auf mein Klopfen hin die Tür. Sie wirkte sehr nervös. »Warum bist du zurückgekommen? Ist alles in Ordnung? Gibt es irgendwelche Probleme? Hast du eine Reiseerlaubnis? Zeig mir deine Bescheinigung.« Ihre Stimme wurde immer lauter. Sie wußte nicht, ob sie mir glauben konnte, und meine plötzliche Ankunft versetzte sie in Schrecken. Ich hatte mir eine ganz andere Begrüßung erhofft.

»Sag mir, wo das hiesige Polizeirevier ist, und ich werde mich dort melden«, erwiderte ich kühl und reichte ihr meine Papiere. Sie schien sich zu beruhigen, während sie die Reisedokumente überflog, aber meine jüngste Schwester riß ihr die Papiere aus der Hand und rannte davon. Sie müsse sofort auf dem Polizeirevier Meldung machen, rief sie. Ein paar Minuten später kam sie mit einem Sicherheitsbeamten zurück. Er wiederholte viele der Fragen, die man mir bereits auf dem Bahnhof in Taiyuan gestellt hatte. »Woher kommst du? Wann fährst du zurück? Wie war deine Umerziehung im Lager? Wie war deine Arbeitsleistung?« Die Vernehmung dauerte ungefähr zwanzig Minuten.

»Benimm dich«, warnte er mich beim Fortgehen. »Du darfst die Stadtgrenzen nicht überschreiten, ohne uns zu benachrichtigen. Du mußt rechtzeitig zurückkehren. Melde dich bei uns, bevor du abreist!«

Am späten Nachmittag traf Vater ein. Er sah mich an, als wäre ich ein Gespenst. Ich wollte nicht, daß er durch meinen Besuch aus der Fassung gebracht wurde, denn er erholte sich noch von den Nachwirkungen eines leichten Schlaganfalls, den er im selben Jahr erlitten hatte. Vater konnte seinen linken Arm nicht bewegen, und er sprach stockend. Meine drittjüngste Schwester bestritt den größten Teil der Unterhaltung.

Beim Tee erwähnte niemand die Probleme unserer Familie. Ich erkundigte mich beiläufig nach meinen Brüdern und Schwestern. Mein älterer Bruder und seine Frau arbeiteten in Nanjing, meine zweitjüngste Schwester lebte in einem Wohnheim in der Radiofabrik, in der sie als Ingenieurin beschäftigt war, mein zweitjüngster Bruder arbeitete seit 1964 in einer Kommune in der fernen nordwestlichen Provinz Xinjiang, und mein jüngster Bruder Wu Hongren, den wir immer noch Maodao nannten, hatte psychische Schäden davongetragen. Er befand sich in einem Erholungsheim der Volksbefreiungsarmee in Suzhou, wo ihn einer unserer Vettern untergebracht hatte.

Meine drittjüngste Schwester erwähnte keine Details über die Vergangenheit meiner anderen Geschwister, und ich bat sie nicht um genauere Auskünfte. Die Gewohnheit des Schweigens und die Furcht vor Kritik und Strafe waren so tief verwurzelt, daß niemand es wagte, seine persönlichen Probleme zur Sprache zu bringen. Zudem hatten alle gelitten, keiner konnte dem anderen helfen, und niemand wollte in die Schwierigkeiten anderer, selbst wenn sie Familienmitglieder waren, verwickelt werden. Ich sagte kein Wort über meine eigenen schlimmen Erfahrungen, und niemand fragte, was mir seit unserem letzten Zusammentreffen in den Sommerferien 1957 zugestoßen sei. Statt dessen plauderten wir beiläufig über das Essen, die Lebensmittelpreise in den Läden und das Wetter. Die offenkundigen Spannungen innerhalb der Familie verursachten uns allen Unbehagen, aber ich war dankbar dafür, einfach nur zu Hause zu sein. Seit Jahren hatte ich nicht mehr damit gerechnet, jemals nach Schanghai zurückzukehren.

Während meines Heimaturlaubs besuchte ich nur einen einzigen Freund, einen früheren Klassenkameraden aus der Mittelschule, dessen Vater Brite war. Er erzählte mir, daß er ein sehr leidvolles Leben geführt habe. Die Roten Garden seien mehrere Male bei ihm eingedrungen, um seine Eltern zu schikanieren und seine Wohnung zu plündern. Ich ging nicht auf meine eigenen Erlebnisse ein, doch ich vertraute ihm an, daß ich immer noch eine tiefe Zuneigung zu Meihua verspürte. Von ihm ermutigt, beschloß ich eines Nachmittags, Meihuas Schwester Meipin zu besuchen. Ich entdeckte, daß ihr einst elegantes zweistöckiges Haus mit seinem prächtigen Garten zu einem Altenheim gemacht worden war, aber einer der Insassen konnte mir die Adresse der Familie mitteilen, die in einer kleinen Wohnung in der Nähe lebte.

Während ich auf dem Weg zu dem Wohnhaus einen Straßenmarkt durchquerte, bemerkte ich ein Mädchen von vielleicht sechzehn Jahren, das mir folgte und mich aufmerksam betrachtete. »Kommen Sie«, sagte sie und nahm mich an der Hand. »Kommen

Sie mit. Meipin ist meine Mutter.« Mein Schulfreund mußte Meipin mitgeteilt haben, daß ich sie besuchen würde, und das Mädchen war hinausgeschickt worden, um nach einem fremden Mann von Ende Dreißig Ausschau zu halten. Später erfuhr ich, daß sie mich mit Hilfe eines von Meihua verwahrten Fotos erkannt hatte.

An der Tür wurde ich herzlich von Meipin begrüßt. Sie führte mich in ein Zimmer, in dem Meihua lesend auf einem Stuhl saß, doch nicht aufblickte. »Redet nicht zu lange miteinander«, riet Meipin und ließ uns allein. Dann drehte Meihua mir das Gesicht zu, doch wir rührten uns mehrere Sekunden lang nicht. Ich nahm ihr gegenüber Platz, und wir schauten einander immer noch nicht in die Augen. »Ich bin gerade zurückgekommen«, sagte ich, um das Schweigen zu brechen.

»Wie geht's dir?« fragte sie leise.

Es fiel mir schwer, zu antworten.

»Wahrscheinlich ist bei dir alles in Ordnung«, fuhr sie rasch fort. »Wie viele Kinder hast du?«

»Mach keine Witze.« Ich spürte ihre Verbitterung.

»Beantworte meine Frage.«

»Ich bin nicht verheiratet, und ich habe keine Kinder.« In diesem Moment der Sehnsucht und des Schmerzes vergaß ich das Leben, das ich mit Shen Jiarui teilte.

»Wieso nicht?« fragte sie schroff. »Belüg mich nicht.«

»Wie kannst du so etwas sagen? Ich lebe immer noch in einem Arbeitslager, in einem Kohlenbergwerk in der Provinz Shanxi. Das ist keine Lüge.«

Meihua blieb stumm. In ihrer Miene spiegelten sich Überraschung und plötzliches Verständnis.

»Begreifst du jetzt, weshalb ich nie geheiratet habe?« fragte ich.

»Wie hast du es geschafft, zurückzukommen?« fragte sie.

»Man hat mir einen Heimatbesuch genehmigt, aber morgen fahre ich wieder ab«, erklärte ich ruhig. Dann begann sie zu weinen. Tränen strömten über ihre Wangen. Ich versuchte, meine eigenen Gefühle zu beherrschen, stand auf und berührte ihren Kopf, um sie zu trösten, aber sie schob meine Hand fort.

»Erzähl mir von deinem Leben«, sagte sie mit kaum hörbarer Stimme.

»Ich wurde 1960 verhaftet und bin noch heute im Lager. Darüber möchte ich nicht sprechen. Und was ist mit dir?«

Meihua berichtete, daß sie 1958 als Lehrerin an ein Ausbildungsinstitut für Bergleute im Nordosten geschickt worden sei. 1962 habe sie einen Bergwerksingenieur geheiratet, und sie sei Mutter von drei Töchtern. Sie rang sich ein Lächeln ab. Ich unterdrückte die Frage, weshalb sie mich 1957 zurückgewiesen habe. »Vielleicht ist es so am besten. Ich weiß nicht, was aus uns geworden wäre, wenn wir uns vor 17 Jahren nicht getrennt hätten.«

Meipin rief von der Tür her, daß ich mich verabschieden solle. »Eine halbe Stunde reicht für ein Gespräch. Ihr beide habt eure eigenen Verpflichtungen.«

Am nächsten Tag stieg ich in den Zug nach Taiyuan. Ich erzählte Shen Jiarui nichts von meiner Begegnung mit Meihua. Sie hatte ihre eigene Vergangenheit und ich die meine.

Im Laufe des Jahres 1974 wurde die Atmosphäre in Wangzhuang immer nervöser. Jeden Tag lasen wir Leitartikel über die »Kampagne gegen Rechte und Abweichler«. Es handelte sich um einen heftigen Angriff, der von Maos Frau Jiang Qing und ihren Anhängern geführt wurde, um die Macht des kränkelnden Vorsitzenden zu sichern. Man nahm Tausende von Kadern und Intellektuellen aufs Korn, die während der Kulturrevolution verfolgt worden waren und seit kurzem auf ihre Posten zurückkehrten, doch in Wirklichkeit ging es darum, Maos Rivalen innerhalb der Partei, Ministerpräsident Zhou Enlai und Deng Xiaoping, zur Strecke zu bringen. Ich hatte nicht erwartet, daß der Machtkampf Auswirkungen für die Zwangsumsiedler haben würde, aber 1975 erschien der Kompaniehauptmann eines Nachmittags während des politischen Unterrichts in der Baracke und gab bekannt, daß niemand den Saal verlassen dürfe. Ich holte meine Steppdecke aus der Höhle und mußte nun wieder die Unterkunft mit meiner Gruppe teilen. Niemand ahnte, was geschehen war oder weshalb die Bergwerksleitung eine so straffe Kontrolle ausübte.

Am nächsten Morgen kehrte der Hauptmann mit einem Namensverzeichnis in die Baracke zurück. Er rief mehrere Männer aus jeder Gruppe auf, darunter auch mich, und befahl uns, einen Stift mitzunehmen und uns draußen in Reihen auf den Boden zu setzen. Fast tausend Mann saßen in meiner Gruppe zusammen, während die übrigen Bergleute in einen anderen Teil des Hofes beordert wurden. Ich musterte die Gesichter um mich herum und versuchte zu erraten, weshalb man uns von den übrigen getrennt hatte. Dann begriff ich, daß alle Männer in meiner Nähe schreiben konnten und von den Analphabeten abgesondert worden waren.

Die Hauptleute, die die Versammlung leiteten, gaben jedem von uns ein Blatt Papier und forderten uns auf, alle Wörter, die sie verlesen würden, niederzuschreiben. Ich hatte Angst, da die Wärter an jenem Tag bewaffnet waren. Dann folgte eine Liste von vielleicht sechzig scheinbar zufälligen Wörtern wie »mao«, »fan«, »da«, »zhong« und »xiao«. Wir mußten das Blatt unterzeichnen sowie unsere Kompanie- und Gruppennummer angeben. Die Auswahl der Wörter und die Einbeziehung der Zeichen für Deng Xiaopings Namen verrieten mir, daß jemand einen »reaktionären« Brief oder ein »reaktionäres« Plakat verfaßt haben mußte, in dem Mao Tse-tung möglicherweise kritisiert und Deng Xiaoping unterstützt wurde. Die Bergwerksleitung versuchte, die Handschrift des »rückständigen Elements« zu identifizieren, das gegen den Vorsitzenden opponiert hatte.

Mehrere Stunden später kamen die Hauptleute mit einem zweiten Verzeichnis in die Baracke. Wieder wurde mein Name aufgerufen. Diesmal schickte man ungefähr hundertfünfzig Arbeiter in einen kleineren Hof. Der Kompaniehauptmann stellte sich vor uns in Positur. »Ihr habt es mit einer sehr gefährlichen Situation zu tun«, warnte er. »Denkt an das Parteiprinzip: Wenn ihr gesteht, werdet ihr milde behandelt werden; wenn ihr euch widersetzt, müßt ihr mit Härte rechnen. Es ist nicht zu spät, zu gestehen. Sonst seid ihr für alles verantwortlich, was geschehen kann! Ihr habt fünf Minuten, euch die Sache zu überlegen.« Niemand sagte ein Wort. »Schön«, fuhr der Hauptmann fort, »da ihr euch weigert, ein

Geständnis abzulegen, werden wir die Wahrheit herausfinden.« Er gab uns allen ein zweites Blatt Papier und warnte uns vor jedem Täuschungsversuch, denn er wisse bereits, was sich abgespielt habe. Niemand solle versuchen, seine Handschrift zu verstellen. Wenn jemand die Partei betrüge, müsse er sich neben seinen ursprünglichen Verbrechen auch dafür verantworten. Dann verlas der Hauptmann eine lange Liste von Namen und Wendungen, die mit »Deng Xiaoping« endeten.

Am nächsten Morgen kehrten wir immer noch ahnungslos an die Arbeit zurück. Aus Furcht davor, angezeigt zu werden, wagte keiner, über die Situation zu sprechen. Wir benahmen uns bewußt so, als wäre nichts geschehen. Erst mehrere Monate später erfuhr ich, daß elf Personen nach diesem Vorfall verhaftet worden waren. Man bezichtigte sie, Deng Xiaoping zu unterstützen und sich damit der Revolution zu widersetzen. In Wirklichkeit klagte man sie jedoch an, den wachsenden Einfluß Jiang Qings und der drei Parteikader aus Schanghai bekämpft zu haben, die gemeinsam mit ihr planten, den kranken Vorsitzenden abzulösen.

Jene politische Bewegung fand bald ein Ende, doch mein Leben kehrte nur kurzfristig in normale Bahnen zurück. Etwa einen Monat später, im September 1975, stand ich tief in der Grube neben einem der Gruppenleiter und besprach mit ihm die Änderungen des Kohlenmonoxydvolumens, als ich über mir ein schrilles, quietschendes Geräusch hörte. Ich wußte, daß die Gleise zu meinen Füßen in einem Winkel von fünfunddreißig Grad zu dem hundertfünfzig Meter entfernten Hauptstollen führten. In der Dunkelheit konnte ich Funken sehen, die von den Gleisen sprühten. Instinktiv duckte ich mich hinter ein Grubenholz. Dann verlor ich für drei Stunden das Bewußtsein. Später erfuhr ich, daß drei Stahlloren, jede mit hundert Pfund schweren Kieferntrågern beladen, falsch zusammengekoppelt worden waren. Sie hatten sich gelöst und waren mit wachsender Geschwindigkeit den steilen Abhang hinuntergesaust.

Als ich wieder zu mir kam, befand ich mich im Hauptstollen. Die frischere Luft hatte mich wiederbelebt. Heftige Schmerzen durchzogen meinen Körper. Ich wollte prüfen, wie schwer ich verletzt war, und bewegte vorsichtig den Kopf. An meiner Seite erkannte ich verschwommen die Gestalt des Gruppenleiters Qing Niannian und sprach seinen Namen aus, um mich zu überzeugen, ob mein Verstand noch funktionierte. Er sah verängstigt aus. Bis zu jenem Moment hatte er mich für tot gehalten.

Vier Gruppenmitglieder schleppten mich rasch auf einer Trage, die sie aus ihrer Kleidung hergestellt hatten, aus der Grube und legten mich am Eingang auf den Boden. Der Kompaniechef war bereits über den Einsturz informiert worden und hatte einen Sarg kommen lassen. Aus einem zusammengebrochenen Stollen geborgene Leichen waren oft stark verstümmelt und wurden schnell beseitigt, um die Moral der Arbeiter nicht zu beeinträchtigen. Aber im Sonnenlicht vor der Grube öffnete ich von neuem die Augen und sprach diesmal den Namen des Kompaniechefs aus. Ihm wurde klar, daß er den Sarg nicht benötigen würde, und er befahl einem medizinischen Angestellten, mir Erste Hilfe zu leisten.

In der Klinik fürchteten die Ärzte, daß ich innere Verletzungen erlitten hatte. An allen Stellen, wo sie mich berührten, hatte ich stechende Schmerzen, besonders im Unterleib. Die Röntgenaufnahmen zeigten sieben Frakturen, darunter zwei gebrochene Wirbel und zwei Brüche in meiner linken Schulter. Erst nach zwanzig Stunden konnte ich urinieren, und sie beschlossen, auf chirurgische Eingriffe zu verzichten und die Knochen von allein ausheilen zu lassen. Shen Jiarui pflegte mich in der Klinik, und eine Woche später konnte ich meine rechte Hand zum Essen benutzen. In der zweiten Woche schälte sich aus unbekannten Gründen eine Hautschicht an meinem ganzen Körper ab. Nach drei Wochen konnte ich aufstehen, obwohl mir jede Bewegung weh tat, und nach vier Wochen verließ ich die Klinik.

In den bitterkalten Wintermonaten blieb ich fast ständig in meiner Höhle. Andere Exhäftlinge halfen meiner Frau, indem sie die Kohle zum Kochen herbeitrugen und den Wasserbehälter füllten. Aber an einem für die Jahreszeit ungewöhnlich warmen Tag Ende Dezember trat ich hinaus und setzte mich neben den Hühnerstall.

Die Sonne schien mir ins Gesicht, und ich fühlte mich plötzlich sehr wohl. Beim Klirren der Grubenwagen unter mir erschien es mir wie ein Wunder, daß ich noch am Leben war. Ich war dem Fürsten der Hölle begegnet, aber er hatte mich nicht haben wollen. Zum erstenmal seit fünfzehn Jahren empfand ich einen Funken Hoffnung. Mein Leben war sooft verschont worden, und es gab noch viele Dinge, die ich vollbringen und an denen ich mich freuen konnte. Ich begann, wieder in die Zukunft zu blicken.

Zwei Wochen später, am 8. Januar 1976, hörte ich vom Tode Zhou Enlais. Wie die Menschen überall im Lande trauerte ich aufrichtig um diesen Mann, der den Vorsitzenden Mao zwar während der revolutionären Zeit unterstützt, doch viele Chinesen vor der Verfolgung bewahrt hatte und ein Symbol für Integrität und Mitgefühl gewesen war. Mir war klar, daß der Ministerpräsident daran mitgewirkt hatte, die Unterdrückungsmaßnahmen der vergangenen Jahrzehnte zu rechtfertigen und in die Praxis umzusetzen, aber er hatte auch einen mäßigenden Einfluß innerhalb der Kommunistischen Partei ausgeübt.

Shen Jiarui berichtete mir nach der Rückkehr von ihrer Schicht, daß man die Grube am 10. Januar stillegen werde, damit die Arbeiter zusammen mit den Wärtern, deren Frauen und Kindern an einer Gedächtnisfeier teilnehmen könnten. Früher waren die Zwangsumsiedler auf offiziellen Versammlungen stets isoliert worden, aber diesmal würden sogar die dreißig Mitarbeiter von Wangzhuang erscheinen, die keine Exhäftlinge, sondern normale Gemeindemitglieder waren. Ich beschloß, unbedingt an der Feier teilzunehmen.

Zum erstenmal seit meinem Unfall stieg ich – langsam und auf Krücken – zum Bergwerk hinunter. Im Saal saßen ungefähr dreitausend schweigende Menschen, und man spielte düstere Trauermusik. Ein riesiges Foto des Ministerpräsidenten, das in schwarzes Tuch gehüllt war, stand auf der Bühne. Alle trugen eine schwarze Armbinde und hatten sich eine weiße Papierblume angesteckt. Shen Jiarui und andere Mitglieder der Frauenkompanie hatten die Nacht hindurch gearbeitet, um diese Trauersymbole herzustellen. Die Feier begann mit den Worten: »Wir haben einen großen Revolutionär, einen großen Staatsmann und unseren hochgeachteten Ministerpräsidenten verloren.« Ich sah Tränen in vielen Augen. Sogar der Abteilungskommandeur mußte seine Rede unterbrechen, um sich die Wangen zu trocknen. Alle bedauerten den Verlust, denn sie waren überzeugt, daß die Kämpfe des letzten Jahrzehnts ohne Zhou Enlais Eingriffe zu noch größeren Tragödien geführt hätten.

Nach Zhou Enlais Ableben fürchtete ich, daß politische Gefangene in der kommenden Übergangsperiode noch stärkeren Risiken ausgesetzt sein würden. Man vermutete, daß der Vorsitzende Mao, der seit langem an der Parkinsonschen Krankheit litt, ebenfalls dem Tode nahe war, aber niemand wußte, ob die Macht den konservativen oder den gemäßigten Parteiführern zufallen würde. In einer politisch so unsicheren Zeit könnten alte Feinde, zum Beispiel wir früheren konterrevolutionären Rechtsabweichler, als Sündenböcke dienen, wenn die Führung zeigen wollte, daß sie Opposition und Dissens nicht dulden würde. Vielleicht würde man wie zu Beginn der Kulturrevolution die fünf Arten von Feinden angreifen, um eine neue politische Bewegung einzuleiten.

Am 10. September 1976 erfuhr ich während der Mittagspause von Maos Tod. Der Umsiedlungsarbeiter aus unserer Kompanie, der die Verpflegung austeilte, war ungewöhnlich still. Bevor er fortging, zog er mich beiseite: Er habe im Radio Trauermusik und dann die Nachricht gehört, daß der Große Führer nicht mehr unter uns sei. Der Mann wagte nicht, das Wort »tot« zu benutzen. Ich war erschrocken über seine Erwähnung eines so ernsten Ereignisses, denn schließlich waren im Laufe der Jahre viele Menschen verhaftet und hingerichtet worden, nur weil sie angedeutet hatten, daß dem Vorsitzenden etwas zustoßen könne.

»Bist du sicher?« fragte ich.

»Wie könnte ich so etwas sagen, wenn ich nicht sicher wäre?« erwiderte er. »Ich habe es im Zentralen Volksrundfunk gehört.« Ich wollte wissen, wann es geschehen sei, aber er erklärte, der Rundfunksprecher habe keine Einzelheiten genannt.

Voller Unruhe erfüllte ich rasch mein Arbeitspensum und trat am Mittag, zwei Stunden vor dem Ende meiner Schicht, aus dem Grubeneingang. Der Hauptmann sah mich seltsam an, hielt mich jedoch nicht auf. Ich gab meinen Gürtel und mein Grubenlicht zurück. Alle waren so still wie nie. Ich hörte keine Gespräche, keine Streitigkeiten. Aber ich konnte mich nicht nach dem Tod des Vorsitzenden erkundigen, denn man hätte die Frage so auslegen können, als wäre ich glücklich über das Ereignis. Deshalb wartete ich gespannt auf die nächste Nachricht aus dem Lautsprecher.

Als die Bestätigung kam, schloß ich mich dem Chor der Verzweiflung und des Kummers an, rief: »Lang lebe der Vorsitzende Mao«, und täuschte wie alle anderen vor, daß ich der Mitteilung nicht glauben könne und daß unser Großer Führer noch ein sehr langes Leben vor sich habe. Ich vermutete, daß die Politinstrukteure des Bergwerks in dieser gefährlichen Zeit besonders auf die Intellektuellen achten würden, um jegliches Zeichen von Opposition zu entdecken. Wann immer sie mich nach meiner Meinung fragten, gab ich nur zurück: »Dies ist ein sehr trauriger Moment. Ich möchte nicht darüber sprechen.« Natürlich hoffte ich, daß Maos Ableben vorteilhaft für uns sein würde, aber ich durfte meine Gedanken auf keinen Fall preisgeben. Ich hielt den Mund und wartete ab. In den nächsten Wochen, nachdem Jiang Qing und ihre Anhänger an die Macht gelangt waren, bemerkte ich einen Wandel im Verhalten der Bergwerksleitung. Die Verantwortlichen wirkten besorgt und zerstreut, sie vernachlässigten den politischen Unterricht, befahlen uns nur, die Zeitungen zu lesen, und ließen uns dann allein, so daß wir ein Nickerchen machen oder Briefe schreiben oder unsere Kleidung flicken konnten.

Am 7. Oktober verließ ich die Grube vorzeitig, um Bericht über die Luftumwälzung zu erstatten. Ich setzte mich zum Ausruhen neben ein Dutzend Zimmerleute, die Grubenhölzer zurechtsägten und sie auf Wagen luden. Ein früherer politischer Häftling, der um meine Herkunft aus Schanghai wußte, beugte sich zu mir und sagte lachend: »Du gehörst also zur Fünferbande.« Ich begriff nicht, was er meinte, denn ich hatte die Bezeichnung »Viererbande« für Jiang Qings Clique noch nie gehört und dachte, er rede vielleicht von der Tatsache, daß Rechtsabweichler als eine der »fünf schwarzen Kategorien« galten.

»Was soll das heißen?« fragte ich und ging weiter, denn ich sprach niemals in der Öffentlichkeit über Politik. Erst später wurde mir klar, daß er an jenem Morgen im Rundfunk von der Verhaftung der vier aus Schanghai, darunter Jiang Qing, gehört hatte. Später am selben Tag wurde im Radio durchgegeben, daß »eine neue konterrevolutionäre Verschwörung niedergeschlagen und die verräterische Viererbande zerschmettert worden ist«.

Nach diesen fieberhaften und von überraschenden politischen Geschehnissen erfüllten Wochen versuchte Hua Guofeng, der neuernannte Parteivorsitzende, Ruhe und Vertrauen wiederherzustellen. Er ließ die Partei von der radikalen Politik der späten Mao-Ära abrücken, und innerhalb von Wochen gab es im Bergwerk weniger Einschränkungen. Die Hauptleute unserer Kompanie plauderten manchmal mit uns und behandelten uns nahezu wie ebenbürtige Partner. Sogar die Sicherheitsposten wurden lockerer. Wir deklamierten die Zitate des Vorsitzenden Mao weiterhin im Unterricht, aber wir brauchten das Rote Buch nicht mehr zu schwenken und Maos Worte nur noch selten zu singen, wozu man uns fast seit dem Beginn der Kulturrevolution gezwungen hatte. Die *Shanxi Zeitung* brachte häufig lobende Artikel über Hua Guofeng, der aus dieser Provinz stammte, und die örtlichen Kader im Gemeindezentrum äußerten sich stolz über den neuen Parteiführer.

Anfang 1978 waren die Bedingungen für politische Häftlinge erheblich besser geworden. Eine nationale Kampagne gegen die Anhänger der Viererbande hatte den Weg für einen Machtwechsel auf sämtlichen Parteiebenen bereitet. Ich bemerkte, daß mehrere der »linken« Wärter aus dem Bergwerk verschwanden, wahrscheinlich zur Strafe für ihre Unterstützung Jiang Qings im letzten Stadium der Kulturrevolution. Einige meiner Gruppengefährten wurden von ihren Verwandten brieflich aufgefordert, geduldig abzuwarten, da sich ihre Situation ändern werde. Endlich einmal wurden die früheren Häftlinge von der politischen Abrechnung der Partei verschont, und die Ausschaltung der Viererbande und ihrer Anhänger hatte kaum Folgen für unser Leben.

Im Mai kam Hauptmann Li mit einer besonderen Bitte zu mir. Als Absolvent des Pekinger Politischen und Juristischen Instituts hob er sich durch seine Ausbildung deutlich von dem übrigen Sicherheitspersonal ab, und er hatte mich immer mit ungewöhnlichem Respekt behandelt. An jenem Tag äußerte er seine Sorge über die Zukunft seiner beiden Töchter, die sieben und neun Jahre alt waren. Sie hätten in der örtlichen Schule keine Aussicht auf eine gute Ausbildung, und er bat mich, sie in Mathematik, Physik und Englisch zu unterrichten. Ich war einverstanden, da ich Kinder immer gern gehabt hatte. Jeden Abend nach dem Essen setzte ich mich in Lis Büro mit seinen Töchtern zusammen, statt mit meiner Gruppe am politischen Unterricht teilzunehmen. Dieses spezielle Verhältnis zu einem Angehörigen der Bergwerksleitung nährte meine wachsende Zuversicht, bald entlassen zu werden.

Im Frühjahr 1978 konnte Deng Xiaoping seine Machtposition wieder ausbauen, nachdem er während der Kulturrevolution seine Posten auf Befehl des Vorsitzenden Mao zweimal verloren hatte. Die Nachricht führte zu einem dramatischen Wandel der Atmosphäre im Bergwerk. Die Parteikader und das Sicherheitspersonal begriffen, daß sich das politische Gleichgewicht entscheidend verschoben hatte und daß Maos Anhänger keinen politischen Einfluß mehr besaßen. Eines Tages im Juni informierte Hauptmann Li mich über ein internes Dokument, das nicht öffentlich bekanntgemacht werden sollte. Es galt der »Lösung des Problems« der vielen tausend politischen Gefangenen, die sich immer noch in Umerziehungs-Arbeitslagern und Umsiedlungsbetrieben aufhielten. Der Hauptmann erklärte, daß man den Erlaß Schritt für Schritt in die Praxis umsetzen wolle. Nationalistische Funktionäre, die man zum Zeitpunkt der Befreiung oder während der frühen konterrevolutionären Kampagnen der fünfziger Jahre verhaftet hatte, würden als erste entlassen werden. Rechtsabweichler wie ich, die man nach 1957 eingesperrt hatte, dürften ebenfalls mit der Entlassung rechnen, jedoch nicht sofort.

Ende August erhielt ich einen Brief mit dem Poststempel von Xinjiang. Der Absender war Wang, mein Kommilitone am Geologie-Institut, den ich zuletzt 1960 in der Chemiefabrik von Beiyuan gesehen hatte. Ich konnte nur rätseln, wie Wang von meiner Versetzung nach Shangxi erfahren hatte. »Wir sehen uns einer neuen Situation gegenüber«, schrieb er. »Die Parteipolitik zur Rehabilitierung von Konterrevolutionären ist noch nicht ausformuliert, aber man wird einige von uns entlassen. Ich lege einen Brief bei, den Du dem Büro für Öffentliche Sicherheit übergeben kannst, um Deine Unschuld zu beweisen. Achtzehn Jahre sind vergangen, und nun möchte ich die Wahrheit sagen.« In dem beigelegten Papier stand: »Am 9. September 1959 suchte ich die Nukleartestanlage in den Westlichen Hügeln auf und stahl fünfzig Yuan vom Bankkonto eines Ingenieurs. Wu Hongda ist unschuldig. Ich habe damals nicht die Wahrheit gesagt, weil er und ich als Mitglieder einer konterrevolutionären Clique angeklagt worden wären. Das wäre eine noch schwerere Belastung für uns gewesen. Nach achtzehn Jahren möchte ich, daß die Wahrheit ans Licht kommt.«

Ich wußte nicht, was ich mit Wangs Brief anfangen sollte. Einige Tage später bat ich Hauptmann Lis Töchter, ihren Vater zu fragen, ob ich ihn am nächsten Tag zu Hause besuchen dürfe. Damit verstieß ich gegen alle Vorschriften, denn es war einem Exhäftling untersagt, sich privat an einen Polizeihauptmann zu wenden. Am folgenden Abend händigte ich ihm Wangs Brief aus. »Sehr schön«, sagte er, nachdem er ihn gelesen hatte. »Ich werde mir deine Akte ansehen. Wahrscheinlich kann ich etwas für dich tun.« Später teilte er mir mit, daß er eine gute Nachricht für mich habe. Er werde am Nationalfeiertag in Taiyuan an einer wichtigen Konferenz für Mitglieder des Büros für Öffentliche Sicherheit in Shangxi teilnehmen. Dort sollten neue Maßnahmen für die Behandlung der Fälle von konterrevolutionären Rechtsabweichlern bekanntgegeben werden. Er riet mir, bis zu seiner Rückkehr nichts zu unternehmen.

Am 5. Oktober 1978 gab Hauptmann Li mir die Information, die ich benötigte: »Vergiß den Vorfall mit Wang, vergiß die fünfzig Yuan. In dem Dokument des Zentralkomitees der Kommunistischen Partei heißt es, daß die Anti-Rechts-Bewegung notwendig, aber überzogen gewesen sei und daß man die meisten Anklagen aufheben werde. Die Maßnahmen zum Umgang mit Rechtsabweichlern werden bald auf Provinzebene eingeleitet werden. Man wird deine Anklage als konterrevolutionärer Rechtsabweichler niederschlagen. Warte einfach ab.«

Ich schrieb an Wang und warnte ihn, die Sache mit den fünfzig Yuan nie wieder zu erwähnen.

Nachdem man für Arbeitsplätze und Unterkünfte in den ursprünglichen Betrieben gesorgt hatte, erhielten die Zwangsumsiedler in Wangzhuang, die als Konterrevolutionäre verurteilt worden waren, nach und nach den Bescheid über ihre Entlassung. Ich wartete etwas länger. Die offizielle Mitteilung, daß man mein Urteil aufheben werde, traf Anfang Januar 1979 ein. Mein Leben änderte sich drastisch. Als gewöhnlicher Bürger durfte ich in der Kaderkantine essen, wo das Fleisch magerer, das Gemüse frischer und die Preise niedriger waren. Vor allem aber brauchte ich mich nicht mehr bei den Sicherheitshauptleuten zu melden. Nun war ich kein zweitklassiger Bürger mehr, der willkürlich bedroht und gemaßregelt werden konnte, sondern ich hatte die gleichen Rechte wie die Kader. Ich war stolz darauf, endlich wieder als Angehöriger der Arbeiterklasse zu gelten. Es war, als wäre ich neu geboren worden, und ich traf endgültige Vorbereitungen zur Abreise.

Ich bat Hauptmann Li, bei meiner Universität zu beantragen, daß ich in die Abteilung für Ingenieurgeologie zurückkehren konnte. Außerdem solle er Shen Jiaruis Akte daraufhin überprüfen, ob es möglich sei, sie ebenfalls zu rehabilitieren. Ich wartete auf Neuigkeiten. Eines Nachmittags lud er mich zu sich nach Hause ein. Er forderte mich auf, mir die Papiere anzusehen, die er auf den Tisch gelegt hatte, und ließ mich allein. Ich war verblüfft darüber, daß er mir Einblick in Shen Jiaruis Personalakte gewährte. Die Akte enthielt die polizeilichen Angaben zu ihrem Fall und die Einzelheiten ihrer Beziehung zu dem amerikanischen Kriegsgefangenen. Ich bemerkte auch, daß sie mich hinsichtlich ihres Alters belogen hatte und in Wirklichkeit nicht sechs, sondern neun Jahre älter als ich war. Zum erstenmal begriff ich, wie stark ihre Verbindungen zu Ausländern Anfang der sechziger Jahre gewesen waren und für wie schwerwiegend man ihr Delikt hielt. Sie hatte keinen politischen Fehler begangen, der aus ihren Unterlagen getilgt werden konnte, sondern ein Zivilverbrechen, das ihr für immer anhängen würde.

Hauptmann Li und seine Frau kehrten zurück und versicherten, daß sie mir helfen wollten, aber ich müsse einsehen, daß es ein Problem gebe. »Ich möchte offen reden«, sagte Lis Frau, die sich über die Umstände meines persönlichen Lebens Gedanken gemacht hatte. »Wir wollen die Vergangenheit nicht wiederaufleben lassen oder davon sprechen, wer im Unrecht und wer im Recht war, aber wir meinen, daß du einen Neubeginn verdient hast. Du mußte gründlich über deine Zukunft nachdenken. Shen Jiarui ist vielleicht nicht geeignet für dich. Ihre politische Situation ist ganz anders als deine, und du mußt eine wichtige Entscheidung treffen.«

Nach reiflicher Überlegung kam ich zu dem Schluß, daß ich die Person, mit der ich neun Jahre meines Lebens geteilt hatte, nicht verlassen konnte. Ich erklärte Hauptmann Li, daß ich mich nicht ohne meine Frau nach Wuhan versetzen lassen würde. Eine Woche später verschaffte er mir einen Posten als Englisch- und Mathematikdozent am neugegründeten Wirtschafts- und Finanzinstitut in Shanxi, das dringend Personal benötigte. Shen war bereit, dort in der Bibliothek zu arbeiten, und ich akzeptierte den Posten für ein Jahr. Wir schickten uns an abzureisen.

Am 16. Februar 1979 parkte ein kleiner Lastwagen des Instituts neben unserer Höhle, und ein Nachbar half mir, die wenigen Habseligkeiten einzuladen, die wir seit unserer Heirat angesammelt hatten. Sehr früh am folgenden Morgen kletterten Shen Jiarui und ich ins Fahrerhäuschen. Während wir auf der gewundenen Schotterpiste den Berg hinunterrollten, sah ich, wie die Sonne über den Gipfeln aufging. Als wir das Tal erreichten, hörte ich immer noch den Widerhall von gegeneinanderrasselnden Grubenwagen. Einen Moment lang gab ich mich der Erleichterung darüber hin, das Bergwerk endlich hinter mir gelassen zu haben. Dann richteten sich meine Gedanken auf die vor mir liegenden praktischen Probleme und die neue Umgebung, die ich noch am selben Tag kennenlernen würde. Ich wollte mich nicht an die Vergangenheit erinnern, sondern einfach nur voranschreiten.

Wir richteten uns rasch im Lehrerwohnheim des Wirtschafts- und Finanzinstituts von Shanxi ein, das ein zweijähriges Studium in den Fächern Betriebsführung und Rechnungswesen anbot. Jeder am Institut wußte, daß ich gerade aus dem Bergwerk Wangzhuang entlassen worden war. Die Studenten schienen mich mit besonderem Interesse, vielleicht sogar mit Bewunderung zu betrachten, doch ich spürte das Mißtrauen der anderen Dozenten. In ihren Augen stand die Frage: Wer ist dieser Exhäftling, der plötzlich an unserem Institut unterrichten darf? Die skeptischen Blicke bestärkten mich in meiner Entschlossenheit. In den ersten drei Monaten des neuen Trimesters konzentrierte ich mich völlig auf meine Arbeit. Ich machte mich mit dem Lehrmaterial vertraut, bereitete mich auf den Unterricht vor und kam mit meinen Studenten zusammen, die hochmotiviert waren und großen Lerneifer zeigten.

Jeder von ihnen schien während der Kulturrevolution eine persönliche Tragödie durchgemacht zu haben. Sie besuchten mich häufig am Abend, um mir ihre Geschichte zu erzählen und mich um Rat zu ihrem Studium, ihren Familienproblemen oder ihren Zukunftszielen zu fragen. Mir wurde klar, wie hoch Rechtsabweichler von diesen jungen Leuten geschätzt wurden. Viele Studenten waren bereits weit in den Zwanzigern, bevor sie eine Möglichkeit gefunden hatten, ihre unterbrochene Ausbildung fortzusetzen. Die meisten hatten in den sechziger Jahren die Mittelschule besucht und waren dann ein Jahrzehnt lang den Wechselfällen der chinesischen Gesellschaft ausgesetzt gewesen. Nachdem man Schulen und Universitäten während der Kulturrevolution geschlossen hatte, waren sie in die Armee eingetreten, hatten in örtlichen Fabriken gearbeitet oder waren zur Unterstützung der Bauern in ferne ländliche Gebiete entsandt worden. Sobald 1977 wieder Universitätsaufnahmeprüfungen eingerichtet worden waren, hatten diese jungen Leute sich fieberhaft vorbereitet, denn diese Prüfungen boten ihnen die einzige Chance, ihr Leben zu verbessern.

Im März zog Hauptmann Lis ältere Tochter zu uns, damit sie außerhalb des Bergwerks zur Schule gehen konnte. Auf diese Weise dankte ich meinem Wohltäter. Manchmal dachte ich über die beiden Gesichter ihres Vaters nach. Er war ein Berufskader des Büros für Öffentliche Sicherheit, aber er hatte mir seine menschliche Seite gezeigt, indem er seinen Einfluß für mich geltend machte, damit ich die Grube verlassen konnte, und indem er sogar Vorschriften brach und mir gestattete, bei sich zu Hause eine Personalakte zu lesen. Und er hatte mir seine Tochter anvertraut. Aber andererseits war er es gewesen, der durch seinen Bericht Yang Baoyings Exekution veranlaßt hatte, und es war sein Vater gewesen, der das Gehirn des Toten gegessen hatte.

Im Laufe der Monate entwickelte sich eine starke Bindung zwischen Hauptmann Lis Tochter und mir. Nun machte es mir große Freude, mich mit ganz alltäglichen Dingen zu beschäftigen, etwa auf dem Markt Lebensmittel einzukaufen, mich im Buchladen umzusehen und klassischer Musik aus dem kleinen Radio zu lauschen, das ich mir von meinen ersten Ersparnissen gekauft hatte. Ich war zufrieden und hatte das Gefühl, gewürdigt zu werden und nützliche Arbeit zu leisten. Nichts störte dieses friedliche Bild, bis ich eines Abends durch den Besuch eines Studenten daran erinnert wurde, daß meine Vergangenheit nicht so leicht abzuschütteln war. Der junge Mann namens Hu – ein Mitglied der Kommunistischen Partei, mit dem ich oft über meine Jahre in den Umerziehungslagern gesprochen hatte – sagte verlegen, daß er mir einen Rat geben wolle.

»Lehrer Wu«, begann er, »wir mögen Sie sehr gern, aber ich möchte Ihnen sagen, daß wir uns auch große Sorgen um Sie machen. Ihr Schwanz ist länger als der jedes anderen, deshalb müssen Sie immer darauf achten, ihn zwischen die Beine zu klemmen.« Ich hatte diese Wendung als Mittelschüler in den fünfziger Jahren häufig gehört. Damals benutzte man sie, um das vorsichtige und unterwürfige Verhalten zu beschreiben, das für Intellektuelle nach der kommunistischen Machtübernahme angemessen sei. Ich verstand die Botschaft meines Studenten. Er wollte mich davor warnen, meine Wachsamkeit aufzugeben, mich in Sicherheit zu wiegen oder zu optimistisch zu sein. Trotz meiner Entlassung sei ich kein gewöhnlicher Bürger, denn ich hätte ein langes Strafregister und dürfe nicht annehmen, daß man mich in Ruhe lassen werde. Ich dankte ihm und ermahnte mich, auf der Hut zu sein. Zwar war die Kulturrevolution beendet, und die Intellektuellen bekleideten wieder verantwortliche Posten, doch die Kommunistische Partei konnte in der Zukunft immer wieder einen Grund finden, diejenigen zu unterdrücken, die ihrer Autorität in der Vergangenheit getrotzt hatten.

Ein Ruheplatz

Nach meiner Entlassung aus dem Bergwerk Wangzhuang gelang es mir zweimal, meinen Vater zu besuchen, und ich sah, wie gebrechlich er geworden war. Er bat mich wiederholt, mich nach den englischen literarischen Werken zu erkundigen, die er ins Chinesische übersetzt hatte, denn seine Manuskripte waren während der Kulturrevolution beschlagnahmt worden. Ihm lag daran, irgend etwas von bleibendem Wert zu hinterlassen, und ich versprach, daß ich für die Veröffentlichung der Texte sorgen würde.

Während der ersten jener Heimreisen im Jahre 1979 – inzwischen war die Furcht vor Vergeltungsmaßnahmen für den, der es wagte, persönliches Leid zu enthüllen, geschwunden – hatten meine drittjüngste Schwester und er von den Problemen der Familie in unseren Trennungsjahren erzählt. Erst damals erfuhr ich, daß meine Stiefmutter 1960 nicht an einem Herzinfarkt gestorben war, sondern nach meinem Brief aus der Chemiefabrik in Beiyuan, in dem ich von meiner Verhaftung und meiner Inhaftierung berichtete, Selbstmord begangen hatte. Außerdem erfuhr ich, daß mein Vater 1958 zum Rechtsabweichler erklärt worden war, wodurch man die Quote an seiner Mittelschule erfüllt hatte. 1966 war er gezwungen worden, in einer öffentlichen Kampfversammlung niederzuknien, während meine drittjüngste Schwester und meine Schwägerin ihn als »stinkenden Reaktionär« beschimpften und die Rotgardisten ihn mit ihren Gürteln prügelten. Mein jüngster Bruder Maodao hatte versucht, seine tiefe Liebe zum Vorsitzenden Mao nachzuweisen, indem er sich 1967 an der kleinen medizinischen Klinik, in der er in der fernen Provinz Guizhou arbeitete, einer Rebellengruppe anschloß. Im folgenden Jahr war Maodao wegen seiner reaktionären Herkunft auf einer Kampfversammlung angegriffen worden und hatte schwere Kopfverletzungen davongetragen. Er überlebte, doch sein Gehirnschaden hatte zur Folge gehabt, daß er nun geistig behindert war und häufig epileptische Anfälle erlitt. Mein Vater und meine Schwester pflegten ihn zu Hause.

Nach der Kulturrevolution mußte jede Familie ihre eigenen Tragödien bewältigen. Meine war keine Ausnahme. Ich konnte nichts anderes tun, als die Ereignisse der Vergangenheit zu verarbeiten, bei der Lösung der fortdauernden Probleme zu helfen, den anhaltenden Groll zu lindern und medizinische Ratschläge für die Behandlung meines Vaters und meines Bruders zu geben. Wir alle mußten in die Zukunft blicken.

Als ich Schanghai im Sommer 1980 von neuem besuchte – es war das letzte Mal, daß ich meinen Vater lebend zu Gesicht bekam –, erzählte er mir von einem Brief, den er meiner älteren Schwester geschrieben hatte, die 1969 von Hongkong nach San Francisco gezogen war. Er hatte sie gebeten, mir zu einem Besuch der Vereinigten Staaten zu verhelfen, und sie hatte geantwortet, daß ein mit ihr befreundeter Medizinprofessor der University of California bei uns vorsprechen werde. Vielleicht könne meine Abreise aus China später arrangiert werden.

Vater meinte, daß ich niemals ein friedliches Leben in meinem eigenen Land führen könne. Wie er mir mitteilte, habe sein größter Fehler in dem Beschluß bestanden, dazubleiben, als die Volksbefreiungsarmee 1949 nach Schanghai marschierte. Es sei ein Irrtum gewesen, anzunehmen, daß er unter kommunistischer Herrschaft weiterhin mit aller Kraft für sein Land arbeiten könne. Er habe die Entwicklung nicht durchschaut und viel Leid über seine Familie gebracht. Ich solle nicht den gleichen Fehler machen. Während er sprach, spürte ich sein Bedauern, aber auch seinen Stolz darauf, daß er die ihm teuren Werte hochgehalten hatte. Gleichzeitig wurde seine Sorge um mich deutlich. Er wollte mich vor weiterem Schaden bewahren und riet mir, das Land zu verlassen.

In meiner Kindheit hatte Vater mich oft ermahnt, mich nicht von Schikanen unterkriegen zu lassen, sondern mich nach jedem Sturz wieder aufzurappeln. Ich hatte seine strengen Fragen nicht vergessen, nachdem mir zwei ältere Jungen die Nase auf dem Schulhof blutig geschlagen hatten: »Hast du aufgegeben? Bist du wieder aufgestanden?« In jenem Moment wünschte ich mir Mitleid und Trost, doch Vater legte eine energische Haltung an den Tag. Ich hatte die Lektion nicht vergessen und später die gleichen Worte benutzt, um Ao Naisongs Lebenswillen zu stärken.

Vater durchschaute meine Hartnäckigkeit und meine Willensstärke. Er begriff, daß ich mich nicht ändern würde. Während ich den Schlußfolgerungen lauschte, die er aus seiner eigenen Erfahrung zog, erinnerte ich mich an die Warnung meines Studenten in Shanxi. Mir wurde klar, daß beide recht hatten. Ich durfte nicht voraussetzen, daß ich in Zukunft keine Probleme haben würde, nur weil man mich entlassen hatte und ich wieder ein gewöhnlicher Bürger war. Die politischen Kampagnen, die das Land nach 1949 wieder und wieder über sich ergehen lassen mußte, waren eine bittere Lehre für mich gewesen. Die Kommunistische Partei würde nur jene dulden, die sich den Schwanz zwischen die Beine klemmten und sich ihrer absoluten Autorität beugten. Dazu war ich nicht fähig. Ich begann, ernsthaft über meine Emigration nachzudenken.

Nach jener Heimreise schickte ich Hauptmann Lis Tochter im Spätsommer 1980 zurück zu ihren Eltern und zog mit Shen Jiarui nach Wuhan. Ich hatte meine einjährige Lehrtätigkeit am Wirtschafts- und Finanzinstitut in Shanxi beendet und war als Dozent von der Universität für Geowissenschaft akzeptiert worden. In jenem Herbst erhielt ich einen Brief von dem Medizinprofessor, der mich als Gastdozenten nach Kalifornien einlud. Meine Schwester schickte mir eine Bürgschaftserklärung, und ich beantragte einen Paß. Ich füllte zahlreiche Formulare aus und legte den zuständigen Parteibüros meinen Antrag vor, wobei ich begriff, daß die Erfolgsaussichten dürftig waren. Man konnte mir die Erlaubnis in jedem Stadium des bürokratischen Verfahrens verweigern.

Außerdem arbeitete ich fleißig in der Abteilung für Ingenieurgeologie. Ich war entschlossen, meine akademischen Fähigkeiten nachzuweisen und meinen früheren Bekannten am Institut zu zeigen, daß ich sogar nach neunzehn Jahren Zwangsarbeit als Lehrer meinen Mann stehen konnte. Ich war nicht für immer zu Boden gestreckt worden, sondern wieder auf die Beine gekommen.

In Wuhan holte mich meine Vergangenheit wieder ein. An meinem ersten Tag an der Universität begegnete ich Wang Jian, der zum Chef des Personalbüros aufgestiegen war. Wir beide konnten die Versammlung von 1957 nicht vergessen, auf der er mich zu einem konterrevolutionären Rechtsabweichler und einem Volksfeind erklärt hatte, aber an jenem Morgen fand er angemessene Worte der Begrüßung und der Teilnahme. »Was dir zugestoßen ist, tut uns allen leid, aber du warst nicht der einzige, der Schwierigkeiten hatte. Die Partei und das ganze Land haben eine Katastrophe hinter sich. Nun ist sie vorbei, nun können wir uns erholen. Wir müssen das alles vergessen. Wir müssen Schulter an Schulter stehen und zusammenarbeiten. Gib mir Bescheid, wenn du irgend etwas benötigst.« Dies war die übliche Sprache von Parteivertretern gegenüber ehemals Verfolgten, die nun an ihre Arbeitsplätze zurückkehrten – wir alle hätten gemeinsam gelitten. Ähnliche Sprüche, mit nur geringfügigen Abweichungen, hatte ich bereits von vielen anderen gehört, auch von Genossin Ma.

Im Februar 1980, während des Frühjahrsfestes, war ich auf Kosten meines Instituts von Shanxi nach Peking gereist, um Lehrbücher für das erweiterte Lehrprogramm zu kaufen. Eines Tages hatte ich Genossin Ma angerufen, die wie Wang Jian für ihre treuen Dienste befördert worden war. Sie leitete nun das Referat für politische Arbeit des Parteikomitees am Pekinger Geologiebüro. Beim Klang meiner Stimme schien sie verblüfft zu sein. Ich fragte, ob ich ihr einen Besuch abstatten dürfe.

»Wie geht's dir?« begrüßte sie mich vorsichtig, als ich ihr Büro betrat. »Du siehst gut aus.«

»Du hast zugenommen«, erwiderte ich. Vor mir saß nicht die fanatische junge Frau, an die ich mich erinnerte, sondern ein gleichmütiger Kader mittleren Alters.

»Man wird eben älter«, sagte sie. »Wie kommst du zurecht?« Sie dürfte etwa fünfundvierzig Jahre alt gewesen sein.

»Mir geht's ausgezeichnet. Hier bin ich.« Keine Klage, kein Vorwurf kam mir über die Lippen. Ich wollte ihr nur zeigen, daß ich zurückgekehrt war und nie aufgegeben hatte. Die Tatsache, daß ich vor ihr stand, mußte genügen, um sie zu beschämen. Sie entschuldigte sich nicht. »Es ist vorbei, es ist vorbei. Alles, was geschehen ist, liegt in der Vergangenheit. Das ganze Land hat gelitten, unsere Partei hat gelitten. Schreckliche Fehler sind begangen worden. Ich bin sehr froh darüber, daß du zurückgekehrt bist. Wir können in Zukunft etwas zusammen unternehmen.« Nichts als die Parteisprache.

Vielleicht war Ma fähig, irgendwo im verborgensten Winkel ihres Herzens aufrichtige menschliche Gefühle zu empfinden, aber sie würde das Wohl der Partei immer über das Wohl einzelner Personen stellen, und auch 1980 konnte sie nicht zugeben, daß es die Parteiführung gewesen war, die soviel Not über das Land gebracht hatte. 1957 war sie jung und vertrauensvoll gewesen und hatte alles, was die Partei tat, für richtig gehalten. Nun hatte sie Falten im Gesicht, und graue Strähnen durchzogen ihr lieblos geschnittenes Haar. Ich blickte mich in ihrem Büro um und verspürte einen kurzen Moment des Triumphes. Du kannst viele Menschen vernichten, ließ ich sie stumm wissen, aber nicht alle. Mas Leben schien beendet zu sein, während meines gerade von neuem begann.

Während jener Rückreise nach Peking hatte ich auch einen früheren Gruppengefährten von der Tuanhe-Farm aufgespürt. Er hieß Liu und war einer der Aktivisten gewesen, die 1968 in Qinghe nach meinem Versuch, meine ausländischen Romane zu verstekken, Meldungen über mein reaktionäres Denken geschrieben hatten. Lius Bericht über meine Vorliebe für *Les Miserables* hatte ihm zwei Ruhetage eingebracht, doch er hatte auch dazu gedient, die Atmosphäre der Kampfversammlung anzuheizen, was damit endete, daß Fan Guang mir einen Spatenstiel auf den Unterarm schmetterte. Aber ich erwähnte diesen Vorfall nicht.

Vielmehr fragte ich Liu nach Ao Naisongs Verschwinden und erfuhr, daß er und seine Gruppe 1966 als Zwangsumsiedler auf die Qinghe-Farm transportiert worden waren. Ein paar Wochen später hatte Ao all seine Ersparnisse ausgegeben, um Schweinefleisch, Erdnüsse, Kekse und Zuckerrohrwein zu kaufen. Er hatte seine Freunde zu einem Festmahl eingeladen und seine Habseligkeiten verschenkt, bevor man auseinanderging. Einer hatte seinen Füllfederhalter erhalten, ein anderer sein kleines englisches Wörterbuch und Liu sein Fahrrad. »Wir verstanden Aos Großzügigkeit nicht«, erzählte Liu. »Nach dem Essen machten wir ein Schläfchen, und als wir aufwachten, war Ao weg.« Nur seine Laute hatte noch im Schlafsaal an der Wand gehangen. Ein paar Tage später hatten Liu und ein Gruppengefährte in der Nähe des Arbeitsplatzes ein Seil entdeckt, das um einen Baumstamm geknüpft war. Sie hatten an dem Seil gezogen, und am anderen Ende war Aos Leiche mit einem an der Hüfte befestigten Felsbrocken zum Vorschein gekommen.

Liu, ein Rechtsabweichler wie ich, war 1979 nach seiner Entlassung zum Chefdolmetscher der Nachrichtenagentur in Xinghua ernannt worden. Er lebte in einer bequemen Wohnung, stand kurz vor seiner zweiten Heirat und hatte offensichtlich nicht den Wunsch, sich an seine Handlungen in der Vergangenheit zu erinnern oder über politische Fragen zu sprechen. Statt dessen forderte er mich auf, sein Goldfischaquarium zu bewundern, das ihm große Freude bereite. Liu hatte ein friedliches Leben gefunden, aber irgendwie erinnerte er mich an jene Goldfische, die ziellos in ihrem Aquarium herumschwammen.

In Peking machte ich auch meinen Freund Wu ausfindig, den Wasserkontrolleur, der mir 1965 die Frau mit einem kostbaren Fleischpaket geschickt hatte. Wu teilte mir mit, daß seine Ehefrau am Tag des geplanten Familienbesuches der Tuanhe-Farm krank gewesen sei und daß ihre Schwester angeboten habe, sie zu vertreten. Später hatte sich Wu von seiner Frau, einer Bäuerin, scheiden lassen und zum zweitenmal geheiratet, aber er gab mir Namen und Adresse der Schwester, die weit entfernt am Ostrand der Stadt wohnte. Am nächsten Tag stieg ich in den Bus, um die Frau zu finden, deren Gesicht ich seit fünfzehn Jahren nicht vergessen hatte. Die Fahrt dauerte zwei Stunden.

Ein paar Nachbarn zeigten mir den Weg zu einem neugebauten Haus aus Lehmziegeln, das noch nicht getüncht war. Hühner pickten auf dem Hof nach Körnern. Eine kleine, rundgesichtige Frau, das Haar von einem Tuch bedeckt, trat aus der Tür. Ihre Augen waren sehr klar, und ich bemerkte die winzige Narbe unter der einen Braue. »Erinnerst du dich an mich?« fragte ich. »Du hast mir auf der Tuanhe-Farm geholfen und mir Fleisch gebracht, weißt du noch?«

Sie nickte, bat mich ins Haus und wischte mit einem Lappen den Staub von einem Holzstuhl. Es roch schal, und ich sah Kleidungsstücke, die neben einem Eimer mit schmutzigem Waschwasser auf dem gestampften Lehmboden verstreut waren. Sie schenkte mir eine Tasse heißes Wasser ein und entschuldigte sich dafür, daß sie mir keinen Tee anbieten könne. Eine halbe Stunde lang hörte ich zu, während sie von ihrem Kummer erzählte. Sie war kurz vorher geschieden worden, ihr Mann hatte stark getrunken und sie manchmal geschlagen, sie hatte zwei Kinder, arbeitete immer noch auf dem Feld und mußte die Schweine und Hühner füttern. Ihre Worte sprudelten hervor. Die Schwierigkeiten, mit denen sie in ihrem Alltagsleben zu kämpfen hatte, bedrückten mich. Sie fragte, ob ich nach Peking ziehen würde. Aus irgendeinem Grund schien sie zu hoffen, daß ich ihr helfen könnte, ihre Probleme zu lösen.

»Ich bin gekommen, um dir zu danken«, sagte ich. »Dein Besuch war sehr wichtig für mich, und ich habe deine Freundlichkeit nie vergessen. Laß mich wissen, ob ich etwas für dich tun kann.« An jenem Tag hatte ich fünfundzwanzig Yuan in der Tasche, und als sie sich abwandte, schob ich das Geld unter einen Teller auf dem Tisch. Es gab keine andere Möglichkeit, ihr zu helfen. Dann verabschiedete ich mich und ging. Nach einer Weile drehte ich mich um und sah, daß sie immer noch an der Ecke des Hauses stand. Ich wußte, daß ich sie nie wiedersehen würde. Ich hatte meine Schuld beglichen, so gut ich konnte. Nun mußte ich mein eigenes Leben führen und meine eigenen Probleme lösen.

In jenem Herbst, kurz nachdem ich meine Arbeit in der Abteilung für Ingenieurgeologie in Wuhan begonnen hatte, traf ein Telegramm von meiner Schwester ein. Vater war gestorben. Ich erreichte Schanghai am 12. September 1980 und nahm einen Bus zum Leichenschauhaus. Ein Krankenhausangestellter holte Vaters Leiche aus dem Gefrierschrank, damit ich Abschied nehmen konnte. Ich ließ meine Hände von seinem Gesicht bis zu seinen Zehen gleiten. Meine Schwester weinte neben mir, aber ich hatte den Tod zu oft erlebt. Meine Tränen waren versiegt.

Sein Tod war ganz plötzlich eingetreten. Eines Abends hatte er über starke Unterleibschmerzen geklagt. Er wußte, daß das Ende nahe war, und hinterließ mir eine Abschiedsbotschaft. »Sag meinem Drittältesten, daß er meine Übersetzungen zurückholen soll«, flüsterte er dem Enkel seines Bruders zu, der damals bei ihm in Schanghai wohnte. »Sag ihm, daß er nicht hierbleiben kann. Dies ist kein Ort für ihn.« Um Mitternacht war er dahingegangen.

Zu Hause half ich meiner Schwester, die letzten Vorbereitungen für Vaters Einäscherung zu treffen. Außerdem kam ich mit zwei Kadern von seiner Mittelschule zusammen, die über die Einzelheiten seines letzten Ruhegeldes sowie über die Erklärung sprechen wollten, die sie als Vertreter der Schule auf seiner Trauerfeier abgeben würden. Sie zeigten mir, was sie niedergeschrieben hatten, und ich las den offiziellen Wortlaut rasch durch.

Ich hatte meinen älteren Bruder seit 1960, seit unserer Begegnung im Besuchszimmer der Chemiefabrik von Beiyuan, nicht mehr gesehen. Zwanzig Jahre waren vergangen. Nun trafen wir zur Beisetzung unseres Vaters zusammen. Den damaligen Ausbruch meines Bruders erwähnten wir nicht, sondern sprachen zwanglos und höflich miteinander. Als Ältester sollte mein Bruder auf der Trauerfeier einen letzten Gruß im Namen der Familie vortragen, aber es fiel ihm schwer, ein paar Abschiedsworte niederzuschreiben, und er bat mich, einen Text zu entwerfen, den er später verlesen konnte.

»Unser Vater ist von uns gegangen«, schrieb ich. »In seinem Leben hat er seit den frühen fünfziger Jahren viel gelitten. Er wurde 1952, 1958 und 1966 verfolgt. Jedesmal war er unschuldig. Nach seiner Rehabilitierung im Jahre 1960 verlor er seine Frau und wurde von seinem Sohn isoliert. 1966 büßte er seinen letzten verbliebenen Besitz ein. Und sogar heute sind seine Besitzverhältnisse noch unklar. Für unsere Familie ist dies alles eine Tragödie.«

»Das darf man nicht sagen«, schrie mein Bruder, als ich ihm den Text vorgelesen hatte. »Bist du verrückt?«

»Nein, dies ist das letzte Mal, daß wir für unseren Vater sprechen können«, erwiderte ich mit fester Stimme. »Wenn wir jetzt nicht die Wahrheit sagen, werden wir es nie wieder tun können.«

»Ich weiß, daß du recht hast«, sagte mein Bruder besänftigend. »Aber damit machst du uns noch mehr Schwierigkeiten.«

»Wir haben doch sowieso nur Schwierigkeiten, wie kann es noch schlimmer werden?« fragte ich.

»Jetzt begreife ich, weshalb du ein Rechtsabweichler geworden bist.« Sein Tonfall hatte sich wieder geändert.

Nun wurde auch ich wütend. »Wir sprechen nicht über meine Situation, wir sprechen über die Trauerfeier. Wenn du mit meiner Erklärung einverstanden bist, lies sie vor. Wenn nicht, dann schreib etwas anderes. Du bist der Vertreter der Familie.« Er nahm den Zettel und ging hinaus. Dann kehrte er zurück und forderte mich auf, den Text selbst vorzutragen.

Die Mittelschulkader besuchten uns noch einmal, um die Erklärung der Familie vor der Feier zu überprüfen. Sie mußten sich vergewissern, daß unsere Bemerkungen akzeptabel waren. Ich sah, wie sich das Gesicht der Parteisekretärin verdüsterte, als sie meine Worte las. »Das ist unbefriedigend«, rief sie aufgebracht. »Die Vergangenheit ist die Vergangenheit. Wir haben Ihren Vater sehr gut gekannt, und er war ein guter Mann. Die Kulturrevolution war eine sehr bittere Erfahrung, aber Sie müssen an sein ganzes Leben, an unsere Heimat und an unsere große Partei denken.«

»Es ist die Meinung unserer Familie«, gab ich zurück. »Wenn daran etwas nicht der Wahrheit entspricht, würde ich es gern von Ihnen hören.«

»Ich sage nicht, daß es falsch oder richtig ist«, beschwichtigte die Parteisekretärin, »aber wir möchten, daß die Trauerfeier reibungslos verläuft und auch der gegenwärtigen Situation angemessen ist.«

Als ich wiederholte, daß die Erklärung der Ansicht der Familie entspreche, entfernte sie sich, kam jedoch kurz darauf mit einer anderen Person zurück. »Wir können Ihre Absicht, eine solche Erklärung abzugeben, nicht gutheißen. Wenn Sie darauf bestehen, kann die Trauerfeier nicht stattfinden.«

»Lassen Sie die Feier ausfallen, wenn Sie wollen«, erwiderte ich, »aber das ist unsere Meinung. Dies sind unsere letzten Worte, mit denen wir unsere Gefühle für unseren Vater ausdrücken.« Nun zog mich mein Bruder beiseite und machte mir Vorwürfe, weil ich die Feier aufs Spiel setzte, obwohl die Familienangehörigen und die Freunde meines Vaters bereits eingeladen waren. Ich gab nach und willigte ein, den Text umzuschreiben. Die Mitglieder des Parteikomitees wirkten erleichtert.

Am nächsten Morgen verlas die Parteisekretärin ihre Erklärung im Saal des Krematoriums. Dann war ich an der Reihe. Ich trat vor, zog die umgeschriebene Rede aus meiner Jackentasche und spürte, wie meine Hand nach unten sank. Ich konnte diese Worte nicht lesen. Meine Stimme versagte fast vor Rührung, als ich den ursprünglichen Text vortrug. Mein Bruder zupfte an meiner Jacke, aber ich schob seine Hand fort. Alle starrten mich an, aber niemand konnte mich aufhalten. Dann war die Feier beendet. Die Freunde meines Vaters schüttelten mir die Hand. Einer beglückwünschte mich: »Du hast gut gesprochen, du hast gut gesprochen.« Alle begriffen, daß ich die Wahrheit gesagt hatte.

Zu Hause redete mein Bruder mit vor Wut verzerrtem Gesicht auf mich ein: »Nun weiß ich, was für ein Mensch du bist, und ich möchte dir zwei Fragen stellen. Erstens, ist dir klar, wieviel Schaden du unserer Familie dadurch zugefügt hast, daß du ein Rechtsabweichler geworden bist? Zweitens, warum bist ausgerechnet du unter so vielen Studenten an der Universität ein Rechtsabweichler geworden, und warum hast du zu den wenigen Rechtsabweichlern gehört, die man verhaftet hat?«

Ich merkte, wie sich auch mein Gesicht vor Zorn rötete. »Erstens, mir ist völlig klar, wie weh ich meiner Familie getan habe, aber ich bin unschuldig, und ich bin derjenige, der am meisten gelitten hat. Zweitens, ich weiß nicht, weshalb andere Studenten keine Rechtsabweichler wurden, aber ich möchte dich fragen, ob ich – selbst als Rechtsabweichler – diese Verfolgung verdient habe?« Mein Bruder antwortete nicht, und wir sprachen nie wieder miteinander.

Später dachte ich sehr oft über seine Worte nach. Ich wußte, daß mein Bruder kein schlechter Mensch war. Er haßte die Kommunistische Partei ebenfalls, aber nach seiner Maßregelung von 1955 hatte er kapituliert. Er war anpassungsfähig und pragmatisch geworden. Einige Male hatte er Rückschläge hinnehmen müssen, aber meistens hatte er Erfolg gehabt. Er besaß eine gute Stellung, die Regierung vertraute ihm, er hatte zwei Kinder und konnte ein normales Familienleben führen, während ich zwanzig Jahre verloren hatte und etliche Male dem Tode nahe gewesen war. Vielleicht muß man pragmatisch sein, dachte ich. Vielleicht hat er den besseren Weg gewählt. Vielleicht ist er klüger als ich. Aber eine andere Stimme in meinem Innern flüsterte: Jemand muß aufrecht bleiben.

Ein Jahr später, im Oktober 1981, erhielt ich ein weiteres dringendes Telegramm von meiner Schwester, die mich aufforderte, sofort nach Hause zu kommen. Mein jüngster Bruder war tot. Sie war sehr bestürzt, als ich zwei Tage später mit dem Zug in Wuhan eintraf. Maodao sei immer eigensinniger geworden, und er habe sich oft geweigert, zu Hause zu bleiben. Er habe meiner Schwester wiederholt erklärt, daß er heiraten, Kinder haben und sein Leben nicht als Invalide verbringen wolle. Zwei Wochen zuvor hatte er die Wohnung verlassen und war nicht zurückgekehrt. Meine Schwester hatte der Polizei sein Verschwinden gemeldet, und man hatte ihn in einem Krankenhaus in Peking ausfindig gemacht. Die Polizei teilte ihr mit, sie solle weitere Nachrichten abwarten. Als nächstes erfuhr sie, daß Maodao tot sei. Die Polizei hatte ihr nicht gestattet, die Leiche zu sehen, und meine Schwester hatte vor meiner Ankunft keine weiteren Schritte unternommen.

Ich wußte sofort, daß etwas im argen lag – noch bevor zwei Polizisten aus Peking eintrafen, um uns über das Ergebnis ihrer Ermittlungen aufzuklären. »Ihr Bruder war sehr schwach. Wir haben versucht, ihn zu retten. Wir brachten ihn ins Krankenhaus in Peking und dann ins Volkskrankenhaus Nummer 9 in Schanghai. Mehr konnten wir nicht tun. Es tut uns sehr leid. Wir werden alles Nötige erledigen. Bitte, vertrauen Sie der Regierung und nehmen Sie Ihren Verlust nicht zu schwer.« Obwohl wir darauf bestanden, daß die Familie das Recht habe, von Maodao Abschied zu nehmen, lehnten sie es weiterhin ab, uns den Aufbewahrungsort des Leichnams mitzuteilen.

Ich fuhr sogleich mit dem Rad zum Volkskrankenhaus Nummer 9 und entdeckte, daß der Name meines Bruders nicht im Register auftauchte. Da ich mich weigerte, das Krankenhaus zu verlassen, zeigte eine Schwester mir schließlich ein separates Verzeichnis der Personen, die bereits tot eingetroffen waren. Dort fand ich den Namen Wu Hongren, den man mit einem Rotstift durchgestrichen hatte. In der folgenden Woche drängte ich die Polizei, uns eine Erklärung zu geben. Endlich zeigte man uns die Leiche, und ich bemerkte sofort Prellungen an den Armen und Beinen. Nun war ich sicher, daß mein Bruder nicht an einer Krankheit gestorben war. Ich konnte die offizielle Darstellung nicht hinnehmen und verweigerte meine Unterschrift zur Einäscherung der Leiche. Schritt um Schritt deckte ich Maodaos Geschichte trotz vieler Ausflüchte und Lügen auf.

Mein Bruder war mit dem Zug nach Peking gefahren, um in der Großen Halle des Volkes seine Wiederaufnahme ins Ärzteverzeichnis zu beantragen. Die Polizei nahm ihn im Verlauf ihrer Bemühungen, die Straßen der Hauptstadt vor dem Nationalfeiertag am 1. Oktober zu säubern, als Vagabunden fest. Im Gefängnis lehnte er jegliche Nahrung ab und verbrachte dann drei Tage in einem Polizeikrankenhaus in Peking, bevor er zusammen mit hundert anderen Gefangenen zur Rückkehr nach Schanghai in einen geschlossenen Güterwagen geladen wurde. Im Zug schlugen die Wärter ihn zusammen.

Nachdem ich diese Einzelheiten erfahren hatte, gab ich den Leichnam zur Einäscherung frei. Ich konnte nichts mehr für Maodao tun, und meiner Ansicht nach waren die beiden Polizisten, die man zur Abwicklung des Falles nach Schanghai geschickt hatte, nicht imstande, meine Frage nach der wirklichen Todesursache zu beantworten. Sie waren nicht diejenigen, die ich zur Rechenschaft ziehen wollte. Ich würde nach Peking fahren müssen, um meine Nachforschungen fortzusetzen.

Zehn Familienmitglieder versammelten sich im Krematoriumssaal, um Maodao die letzte Ehre zu erweisen. Ein Arbeiter rollte eine Karre hinter einem Vorhang hervor, an der ein Plakat mit der Aufschrift »Trauerfeier für Wu Hongren« angebracht war. Unser Bruder trug neue Kleidung, und sein Gesicht war offenbar geschminkt worden. »Nur zu«, sagte ich im stillen zu ihm, während ich seine kalte Hand hielt. »Komm nicht zurück. Du hast Glück, daß du diese Welt hinter dir läßt. Dein Leben ist zu Ende, und dein Leid ist vorbei. Geh zu unseren Eltern. Sie werden sich um dich kümmern. In Zukunft wird alles friedlich sein.« Trauermusik wurde gespielt, aber diesmal gab es keine Reden. Schweigen war besser als alle Worte. Ein Arbeiter schob die Leiche zurück durch den Vorhang. Mein Herz blieb verhärtet, und ich konnte nicht weinen.

Draußen bat ich einen der Pekinger Polizisten, mir den Anrechtschein zu geben, damit ich zurückkehren und die Urne mit der Asche meines Bruders abholen konnte. Ich wußte, daß er log, als er behauptete, den Schein nicht zu haben; ich solle einfach in drei Tagen vorsprechen und mir die Asche aushändigen lassen. Auf diese Weise wollte er mir seine Macht beweisen und Rache an mir nehmen.

»Das war unser Bruder«, rief ich. »Wie können Sie es wagen, uns seine Asche zu verweigern?« Die Familienangehörigen und die Schanghaier Polizisten umringten mich und versuchten, mich zu beruhigen. Ich gewann die Fassung zurück und stieß dann hervor: »Nehmen Sie den Schein mit. Ich werde nicht aufgeben. Warten Sie in Peking auf mich.« Da ich in Schanghai nichts mehr tun konnte, fuhr ich zurück nach Wuhan, wo ich weiterhin meine Lehrpflichten erfüllte.

Im Laufe des Jahres schrieb ich mehrere Briefe an das Pekinger Büro für Öffentliche Sicherheit und verlangte den Anrechtschein für die Asche meines Bruders, doch ich erhielt keine Antwort. Ich durfte nicht schon wieder um Urlaub nachsuchen und mußte auf die Sommerferien warten, bevor ich nach Peking reisen konnte. Zehn Monate vergingen, bis ich die Möglichkeit hatte, weitere Nachforschungen über die wirkliche Ursache für den Tod meines Bruders anzustellen. Inzwischen geschah auch in meinem eigenen Leben so manches.

Die Parteiführung an meiner Universität lehnte meinen Paßantrag immer noch ab. Ich hätte bei der Einrichtung des neuen Hydrologielabors wichtige Arbeit geleistet, und meine Kollegen und Studenten könnten nicht auf mich verzichten. Die Parteivertreter hofften, daß ich in Zukunft mehr über die Entwicklung meiner Universität und weniger über meine persönlichen Wünsche nachdenken würde. Deshalb wurde mir geraten, meinen Antrag zurückzustellen.

Ich hatte keine Wahl. Wenn auch in höflicher Sprache, gab die Parteiführung mir zu verstehen, daß man immer noch kein Vertrauen zu mir habe und mir deshalb keine Reiseprivilegien einräumen könne. Aber da ich Angst hatte, daß die Bürgschaftserklärung meiner Schwester ablaufen und ich meine einzige Chance verlieren würde, in die Vereinigten Staaten zu reisen, ignorierte ich die höflichen Worte und suchte von neuem um die Erlaubnis nach. Eines Tages rief mich der Parteisekretär zu sich: Die Universität habe meinem Antrag stattgegeben, aber ich würde nicht aufbrechen können, bevor ich mein Familienproblem gelöst hätte. Ich fragte, wovon die Rede sei, und er erwiderte, meine Frau habe Einwände gegen meinen Plan erhoben.

Ich hatte meine Absicht viele Male mit Shen Jiarui durchgesprochen. Zuerst war sie nicht einverstanden gewesen, denn sie fürchtete, daß ich nicht zurückkehren und sie selbst keine Zukunft haben würde. »Hör zu«, hatte ich entgegnet. »Ich habe einen langen

Schwanz, sie können mich jederzeit erwischen. Wir müssen diese Chance nutzen. Ich werde als erster abreisen und dann eine Möglichkeit finden, dich nachkommen zu lassen.« Später war sie bereit gewesen, mich zu unterstützen. Ich konnte nicht glauben, daß sie mich dem Parteisekretär gegenüber verraten hatte.

Zu Hause erklärte ich Shen Jiarui wütend, daß ich beabsichtigt hätte, meine Ehe aufrechtzuerhalten, daß ich die Gelegenheit, mich 1979 von ihr scheiden zu lassen, zurückgewiesen, sie aus dem Lager befreit und ihr hier in Wuhan einen Arbeitsplatz verschafft hätte. Aber ich könne es nicht ertragen, daß sie sich gemeinsam mit der Kommunistischen Partei bemühe, mir meine Freiheit zu verwehren. Dies sei ein entsetzliches Verhalten. Wir zerstritten uns und zogen in getrennte Zimmer.

Später im selben Jahr beschloß ich, um meine Scheidung nachzusuchen. Die Spannungen zwischen uns wirkten sich bereits sehr negativ auf unser tägliches Leben aus. Dann erfuhr ich, daß ihr jüngster Sohn, den ich 1970 adoptiert hatte, drei der von meinem Vater hinterlassenen Gemälde an Ausländer verkauft habe. Im Sommer zuvor hatte ich eine große Lagerhalle in Schanghai aufgesucht, die mit der Beute gefüllt war, welche die Rotgardisten während der Kulturrevolution fortgeschleppt hatten, und es war mir gelungen, wenigstens ein paar Besitztümer meines Vaters zu identifizieren. Ich hatte sieben Bilder zum Einrahmen in ein Geschäft gebracht und Shen Jiaruis Sohn die Quittungen gegeben, damit er die Gemälde abholen konnte, nachdem ich nach Wuhan zurückgekehrt war. Doch er setzte sie in Bargeld um. Das war der Tropfen, der das Faß zum Überlaufen brachte. Ich wollte nichts mehr mit meiner Frau und ihrem Sohn zu tun haben. Meine Ehe war vorbei.

Als der Unterricht im Juli 1982 endete, fuhr ich nach Peking, um die Ermittlungen im Fall meines Bruders fortzusetzen. Ich begann auf der untersten Ebene mit einem Polizisten am Empfang des Büros für Öffentliche Sicherheit und erklärte ihm, daß ich Maodaos Asche abzuholen wünschte. Er erwiderte, ich solle zwei Tage später zu einem Gespräch zurückkehren. Ich weigerte mich, so lange zu warten, und er drohte, sich überhaupt nicht um den Fall zu kümmern. Ohne um Erlaubnis zu bitten, schritt ich den Flur hinunter, bis ich eine Tür mit der Aufschrift »Parteikomitee des Pekinger Büros für Öffentliche Sicherheit« fand. Mittlerweile sehr aufgebracht, klopfte ich an.

Weitere leere Worte und Ausflüchte folgten, aber der Parteivertreter wußte, daß ich Beweise für Fehlgriffe der Polizei hatte, und wollte das Problem ausräumen. »Wir müssen uns selbst kritisieren«, sagte er. »Wir geben zu, daß wir einiges falsch gemacht haben. Ihre Familie hat die Asche Ihres Bruders immer noch nicht erhalten. Das ist nicht richtig. Wir akzeptieren Ihre Kritik in dieser Angelegenheit und werden versuchen, Abhilfe zu schaffen. Unsere beiden Polizisten, die unsere Einstellung nicht kannten, haben Ihnen den Anrechtschein für die Urne verweigert. Bisher haben wir keine Zeit gehabt, Sie zu benachrichtigen. Das tut uns sehr leid.« Ich ging mit dem Schein in der Hand hinaus.

Aus Peking kehrte ich nach Schanghai zurück, um die Asche meines Bruders abzuholen. Die Zeit war gekommen, meine letzte Pflicht den verstorbenen Familienmitgliedern gegenüber zu erfüllen. Mit Hilfe eines Vetters hatte ich in Wuxi, an einem Hügel am See Tai Hu, eine kleine Grabstätte erworben. Dort konnten meine Stiefmutter, mein Vater und mein Bruder in Frieden ruhen. Ich kaufte eine Karte für den Zug von Schanghai nach Wuxi und nahm die drei Urnen sowie die Stele mit, in die der Name meiner Mutter eingraviert war. Mein Vater hatte sie 1945 in einem Grab unter einem Marmormonument beisetzen lassen, doch die Roten Garden hatten den Friedhof 1966 verwüstet und ihren Grabstein in dem fieberhaften Bemühen umgestürzt, die »vier Alten« zu beseitigen. Ich konnte ihren Leichnam nicht mehr ausfindig machen. Die kleine, in unserer Dachkammer verborgene Elfenbeinstele war alles, was von dem Grab übriggeblieben war.

Ich sah zu, wie zwei Friedhofsarbeiter ein Loch aushoben, bezahlte sie dann und schickte sie fort. Mehr als eine Stunde lang saß ich allein an jenem herrlichen Ort, während die Sonne über dem Tai Hu unterging. Mit Maodaos Tod hatte das Leid meiner Familie ein Ende gefunden. Gleichzeitig war meine Ehe gescheitert, und ich schien die Chance, ins Ausland zu reisen, verpaßt zu haben. Ich wußte nicht, was aus mir werden würde, aber die schwere Last all jener Probleme war von meinen Schultern gewichen. Was geschehen ist, liegt in der Vergangenheit, dachte ich, und vieles liegt noch vor uns. Frieden war eingekehrt. Ich glaubte, daß sich mein Leben verbessern würde. Ich würde voranschreiten.

Epilog

Ich verließ China 1985, nachdem ich mehr als fünf Jahre auf einen Paß gewartet hatte. Indem ich all meinen Besitz verkaufte und mir von meinen Freunden Kredite geben ließ, konnte ich gerade genug Geld für meine Flugkarte zusammenkratzen. Ich traf mit vierzig Dollar in der Tasche in San Francisco ein. In meinen ersten Wochen in den Vereinigten Staaten arbeitete ich Tag und Nacht; ich schlief sogar am Schreibtisch in meinem Universitätsbüro, damit ich zur Spätschicht in einem Pfannkuchenladen in Berkeley antreten konnte. Meine ältere Schwester konnte mich nicht finanziell unterstützen, und ich wollte mir eine Wohnung mieten und rasch Fuß fassen.

Ein Jahr zuvor hatte ich eine junge Absolventin der Universität für Geowissenschaft geheiratet. Sie hatte mich in Wuhan häufig abends besucht, und als wir nach meiner Scheidung Gespräche führten und gemeinsam Spaziergänge machten, wuchs unser gegenseitiges Verständnis. Trotz des Altersunterschiedes von sechsundzwanzig Jahren verliebten wir uns ineinander. Sie sollte mir in die Vereinigten Staaten folgen, sobald ich mich etabliert hatte und eine finanzielle Bürgschaft für sie stellen konnte. Ein halbes Jahr später traf sie ein, doch sie ließ mich wissen, daß sie sich in einen anderen Mann verliebt habe. Inzwischen nannte sie sich Diana. Ich wünschte ihr, daß sie glücklich werde, und gab sie frei.

In jenem ersten Jahr las ich etliche in englischer Sprache geschriebene Bücher über China. Ich entdeckte, daß keine der geschichtlichen Darstellungen oder Memoiren Einzelheiten über die Umerziehungs-Arbeitslager enthielt, obwohl viele tausend meiner Landsleute in den letzten vierzig Jahren Opfer dieser Einrichtungen geworden waren. Deshalb dachte ich daran, über meine eigene Vergangenheit zu schreiben und den organisatorischen Aufbau des chinesischen Gefängnissystems zu dokumentieren. 1986 hielt ich an der University of California, Santa Cruz, einen Vortrag vor Studenten und Dozenten und schilderte zahlreiche Ereignisse meines persönlichen Lebens zum erstenmal in der Öffentlichkeit. Vor diesem verständnisvollen Publikum liefen mir zum erstenmal Tränen über die Wangen.

1988 wurde ich Mitarbeiter am Hoover Institute der Stanford University, und ein Jahr später beendete ich die Recherchen für eine dokumentarische Studie über das System der Umerziehungs-Arbeitslager in China. 1992 gründete ich die gemeinnützige Laogai-Stiftung und erzählte Carolyn Wakeman meine Lebensgeschichte.

1991 heiratete ich eine Frau namens Ching-lee aus Taiwan. Zum erstenmal fand ich tiefes persönliches Glück, aber schon vier Monate nach unserer Hochzeit plante ich eine Reise zurück nach China mit einem Aufnahmeteam von CBS. Mir schien, daß die Menschen im Westen nicht begriffen, welch entscheidende Rolle das Arbeitslagersystem für die Stützung und Fortsetzung der kommunistischen Parteiherrschaft spielt, und ich wollte die Bedingungen in dem riesigen Netz der geheimen chinesischen Gefängnisanlagen filmen. Es kam mir darauf an, der Welt Bilder von den Lagern zu zeigen, in denen so viele andere und ich verschwunden waren. Außerhalb Chinas wußte man viel über nationalsozialistische Konzentrationslager und über den sowjetischen Gulag, aber es gab fast keine Informationen über das sorgfältig entwickelte Zwangsarbeitssystem, in dem Millionen von chinesischen Bürgern – häufig ohne Verhandlung oder Urteil – unter oft brutalen und entmenschlichenden Umständen eingesperrt worden sind.

Mir war das Risiko bewußt, bei meiner Rückkehr nach China von neuem verhaftet und eingesperrt zu werden. Trotz der Gefahr bestand meine Frau Ching-lee darauf, mich zu begleiten. Wir beide wußten, daß die chinesische Regierung unnachsichtig gegen jeden vorgehen würde, der versuchte, ihr Zwangsarbeitssystem und ihren Verkauf von Zwangsarbeitsprodukten an internationale

Kunden aufzudecken. Bevor ich Kalifornien verließ, machte ich mein Testament.

Vorsichtshalber zeichneten David Gelber von CBS News und Orville Schell, der amerikanische Schriftsteller und China-Experte, im April 1991 ein Interview mit mir auf; es wurde vor einer alten Festung am Eingang der Francisco Bay, mit der Golden Gate Bridge im Hintergrund, gefilmt. Es war, als bereiteten wir ein letztes Indiz für den Fall vor, daß auf meiner Reise etwas Unerwartetes geschah. Vielleicht würde ich wiederum verschwinden.

In dem Interview erklärte ich meine Gründe für die Rückkehr nach China. Obwohl ich versucht hatte, das Leid der Vergangenheit nach meiner Ankunft in den Vereinigten Staaten zu vergessen und meine seelischen Wunden ausheilen zu lassen, konnte ich die neunzehn tragischen Jahre nicht aus meinem Gedächtnis verbannen. Das, was ich – und all jene, die immer noch in den Lagern schmachteten – durchlitten hatte, durfte nicht in Vergessenheit geraten. Und wer anders als ich sollte diese Aufgabe übernehmen?

Ich flog am 9. Juni 1991 aus Hongkong ab, landete in Tianjin und legte dem chinesischen Zoll mein Visum vor. Am nächsten Morgen mietete ich am überfüllten Bahnhof einen Personenwagen. Dann musterte ich die Gesichter einiger Chauffeure, um herauszufinden, wer womöglich kein Agent des Büros für Öffentliche Sicherheit war. Schließlich bat ich den uns zugewiesenen Chauffeur, uns zur Qinghe-Farm zu fahren, wo ein Freund von mir als Wärter beschäftigt sei. Zum Glück stellte er keine Fragen.

An der Yonghe-Brücke über den Yongding gab der Chauffeur einem bewaffneten Polizeiposten eine kurze Erklärung, und wir durften den Fluß überqueren. Vor uns erstreckte sich der westliche Bezirk von Qinghe, den ich seit 1969 nicht gesehen hatte. Zehn Minuten später kamen wir an einer sieben Meter hohen Ziegelmauer vorbei, die von elektrischem Stacheldraht gekrönt war. Das Eisentor war fest geschlossen. Darüber sah ich ein Schild mit der Aufschrift »Pekinger Qinghe-Garnelenfarm«. Im Winter 1961/62 hatte ich hinter jener Mauer – in einem Gelände, das ich damals als Abteilung 585 kannte – vier Hungermonate verbracht.

Ich bat den Fahrer anzuhalten, damit meine Frau ihre Notdurft verrichten könne. Er wandte ein, dies sei kein geeigneter Ort, doch ich bestand auf meinem Wunsch, und er stoppte den Wagen in der Nähe des Tores. Wir gingen einen schmalen Pfad an der Krümmung der Mauer entlang. Ching-lee hatte eine Videokamera in ihrer Schultertasche versteckt; das Objektiv ragte durch ein kleines Loch, so daß sie die Umgebung aufnehmen konnte. Nach kurzer Zeit erreichten wir den Friedhof, den ich als Abteilung 586 gekannt hatte. Die Schilfrohre waren so mannshoch, und der Wind pfiff durch sie hindurch. Die Vergangenheit glitt vorbei, aber ich hatte keine Zeit nachzudenken. Hinter uns waren Schritte zu hören.

»Beeil dich! Knips die Kamera aus«, sagte ich zu Ching-lee, »und hock dich in den Graben.«

Ein Sicherheitsposten, der einen Strohhut trug, rief: »Was tun Sie? Sie dürfen hier nicht haltmachen.« Ich erklärte ihm, daß meine Frau sich habe erleichtern müssen. »Fahren Sie sofort weiter«, befahl er.

»Rede mit ihm«, flüsterte Ching-lee, »damit ich weiterfilmen kann.«

»Wieviel wiegen die Schweine da drüben?« fragte ich den Wärter und deutete zu den Feldern hinüber. »Sie sehen aus, als könnten sie fast zwei Zentner schwer sein. Womit füttern Sie die Tiere?«

»Wer sind Sie? Woher kommen Sie?« erkundigte er sich mißtrauisch.

»Wir sind aus Schanghai und wollen einen Freund in Chadian besuchen, der im Agrarzentrum arbeitet«, antwortete ich, um Ching-lee etwas mehr Zeit zu verschaffen. Der Wärter ließ uns vorbei, und wir stiegen wieder in den Wagen.

Während der Fahrt sah ich Hunderte von Gefangenen entlang der Straße, die einen breiten Bewässerungsgraben aushoben. Die meisten hatten in der Sommerhitze ihr Hemd ausgezogen. Die Arbeitsbedingungen schienen sich seit 1969 nicht geändert zu haben. Bald fuhren wir an anderen Häftlingen vorbei, die in Weingärten und auf Reisfeldern beschäftigt waren oder Straßen instand setzten. Unterdessen hielt Ching-lee ständig die verborgene Kamera aus dem Fenster.

»Haben Sie vielen Dank«, sagte ich zu dem Chauffeur, nachdem er uns sicher in ein Dorf unweit von Tianjin gebracht hatte. Ich bat ihn, uns an einem kleinen Restaurant abzusetzen, bezahlte seine Gebühr und schaute ihm nach, während er sich entfernte. Wir kehrten mit dem Bus in die Stadt zurück und nahmen einen Abendzug nach Peking.

Am 13. Juni mieteten Ching-lee und ich Fahrräder und machten uns zur Tuanhe-Farm südwestlich der Hauptstadt auf. Die Reisetasche mit der kleinen Videokamera lag in ihrem Fahrradkorb. Wir rollten über einen Seitenpfad auf das Farmgelände und hielten an. Ich tat so, als reparierte ich ihr Fahrrad, und Ching-lee drückte auf den Kameraknopf und begann, Aufnahmen zu machen. Plötzlich erschienen zwei andere Radfahrer. Der eine blockierte den Weg vor mir, während der andere von hinten mein Rad rammte, so daß ich zu Boden stürzte. Ein Sicherheitspolizist verdrehte mir die Arme auf dem Rücken.

Als ich erklärte, daß ich ein Besucher aus den Vereinigten Staaten sei, lockerte der Polizist seinen Griff. Er sagte, ich befände mich in einem Sperrgebiet und müsse eine Geldstrafe zahlen. Ich entgegnete, daß ich mich verirrt und kein Verbotsschild gesehen hätte. Dann drückte ich ihm ein Geldbündel in die Hand. Er schien zufrieden zu sein, und wir kletterten auf unsere Fahrräder und strampelten davon.

Zwei Tage später warnte uns ein amerikanischer Freund, der uns als Kontaktmann diente, daß er verfolgt werde. Sofort fuhren wir mit dem Zug aus Peking in die Provinz Shanxi. Am Bahnhof in Taiyuan nahm ich ein Taxi, das mich zu drei Umerziehungsbergwerken bringen sollte. Ich hoffte, dort Exhäftlinge zu finden, die fünfzehn Jahre zuvor mit mir zusammengearbeitet hatten. Sie würden mir keine Fragen stellen und mir jede ihnen mögliche Unterstützung leisten. Da ich herausfinden mußte, ob das Büro für Öffentliche Sicherheit mir auf der Spur war, beschloß ich, zuerst die Grube, in der ich gut bekannt war, aufzusuchen. Wenn man mich dort nicht verhaftete, konnte ich annehmen, daß meine Ziele vorläufig noch nicht offenkundig geworden waren.

Im Kohlenbergwerk Wangzhuang gingen Ching-lee und ich sofort zu Abteilungskommandeur Liu Sheng, der 1975 als Produktionschef des Bergwerks nach jenem schweren Einsturz am Tunneleingang auf mich gewartet hatte. An jenem Tag hatte er mit dem Erscheinen einer Leiche gerechnet, doch ich war lebend geborgen worden. Liu Sheng begrüßte mich herzlich. Offenbar freute er sich über den Kontakt zu einem früheren Zwangsumsiedler, der aus den Vereinigten Staaten zurückgekehrt war. Er reichte uns Tee und stellte uns zahlreiche Fragen zum Leben in Kalifornien: In was für einem Haus wir wohnten? Ob ich einen Führerschein besäße? Wieviel Geld ich verdiene? Später lud er uns ein, die Nacht in seinem Zimmer zu verbringen, doch ich lehnte höflich ab. Mittlerweile nutzte Ching-lee unseren Besuch, um die Umgebung, in der ich neun Jahre lang gearbeitet hatte, mit der Videokamera zu filmen.

Am nächsten Tag, dem 19. Juni, erreichten wir das Kohlenbergwerk Yinying, das ich unter dem internen Namen Umerziehungs-Arbeitslager Nummer 2 der Provinz Shanxi kannte. Dort stieß ich auf zwei mir früher befreundete Arbeiter, die 1978 aus Wangzhuang hierher verlegt worden waren. Ich bat sie, mich die Hügel hinauf zu einem Grubeneingang zu führen. Ching-lee kletterte hinter mir den zerklüfteten Pfad entlang; dabei fotografierte sie die Baracken und die Wachttürme im Tal sowie unsere beiden Begleiter. Ich wußte, daß ich meinen alten Freunden trauen konnte, aber bei jedem Schritt hatte ich Angst, daß man uns entdecken würde.

Am nächsten Morgen fuhr einer der beiden im Bus mit uns zu dem zwanzig Kilometer entfernten Kohlenbergwerk Guzhuang, das auch Umerziehungs-Arbeitslager Nummer 13 der Provinz Shanxi genannt wurde. Wir warteten in einem leeren Schlafsaal, während er mehrere Arbeiter holte, die wir vor der Kamera interviewen konnten. Mehr als drei Stunden lang stellte ich diesen Männern Fragen nach ihrer Vergangenheit, ihrem Leben im Bergwerk, ihrer Arbeit, ihrem Einkommen, ihren Besuchsrechten und ihrem politischen Status. Ich wollte herausfinden, wie sehr sich die Situation der Zwangsumsiedler seit meiner Entlassung 1979 gewandelt hatte.

Am späten Nachmittag bat ich meinen Freund, mir zum Betreten der Grube zu verhelfen. Er warnte mich, daß das Risiko, entdeckt zu werden, unter Tage zu hoch sei, und brachte mir dann widerwillig einen Helm, ein Paar Stiefel und eine Gerätetasche für meine Kamera. Wir warteten den Einbruch der Dunkelheit ab. Um 21 Uhr trat ich in den Stollen, schwärzte mein Gesicht mit Kohlenstaub und kletterte in einen motorisierten Grubenwagen, den ein Vorarbeiter lenkte. Ich versuchte, im fahlen Licht der Grube Videoaufnahmen zu machen. Eine Stunde später kehrte ich in den Schlafsaal zurück und dankte meinem Begleiter dafür, daß er sich einem solchen Risiko ausgesetzt hatte. Ching-lee und ich erreichten Taiyuan am nächsten Tag und flogen nach Schanghai.

Dort schlüpfte ich in die Rolle eines amerikanischen Geschäftsreisenden, und Ching-lee gab sich als meine Sekretärin aus. Wir besuchten die Laodong-Maschinenfabrik, das Laodong-Stahlrohrwerk und die Huadong-Elektroschweißfabrik. Unser Ziel bestand darin, einen Exportvertrag für Zwangsarbeitsprodukte und offizielle Broschüren zu erhalten, in denen die Gefängnisunternehmungen beschrieben wurden, sowie das Milieu zu filmen, in dem man Zwangsarbeitserzeugnisse herstellte. Ich hatte gehofft, einem anderen amerikanischen Kontaktmann die kompletten Videobänder übergeben zu können. Als er sich weigerte, die Filme für mich aus dem Land zu schmuggeln, änderte ich aus Angst vor einer Entdeckung sofort meine Pläne und nahm ein Taxi nach Hangzhou. Dort hatte ich einen Freund, der 1979 aus dem Kohlenbergwerk Wangzhuang entlassen worden war.

Mein früherer Gefährte stellte keine Fragen, nachdem ich plötzlich vor seiner Tür aufgetaucht war. Ich bat ihn, einen von Ching-lees Koffern am Flughafen Hangzhou durch den Zoll zu bringen und ihn als Reisegepäck nach Hongkong aufzugeben. Die Videobänder waren in ein paar Kleidungsstücke eingewickelt, und ich hatte vorsichtshalber Kopien an einem anderen Ort innerhalb Chinas versteckt. Ich überreichte meinem Freund etwas Geld in einem Umschlag und das Flugticket meiner Frau; er sollte sich mit ihr treffen, nachdem er das Gepäck aufgegeben hatte, und ihr die Karte zwei Stunden vor dem Abflug aushändigen. Mein Freund ging ein erhebliches Risiko ein, aber der Plan wurde zügig abgewickelt. Ching-lee verbarg acht weitere Filmrollen und einen Teil des schriftlichen Materials aus den Umerziehungs-Arbeitslagern in ihren Schuhen und in ihrer Unterwäsche. Wir flogen getrennt nach Hongkong.

Am 24. Juli kehrte ich allein nach China zurück, um mich dem Team von CBS News anzuschließen. Ich informierte die Laodong-Maschinenfabrik in Schanghai telefonisch und per Fax, daß ich in zehn Tagen bereit sein würde, einen Vertrag zu unterzeichnen. Dann brach ich allein in die Provinz Qinghai im fernen Nordwesten auf, wo sich die meisten chinesischen Umerziehungs-Arbeitslager konzentrieren. Orville Schell rief mich an, um mich von dieser Reise abzubringen, denn im abgelegenen Qinghai würde mich niemand schützen können, wenn man auf meine heimlichen Aktivitäten in den Lagern aufmerksam wurde. Ich war dankbar für seine Anteilnahme, aber ich hatte wiederum keinen Zweifel daran, daß niemand anders Informationen über dieses ferne Gebiet erlangen konnte.

Ein Exhäftling namens Zhou traf sich mit mir in Xining, der Hauptstadt der Provinz Qinghai. Er hatte von 1956 bis 1964 eine achtjährige Strafe für konterrevolutionäre Verbrechen abgeleistet und weitere siebenundzwanzig Jahre als Zwangsumsiedler verlebt. Zhou zeigte mir eine Reihe von Fabriken an der Nanshan-Straße, die wie gewöhnliche Staatsbetriebe aussahen, aber in Wirklichkeit Umerziehungsanlagen waren. »Ein Drittel der Bevölkerung von Qinghai besteht aus Umsiedlungshäftlingen und ihren Familien«, sagte er. Mit Hilfe ihrer Arbeit habe man Wüsten urbar gemacht, Straßen gebaut, Gruben genutzt und Dämme errichtet – nicht nur vor 1979, sondern auch die gesamten achtziger Jahre hindurch.

In der Leder- und Bekleidungsfabrik Qinghai, die den internen

Namen Umerziehungs-Arbeitslager Nummer 2 der Provinz Qinghai trägt, wies ich die Visitenkarte eines amerikanischen Managers vor. Die Lagerleitung bot mir 18 600 Quadratmeter Schafleder für sechzehn Dollar pro Quadratmeter an. Man teilte mir stolz mit, daß man eigene Verkaufsagenten in Hongkong besitze und die Erzeugnisse des Lagers nach Japan und Australien exportiere. Nachdem ich die Werkstätten der Fabrik besucht hatte, erkundigte ich mich bei einem leitenden Angestellten namens Wan nach den Fertigkeiten seiner Arbeiter und nach der Qualität seiner Produkte. Er begleitete mich in den Ausstellungsraum der Firma und gestattete mir, Fotos von ihren Medaillen und Auszeichnungen, von einigen internationalen Auftragsmustern und von einer Ausfuhrgenehmigung zu machen. Es gelang mir sogar, das Objektiv rasch auf den einzigen Gegenstand zu richten, den ich nicht fotografieren sollte: ein an der hinteren Wand hängendes Spruchband, auf dem die Fabrik als ein »fortschrittliches Kollektiv zur Unterdrückung von Rebellion und zur Verhinderung von Chaos« gelobt wurde. Es war auf den Oktober 1989 datiert – vier Monate, nachdem die demokratische Bewegung im Juni 1989 auf dem Tiananmen-Platz von den Panzern und Gewehren der Armee niedergeschlagen worden war.

Endlich kann ich der Welt Beweise für die beiden Funktionen der Umerziehungs-Arbeitslager zeigen, dachte ich. Politisch gesehen unterdrücken sie Dissidenten und stärken die Diktatur, und ökonomisch gesehen beuten sie Häftlinge aus, um dem kommunistischen Regime Devisen zu verschaffen.

Im Hotel bat ich Zhou, mir die Uniform eines Beamten des Büros für Öffentliche Sicherheit zu besorgen. »Keine Fragen. Ich werde mir ein Taxi mieten. Morgen möchte ich die Umerziehungs-Arbeitslager im Chaidamu-Becken besuchen.« Ich plante, während meiner sechstägigen Reise ungefähr zweitausend Kilometer zurückzulegen und mir sechs der acht Umerziehungs-Arbeitslager an beiden Ufern des Qinghai-Sees anzuschauen.

Meine erste Station war die Tanggemu-Farm, die Zentrale des Umerziehungs-Arbeitslagers Nummer 13 der Provinz Qinghai. In dieser einsamen Region gab es keine Touristen, keine Fremden und keine ständigen Einwohner. Ich hatte beschlossen, mich als Korrespondent des Büros für Öffentliche Sicherheit auszugeben, damit ich mit einer Videokamera umherspazieren konnte. Ich marschierte etwa zwei Stunden lang durch die Gegend und versuchte, mich den Gefängnisgebäuden zu nähern. Doch dann stürzte ich auf dem trockenen Terrain in eine vier Meter tiefe Erdspalte. Ich wußte sofort, daß meine linke Schulter ausgerenkt war, aber es gelang mir, hinauszuklettern und zum Auto zurückzukehren.

Der Chauffeur wollte, daß ich mich sofort in Xining medizinisch versorgen ließ, aber ich hatte nicht vor, mit leeren Händen abzuziehen. Deshalb überredete ich ihn, meinen Arm hin und her zu zerren, bis die Schulter wieder eingerenkt war. Dann borgte ich mir seinen Gürtel und band mir den Arm fest an die Seite. Ich brach wieder mit meiner Kameratasche auf und bedauerte es, mein Fläschchen mit Schmerztabletten fortgeworfen zu haben. Ich hatte gefürchtet, daß man mich anhand des Medikaments als Amerikaner entlarven würde, falls man mich jemals durchsuchte. In der Nähe des Eingangstors konnte ich mich unter eine Menge von Wärtern und Häftlingen mischen, die zur Feldarbeit zogen, und ich schaffte es, die Videokamera nur mit meiner rechten Hand zu betätigen.

Infolge des Unfalls mußte ich meine Reise durch Qinghai vorzeitig abbrechen. Nach Schanghai zurückgekehrt, rief ich als erstes Ching-lee in Amerika an. Sie war erleichtert darüber, nach fünf Tagen wieder meine Stimme zu hören. Dann kaufte ich mir ein schmerzstillendes Mittel und nahm ein Bad.

Am 12. August 1991 wartete ich mit CBS-Reportern in einer Suite des Schanghaier Portman Hotels, wo die Delegation von der Laodong-Maschinenfabrik einen Vertrag mit uns unterzeichnen sollte. Der Kameramann, der sich als Geschäftsführer meiner Firma ausgab, hatte drei Kameras im Zimmer versteckt, um aus drei verschiedenen Blickwinkeln filmen zu können. Die Verhandlungen verliefen reibungslos, und gemeinsam mit Ed Bradley – dem Moderator des CBS-Magazins »60 Minutes«, der den Generaldirektor unseres Unternehmens spielte – unterzeichneten wir einen Kaufvertrag in Höhe von 88 000 Dollar.

Am 15. September 1991 brachte CBS die »60 Minutes«-Sendung über meine Rückkehr nach China, um das Ausmaß des Umerziehungs-Arbeitssystems und die Tatsache des Verkaufs von Zwangsarbeitsprodukten durch die Regierung zu dokumentieren. Am selben Tag erschien in der internationalen Ausgabe der Zeitschrift *Newsweek* eine Titelgeschichte über den chinesischen Gulag. Am 19. September gab Wu Jianmin, der Sprecher des chinesischen Außenministeriums, eine Erklärung ab: »CBS und die Zeitschrift *Newsweek* haben die Fakten auf unerträgliche Weise entstellt. Sie sind berüchtigt für ihre Versuche, China zu verunglimpfen. Diese Haltung beruht auf ihren ideologischen Vorurteilen und ihrem extremen Haß auf das chinesische sozialistische System, für das sich das chinesische Volk entschieden hat. Der Autor hat Schwarz mit Weiß und Richtig mit Falsch verwechselt.« Für mich war es ein weiterer kleiner Triumph.

In meinen Jahren als Häftling hatte ich oftmals daran gedacht, daß ich den Menschen eines Tages mitteilen würde, was sich hinter den Mauern der chinesischen Umerziehungs-Arbeitslager abspielt. Zum Teil aus diesem Grunde übte ich mich in den komplizierten Strategien des Blindschachs und versuchte mit allen Kräften, mir Tatsachen, Äußerungen und Szenen einzuprägen. Als ich auf der Kampfversammlung während der Kulturrevolution von anderen Insassen brutal geschlagen wurde, hob ich die Hände, um meinen Kopf vor Verletzungen zu schützen. Nachdem meine Gruppengefährten mich nach dem Grubeneinsturz unter dem Geröll hervorgezogen hatten, prüfte ich instinktiv als erstes meine Fähigkeit, zu denken und zu sprechen. Ich hatte gelernt, körperliche Schmerzen hinzunehmen, aber ich mußte dafür sorgen, daß mein Gedächtnis unversehrt blieb.

Mit meinen Reisen von 1991, auf denen ich die Verhältnisse in den chinesischen Arbeitslagern filmte, konnte ich einen Teil der mich verzehrenden Mission erfüllen. Zwar hatte ich in den Vereinigten Staaten Sicherheit gefunden, aber Frieden war mir versagt geblieben. Immer wieder erschienen die Gesichter derer vor mir, die ich zurückgelassen hatte. Immer wieder wurde ich von dem Gedanken geplagt, daß nur ich entkommen war, während das Arbeitslagersystem Tag um Tag, Jahr um Jahr weiterexistierte – unbemerkt, unangefochten und deshalb unverändert. Auf mir lastete die Verantwortung, die Wahrheit über die Herrschaftsmechanismen der Kommunistischen Partei ungeachtet meines persönlichen Risikos und meiner persönlichen Beschwernisse nicht nur aufzudecken, sondern auch zu verbreiten. Jedesmal, wenn ich die Vergangenheit von neuem besuchte, hoffte ich, daß es das letzte Mal sein würde, aber ich hatte eingesehen, daß meine Erfahrungen nicht nur mir und nicht nur der chinesischen Geschichte gehören. Sie gehören der Menschheit.

Postskriptum

»Warum nicht?« lautete meine Frage auf die häufig zu hörende Bemerkung, daß ich nun wohl nie wieder nach China zurückkehren könne. Damals, im September 1991, waren gerade die »60 Minutes«-Sendung ausgestrahlt und der *Newsweek*-Artikel veröffentlicht worden, in denen ich die Realität des Lagersystems im kommunistischen China enthüllt hatte.

Motiviert von der Überzeugung, daß die ungerechte und unentschuldbare Erniedrigung der Menschen in den Umerziehungslagern auch weiterhin angeprangert werden müsse, planten meine Frau und ich, im März 1993 von neuem nach China zu reisen. Aber man verweigerte uns ein Visum; die Begründung Ching-lee gegenüber lautete, sie sei »Wu Hongdas Frau«. Wir ließen uns nicht abschrecken und versuchten, über Nepal und Tibet nach China zu gelangen, doch leider scheiterten unsere Bemühungen im August desselben Jahres.

Es ist stets mein Wunsch gewesen, meine Heimat ungehindert besuchen zu können, denn es ist nicht nur das Land, in dem ich geboren wurde und aufwuchs, sondern auch ein Staat, in dem ich eine Mission zu erfüllen habe, die mir keine Ruhe läßt. Die Kommunistische Partei und das totalitäre Regime sind nicht die Eigentümer meiner Heimat.

Die gewaltigen Armee- und Polizeikräfte, die zahllosen Geheimagenten und die brutalen Methoden im Umgang mit Andersdenkenden sind nur zu vertraute Instrumente, mit denen die Partei das Volk manipuliert. Aber nichts konnte mich in meinem Vorsatz erschüttern, auf den größten noch bestehenden Gulag aufmerksam zu machen, in dem Millionen immer noch keine Stimme haben, da sie von der illegalen und grausamen Parteipolitik zum Schweigen gebracht werden. Ich lasse mich von dem Prinzip leiten: Das pathologische Regime darf mir keine Angst einflößen, es wird der moralischen Kraft meiner Sache unterliegen.

Und im April 1994 schaffte ich es noch einmal, nach China zurückzukehren. Fünf Wochen lang reiste ich kreuz und quer durch das Land und legte 12 000 Kilometer zurück: von Xinjiang an der Nordwestgrenze bis hin nach Schanghai an der Ostküste, von der Provinz Liaoning im Norden bis hin zur Provinz Guangdong am Südchinesischen Meer. Dabei erkundete ich 27 Lager, machte Videoaufnahmen von zwanzig Stunden Länge und mehr als tausend Fotos. Dieses Material werde ich der Welt vorlegen, um zu beweisen, daß immer noch Millionen in diesen entsetzlichen Lagern eingesperrt sind und unter unmenschlichen Bedingungen existieren – genau wie ich über neunzehn Jahre hinweg.

Der Wind mag sich drehen, aber meine Überzeugung bleibt unverändert. Wer ein Gewissen hat, kann die schrecklichen Verhältnisse in den Lagern nicht mit Schweigen oder Gleichgültigkeit übergehen, denn dadurch wird die brutale Ausbeutung von Millionen unterstützt. Diese Verbrechen gegen die Menschlichkeit müssen aufhören. Jeder muß die Stimme erheben, vor allem das chinesische Volk, dessen Opposition unverzichtbar ist.

August 1994

Danksagung

Ohne zwei ganz besondere amerikanische Freunde hätte dieses Buch nicht erscheinen können. Der erste ist John Creger, der mich bei den anfänglichen Versuchen, meine Geschichte zu erzählen, unterstützte. Durch sein tiefes Verständnis für meine Erlebnisse hat er mir geholfen, meine Dämonen auszutreiben. Carolyn Wakeman hat mich großzügig an ihrem Wissen, ihrer Schreibkunst und ihren aufrichtigen Gefühlen teilhaben lassen.

Ich danke meinem Verleger Robert Bernstein, einem ehrenhaften Mann, der die Bedeutung meiner Geschichte und meiner Erfahrung sofort durchschaute.

Mein Dank gilt auch folgenden Personen, die ihr Bestes für das Buch getan haben: Lin Jeffrey, Ramon Meyers von der Hoover-Institution, Ya Xian von den United Daily News, Orville Schell, Yuan-Li Wu von der Hoover Institution, George Hu, Lisa und Martin Husmann und meiner Lektorin Emily Loose.

Weiterhin danke ich Janet Moyet, deren sachkundige Unterstützung für die Niederschrift dieses Buches unerläßlich war.

Harry Wu

Nien Cheng

LEBEN UND TOD IN SCHANGHAI

478 Seiten, Ullstein Taschenbuch 22258

Der eindrucksvoll erzählte, erschütternde Bericht der Chinesin Nien Cheng über ihre Jahre in den Kerkern der Roten Garden während Maos Kulturrevolution.

»Aus der Flut der Bücher über China ragt ›Leben und Tod in Schanghai‹ heraus als ein tief bewegendes persönliches Zeugnis. Nicht nur durch die absurden Umstände, sondern auch durch Nien Chengs erzählerische Kraft … gerät der Leser in den Bann jenes unglaublichen Geschehens der Kulturrevolution. Daß sie die Jahre der Einzelhaft und Folter überlebt und diesen Bericht zu schreiben vermocht hat, ist gewiß ein Triumph des menschlichen Geistes.«

ARTHUR MILLER